MW01705790

Ф.М. ДОСТОЕВСКИЙ

ЧУЖАЯ ЖЕНА И МУЖ ПОД КРОВАТЬЮ

ИЗДАТЕЛЬСТВО АСТ
МОСКВА

УДК 821.161.1-3
ББК 84(2Рос=Рус)1я44
Д70

Серия «Эксклюзив: Русская классика»

Серийное оформление *А. Фереза*, *Е. Ферез*

Компьютерный дизайн *А. Чаругиной*

Достоевский, Федор Михайлович.

Д70 Чужая жена и муж под кроватью : [сборник] / Федор Михайлович Достоевский. — Москва : Издательство АСТ, 2024. — 384 с. — (Эксклюзив: Русская классика).

ISBN 978-5-17-115705-0

Очень необычный сборник.

Очень непривычный Достоевский.

Достоевский не только (и не столько) трагический, но — ироничный, веселый, трогательный и даже сентиментальный.

Достоевский «малой формы» — мастер злободневных сюжетов, комических ситуаций и остроумных диалогов.

Достоевский в начале своего литературного пути – до «Великого пятикнижия».

«Село Степанчиково и его обитатели», «Хозяйка», «Чужая жена и муж под кроватью» – без этих произведений невозможно понять Достоевского. Ведь именно в них наметились те философско-нравственные и социально-психологические мотивы творчества, из которых позже вырастут «Братья Карамазовы», «Идиот», «Бесы» и другие романы.

УДК 821.161.1-3
ББК 84(2Рос=Рус)1я44

ISBN 978-5-17-115705-0

ХОЗЯЙКА

Часть первая

I

Ордынов решился наконец переменить квартиру. Хозяйка его, очень бедная пожилая вдова и чиновница, у которой он нанимал помещение, по непредвиденным обстоятельствам уехала из Петербурга куда-то в глушь, к родственникам, не дождавшись первого числа, — срока найма своего. Молодой человек, доживая срочное время, с сожалением думал о старом угле и досадовал на то, что приходилось оставить его: он был беден, а квартира была дорога. На другой же день после отъезда хозяйки он взял фуражку и пошел бродить по петербургским переулкам, высматривая все ярлычки, прибитые к воротам домов, и выбирая дом почернее, полюднее и *капитальнее*, в котором всего удобнее было найти требуемый угол у каких-нибудь бедных жильцов.

Он уже долго искал, весьма прилежно, но скоро новые, почти незнакомые ощущения посетили его. Сначала рассеянно и небрежно, потом со вниманием, наконец с сильным любопытством стал он смотреть кругом себя. Толпа и уличная жизнь, шум, движение, новость предметов, новость положения — вся эта мелочная жизнь и обыденная дребедень, так давно наскучившая деловому и занятому петербургскому человеку, бесплодно, но хлопотливо всю жизнь свою отыскивающему средств умириться, стихнуть и успокоиться где-нибудь в теплом гнезде, добытом трудом, потом и разными другими средствами, — вся эта пошлая *проза* и скука возбудили в нем, напротив, какое-то тихо-радостное, светлое ощущение. Бледные щеки его стали покрываться легким румянцем, глаза заблестели как будто новой надеждой, и он с жадностью, широко стал вдыхать в себя холодный, свежий воздух. Ему сделалось необыкновенно легко.

Он всегда вел жизнь тихую, совершенно уединенную. Года три назад, получив свою ученую степень и став по возможности свободным, он пошел к одному старичку, которого доселе знал понаслышке, и долго ждал, покамест ливрейный камердинер согласился доложить о нем в другой раз. Потом он вошел в высокую, темную и пустынную залу, крайне скучную, как еще бывает в старинных, уцелевших от времени фамильных, барских домах, и увидел в ней старичка, увешанного орденами и украшенного сединой, друга и сослуживца его отца и опекуна своего. Старичок вручил ему щепоточку денег. Сумма оказалась очень ничтожною; это был остаток проданного с молотка за долги прадедовского наследия. Ордынов равнодушно вступил во владение, навсегда откланялся опекуну своему и вышел на улицу. Вечер был осенний, холодный и мрачный; молодой человек был задумчив, и какая-то бессознательная грусть надрывала его сердце. В глазах его был огонь; он чувствовал лихорадку, озноб и жар попеременно. Он рассчитал дорогою, что может прожить своими средствами года два-три, даже, с голодом пополам, и четыре. Смерклось, накрапывал дождь. Он сторговал первый встречный угол и через час переехал. Там он как будто заперся в монастырь, как будто отрешился от света. Через два года он одичал совершенно.

Он одичал, не замечая того; ему покамест и в голову не приходило, что есть другая жизнь — шумная, гремящая, вечно волнующаяся, вечно меняющаяся, вечно зовущая и всегда, рано ли, поздно ли, неизбежная. Он, правда, не мог не слыхать о ней, но не знал и не искал ее никогда. С самого детства он жил исключительно; теперь эта исключительность определилась. Его пожирала страсть самая глубокая, самая ненасытимая, истощающая всю жизнь человека и не выделяющая таким существам, как Ордынов, ни одного угла в сфере другой, практической, житейской деятельности. Эта страсть была — наука. Она снедала покамест его молодость, медленным, упоительным ядом отравляла ночной покой, отнимала у него здоровую пищу и свежий воздух, которого никогда не бывало в его душном углу, и Ордынов в упоении страсти своей не хотел замечать того. Он был молод и покамест не требовал большего. Страсть сделала его младенцем для внешней жизни и уже навсегда неспособным заставить посторониться иных добрых людей, когда придет к тому надобность, чтоб отмежевать себе между них хоть какой-нибудь угол. Наука иных ловких людей — капитал в руках; страсть Ордынова была обращенным на него же оружием.

В нем было более бессознательного влечения, нежели логически отчетливой причины учиться и знать, как и во всякой другой, даже самой мелкой деятельности, доселе его занимавшей. Еще в детских летах он прослыл чудаком и был непохож на товарищей. Родителей он не знал; от товарищей за свой странный, нелюдимый характер терпел он бесчеловечность и грубость, отчего сделался действительно нелюдим и угрюм и мало-помалу ударился в исключительность. Но в уединенных занятиях его никогда, даже и теперь, не было порядка и определенной системы; теперь был один только первый восторг, первый жар, первая горячка художника. Он сам создавал себе систему; она выживалась в нем годами, и в душе его уже мало-помалу восставал еще темный, неясный, но как-то дивно-отрадный образ идеи, воплощенной в новую, просветленную форму, и эта форма просилась из души его, терзая эту душу; он еще робко чувствовал оригинальность, истину и самобытность ее: творчество уже сказывалось силам его; оно формировалось и крепло. Но срок воплощения и создания был еще далек, может быть, очень далек, может быть, совсем невозможен!

Теперь он ходил по улицам, как отчужденный, как отшельник, внезапно вышедший из своей немой пустыни в шумный и гремящий город. Всё ему казалось ново и странно. Но он до того был чужд тому миру, который кипел и грохотал кругом него, что даже не подумал удивиться своему странному ощущению. Он как будто не замечал своего дикарства; напротив, в нем родилось какое-то радостное чувство, какое-то охмеление, как у голодного, которому после долгого поста дали пить и есть; хотя, конечно, странно было, что такая мелочная новость положения, как перемена квартиры, могла отуманить и взволновать петербургского жителя, хотя б и Ордынова; но правда и то, что ему до сих пор почти ни разу не случалось выходить *по делам.*

Всё более и более ему нравилось бродить по улицам. Он глазел на всё как *фланер.*

Но и теперь, верный своей всегдашней настроенности, он читал в ярко раскрывавшейся перед ним картине, как в книге между строк. Всё поражало его; он не терял ни одного впечатления и мыслящим взглядом смотрел на лица ходящих людей, всматривался в физиономию всего окружающего, любовно вслушивался в речь народную, как будто поверяя на всем свои заключения, родившиеся в тиши уединенных ночей. Часто какая-нибудь мелочь поражала его, рождала идею, и ему впервые стало досадно за то, что он так заживо погреб себя в своей келье. Здесь всё шло скорее; пульс его был полон и быстр, ум, подавленный одиночеством, изощряемый и возвышаемый лишь напряженною, экзальтированной деятельностью, работал теперь скоро, покойно и смело. К тому же ему как-то бессознательно хотелось втеснить как-нибудь и себя в эту для него чуждую жизнь, которую он доселе знал или, лучше сказать, только верно предчувствовал инстинктом художника. Сердце его невольно забилось тоскою любви и сочувствия. Он внимательнее вглядывался в людей, мимо него проходивших; но люди были чужие, озабоченные и задумчивые... И мало-помалу беспечность Ордынова стала невольно упадать; действительность уже подавляла его, вселяла в него какой-то невольный страх уважения. Он стал уставать от наплыва новых впечатлений, доселе ему неведомых, как больной, который радостно встал в первый раз с болезненного одра своего и упал, изнеможенный светом, блеском, вихрем жизни, шумом и пестротою пролетавшей мимо него толпы, отуманенный, закруженный движением. Ему стало тоскливо и грустно. Он начал бояться за всю свою жизнь, за всю свою деятельность и даже за будущность. Новая мысль убивала покой его. Ему вдруг пришло в голову, что всю жизнь свою он был одинок, что никто не любил его, да и ему никого не удавалось любить. Иные из прохожих, с которыми он случайно вступал в разговоры в начале прогулки, смотрели на него грубо и странно. Он видел, что его принимали за сумасшедшего или за оригинальнейшего чудака, что, впрочем, было совсем справедливо. Он вспомнил, что и всегда всем было как-то тяжело в его присутствии, что еще и в детстве все бежали его за его задумчивый, упорный характер, что тяжело, подавленно и неприметно другим проявлялось его сочувствие, которое было в нем, но в котором как-то никогда не было приметно нравственного равенства, что мучило его еще ребенком, когда он никак не походил на других детей, своих сверстников. Теперь он вспомнил и сообразил, что и всегда, во всякое время, все оставляли и обходили его.

Неприметно зашел он в один отдаленный от центра города конец Петербурга. Кое-как пообедав в уединенном трактире, он вышел опять бродить. Опять прошел он много улиц и площадей. За ними потянулись длинные желтые и серые заборы, стали встречаться совсем ветхие избенки вместо богатых домов и вместе с тем колоссальные здания под фабриками, уродливые, почерневшие, красные, с длинными трубами. Всюду было безлюдно и пусто; всё смотрело как-то угрюмо и неприязненно: по крайней мере так казалось Ордынову. Был уже вечер. Одним длинным переулком он вышел на площадку, где стояла приходская церковь.

Он вошел в нее рассеянно. Служба только что кончилась; церковь была почти совсем пуста, и только две старухи стояли еще на коленях у входа. Служитель, седой старичок, тушил свечи. Лучи заходящего солнца широкою струею лились сверху сквозь узкое окно купола и освещали морем блеска один из приделов; но они слабели всё более и более, и чем чернее становилась мгла, густевшая под сводами храма, тем ярче блистали местами раззолоченные иконы, озаренные трепетным заревом лампад и свечей. В припадке глубоко волнующей тоски и какого-то подавленного чувства Ордынов прислонился к стене в самом темном углу церкви и забылся на мгновение. Он очнулся, когда мерный, глухой звук двух вошедших прихожан раздался под сводами храма. Он поднял глаза, и какое-то невыразимое любопытство овладело им при взгляде на двух пришельцев. Это были старик и молодая женщина. Старик был высокого роста, еще прямой и бодрый, но худой и болезненно бледный. С вида его можно было принять за заезжего откуда-нибудь издалека купца. На нем был длинный, черный, очевидно праздничный, кафтан на меху, надетый нараспашку. Из-под кафтана виднелась какая-то другая длиннополая русская одежда, плотно застегнутая снизу до верха. Голая шея была небрежно повязана ярким красным платком; в руках меховая шапка. Длинная, тонкая, полуседая борода падала ему на грудь, и из-под нависших, хмурых бровей сверкал взгляд огневой, лихорадочно воспаленный, надменный и долгий. Женщина была лет двадцати и чудно прекрасна. На ней была богатая, голубая, подбитая мехом шубейка, а голова покрыта белым атласным платком, завязанным у подбородка. Она шла, потупив глаза, и какая-то задумчивая важность, разлитая во всей фигуре ее, резко и печально отражалась на сладостном контуре детски-нежных и кротких линий лица ее. Что-то странное было в этой неожиданной паре.

Старик остановился посреди церкви и поклонился на все четыре стороны, хотя церковь была совершенно пуста; то же сделала и его спутница. Потом он взял ее за руку и повел к большому местному образу Богородицы, во имя которой была построена церковь, сиявшему у алтаря ослепительным блеском огней, отражавшихся на горевшей золотом и драгоценными камнями ризе. Церковнослужитель, последний оставшийся в церкви, поклонился старику с уважением; тот кивнул ему головою. Женщина упала ниц перед иконой. Старик взял конец покрова, висевшего у подножия иконы, и накрыл ее голову. Глухое рыдание раздалось в церкви.

Ордынов был поражен торжественностью всей этой сцены и с нетерпением ждал ее окончания. Минуты через две женщина подняла голову, и опять яркий свет лампады озарил прелестное лицо ее. Ордынов вздрогнул и ступил шаг вперед. Она уже подала руку старику, и оба тихо пошли из церкви. Слезы кипели в ее темных синих глазах, опушенных длинными, сверкавшими на млечной белизне лица ресницами, и катились по побледневшим щекам. На губах ее мелькала улыбка; но в лице заметны были следы какого-то детского страха и таинственного ужаса. Она робко прижималась к старику, и видно было, что она вся дрожала от волнения.

Пораженный, бичуемый каким-то неведомо сладостным и упорным чувством, Ордынов быстро пошел вслед за ними и на церковной паперти перешел им дорогу. Старик поглядел на него неприязненно и сурово; она тоже взглянула на него, но без любопытства и рассеянно, как будто другая, отдаленная мысль занимала ее. Ордынов пошел вслед за ними, сам не понимая своего движения. Уже совершенно смерклось; он шел поодаль. Старик и молодая женщина вошли в большую, широкую улицу, грязную, полную разного промышленного народа, мучных лабазов и постоялых дворов, которая вела прямо к заставе, и повернули из нее в узкий, длинный переулок с длинными заборами по обеим сторонам его, упиравшийся в огромную почерневшую стену четырехэтажного капитального дома, сквозными воротами которого можно было выйти на другую, тоже большую и людную улицу. Они уже подходили к дому; вдруг старик оборотился и с нетерпением взглянул на Ордынова. Молодой человек остановился как вкопанный; ему самому показалось странным его увлечение. Старик оглянулся другой раз, как будто желая увериться, произвела ли действие угроза его, и потом оба, он и молодая женщина, вошли через узкие ворота во двор дома. Ордынов вернулся назад.

Он был в самом неприятном расположении духа и досадовал на самого себя, соображая, что потерял день напрасно, напрасно устал и вдобавок кончил глупостью, придав смысл целого приключения происшествию более чем обыкновенному.

Как ни досадовал он на себя поутру за свою одичалость, но в инстинкте его было бежать от всего, что могло развлечь, поразить и потрясти его во внешнем, не внутреннем, художественном мире его. Теперь с грустью и с каким-то раскаянием подумал он о своем безмятежном угле; потом напала на него тоска и забота о неразрешенном положении его, о предстоявших хлопотах, и вместе с тем стало досадно, что такая мелочь могла его занимать. Наконец, усталый и не в состоянии связать двух идей, добрел он уже поздно до квартиры своей и с изумлением спохватился, что прошел было, не замечая того, мимо дома, в котором жил. Ошеломленный и покачивая головою на свою рассеянность, он приписал ее усталости и, подымаясь на лестницу, вошел наконец на чердак, в свою комнату. Там он зажег свечу — и через минуту образ плачущей женщины ярко поразил его воображение. Так пламенно, так сильно было впечатление, так любовно воспроизвело его сердце эти кроткие, тихие черты лица, потрясенного таинственным умилением и ужасом, облитого слезами восторга или младенческого покаяния, что глаза его помутились и как будто огонь пробежал по всем его членам. Но видение продолжалось недолго. После восторга настало размышление, потом досада, потом какая-то бессильная злость; не раздеваясь, завернулся он в одеяло и бросился на жесткую постель свою...

Ордынов проснулся уже довольно поздно утром в раздраженном, робком и подавленном состоянии духа, собрался наскоро, почти насильно стараясь думать о насущных заботах своих, и отправился в сторону, противоположную вчерашнему своему путешествию; наконец он отыскал себе квартиру где-то в светелке у бедного немца, по прозвищу Шпис, жившего с дочерью Тинхен. Шпис, получив задаток, тотчас же снял ярлык, прибитый на воротах и приглашавший наемщиков, похвалил Ордынова за любовь к наукам и обещал сам усердно позаняться с ним. Ордынов сказал, что переедет к вечеру. Оттуда он пошел было домой, но раздумал и поворотил в другую сторону; бодрость воротилась к нему, и он сам мысленно улыбнулся своему любопытству. Дорога в нетерпении показалась ему чрезвычайно длинною; наконец он дошел до церкви, в которой был вчера вечером. Служили обедню. Он выбрал место, с которого мог видеть почти всех молящихся; но тех, которых он искал, не было. После долгого ожидания он вышел краснея. Упорно подавляя в себе какое-то невольное чувство, упрямо и насильно старался он переменить ход мыслей своих. Раздумывая об обыденном, житейском, он вспомнил, что ему пора обедать, и, почувствовав, что действительно голоден, зашел в тот же самый трактир, в котором обедал вчера. Он уже и не помнил после, как вышел оттуда. Долго и бессознательно бродил он по улицам, по людным и безлюдным переулкам и наконец зашел в глушь, где уже не было города и где расстилалось пожелтевшее поле; он очнулся, когда мертвая тишина поразила его новым, давно неведомым ему впечатлением. День был сухой и морозный, какой нередко бывает в петербургском октябре. Неподалеку была изба; возле нее два стога сена; маленькая круторебрая лошаденка, понуря голову, с отвислой губой, стояла без упряжи подле двуколесной таратайки, казалось, об чем-то раздумывая. Дворная собака ворча грызла кость вблизи разбитого колеса, и трехлетний ребенок в одной рубашонке, почесывая свою белую мохнатую голову, с удивлением глядел на зашедшего одинокого горожанина. За избой тянулись поля и огороды. На краю синих небес чернелись леса, а с противоположной стороны находили мутные снежные облака, как будто гоня перед собою стаю перелетных птиц, без крика, одна за другою, пробиравшихся по небу. Всё было тихо и как-то торжественно-грустно, полно какого-то замиравшего, притаившегося ожидания... Ордынов пошел было дальше и дальше; но пустыня только тяготила его. Он повернул назад, в город, из которого вдруг понесся густой гул колоколов, сзывавших к вечернему богослужению, удвоил шаги и через несколько времени опять вошел в храм, так знакомый ему со вчерашнего дня.

Незнакомка его была уже там.

Она стояла на коленях у самого входа между толпой молившихся. Ордынов протеснился сквозь густую массу нищих, старух в лохмотьях, больных и калек, ожидавших у церковных дверей милостыни, и стал на колени возле незнакомки. Одежда его касалась ее одежды, и он слышал порывистое дыхание, вылетавшее из ее уст, шептавших горячую молитву. Черты лица ее по-прежнему были потрясены чувством беспредельной набожности, и слезы опять катились и сохли на горячих щеках ее, как будто омывая какое-нибудь страшное преступление. В том месте, где стояли они оба, было совершенно темно, и только по временам тусклое пламя лампады, колеблемое ветром, врывавшимся через отворенное узкое стекло окна, озаряло трепетным блеском лицо ее, которого каждая черта врезалась в память юноши, мутила зрение его и глухою, нестерпимою болью надрывала его сердце.

Но в этом мучении было свое исступленное упоение. Наконец он не мог выдержать; вся грудь его задрожала и изныла в одно мгновение в неведомо сладостном стремлении, и он, зарыдав, склонился воспаленной головой своей на холодный помост церкви. Он не слыхал и не чувствовал ничего, кроме боли в сердце своем, замиравшем в сладостных муках.

Одиночеством ли развилась эта крайняя впечатлительность, обнаженность и незащищенность чувства; приготовлялась ли в томительном, душном и безвыходном безмолвии долгих, бессонных ночей, среди бессознательных стремлений и нетерпеливых потрясений духа, эта порывчатость сердца, готовая наконец разорваться или найти излияние; и так должно было быть ей, как внезапно в знойный, душный день вдруг зачернеет всё небо и гроза разольется дождем и огнем на взалкавшую землю, повиснет перлами дождя на изумрудных ветвях, сомнет траву, поля, прибьет к земле нежные чашечки цветов, чтоб потом, при первых лучах солнца, всё, опять оживая, устремилось, поднялось навстречу ему и торжественно, до неба послало ему свой роскошный, сладостный фимиам, веселясь и радуясь обновленной своей жизни... Но Ордынов не мог бы теперь и подумать, что с ним делается: он едва сознавал себя...

Он почти не заметил, как кончилось богослужение, и очнулся, продираясь за своей незнакомкой сквозь сплотившуюся у входа толпу. Порой он встречал ее удивленный и светлый взгляд. Останавливаемая поминутно выходившим народом, она не раз оборачивалась к нему; видно было, как всё сильнее и сильнее росло ее удивление, и вдруг она вся вспыхнула, будто заревом. В эту минуту вдруг из толпы явился опять вчерашний старик и взял ее за руку. Ордынов опять встретил желчный и насмешливый взгляд его, и какая-то странная злоба вдруг стеснила ему сердце. Наконец он потерял их в темноте из вида; тогда, в неестественном усилии, он рванулся вперед и вышел из церкви. Но свежий вечерний воздух не мог освежить его: дыхание спиралось и сдавливалось в его груди, и сердце стало биться медленно и крепко, как будто хотело пробить ему грудь. Наконец он увидел, что действительно потерял своих незнакомцев; ни в улице, ни в переулке их уже не было. Но в голове Ордынова уже явилась мысль, сложился один из тех решительных, странных планов, которые хотя и всегда сумасбродны, но зато почти всегда успевают и выполняются в подобных случаях; назавтра в восемь часов утра он подошел к дому со стороны переулка и вошел на узенький, грязный и нечистый задний дворик, нечто вроде помойной ямы в доме. Дворник, что-то делавший на дворе, приостановился, уперся подбородком на ручку своей лопаты, оглядел Ордынова с ног до головы и спросил его, что ему надо.

Дворник был молодой малый, лет двадцати пяти, с чрезвычайно старообразным лицом, сморщенный, маленький, татарин породою.

— Ищу квартиру, — отвечал с нетерпением Ордынов.

— Которая? — спросил дворник с усмешкою. Он смотрел на Ордынова так, как будто знал всё его дело.

— Нужно от жильцов, — отвечал Ордынов.

— На том дворе нет, — отвечал загадочно дворник.

— А здесь?

— И здесь нет. — Тут дворник принялся за лопату.

— А может быть, и уступят, — сказал Ордынов, давая дворнику гривенник.

Татарин взглянул на Ордынова, взял гривенник, потом опять взялся за лопату и после некоторого молчания объявил, что «нет, нету квартира». Но молодой человек уже не слушал его; он шел по гнилым, трясучим доскам, лежавшим в луже, к единственному выходу на этот двор из флигеля дома, черному, нечистому, грязному, казалось, захлебнувшемуся в луже. В нижнем этаже жил бедный гробовщик. Миновав его остроумную мастерскую, Ордынов по полуразломанной, скользкой, винтообразной лестнице поднялся в верхний этаж, ощупал в темноте толстую, неуклюжую дверь, покрытую рогожными лохмотьями, нашел замок и приотворил ее. Он не ошибся. Перед ним стоял ему знакомый старик и пристально, с крайним удивлением смотрел на него.

— Что тебе? — спросил он отрывисто и почти шепотом.

— Есть квартира?.. — спросил Ордынов, почти забыв всё, что хотел сказать. Он увидал из-за плеча старика свою незнакомку.

Старик молча стал затворять дверь, вытесняя ею Ордынова.

— Есть квартира, — раздался вдруг ласковый голос молодой женщины.

Старик освободил дверь.

— Мне нужен угол, — сказал Ордынов, поспешно входя в комнату и обращаясь к красавице.

Но он остановился в изумлении как вкопанный, взглянув на будущих хозяев своих; в глазах его произошла немая, поразительная сцена. Старик был бледен как смерть, как будто готовый лишиться чувств. Он смотрел свинцовым, неподвижным, пронзающим взглядом на женщину. Она тоже побледнела сначала; но потом вся кровь бросилась ей в лицо и глаза ее как-то странно сверкнули. Она повела Ордынова в другую каморку.

Вся квартира состояла из одной довольно обширной комнаты, разделенной двумя перегородками на три части; из сеней прямо входили в узенькую, темную прихожую; прямо была дверь за перегородку, очевидно в спальню хозяев. Направо, через прихожую, проходили в комнату, которая отдавалась внаймы. Она была узенькая и тесная, приплюснутая перегородкою к двум низеньким окнам. Всё было загромождено и заставлено необходимыми во всяком житье предметами; было бедно, тесно, но по возможности чисто. Мебель состояла из простого белого стола, двух простых стульев и залавка по обеим сторонам стен. Большой старинный образ с позолоченным венчиком стоял над полкой в углу, и перед ним горела лампада. В отдаваемой комнате, и частию в прихожей, помещалась огромная, неуклюжая русская печь. Ясно было, что троим в такой квартире нельзя было жить.

Они стали уговариваться, но бессвязно и едва понимая друг друга. Ордынов за два шага от нее слышал, как стучало ее сердце; он видел, что она вся дрожала от волнения и как будто от страха. Наконец кое-как сговорились. Молодой человек объявил, что он сейчас переедет, и взглянул на хозяина. Старик стоял в дверях всё еще бледный; но тихая, даже задумчивая улыбка прокрадывалась на губах его. Встретив взгляд Ордынова, он опять нахмурил брови.

— Есть паспорт? — спросил он вдруг громким, отрывистым голосом, отворяя ему дверь в сени.

— Да! — отвечал Ордынов, немного озадаченный.

— Кто ты таков?

— Василий Ордынов, дворянин, не служу, по своим делам, — отвечал он, подделываясь под тон старика.

— И я тоже, — отвечал старик. — Я Илья Мурин, мещанин; довольно с тебя? Ступай...

Через час Ордынов уже был на новой квартире, к удивлению своему и своего немца, который уже начинал подозревать, вместе с покорною Тинхен, что навернувшийся жилец обманул его. Ордынов же сам не понимал, как всё это сделалось, да и не хотел понимать...

II

Сердце его так билось, что в глазах зеленело и голова шла кругом. Машинально занялся он размещением своего скудного имущества в новой квартире, развязал узел с разным необходимым добром, отпер сундук с книгами и стал укладывать их на стол; но скоро вся эта работа выпала из рук его. Поминутно сиял в его глазах образ женщины, встреча с которою взволновала и потрясла всё его существование, который наполнял его сердце таким неудержимым, судорожным восторгом, — столько счастья прихлынуло разом в скудную жизнь его, что мысли его темнели и дух замирал в тоске и смятении. Он взял свой паспорт и понес к хозяину в надежде взглянуть на нее. Но Мурин едва приотворил дверь, взял у него бумагу, сказал ему: «Хорошо, живи с миром», и снова заперся в своей комнате. Какое-то неприятное чувство овладело Ордыновым. Неизвестно почему, ему стало тяжело глядеть на этого старика. В его взгляде было что-то презрительное и злобное. Но неприятное впечатление скоро рассеялось. Уж третий день, как Ордынов жил в каком-то вихре в сравнении с прежним затишьем его жизни; но рассуждать он не мог и даже боялся. Всё сбилось и перемешалось в его существовании; он глухо чувствовал, что вся его жизнь как будто переломлена пополам; одно стремление, одно ожидание овладело им, и другая мысль его не смущала.

В недоумении воротился он в свою комнату. Там, у печки, в которой стряпалось кушанье, хлопотала маленькая сгорбленная старушонка, такая грязная и в таком отвратительном отребье, что жалко было смотреть на нее. Она, казалось, была очень зла и по временам что-то ворчала, шамкая губами, себе под нос. Это была хозяйская работница. Ордынов попробовал было заговорить с нею, но она промолчала, очевидно со зла. Наконец настал час обеда; старуха вынула из печи щи, пироги и говядину и понесла к хозяевам. Того же подала и Ордынову. После обеда в квартире настала мертвая тишина.

Ордынов взял в руки книгу и долго переворачивал листы, стараясь доискаться смысла в том, что читал уже несколько раз. В нетерпении он отбросил книгу и опять попробовал было прибирать свои пожитки; наконец взял фуражку, надел шинель и вышел на улицу. Идя наудачу, не видя дороги, он всё старался, по возможности, сосредоточиться духом, свести свои разбитые мысли и хоть немного рассудить о своем положении. Но усилие только повергало его в страдание, в пытку. Озноб и жар овладевали им попеременно, и по временам сердце начинало вдруг стучать так, что приходилось прислониться к стене. «Нет, лучше смерть, — думал он, — лучше смерть», — шептал он воспаленными, дрожащими губами, мало думая о том, что говорит. Он ходил очень долго; наконец, почувствовав, что промок до костей, и заметив в первый раз, что дождь идет ливнем, воротился домой. Неподалеку от дома он увидел своего дворника. Ему показалось, что татарин несколько времени пристально и с любопытством смотрел на него и потом пошел своею дорогою, когда заметил, что его увидали.

— Здравствуй, — сказал Ордынов, нагнав его. — Как тебя зовут?

— Дворник зовут, — отвечал тот, скаля зубы.

— Ты давно здесь дворником?

— Давно.

— Хозяин мой мещанин?

— Мещанин, коли сказывал.

— Что ж он делает?

— Больна; живет, Бога молит, — вот.

— А это жена его?

— Какая жена?

— Что с ним живет?

— Же-на, коли сказывал. Прощай, барин.

Татарин тронул шапку и вошел в конуру свою. Ордынов вошел в свою квартиру. Старуха, шамкая и что-то ворча про себя, отворила ему дверь, опять заперла ее на щеколду и полезла на печь, на которой доживала свой век. Уже смеркалось. Ордынов пошел достать огня и увидел, что дверь к хозяевам заперта на замок. Он кликнул старуху, которая, приподнявшись на локоть, зорко смотрела на него с печки, казалось, раздумывая, что бы ему нужно было у хозяйского замка; она молча сбросила ему пачку спичек. Он воротился в комнату и принялся опять, в сотый раз, за свои вещи и книги. Но мало-помалу, недоумевая, что с ним делается, присел на лавку, и ему показалось, что он заснул. По временам приходил он в себя и догадывался, что сон его был не сон, а какое-то мучительное, болезненное забытье. Он слышал, как стукнула дверь, как отворилась она, и догадался, что это воротились хозяева от вечерни. Тут ему пришло в голову, что нужно было пойти к ним зачем-то. Он привстал, и показалось ему, что он уже идет к ним, но оступился и упал на кучу дров, брошенных старухою среди комнаты. Тут он совершенно забылся и, раскрыв глаза после долгого-долгого времени, с удивлением заметил, что лежит на той же лавке, так, как был, одетый, и что над ним с нежною заботливостию склонялось лицо женщины, дивно прекрасное и как будто всё омоченное тихими, материнскими слезами. Он слышал, как положили ему под голову подушку и одели чем-то теплым и как чья-то нежная рука легла на горячий лоб его. Он хотел поблагодарить, он хотел взять эту руку, поднести к запекшимся губам своим, омочить ее слезами и целовать, целовать целую вечность. Ему хотелось что-то много сказать, но что такое — он сам не знал того; ему захотелось умереть в эту минуту. Но руки его были как свинцовые и не двигались; он как будто онемел и слышал только, как разлетается кровь его по всем жилам, как будто приподымая его на постели. Кто-то дал ему воды... Наконец он впал в беспамятство.

Он проснулся поутру часов в восемь. Солнце сыпало золотым снопом лучи свои сквозь зеленые, заплесневелые окна его комнаты; какое-то отрадное ощущение нежило все члены больного. Он был спокоен и тих, бесконечно счастлив. Ему казалось, что кто-то был сейчас у его изголовья. Он проснулся, заботливо ища вокруг себя это невидимое существо; ему так хотелось обнять своего друга и сказать первый раз в жизни: «Здравствуй, добрый день тебе, мой милый».

— Как же ты долго спишь! — сказал нежный женский голос. Ордынов оглянулся, и к нему склонилось с приветливою и светлою, как солнце, улыбкою лицо красавицы хозяйки его.

— Как ты долго был болен, — говорила она, — полно, вставай; что неволишь себя? Волюшка хлеба слаще, солнца краше. Вставай, голубь мой, вставай.

Ордынов схватил и крепко сжал ее руку. Ему казалось, что он всё еще видит сон.

— Подожди, я тебе чаю готовила; хочешь чаю? Захоти; тебе лучше будет. Я сама хворала и знаю.

— Да, дай мне пить, — сказал Ордынов слабым голосом и стал на ноги. Он еще был очень слаб. Озноб пробежал по спине его, все члены его болели и как будто были разбиты. Но на сердце его было ясно, и лучи солнца, казалось, согревали его какою-то торжественною, светлою радостью. Он чувствовал, что новая, сильная, невидимая жизнь началась для него. Голова его слегка закружилась.

— Ведь тебя зовут Васильем? — спросила она, — я иль ослышалась, иль, сдается, тебя хозяин так вчера назвал.

— Да, Василий. А тебя как зовут? — сказал Ордынов, приближаясь к ней и едва устояв на ногах. Он покачнулся. Она схватила его за руки, поддержала и засмеялась.

— Меня Катериной, — сказала она, смотря ему в глаза своими большими, ясными, голубыми глазами. Оба держали друг друга за руки.

— Ты мне хочешь что-то сказать? — проговорила она наконец.

— Не знаю, — отвечал Ордынов. У него помутилось зрение.

— Видишь какой. Полно, голубь мой, полно; не горюй, не тужи; садись сюда, к солнцу, за стол; сиди смирно, а за мной не ходи, — прибавила она, видя, что молодой человек сделал движение, как будто удерживая ее, — я сейчас сама к тебе буду; успеешь на меня наглядеться. — Через минуту она принесла чаю, поставила на стол и села напротив его.

— На, напейся, — сказала она. — Что, болит твоя голова?

— Нет, теперь не болит, — сказал он. — Не знаю, может быть, и болит... я не хочу... полно, полно!.. Я и не знаю, что со мною, — говорил он, задыхаясь и отыскав наконец ее руку, — будь здесь, не уходи от меня; дай, дай мне опять твою руку... У меня в глазах темнеет; я на тебя как на солнце смотрю, — сказал он, как будто отрывая от сердца слова свои, замирая от восторга, когда их говорил. Рыдания сдавливали ему горло.

— Бедный какой! Знать, не жил ты с человеком хорошим. Ты один-одинешенек; нет у тебя родичей?

— Нет никого; я один... ничего, пусть! теперь лучше... хорошо мне теперь! — говорил Ордынов, будто в бреду. Комната как будто ходила кругом него.

— Я сама много лет людей не видала. Ты так глядишь на меня... — проговорила она после минутного молчания.

— Ну... что же?

— Как будто греют тебя мои очи! Знаешь, когда любишь кого... Я тебя с первых слов в сердце мое приняла. Заболеешь, опять буду ходить за тобой. Только ты не болей, нет. Встанешь, будем жить, как брат и сестра. Хочешь? Ведь сестру трудно нажить, как Бог родив не дал.

— Кто ты? откуда ты? — проговорил Ордынов слабым голосом.

— Я не здешняя... что тебе! Знаешь, люди рассказывают, как жили двенадцать братьев в темном лесу и как заблудилась в том лесу красная девица. Зашла она к ним и прибрала им всё в доме, любовь свою на всем положила. Пришли братья и спознали, что сестрица у них день прогостила. Стали ее выкликать, она к ним вышла. Нарекли ее все сестрой, дали ей волюшку, и всем она была ровня. Знаешь ли сказку?

— Знаю, — прошептал Ордынов.

— Жить хорошо; любо ль тебе на свете жить?

— Да, да; век жить, долго жить, — отвечал Ордынов.

— Не знаю, — сказала задумчиво Катерина, — я бы и смерти хотела. Хорошо жизнь любить и добрых людей любить, да... Смотри, ты опять, как мука, побелел!

— Да, голова кругом ходит...

— Постой, я тебе мою постель принесу и подушку — другую; здесь и постелю. Заснешь, обо мне приснится; недуг отойдет. Наша старуха тоже больна...

Она еще говорила, как уже начала готовить постель, по временам с улыбкой смотря через плечо на Ордынова.

— Сколько у тебя книг! — сказала она, сдвигая сундук. Она подошла к нему, схватила его правой рукой, подвела к постели, уложила и одела одеялом.

— Говорят, книги человека портят, — говорила она, задумчиво покачивая головою. — Ты любишь в книгах читать?

— Да, — отвечал Ордынов, не зная, спит он или нет, и крепче сжимая руку Катерины, чтоб уверить себя, что не спит.

— У хозяина моего много книг; видишь какие! он говорит, что божественные. Он мне всё читает из них. Я потом тебе покажу; ты мне расскажешь после, что он мне в них всё читает?

— Расскажу, — прошептал Ордынов, неотступно смотря на нее.

— Ты любишь молиться? — спросила она после минутного молчания. — Знаешь что? Я всё боюсь, всё боюсь...

Она не договорила, казалось размышляя о чем-то. Ордынов поднес наконец ее руку к губам своим.

— Что ты мою руку целуешь? (И щеки ее слегка заалели.) На, целуй ее, — продолжала она, смеясь и подавая ему обе руки; потом высвободила одну и приложила ее к горячему лбу его, потом стала расправлять и приглаживать его волосы. Она краснела более и более; наконец присела на полу у постели его и приложила свою щеку к его щеке; теплое, влажное дыхание ее шелестило по его лицу... Вдруг Ордынов почувствовал, что горячие слезы градом полились из ее глаз и падали, как растопленный свинец, на его щеки. Он слабел более и более; он уже не мог двинуть рукою. В это время раздался стук в дверь и загремела задвижка. Ордынов еще мог слышать, как старик, его хозяин, вошел за перегородку. Он слышал потом, что Катерина привстала, не спеша и не смущаясь, взяла свои книги, слышал, как она перекрестила его уходя; он закрыл глаза. Вдруг горячий, долгий поцелуй загорелся на воспаленных губах его, как будто ножом его ударили в сердце. Он слабо вскрикнул и лишился чувств...

Потом началась для него какая-то странная жизнь.

Порой, в минуту неясного сознания, мелькало в уме его, что он осужден жить в каком-то длинном, нескончаемом сне, полном странных, бесплодных тревог, борьбы и страданий. В ужасе он старался восстать против рокового фатализма, его гнетущего, и в минуту напряженной, самой отчаянной борьбы какая-то неведомая сила опять поражала его, и он слышал, чувствовал ясно, как он снова теряет память, как вновь непроходимая, бездонная темень разверзается перед ним и он бросается в нее с воплем тоски и отчаяния. Порой мелькали мгновения невыносимого, уничтожающего счастья, когда жизненность судорожно усиливается во всем составе человеческом, яснеет прошедшее, звучит торжеством, весельем настоящий светлый миг и снится наяву неведомое грядущее; когда невыразимая надежда падает живительной росой на душу; когда хочешь вскрикнуть от восторга; когда чувствуешь, что немощна плоть пред таким гнетом впечатлений, что разрывается вся нить бытия, и когда вместе с тем поздравляешь всю жизнь свою с обновлением и воскресением. Порой он опять впадал в усыпление, и тогда всё, что случилось с ним в последние дни, снова повторялось и смутным, мятежным роем проходило в уме его; но видение представлялось ему в странном, загадочном виде. Порой больной забывал, что с ним было, и удивлялся, что он не на старой квартире, не у старой хозяйки своей. Он недоумевал, отчего старушка не подходила, как бывало всегда в поздний сумеречный час, к потухавшей печке, обливавшей по временам слабым, мерцающим заревом весь темный угол комнаты, и в ожидании, как погаснет огонь, не грела, по привычке, своих костлявых, дрожащих рук на замиравшем огне, всегда болтая и шепча про себя, и изредка в недоумении поглядывала на него, чудного жильца своего, которого считала помешанным от долгого сидения за книгами. Другой раз он вспоминал, что переехал на другую квартиру; но как это сделалось, что с ним было и зачем пришлось переехать, он не знал того, хотя замирал весь дух его в беспрерывном, неудержимом стремлении... Но куда, что звало и мучило его и кто бросил этот невыносимый пламень, душивший, пожиравший всю кровь его? — он опять не знал и не помнил. Часто жадно ловил он руками какую-то тень, часто слышались ему шелест близких, легких шагов около постели его и сладкий, как музыка, шепот чьих-то ласковых, нежных речей; чье-то влажное, порывистое дыхание скользило по лицу его, и любовью потрясалось всё его существо; чьи-то горючие слезы жгли его воспаленные щеки, и вдруг чей-то поцелуй, долгий, нежный, впивался в его губы; тогда жизнь его изнывала в неугасимой муке; казалось, всё бытие, весь мир останавливался, умирал на целые века кругом него и долгая, тысячелетняя ночь простиралась над всем...

То как будто наступали для него опять его нежные, безмятежно прошедшие годы первого детства, с их светлою радостию, с неугасимым счастием, с первым сладостным удивлением к жизни, с роями светлых духов, вылетавших из-под каждого цветка, который срывал он, игравших с ним на тучном зеленом лугу перед маленьким домиком, окруженным акациями, улыбавшихся ему из хрустального необозримого озера, возле которого просиживал он по целым часам, прислушиваясь, как бьется волна о волну, и шелестивших кругом него крыльями, любовно усыпая светлыми, радужными сновидениями маленькую его колыбельку, когда его мать, склоняясь над нею, крестила, целовала и баюкала его тихою колыбельною песенкой в долгие, безмятежные ночи. Но тут вдруг стало являться одно существо, которое смущало его каким-то недетским ужасом, которое вливало первый медленный яд горя и слез в его жизнь; он смутно чувствовал, как неведомый старик держит во власти своей все его грядущие годы, и, трепеща, не мог он отвести от него глаз своих. Злой старик за ним следовал всюду. Он выглядывал и обманчиво кивал ему головою из-под каждого куста в роще, смеялся и дразнил его, воплощался в каждую куклу ребенка, гримасничая и хохоча в руках его, как злой, скверный гном; он подбивал на него каждого из его бесчеловечных школьных товарищей или, садясь с малютками на школьную скамью, гримасничая, выглядывал из-под каждой буквы его грамматики. Потом, во время сна, злой старик садился у его изголовья... Он отогнал рои светлых духов, шелестивших своими золотыми и сапфирными крыльями кругом его колыбели, отвел от него навсегда его бедную мать и стал по целым ночам нашептывать ему длинную, дивную сказку, невнятную для сердца дитяти, но терзавшую, волновавшую его ужасом и недетскою страстью. Но злой старик не слушал его рыданий и просьб и всё продолжал ему говорить, покамест он не впадал в оцепенение, в беспамятство. Потом малютка просыпался вдруг человеком; невидимо и неслышно пронеслись над ним целые годы. Он вдруг сознавал свое настоящее положение, вдруг стал понимать, что он одинок и чужд всему миру, один в чужом углу, меж таинственных, подозрительных людей, между врагов, которые всё собираются и шепчутся по углам его темной комнаты и кивают старухе, сидевшей у огня на корточках, нагревавшей свои дряхлые, старые руки и указывавшей им на него. Он впадал в смятение, в тревогу; ему всё хотелось узнать, кто таковы эти люди, зачем они здесь, зачем он сам в этой комнате, и догадывался, что забрел в какой-то темный, злодейский притон, будучи увлечен чем-то могучим, но неведомым, не рассмотрев прежде, кто и каковы жильцы и кто именно его хозяева. Его начинало мучить подозрение, — и вдруг среди ночной темноты опять началась шепотливая, длинная сказка, и начала ее тихо, чуть внятно, про себя, какая-то старуха, печально качая перед потухавшим огнем своей белой, седой головой. Но — и опять ужас нападал на него: сказка воплощалась перед ним в лица и формы. Он видел, как всё, начиная с детских, неясных грез его, все мысли и мечты его, всё, что он выжил жизнию, всё, что вычитал в книгах, всё, об чем уже и забыл давно, всё одушевлялось, всё складывалось, воплощалось, вставало перед ним в колоссальных формах и образах, ходило, роилось кругом него; видел, как раскидывались перед ним волшебные, роскошные сады, как слагались и разрушались в глазах его целые города, как целые кладбища высылали ему своих мертвецов, которые начинали жить сызнова, как приходили, рождались и отживали в глазах его целые племена и народы, как воплощалась, наконец, теперь, вокруг болезненного одра его, каждая мысль его, каждая бесплотная греза, воплощалась почти в миг зарождения; как, наконец, он мыслил не бесплотными идеями, а целыми мирами, целыми созданиями, как он носился, подобно пылинке, во всем этом бесконечном, странном, невыходимом мире и как вся эта жизнь, своею мятежною независимостью, давит, гнетет его и преследует его вечной, бесконечной иронией; он слышал, как он умирает, разрушается в пыль и прах, без воскресения, на веки веков; он хотел бежать, но не было угла во всей вселенной, чтоб укрыть его. Наконец, в припадке отчаяния, он напряг свои силы, вскрикнул и проснулся...

Он проснулся, весь облитый холодным, ледяным потом. Кругом него стояла мертвая тишина; была глубокая ночь. Но всё ему казалось, что где-то продолжается его дивная сказка, что чей-то хриплый голос действительно заводит долгий рассказ о чем-то как будто ему знакомом. Он слышал, что говорят про темные леса, про каких-то лихих разбойников, про какого-то удалого молодца, чуть-чуть не про самого Стеньку Разина, про веселых пьяниц бурлаков, про одну красную девицу и про Волгу-матушку. Не сказка ли это? наяву ли он слышит ее? Целый час пролежал он, открыв глаза, не шевеля ни одним членом, в мучительном оцепенении. Наконец он привстал осторожно и с веселием ощутил в себе силу, не истощившуюся в лютой болезни. Бред прошел, начиналась действительность. Он заметил, что еще был одет так, как был во время разговора с Катериной, и что, следовательно, немного времени прошло с того утра, как она ушла от него. Огонь решимости пробежал по его жилам. Машинально отыскал он руками большой гвоздь, вбитый для чего-то в верху перегородки, возле которой постлали постель его, схватился за него и, повиснув на нем всем телом, кое-как добрался до щели, из которой выходил едва заметный свет в его комнату. Он приложил глаз к отверстию и стал глядеть, едва переводя дух от волнения.

В углу хозяйской каморки стояла постель, перед постелью стол, покрытый ковром, заваленный книгами большой старинной формы, в переплетах, напоминавших священные книги. В углу стоял образ, такой же старинный, как и в его комнате; перед образом горела лампада. На постели лежал старик Мурин, больной, изможденный страданием и бледный как полотно, закрытый меховым одеялом. На коленях его была раскрытая книга. На скамье возле постели лежала Катерина, охватив рукою грудь старика и склонившись к нему на плечо головою. Она смотрела на него внимательными, детски-удивленными глазами и, казалось, с неистощимым любопытством, замирая от ожидания, слушала то, что ей рассказывал Мурин. По временам голос рассказчика возвышался, одушевление отражалось на бледном лице его; он хмурил брови, глаза его начинали сверкать, и Катерина, казалось, бледнела от страха и волнения. Тогда что-то похожее на улыбку являлось на лице старика, и Катерина начинала тихо смеяться. Порой слезы загорались в глазах ее; тогда старик нежно гладил ее по голове, как ребенка, и она еще крепче обнимала его своею обнаженною, сверкающею, как снег, рукою и еще любовнее припадала к груди его.

По временам Ордынов думал, что всё это еще сон, даже был в этом уверен; но кровь ему бросилась в голову, и жилы напряженно, с болью, бились на висках его. Он выпустил гвоздь, встал с постели и, качаясь, пробираясь, как лунатик, сам не понимая своего побуждения, вспыхнувшего целым пожаром в крови его, подошел к хозяйским дверям и с силой толкнулся в них; ржавая задвижка отлетела разом, и он вдруг с шумом и треском очутился среди хозяйской спальни. Он видел, как вся вспорхнулась и вздрогнула Катерина, как злобно засверкали глаза старика из-под тяжело сдавленных вместе бровей и как внезапно ярость исказила всё лицо его. Он видел, как старик, не спуская с него своих глаз, блуждающей рукой наскоро ищет ружье, висевшее на стене; видел потом, как сверкнуло дуло ружья, направленное неверной, дрожащей от бешенства рукой прямо в грудь его... Раздался выстрел, раздался потом дикий, почти нечеловеческий крик, и, когда разлетелся дым, страшное зрелище поразило Ордынова. Дрожа всем телом, он нагнулся над стариком. Мурин лежал на полу; его коробило в судорогах, лицо его было искажено в муках, и пена показывалась на искривленных губах его. Ордынов догадался, что несчастный был в жесточайшем припадке падучей болезни. Вместе с Катериной он бросился помогать ему...

III

Вся ночь прошла в тревоге. На другой день Ордынов вышел рано поутру, несмотря на свою слабость и на лихорадку, которая всё еще не оставляла его. На дворе он опять встретил дворника. В этот раз татарин еще издали приподнял фуражку и с любопытством поглядел на него. Потом, как будто опомнясь, принялся за свою метлу, искоса взглядывая на медленно приближавшегося Ордынова.

— Что? ты ничего не слыхал ночью? — спросил Ордынов.

— Да, слыхал.

— Что это за человек? кто он такой?

— Сама нанимала, сама и знай; а моя чужая.

— Да будешь ли ты когда говорить! — закричал Ордынов вне себя от припадка какой-то болезненной раздражительности.

— А моя что сделала? Виновата твоя, — твоя жильцов пугала. Внизу гробовщик жил: он глух, а всё слышал, и баба его глухая, и та слышала. А на другом дворе, хоть и далеко, а тоже слышала — вот. Я к надзирателю пойду.

— Я сам туда же пойду, — отвечал Ордынов и пошел к воротам.

— А хоть как хошь; сама нанимала... Барин, барин, постой!

Ордынов оглянулся; дворник из учтивости тронул за шапку.

— Ну!

— Коль пойдешь, я к хозяину пойду.

— Что ж?

— Лучше съезжай.

— Ты глуп, — проговорил Ордынов и опять пошел было прочь.

— Барин, барин, постой! — Дворник опять тронул за шапку и оскалил зубы. — Слушай, барин: ты сердце держи; за что бедного гнать? Бедного гонять — грех. Бог не велит — слышь?

— Слушай же и ты: вот возьми это. Ну, кто ж он таков?

— Кто таков?

— Да.

— Я и без денег скажу.

Тут дворник взял метлу, махнул раз-два, потом остановился, внимательно и важно посмотрев на Ордынова.

— Ты барин хороший. А не хошь жить с человеком хорошим, как хошь; моя вот как сказала.

Тут татарин посмотрел еще выразительнее и, как будто осердясь, опять принялся за метлу. Показав наконец вид, что кончил какое-то дело, он таинственно подошел к Ордынову и, сделав какой-то очень выразительный жест, произнес:

— Она вот что!

— Чего? Как?

— Ума нет.

— Что.

— Улетела. Да! улетела! — повторил он еще более таинственным тоном. — Она больна. У него барка была, большая была, и другая была, и третья была, по Волге ходила, а я сам из Волги; еще завод была, да сгорела, и он без башка.

— Он помешанный?

— Ни!.. Ни! — отвечал с расстановкой татарин. — Не мешана. Он умный человек. Она всё знает, книжка много читала, читала, читала, всё читала и другим правда сказывала. Так, пришла кто: два рубля, три рубля, сорок рубля, а не хошь, как хошь; книжка посмотрит, увидит и всю правду скажет. А деньга на стол, тотчас на стол — без деньга ни!

Тут татарин, с излишком сердца входивший в интересы Мурина, даже засмеялся от радости.

— Что ж, он колдовал, гадал кому-нибудь?

— Гм... — промычал дворник, скоро кивнув головою, — она правду сказывала. Она Бога молит, много молит. А то так, находит на него.

Тут татарин опять повторил свой выразительный жест.

В эту минуту кто-то кликнул дворника с другого двора, а вслед затем показался какой-то маленький, согбенный, седенький человек в тулупе. Он шел кряхтя, спотыкаясь, смотрел в землю и что-то нашептывал про себя. Можно было подумать, что он от старости выжил из ума.

— Хозяева, хозяева! — прошептал впопыхах дворник, наскоро кивнув головою Ордынову, и, сорвав шапку, бросился бегом к старичку, которого лицо было как-то знакомо Ордынову; по крайней мере он где-то встретил его очень недавно. Сообразив, впрочем, что тут нет ничего удивительного, он пошел со двора. Дворник показался ему мошенником и наглецом первой руки. «Бездельник точно торговался со мной! — думал он, — бог знает что тут такое!»

Он уже произнес это на улице.

Мало-помалу его начали одолевать другие мысли. Впечатление было неприятное: день серый и холодный, порхал снег. Молодой человек чувствовал, как озноб снова начинает ломать его; он чувствовал тоже, что как будто земля начинала под ним колыхаться. Вдруг один знакомый голос неприятно сладеньким, дребезжащим тенором пожелал ему доброго утра.

— Ярослав Ильич! — сказал Ордынов.

Перед ним стоял бодрый, краснощекий человек, с виду лет тридцати, невысокого роста, с серенькими маслеными глазками, с улыбочкой, одетый... как и всегда бывает одет Ярослав Ильич, и приятнейшим образом протягивал ему руку. Ордынов познакомился с Ярославом Ильичом тому назад ровно год совершенно случайным образом, почти на улице. Очень легкому знакомству способствовала, кроме случайности, необыкновенная наклонность Ярослава Ильича отыскивать всюду добрых, благородных людей, прежде всего образованных и по крайней мере талантом и красотою обращения достойных принадлежать высшему обществу. Хотя Ярослав Ильич имел чрезвычайно сладенький тенор, но даже в разговорах с искреннейшими друзьями в настрое его голоса проглядывало что-то необыкновенно светлое, могучее и повелительное, не терпящее никаких отлагательств, что было, может быть, следствием привычки.

— Каким образом? — вскрикнул Ярослав Ильич с выражением искреннейшей, восторженной радости.

— Я здесь живу.

— Давно ли? — продолжал Ярослав Ильич, подымая ноту всё выше и выше. — И я не знал этого! Но я с вами сосед! Я теперь уже в здешней части. Я уже месяц как воротился из Рязанской губернии. Поймал же вас, старинный и благороднейший друг! — И Ярослав Ильич рассмеялся добродушнейшим образом.

— Сергеев! — закричал он вдохновенно, — жди меня у Тарасова; да чтоб без меня не шевелили кулей. Да турни олсуфьевского дворника; скажи, чтоб тот же час явился в контору. Я приду через час...

Наскоро отдавая кому-то этот приказ, деликатный Ярослав Ильич взял Ордынова под руку и повел в ближайший трактир.

— Не успокоюсь без того, пока не перебросим двух слов наедине после такой долгой разлуки. Ну, что ваши занятия? — прибавил он, почти благоговейно и таинственно понизив голос. — Всегда в науках?

— Да, я по-прежнему, — отвечал Ордынов, у которого мелькнула одна светлая мысль.

— Благородно, Василий Михайлович, благородно! — Тут Ярослав Ильич крепко пожал руку Ордынова. — Вы будете украшением нашего общества. Подай вам Господь счастливого пути на вашем поприще... Боже! Как я рад, что вас встретил! Сколько раз я вспоминал об вас, сколько раз говорил: где он, наш добрый, великодушный, остроумный Василий Михайлович?

Они заняли особую комнату. Ярослав Ильич заказал закуску, велел подать водки и с чувством взглянул на Ордынова.

— Я много читал без вас, — начал он робким, немного вкрадчивым голосом. — Я прочел всего Пушкина...

Ордынов рассеянно посмотрел на него.

— Удивительно изображение человеческой страсти-с. Но прежде всего позвольте мне быть вам благодарным. Вы так много сделали для меня благородством внушений справедливого образа мыслей...

— Помилуйте!

— Нет, позвольте-с. Я всегда люблю воздать справедливость и горжусь, что по крайней мере хоть это чувство не замолкло во мне.

— Помилуйте, вы несправедливы к себе, и я, право...

— Нет, совершенно справедлив-с, — возразил с необыкновенным жаром Ярослав Ильич. — Что я такое в сравнении с вами-с? Не правда ли?

— Ах, Боже мой!

— Да-с...

Тут последовало молчание.

— Следуя вашим советам, я прервал много грубых знакомств и смягчил отчасти грубость привычек, — начал опять Ярослав Ильич несколько робким и вкрадчивым голосом. — В свободное от должности время большею частию сижу дома; по вечерам читаю какую-нибудь полезную книгу, и... у меня одно желание, Василий Михайлович, приносить хоть посильную пользу отечеству...

— Я всегда считал вас за благороднейшего человека, Ярослав Ильич.

— Вы всегда приносите бальзам... благородный молодой человек...

Ярослав Ильич горячо пожал руку Ордынову.

— Вы не пьете? — заметил он, немного утишив свое волнение.

— Не могу; я болен.

— Больны? да, в самом деле! Давно ли, как, каким образом вы изволили заболеть? Угодно, я скажу... какой медик вас лечит? Угодно, я сейчас скажу нашему частному доктору. Я сам, лично, к нему побегу. Искуснейший человек!

Ярослав Ильич уже брался за шляпу.

— Покорно благодарю. Я не лечусь и не люблю лекарей...

— Что вы? можно ли этак? Но это искуснейший, образованнейший человек, — продолжал Ярослав Ильич, умоляя, — намедни, но позвольте вам это рассказать, дорогой Василий Михайлович, намедни приходит один бедный слесарь: «я вот, говорит, наколол себе руку моим орудием; излечите меня...» Семен Пафнутьич, видя, что несчастному угрожает антонов огонь, принял меру отрезать зараженный член. Он сделал это при мне. Но это было так сделано, таким благор... то есть таким восхитительным образом, что, признаюсь, если б не сострадание к страждущему человечеству, то было бы приятно посмотреть так просто, из любопытства-с. Но где и как изволили заболеть?

— Переезжая на квартиру... Я только что встал.

— Но вы еще очень нездоровы, и вам бы не следовало выходить. Стало быть, вы уже не там, где прежде, живете? Но что побудило вас?

— Моя хозяйка уехала из Петербурга.

— Домна Саввишна? Неужели?.. Добрая, истинно благородная старушка! Знаете ли? Я чувствовал к ней почти сыновнее уважение. Что-то возвышенное прадедовских лет светилось в этой почти отжившей жизни; и, глядя на нее, как будто видишь перед собой воплощение нашей седой, величавой старинушки... то есть из этого... что-то тут, знаете, этак поэтическое!.. — заключил Ярослав Ильич, совершенно оробев и покраснев до ушей.

— Да, она была добрая женщина.

— Но позвольте узнать, где вы теперь изволили поселиться?

— Здесь, недалеко, в доме Кошмарова.

— Я с ним знаком. Величавый старик! Я с ним, смею сказать, почти искренний друг. Благородная старость!

Уста Ярослава Ильича почти дрожали от радости умиления. Он спросил еще рюмку водки и трубку.

— Сами по себе нанимаете?

— Нет, у жильца.

— Кто таков? Может быть, я тоже знаком.

— У Мурина, мещанина; старик высокого роста...

— Мурин, Мурин; да, позвольте-с, это на заднем дворе, над гробовщиком?

— Да, да, на самом заднем дворе.

— Гм... вам покойно жить-с?

— Да я только что переехал.

— Гм... я только хотел сказать, гм... впрочем, но вы не заметили ль чего особенного?

— Право...

— То есть я уверен, что вам будет жить у него хорошо, если вы останетесь довольны помещением... я и не к тому говорю, готов предупредить; но, зная ваш характер... Как вам показался этот старик мещанин?

— Он, кажется, совсем больной человек.

— Да, он очень страждущ... Но вы такого ничего не заметили? Вы говорили с ним?

— Очень мало; он такой нелюдимый и желчный...

— Гм... — Ярослав Ильич задумался. — Несчастный человек! — сказал он, помолчав.

— Он?

— Да, несчастный и вместе с тем до невероятности странный и занимательный человек. Впрочем, если он вас не беспокоит... Извините, что я обратил внимание на такой предмет, но я полюбопытствовал...

— И, право, возбудили и мое любопытство... Я бы очень желал знать, кто он таков. К тому же я с ним живу...

— Видите ли-с: говорят, этот человек был прежде очень богат. Он торговал, как вам, вероятно, удавалось слышать. По разным несчастным обстоятельствам он обеднел; у него в бурю разбило несколько барок с грузом. Завод, вверенный, кажется, управлению близкого и любимого родственника, тоже подвергся несчастной участи и сгорел, причем в пламени пожара погиб и сам его родственник. Согласитесь, потеря ужасная! Тогда Мурин, рассказывают, впал в плачевное уныние; стали опасаться за его рассудок, и действительно, в одной ссоре с другим купцом, тоже владетелем барок, ходивших по Волге, он вдруг выказал себя с такой странной и неожиданной точки зрения, что всё происшедшее не иначе отнесли, как к сильному его помешательству, чему и я готов верить. Я подробно слышал о некоторых его странностях; наконец, вдруг случилось одно очень странное, так сказать, роковое обстоятельство, которое уж никак нельзя объяснить иначе, как враждебным влиянием прогневанной судьбы.

— Какое? — спросил Ордынов.

— Говорят, что в болезненном припадке сумасшествия он посягнул на жизнь одного молодого купца, которого прежде чрезвычайно любил. Он был так поражен, когда очнулся после припадка, что готов был лишить себя жизни: так по крайней мере рассказывают. Не знаю, наверно, что произошло за этим, но известно то, что он находился несколько лет под покаянием... Но что с вами, Василий Михайлович, не утомляет ли вас мой простой рассказ?

— О нет, ради Бога... Вы говорите, что он был под покаянием; но он не один.

— Не знаю-с. Говорят, что был один. По крайней мере никто другой не замешан в том деле. А впрочем, не слыхал о дальнейшем; знаю только...

— Ну-с.

— Знаю только, — то есть я собственно ничего особенного не имел в мыслях прибавить... я хочу только сказать, если вы находите в нем что-то необыкновенное и выходящее из обыкновенного уровня вещей, то всё это произошло не иначе, как следствием бед, обрушившихся на него одна за другою...

— Да, он такой богомольный, большой святоша.

— Не думаю, Василий Михайлович; он столько пострадал; мне кажется, он чист своим сердцем.

— Но ведь теперь он не сумасшедший; он здоров.

— О нет, нет; в этом я вам могу поручиться, готов присягнуть; он в полном владении всех своих умственных способностей. Он только, как вы справедливо заметили мельком, чрезвычайно чудной и богомольный. Очень даже разумный человек. Говорит бойко, смело и очень хитро-с. Еще виден след прошлой бурной жизни на лице его-с. Любопытный человек-с и чрезвычайно начитанный.

— Он, кажется, читает всё священные книги?

— Да-с, он мистик-с.

— Что?

— Мистик. Но я вам говорю это по секрету. По секрету скажу вам еще, что за ним был некоторое время сильный присмотр. Этот человек имел ужасное влияние на приходивших к нему.

— Какое же?

— Но вы не поверите; видите ли-с; тогда еще он не жил в здешнем квартале; Александр Игнатьич, почетный гражданин, человек сановитый и пользующийся общим уважением, ездили к нему с каким-то поручиком из любопытства. Приезжают они к нему; их принимают, и странный человек начинает им вглядываться в лица. Он обыкновенно вглядывался в лица, если соглашался быть полезным; в противном случае отсылал приходящих назад, и даже, говорят, весьма неучтиво. Спрашивает он их: что вам угодно, господа? Так и так, отвечает Александр Игнатьич: дар ваш может сказать вам это и без нас. Пожалуйте ж, говорит, со мной в другую комнату; тут он назначил именно того из них, который до него имел надобность. Александр Игнатьич не рассказывал, что с ним было потом, но он вышел от него бледный как платок. То же самое случилось и с одной знатной дамой высшего общества: она тоже вышла от него бледна как платок, вся в слезах и в изумлении от его предсказания и красноречия.

— Странно. Но теперь он не занимается этим?

— Строжайше запрещено-с. Были чудные примеры-с. Один молодой корнет, цвет и надежда высшего семейства, глядя на него, усмехнулся. «Чего ты смеешься? — сказал, рассердившись, старик. — Через три дня ты сам будешь вот что!» — и он сложил накрест руки, означая таким знаком труп мертвеца

— Ну?

— Не смею верить, но, говорят, предсказание сбылось. Он имеет дар, Василий Михайлович... Вы изволили улыбнуться на мой простодушный рассказ. Знаю, что вы далеко упредили меня в просвещении; но я верю ему: он не шарлатан. Сам Пушкин упоминает о чем-то подобном в своих сочинениях.

— Гм. Не хочу вам противоречить. Вы, кажется, сказали, что он живет не один.

— Я не знаю... с ним, кажется, дочь его.

— Дочь?

— Да-с, или, кажется, жена его; я знаю, что живет с ним какая-то женщина. Я видел мельком и внимания не обратил.

— Гм. Странно...

Молодой человек впал в задумчивость, Ярослав Ильич — в нежное созерцание. Он был растроган и тем, что видел старого друга, и тем, что удовлетворительно рассказал интереснейшую вещь. Он сидел, не спуская глаз с Василья Михайловича и потягивая из трубки; но вдруг вскочил и засуетился.

— Целый час прошел, а я и забыл! Дорогой Василий Михайлович, еще раз благодарю судьбу за то, что свела нас вместе, но мне пора. Дозволите ли мне посетить вас в вашем ученом жилище?

— Сделайте одолжение, буду вам очень рад. Навещу и сам вас, когда выпадет время.

— Верить ли приятному известию? Обяжете, несказанно обяжете! Не поверите, в какой восторг вы меня привели!

Они вышли из трактира. Сергеев уже летел им навстречу и скороговоркой рапортовал Ярославу Ильичу, что Вильм Емельянович изволят проезжать. Действительно, в перспективе показалась пара лихих саврасок, впряженных в лихие пролетки. Особенно замечательна была необыкновенная пристяжная. Ярослав Ильич сжал, словно в тисках, руку лучшего из друзей своих, приложился к шляпе и пустился встречать налетавшие дрожки. Дорогою он раза два обернулся и прощальным образом кивнул головою Ордынову.

Ордынов чувствовал такую усталость, такое изнеможение во всех членах, что едва волочил ноги. Кое-как добрался он до дому. В воротах его опять встретил дворник, прилежно наблюдавший всё его прощание с Ярославом Ильичом, и еще издали сделал ему какой-то пригласительный знак. Но молодой человек прошел мимо. В дверях квартиры он плотно столкнулся с маленькой седенькой фигуркой, выходившей, потупив очи, от Мурина.

— Господи, прости мои прегрешения! — прошептала фигурка, отскочив в сторону с упругостью пробки.

— Не ушиб ли я вас?

— Нет-с, нижайше благодарю за внимание... О, Господи, Господи!

Тихий человечек, кряхтя, охая и нашептывая что-то назидательное себе под нос, бережно пустился по лестнице. Это был хозяин дома, которого так испугался дворник. Тут только Ордынов вспомнил, что видел его в первый раз здесь же, у Мурина, когда переезжал на квартиру.

Он чувствовал, что был раздражен и потрясен; он знал, что фантазия и впечатлительность его напряжены до крайности, и решил не доверять себе. Мало-помалу он впал в какое-то оцепенение. В грудь его залегло какое-то тяжелое, гнетущее чувство. Сердце его ныло, как будто всё изъязвленное, и вся душа была полна глухих, неиссякаемых слез.

Он опять припал на постель, которую она постлала ему, и стал снова слушать. Он слышал два дыхания: одно тяжелое, болезненное, прерывистое, другое тихое, но неровное и как будто тоже взволнованное, как будто там билось сердце одним и тем же стремлением, одною и тою же страстью. Он слышал порою шум ее платья, легкий шелест ее тихих, мягких шагов, и даже этот шелест ноги ее отдавался глухою, но мучительно-сладостною болью в его сердце. Наконец он как будто расслушал рыдания, мятежный вздох и, наконец, опять ее молитву. Он знал, что она стоит на коленях перед образом, ломая руки в каком-то исступленном отчаянии!.. Кто же она? За кого она просит? Какою безвыходною страстью смущено ее сердце? Отчего оно так болит и тоскует и выливается в таких жарких и безнадежных слезах?..

Он начал припоминать ее слова. Всё, что она говорила ему, еще звучало в ушах его, как музыка, и сердце любовно отдавалось глухим, тяжелым ударом на каждое воспоминание, на каждое набожно повторенное ее слово... На миг мелькнуло в уме его, что он видел всё это во сне. Но в тот же миг весь состав его изныл в замирающей тоске, когда впечатление ее горячего дыхания, ее слов, ее поцелуя наклеймилось снова в его воображении. Он закрыл глаза и забылся. Где-то пробили часы; становилось поздно; падали сумерки.

Ему вдруг показалось, что она опять склонилась над ним, что глядит в его глаза своими чудно-ясными глазами, влажными от сверкающих слез безмятежной, светлой радости, тихими и ясными, как бирюзовый нескончаемый купол неба в жаркий полдень. Таким торжественным спокойствием сияло лицо ее, таким обетованием нескончаемого блаженства теплилась ее улыбка, с таким сочувствием, с таким младенческим увлечением преклонилась она на плечо его, что стон вырвался из его обессиленной груди от радости. Она хотела ему что-то сказать; она ласково что-то поверяла ему. Опять как будто сердце пронзающая музыка поразила слух его. Он жадно впивал в себя воздух, нагретый, наэлектризованный ее близким дыханием. В тоске он простер свои руки, вздохнул, открыл глаза... Она стояла перед ним, нагнувшись к лицу его, вся бледная, как от испуга, вся в слезах, вся дрожа от волнения. Она что-то говорила ему, об чем-то молила его, складывая и ломая свои полуобнаженные руки. Он обвил ее в своих объятиях, она вся трепетала на его груди...

Часть вторая

I

— Что ты? Что с тобою? — говорил Ордынов, очнувшись совсем, всё еще сжимая ее в своих крепких и горячих объятиях, — что с тобой, Катерина? что с тобою, любовь моя?

Она тихо рыдала, потупив глаза и пряча разгоревшееся лицо у него на груди. Долго еще она не могла говорить и вся дрожала, как будто в испуге.

— Не знаю, не знаю, — проговорила она наконец едва слышным голосом, задыхаясь и почти не выговаривая слов, — не помню, как и к тебе зашла я сюда... — Тут она ещё крепче, еще с большим стремлением прижалась к нему и в неудержимом, судорожном чувстве целовала ему плечо, руки, грудь; наконец, как будто в отчаянье, закрылась руками, припала на колени и скрыла в его коленях свою голову. Когда же Ордынов, в невыразимой тоске, нетерпеливо приподнял и посадил ее возле себя, то целым заревом стыда горело лицо ее, глаза ее плакали о помиловании и насильно пробивавшаяся на губе ее улыбка едва силилась подавить неудержимую силу нового ощущения. Теперь она была как будто снова чем-то испугана, недоверчиво отталкивала его рукой, едва взглядывала на него и отвечала на его ускоренные вопросы, потупив голову, боязливо и шепотом.

— Ты, может быть, видела страшный сон, — говорил Ордынов, — может быть, тебе привиделось что-нибудь... да? Может быть, *он* испугал тебя... Он в бреду и без памяти... Может быть, он что-нибудь говорил, что не тебе было слушать?.. Ты слышала что-нибудь? да?

— Нет, я не спала, — отвечала Катерина, с усилием подавляя свое волнение. — Сон и не шел ко мне. *Он* всё молчал и только раз позвал меня. Я подходила, окликала его, говорила ему; мне стало страшно; он не просыпался и не слышал меня. Он в тяжелом недуге, подай Господь ему помощи! Тогда мне на сердце стала тоска западать, горькая тоска! Я ж всё молилась, всё молилась, и вот это и нашло на меня.

— Полно, Катерина, полно, жизнь моя, полно! Это ты вчера испугалась...

— Нет, я не пугалась вчера!..

— Бывает это с тобою другой раз?

— Да, бывает. — И она вся задрожала и опять в испуге стала прижиматься к нему, как дитя. — Видишь, — сказала она, прерывая рыдания, — я не напрасно пришла к тебе, не напрасно, тяжело было одной, — повторяла она, благодарно сжимая его руки. — Полно же, полно о чужом горе слезы ронять! Прибереги их на черный день, когда самому, одинокому, тяжело будет и не будет с тобой никого!.. Слушай, была у тебя твоя люба?

— Нет... до тебя я не знал ни одной...

— До меня... ты меня своей любой зовешь?

Она вдруг посмотрела на него, как будто с удивлением, что-то хотела сказать, но потом утихла и потупилась. Мало-помалу всё лицо ее снова зарделось внезапно запылавшим румянцем; ярче, сквозь забытые, еще не остывшие на ресницах слезы, блеснули глаза, и видно было, что какой-то вопрос шевелился на губах ее. С стыдливым лукавством взглянула она раза два на него и потом вдруг снова потупилась.

— Нет, не бывать мне твоей первой любой, — сказала она, — нет, нет, — повторяла она, покачивая головою, задумавшись, тогда как улыбка опять тихо прокрадывалась по лицу ее, — нет, — сказала она наконец, рассмеявшись, — не мне, родной, быть твоей любушкой.

Тут она взглянула на него; но столько грусти отразилось вдруг на лице ее, такая безвыходная печаль поразила разом все черты ее, так неожиданно закипело изнутри, из сердца ее отчаяние, что непонятное, болезненное чувство сострадания к горю неведомому захватило дух Ордынова, и он с невыразимым мучением глядел на нее.

— Слушай, что я скажу тебе, — говорила она голосом, пронзающим сердце, сжав его руки в своих руках, усиливаясь подавить свои рыдания. — Слушай меня хорошо, слушай, радость моя! Ты укроти свое сердце и не люби меня так, как теперь полюбил. Тебе легче будет, сердцу станет легче и радостнее, и от лютого врага себя сбережешь, и любу-сестрицу себе наживешь. Буду к тебе приходить, коль захочешь, миловать тебя буду и стыда на себя не возьму, что спозналась с тобой. Была же с тобою два дня, как лежал ты в злом недуге! Спознай сестрицу! Недаром же мы братались с тобой, недаром же я за тебя Богородицу слезно молила! другой такой не нажить тебе! Мир изойдешь кругом, поднебесную узнаешь — не найти тебе другой такой любы, коли любы твое сердце просит. Горячо тебя полюблю, всё, как теперь, любить буду, и за то полюблю, что душа твоя чистая, светлая, насквозь видна; за то, что как я взглянула впервой на тебя, так тотчас спознала, что ты моего дома гость, желанный гость и недаром к нам напросился; за то полюблю, что, когда глядишь, твои глаза любят и про сердце твое говорят, и когда скажут что, так я тотчас же обо всем, что ни есть в тебе, знаю, и за то тебе жизнь отдать хочется на твою любовь, добрую волюшку, затем что сладко быть и рабыней тому, чье сердце нашла... да жизнь-то моя не моя, а чужая, и волюшка связана! Сестрицу ж возьми, и сам будь мне брат, и меня в свое сердце прими, когда опять тоска, злая немочь нападет на меня; только сам сделай так, чтоб мне стыда не было к тебе приходить и с тобой долгую ночь, как теперь, просидеть. Слышал меня? Открыл ли мне сердце свое? Взял ли в разум, что я тебе говорила?.. — Она хотела еще что-то сказать, взглянула на него, положила на плечо ему свою руку и наконец в бессилии припала к груди его. Голос ее замер в судорожном, страстном рыдании, грудь волновалась глубоко, и лицо вспыхнуло, как заря вечерняя.

— Жизнь моя! — прошептал Ордынов, у которого зрение помутилось и дух занялся. — Радость моя! — говорил он, не зная слов своих, не помня их, не понимая себя, трепеща, чтоб одним дуновением не разрушить обаяния, не разрушить всего, что было с ним и что скорее он принимал за видение, чем за действительность: так отуманилось всё перед ним! — Я не знаю, не понимаю тебя, я не помню, что ты мне теперь говорила, разум тускнеет мой, сердце ноет в груди, владычица моя!..

Тут голос его опять пресекся от волнения. Она всё крепче, всё теплее, горячее прижималась к нему. Он привстал с места и, уже не сдерживая себя более, разбитый, обессиленный восторгом, упал на колени. Рыдания судорожно, с болью прорвались наконец из груди его, и пробившийся прямо из сердца голос задрожал, как струна, от всей полноты неведомого восторга и блаженства.

— Кто ты, кто ты, родная моя? откуда ты, моя голубушка? — говорил он, силясь подавить свои рыдания. — Из какого неба ты в мои небеса залетела? Точно сон кругом меня; я верить в тебя не могу. Не укоряй меня... дай мне говорить, дай мне всё, всё сказать тебе!.. Я долго хотел говорить... Кто ты, кто ты, радость моя?.. Как ты нашла мое сердце? Расскажи мне, давно ли ты сестрица моя?.. Расскажи мне всё про себя, где ты была до сих пор, — расскажи, как звали место, где ты жила, что ты там полюбила сначала, чем рада была и о чем тосковала?.. Был ли там тепел воздух, чисто ли небо было?.. кто тебе были милые, кто любили тебя до меня, к кому там впервые твоя душа запросилась?.. Была ль у тебя мать родная, и она ль тебя дитятей лелеяла, или, как я, одинокая, ты на жизнь оглянулась? Скажи мне, всегда ль ты была такова? Что снилось, о чем гадала ты вперед, что сбылось и что не сбылось у тебя, — всё скажи... По ком заныло первый раз твое девичье сердце и за что ты его отдала? Скажи, что же мне отдать тебе за него, что мне отдать тебе за тебя?.. Скажи мне, любушка, свет мой, сестрица моя, скажи мне, чем же мне твое сердце нажить?..

Тут голос его снова иссяк, и он склонил голову. Но когда поднял глаза, то немой ужас оледенил его всего разом и волосы встали дыбом на голове его.

Катерина сидела бледная как полотно. Она неподвижно смотрела в воздух, губы ее были сини, как у мертвой, и глаза заволоклись немой, мучительной мукой. Она медленно привстала, ступила два шага и с пронзительным воплем упала пред образом... Отрывистые несвязные слова вырывались из груди ее. Она лишилась чувств. Ордынов, весь потрясенный страхом, поднял ее и донес до своей кровати; он стоял над нею, не помня себя. Спустя минуту она открыла глаза, приподнялась на постели, осмотрелась кругом и схватила его руку. Она привлекла его к себе, силилась что-то прошептать всё еще бледными губами, но голос всё еще изменял ей. Наконец она разразилась градом слез; горячие капли жгли похолодевшую руку Ордынова.

— Тяжело, тяжело мне теперь, час мой приходит последний! — проговорила она наконец, тоскуя в безвыходной муке.

Она силилась еще что-то проговорить, но окостенелый язык ее не мог произнести ни одного слова. С отчаянием глядела она на Ордынова, не понимавшего ее. Он нагнулся к ней ближе и вслушивался... Наконец он услышал, как она прошептала явственно:

— Я испорчена, меня испортили, погубили меня!

Ордынов поднял голову и с диким изумлением взглянул на нее. Какая-то безобразная мысль мелькнула в уме его. Катерина видела судорожное, болезненное сжатие его лица.

— Да! Испортили, — продолжала она, — меня испортил злой человек — *он,* погубитель мой!.. Я душу ему продала... Зачем, зачем об родной ты помянул? что тебе было мучить меня? Бог тебе, Бог тебе судья!..

Через минуту она тихо заплакала; сердце Ордынова билось и ныло в смертной тоске.

— Он говорит, — шептала она сдерживаемым, таинственным голосом, — что когда умрет, то придет за моей грешной душой... Я его, я ему душой продалась... Он мучил меня, он мне в книгах читал... На, смотри, смотри его книгу! вот его книга. Он говорит, что я сделала смертный грех... Смотри, смотри...

И она показывала ему книгу; Ордынов не заметил, откуда взялась она. Он машинально взял ее, всю писанную, как древние раскольничьи книги, которые ему удавалось прежде видеть. Но теперь он был не в силах смотреть и сосредоточить внимание свое на чем-нибудь другом. Книга выпала из рук его. Он тихо обнимал Катерину, стараясь привести ее в разум.

— Полно, полно! — говорил он, — тебя испугали; я с тобою; отдохни со мною, родная, любовь моя, свет мой!

— Ты не знаешь ничего, ничего! — говорила она, крепко сжимая его руки. — Я такая всегда!.. Я всё боюсь... Полно, полно тебе меня мучить!..

— Я тогда к нему иду, — начала она через минуту, переводя дух. — Иной раз он просто своими словами меня заговаривает, другой раз берет свою книгу, самую большую, и читает надо мной. Он всё грозное, суровое такое читает! Я не знаю что и понимаю не всякое слово; но меня берет страх, и когда я вслушиваюсь в его голос, то словно это не он говорит, а кто-то другой, недобрый, кого ничем не умягчишь, ничем не замолишь, и тяжело-тяжело станет на сердце, горит оно... Тяжелей, чем когда начиналась тоска!

— Не ходи к нему! Зачем же ты ходишь к нему? — говорил Ордынов, едва сознавая слова свои.

— Зачем я к тебе пришла? Спроси — тоже не знаю... А он мне всё говорит: молись, молись! Иной раз я встаю в темную ночь и молюсь долго, по целым часам; часто и сон меня клонит; но страх всё будит, всё будит меня, и мне всё чудится тогда, что гроза кругом меня собирается, что худо мне будет, что разорвут и затерзают меня недобрые, что не замолить мне угодников и что не спасут они меня от лютого горя. Вся душа разрывается, словно распаяться всё тело хочет от слез... Тут я опять стану молиться, и молюсь, и молюсь до той поры, пока Владычица не посмотрит на меня с иконы любовнее. Тогда я встаю и отхожу на сон, как убитая; иной раз и засну на полу, на коленях пред иконой. Тогда, случится, он проснется, подзовет меня, начнет меня голубить, ласкать, утешать, и тогда уж мне и легче становится, и приди хоть какая беда, я уж с ним не боюсь. Он властен! Велико его слово!

— Но какая ж беда, какая ж беда у тебя?.. — И Ордынов ломал руки в отчаянии.

Катерина страшно побледнела. Она смотрела на него, как приговоренная к смерти, не чая помилования.

— Меня?.. я дочь проклята́я, я душегубка; меня мать прокляла! Я родную мать загубила!..

Ордынов безмолвно обнял ее. Она трепетно прижалась к нему. Он чувствовал, как судорожная дрожь пробегала по всему ее телу, и, казалось, душа ее расставалась с телом.

— Я ее в сырую землю закрыла, — говорила она вся в тревоге своих воспоминаний, вся в видениях своего безвозвратно прошедшего, — я давно хотела говорить, он всё заказывал мне молением, укором и словом гневливым, а порой сам на меня же подымет тоску мою, точно мой враг и супостат. А мне всё, — как и теперь ночью, — всё приходит на ум... Слушай, слушай! Это давно уже было, очень давно, я и не помню когда, а всё как будто вчера передо мною, словно сон вчерашний, что сосал мне сердце всю ночь. Тоска надвое время длиннит. Сядь, сядь здесь возле меня: я всё мое горе тебе расскажу; разрази меня, проклятого, проклятием материм... Я тебе жизнь мою предаю...

Ордынов хотел остановить ее, но она сложила руки, моля его любовь на внимание, и потом снова, еще с большей тревогой, начала говорить. Рассказ ее был бессвязен, в словах слышалась буря душевная, но Ордынов всё понимал, затем что жизнь ее стала его жизнию, горе ее — его горем и затем что враг его уже въявь стоял перед ним, воплощался и рос перед ним в каждом ее слове и как будто с неистощимой силой давил его сердце и ругался над его злобой. Кровь его волновалась, заливала сердце и путала мысли. Злой старик его сна (в это верил Ордынов) был въявь перед ним.

— Вот такая же ночь была, — начала говорить Катерина, — только грознее, и ветер выл по нашему лесу, как никогда еще не удавалось мне слышать... или уж в эту ночь началась погибель моя! Под нашим окном дуб сломило, а к нам приходит старый, седой старик нищий, и он говорил, что еще малым дитей помнил этот дуб и что он был такой же, как и тогда, когда ветер осилил его... В эту же ночь — как теперь всё помню! — у отца барки на реке бурей разбило, и он, хоть и немочь ломала его, поехал на место, как только прибежали к нам на завод рыбаки. Мы с матушкой сидели одни, я дремала, она об чем-то грустила и горько плакала... да, я знала о чем! Она только что хворала, была бледна и всё говорила мне, чтоб я ей саван готовила... Вдруг слышен в полночь стук у ворот; я вскочила, кровь залила мне сердце; матушка вскрикнула... я не взглянула на нее, я боялась, взяла фонарь, пошла сама отпирать ворота... Это был *он!* Мне стало страшно, затем что мне всегда страшно было, как он приходил, и с самого детства так было, как только память во мне родилась! У него тогда еще не было белого волоса; борода его была как смоль черна, глаза горели, словно угли, и ни разу до той поры он ласково на меня не взглянул. Он спросил: «дома ли мать?» Я затворяю калитку, говорю, что «отца нету дома». Он сказал:

«знаю» — и вдруг глянул на меня, так глянул... первый раз он так глядел на меня. Я шла, а он всё стоит. «Что ты не идешь?» — «Думу думаю». Мы уж в светелку всходим. «А зачем ты сказала, что отца нету дома, когда я спрашивал, дома ли мать?» Я молчу... Матушка обмерла — к нему бросилась... он чуть взглянул, — я всё видела. Он был весь мокрый, издрогший: буря гнала его двадцать верст, — а откуда и где он бывает, ни я, ни матушка никогда не знали; мы его уж девять недель не видали... бросил шапку, скинул рукавицы — образам не молится, хозяевам не кланяется — сел у огня...

Катерина провела рукою по лицу, как будто что-то гнело и давило ее, но через минуту опять подняла голову и опять начала:

— Он стал с матерью говорить по-татарски. Мать умела, я не понимала ни слова. Другой раз, как он приходил, меня отсылали; а теперь мать родному детищу слова сказать не посмела. Нечистый купил мою душу, и я, сама себе хвалясь, смотрела на матушку. Вижу, на меня смотрят, обо мне говорят; она стала плакать; вижу, он за нож хватается, а уж не один раз, с недавнего времени, он при мне за нож хватался, когда с матерью говорил. Я встала и схватилась за его пояс, хотела у него нож его вырвать нечистый. Он скрипнул зубами, вскрикнул и хотел меня отбить — в грудь ударил, да не оттолкнул. Я думала, тут и умру, глаза заволокло, падаю наземь — да не вскрикнула. Смотрю, сколько сил было видеть, снимает он пояс, засучивает руку, которой ударил меня, нож вынимает, мне дает: «На, режь ее прочь, натешься над ней, во сколько обиды моей к тебе было, а я, гордая, за то до земли тебе поклонюсь». Я нож отложила: кровь меня душить начала, на него не глянула, помню, усмехнулась, губ не разжимая, да прямо матушке в печальные очи смотрю, грозно смотрю, а у самой смех с губ не сходит бесстыдный; а мать сидит бледная, мертвая...

Ордынов с напряженным вниманием слушал несвязный рассказ; но мало-помалу тревога ее стихла на первом порыве; речь стала покойнее; воспоминания увлекли совсем бедную женщину и разбили тоску ее по всему своему безбрежному морю.

— Он взял шапку не кланяясь. Я опять взяла фонарь его провожать, вместо матушки, которая хоть больная сидела, а хотела за ним идти. Дошли мы с ним до ворот: я молчу, калитку ему отворила, собак прогнала. Смотрю — снимает он шапку и мне поклон. Вижу, идет к себе за пазуху, вынимает коробок красный, сафьянный, задвижку отводит; смотрю: бурмицкие зерна — мне на поклон. «Есть, говорит, у меня в пригородье красавица, ей вез на поклон, да не к ней завез; возьми, красная девица, полелей свою красоту, хоть ногой растопчи, да возьми». Я взяла, а ногой топтать не хотела, чести много не хотела давать, а взяла, как ехидна, не сказала ни слова на что. Пришла и поставила на стол перед матерью — для того и брала. Родимая с минуту молчала, вся как платок бела, говорить со мной словно боится. «Что ж это, Катя?» А я отвечаю: «Тебе, родная, купец приносил, я не ведаю». Смотрю, у ней слезы выдавились, дух захватило. «Не мне, Катя; не мне, дочка злая, не мне». Помню, так горько, так горько сказала, словно всю душу выплакала. Я глаза подняла, хотела ей в ноги броситься, да вдруг окаянный подсказал: «Ну, не тебе, верно, батюшке; ему передам, коль воротится; скажу: купцы были, товар позабыли...» Тут как всплачет она, родная моя... «Я сама скажу, что за купцы приезжали и за каким товаром приехали... Уж я скажу ему, чья ты дочь; беззаконница! Ты же не дочь мне теперь, ты мне змея подколодная! Ты детище мое проклято́е!» Я молчу, слезы не идут у меня... ах! словно всё во мне вымерло... Пошла я к себе в светлицу и всю-то ноченьку бурю прослушала да под бурей свои мысли слагала.

А между тем пять дён прошло. Вот ввечеру приезжает через пять дён батюшка, хмурый и грозный, да немочьто дорогой сломила его. Смотрю, рука у него подвязана; смекнула я, что дорогу ему враг его перешел; а враг тогда утомил его и немочь наслал на него. Знала я тоже, кто его враг, всё знала. С матушкой слова не молвил, про меня не спросил, всех людей созвал, завод остановить приказал и дом от худого глаза беречь. Я почуяла сердцем в тот час, что дома у нас нездорово. Вот ждем, прошла ночь, тоже бурная, вьюжная, и тревога мне в душу запала. Отворила я окно — горит лицо, плачут очи, жжет сердце неугомонное; сама как в огне: так и хочется мне вон из светлицы, дальше, на край света, где молонья и буря родятся. Грудь моя девичья ходенем ходит... вдруг, уж поздно, — я как будто вздремнула, иль туман мне на душу запал, разум смутил, — слышу, стучат в окно: «Отвори!» Смотрю, человек в окно по веревке вскарабкался. Я тотчас узнала, кто в гости пожаловал, отворила окно и впустила его в светлицу свою одинокую. А был он! Шапки не снял, сел на лавку, запыхался, еле дух переводит, словно погоня была. Я стала в угол и сама знаю, как вся побледнела. «Дома отец?» — «Дома». — «А мать?» — «Дома и мать». — «Молчи же теперь; слышишь!» — «Слышу». — «Что?» — «Свист под окном!» — «Ну, хочешь теперь, красная девица, с недруга голову снять, батюшку родимого кликнуть, душу мою загубить? Из твоей девичьей воли не выйду; вот и веревка, вяжи, коли сердце велит за обиду свою заступиться». Я молчу. «Что ж? промолви, радость моя?» — «Чего тебе нужно?» — «А нужно мне ворога уходить, с старой любой подобру-поздорову проститься, а новой, молодой, как ты, красной девице, душой поклониться...» Я засмеялась; и сама не знаю, как его нечистая речь в мое сердце дошла. «Пусти ж меня, красная девица, прогуляться вниз, свое сердце изведать, хозяевам поклон отнести». Я вся дрожу, стучу зубом об зуб, а сердце словно железо каленое. Пошла, дверь ему отворила, впустила в дом, только на пороге через силу промолвила: «На вот! возьми свои зерна и не дари меня другой раз никогда», и сама ему коробок вослед бросила.

Тут Катерина остановилась перевести дух; она то вздрагивала, как лист, и бледнела, то кровь всходила ей в голову, и теперь, когда она остановилась, щеки ее пылали огнем, глаза блистали сквозь слезы, и тяжелое, прерывистое дыхание колебало грудь ее. Но вдруг она опять побледнела, и голос ее упал, задрожав тревожно и грустно.

— Тогда я осталась одна, и будто буря меня кругом обхватила. Вдруг слышу крик, слышу, по двору люди до завода бегут, слышу говор: «Завод горит». Я притаилась, из дома все убежали; осталась я с матушкой. Знала я, что она с жизнью расстается, третьи сутки на смертной постели лежит, знала я, окаянная дочь!.. Вдруг слышу крик под моей светлицей, слабый, словно ребенок вскрикнул, когда во сне испугается, и потом всё затихло. Я задула свечу, сама леденею, закрылась руками, глянуть боюсь. Вдруг слышу крик подле меня, слышу, с завода люди бегут. Я в окно свесилась: вижу, несут батюшку мертвого, слышу, говорят меж собою: «Оступился, с лестницы в котел раскаленный упал; знать, нечистый его туда подтолкнул». Я припала на постель; жду, сама вся замерла и не знаю, чего и кого ждала; только тяжело у меня было в этот час. Не помню, сколько ждала; помню, что меня вдруг всю колыхать начало, голове тяжело стало, глаза выедало дымом; и рада была я, что близка моя гибель! Вдруг, слышу, кто-то меня за плеча подымает. Смотрю, сколько глядеть могу: он весь опаленный, и кафтан его, горячий на ощупь, дымится.

«За тобой пришел, красная девица; уводи ж меня от беды, как прежде на беду наводила; душу свою я за тебя сгубил. Не отмолить мне этой ночи проклятой! Разве вместе будем молиться!» Смеялся он, злой человек! «Покажи, говорит, как пройти, чтоб не мимо людей!» Я взяла его за руку и повела за собой. Прошли мы коридор — со мной ключи были, — отворила я дверь в кладовую и показала ему на окно. А окно наше в сад выходило. Он схватил меня на могучие руки, обнял и выпрыгнул со мною вон из окна. Мы побежали с ним рука в руку, долго бежали. Смотрим, густой, темный лес. Он стал слушать: «Погоня, Катя, за нами! погоня за нами, красная девица, да не в этот час нам животы свои положить! Поцелуй меня, красная девица, на любовь да на вечное счастье!» — «А отчего у тебя руки в крови?» — «Руки в крови, моя родимая? а ваших собак порезал; разлаялись больно на позднего гостя. Пойдем!» Мы опять побежали; видим, на тропинке батюшкин конь, узду перервал, из конюшни выбежал; знать, ему гореть не хотелось! «Садись, Катя, со мной! Бог наш нам помочь послал!» Я молчу. «Аль не хочешь? я ведь не нехристь какой, не нечистый; вот перекрещусь, коли хочешь», и тут он крест положил. Я села, прижалась к нему и забылась совсем у него на груди, словно сон какой нашел на меня, а как очнулась, вижу, стоим у широкой-широкой реки. Он слез, меня с лошади снял и пошел в тростник: там он лодку свою затаил. Мы уж садились. «Ну, прощай, добрый конь, ступай до нового хозяина, а старые все тебя покидают!» Я бросилась к коню батюшкину и крепко, на разлуку, обняла его. Потом мы сели, он весла взял, и мигом стало нам берегов не видать. И когда стало нам берегов не видать, смотрю, он весла сложил и кругом, по всей воде, осмотрелся.

«Здравствуй, — промолвил, — матушка, бурная реченька, божьему люду поилица, а моя кормилица! Скажи-ка, берегла ль ты мое добро без меня, целы ль товары мои!» Я молчу, очи на грудь опустила; лицо стыдом, как полымем, пышет. А он: «Уж и всё б ты взяла, бурная, ненасытная, а дала б мне обет беречь и лелеять жемчужину мою многоценную! Урони ж хоть словечко, красная девица, просияй в бурю солнцем, разгони светом темную ночь!» Говорит, а сам усмехается; жгло его сердце по мне, да усмешки его, со стыда, мне стерпеть не хотелось; хотелось слово сказать, да сробела, смолчала. «Ну, ин быть так!» — отвечает он на мою думу робкую, говорит будто с горя, самого будто горе берет. «Знать, с силы ничего не возьмешь. Бог же с тобой, спесивая, голубица моя, красная девица! Видно, сильна ко мне твоя ненависть, иль уж так не любо я твоим светлым очам приглянулся». Слушала я, и зло меня взяло, зло с любви взяло; я сердце осилила, промолвила: «Люб иль не люб ты пришелся мне, знать, не мне про то знать, а, верно, другой какой неразумной, бесстыжей, что светлицу свою девичью в темную ночь опозорила, за смертный грех душу свою продала да сердца своего не сдержала безумного; да знать про то, верно, моим горючим слезам да тому, кто чужой бедой воровски похваляется, над девичьим сердцем насмехается!» Сказала, да не стерпела, заплакала... Он помолчал, поглядел на меня так, что я, как лист, задрожала. «Слушай же, — говорит мне, — красная девица, — а у самого чудно очи горят, — не праздное слово скажу, а дам тебе великое слово: на сколько счастья мне подаришь, на столько буду и я тебе господин, а невзлюбишь когда — и не говори, слов не роняй, не трудись, а двинь только бровью своей соболиною, поведи черным глазом, мизинцем одним шевельни, и отдам тебе назад любовь твою с золотою волюшкой; только будет тут, краса моя гордая, несносимая, и моей жизни конец!» И тут вся плоть моя на его слова усмехнулася.

Тут глубокое волнение прервало было рассказ Катерины; она перевела дух, усмехнулась новой думе своей и хотела было продолжать, но вдруг сверкающий взгляд ее встретил воспаленный, прикованный к ней взгляд Ордынова. Она вздрогнула, хотела было что-то сказать, но кровь залила ей лицо... Словно в беспамятстве закрылась она руками и бросилась лицом на подушки. Всё потряслось в Ордынове! Какое-то мучительное чувство, смятение безотчетное, невыносимое, разливалось, как яд, по всем его жилам и росло с каждым словом рассказа Катерины: безвыходное стремление, страсть, жадная и невыносимая, захватила думы его, мутила его чувства. Но грусть, тяжелая, бесконечная, в то же время всё более и более давила его сердце. Минутами он хотел кричать Катерине, чтоб она замолчала, хотел броситься к ногам ее и молить своими слезами, чтоб она возвратила ему его прежние муки любви, его прежнее, безотчетное, чистое стремление, и ему жаль стало давно уже высохших слез своих. Сердце его ныло, болезненно обливаясь кровью и не давая слез уязвленной душе его. Он не понял, что говорила ему Катерина, и любовь его пугалась чувства, волновавшего бедную женщину. Он проклял страсть свою в эту минуту: она душила, томила его, и он слышал, как растопленный свинец вместо крови потек в его жилах.

— Ах, не в том мое горе, — сказала Катерина, вдруг приподняв свою голову, — что я тебе говорила теперь; не в том мое горе, — продолжала она голосом, зазвеневшим, как медь, от нового нежданного чувства, тогда как вся душа ее разрывалась от затаившихся, безвыходных слез, — не в том мое горе, не в том мука, забота моя! Что, что мне до родимой моей, хоть и не нажить мне на всем свете другой родной матушки! что мне до того, что прокляла она меня в час свой тяжелый, последний! что мне до золотой прежней жизни моей, до теплой светлицы, до девичьей волюшки! что мне до того, что продалась я нечистому и душу мою отдала погубителю, за счастие вечный грех понесла! Ах, не в том мое горе, хоть и на этом велика погибель моя! А то мне горько и рвет мне сердце, что я рабыня его опозоренная, что позор и стыд мой самой, бесстыдной, мне люб, что любо жадному сердцу и вспоминать свое горе, словно радость и счастье, — в том мое горе, что нет силы в нем и нет гнева за обиду свою!..

Дух занялся в груди бедной женщины, и судорожное, истерическое рыдание пресекло слова ее. Горячее, порывистое дыхание палило ее губы, грудь подымалась и опускалась глубоко, и непонятным негодованием сверкнули глаза ее. Но столько очарования озолотило лицо ее в эту минуту, таким страстным потоком чувства, такой невыносимой, неслыханной красотою задрожала каждая линия, каждый мускул его, что разом угасла черная дума и замолкла чистая грусть в груди Ордынова. Сердце его рвалось прижаться к ее сердцу и страстно в безумном волнении забыться в нем вместе, застучать в лад тою же бурею, тем же порывом неведомой страсти и хоть замереть с ним вместе. Катерина встретила помутившийся взор Ордынова и улыбнулась так, что удвоенным потоком огня обдало его сердце. Он едва помнил себя.

— Пожалей меня, пощади меня! — шептал он ей, сдерживая дрожащий свой голос, наклоняясь к ней, опершись рукою на ее плечо и близко, близко так, что дыхание их сливалось в одно, смотря ей в глаза. — Ты сгубила меня! Я твоего горя не знаю, и душа моя смутилась... Что мне до того, об чем плачет твое сердце! Скажи, что ты хочешь... я сделаю. Пойдем же со мной, пойдем, не убей меня, не мертви меня!..

Катерина смотрела на него неподвижно; слезы высохли на горячих щеках ее. Она хотела прервать его, взяла его за руку, хотела сама что-то говорить и как будто не находила слов. Какая-то странная улыбка медленно появилась на ее губах, словно смех пробивался сквозь эту улыбку.

— Не всё ж я, знать, тебе рассказала, — проговорила она наконец прерывистым голосом. — Еще расскажу; только будешь ли, будешь ли слушать меня, горячее сердце? Послушай сестрицу свою! Знать, мало спознал ты ее лютого горя! Хотела б я рассказать, как я с ним год прожила, да не стану... А минул год, ушел он с товарищами вниз по реке, и осталась я у названой матушки его во пристани ждать. Жду его месяц-другой — и повстречалась я в пригородье с молодым купцом, взглянула на него и вспомнила про былые годы золотые. «Любушка-сестрица! — говорит он, как два слова перемолвил со мной. — Я Алеша, твой названый суженый, нас детьми старики на словах повенчали; забыла меня, вспомни-ка, я из вашего места...» — «А что говорят обо мне в вашем месте?» — «А говорит людской толк, что ты нечестно пошла, девичий стыд позабыла, с разбойником, душегубцем спозналась», — говорит мне Алеша, смеясь. «А ты что про меня говорил?» — «Много хотел говорить, как сюда подъезжал, — и смутилось в нем сердце, — много сказать захотелось, а теперь душа у меня помертвела, как завидел тебя; сгубила ты меня! — говорит. — Купи ж и мою душу, возьми ее, хоть насмейся над сердцем, любовью моей, красная девица. Я теперь сиротинушка, хозяин свой, и душа-то моя своя, не чужая, не продавал ее никому, как иная, что память свою загасила, а сердце не покупать стать, даром отдам, да, видно, дело оно наживное!» Я засмеялась; и не раз и не два говорил — целый месяц в усадьбе живет, бросил товары, своих отпустил, один-одинешенек. Жаль мне стало его сиротских слез. Вот и сказала я ему раз поутру: «Жди меня, Алеша, как стемнеет ночь, пониже у пристани; поедем с тобой в твое место! опостылела мне жизнь моя горемычная!» Вот ночь пришла, я узелок навязала, и душа заныла, заиграла во мне. Смотрю, входит хозяин мой нежданно-неведомо. «Здравствуй; пойдем; на реке будет буря, а время не ждет». Я пошла за ним; к реке подошли, а до своих было далеко плыть; смотрим: лодка и знакомый в ней гребец сидит, словно поджидает кого. «Здравствуй, Алеша, Бог в помочь тебе! Что? аль на пристани запоздал, на суда свои поспешаешь? Довези-ка, добрый человек, вот меня, да с хозяюшкой, к своим в наше место; лодку свою я отпустил, а вплавь пойти не умею». — «Садись, — сказал Алеша, а у меня вся душа изныла, как заслышала я голос его. — Садись и с хозяюшкой; ветер для всех, а в моем терему и для вас будет место». Сели; ночь была темная, звезды попрятались, ветер завыл, встала волна, а от берега мы с версту отъехали. Все трое молчим.

«Буря! — говорит мой хозяин. — И не к добру эта буря! Такой бури я сродясь еще на реке не видал, какая теперь разыграется! Тяжело нашей лодке! не сносить ей троих!» — «Да, не сносить, — отвечает Алеша, — и один из нас, знать, лишний выходит»; говорит, а у самого голос дрожит, как струна. «А что, Алеша? знал я тебя малым дитей, братался с твоим родным батюшкой, хлеб-соль вместе водили, — скажи мне, Алеша, дойдешь ли без лодки до берега иль сгинешь ни за что, душу погубишь свою?» — «Не дойду! — А ты, добрый человек, как случится, не ровен час, и тебе порой водицы испить, дойдешь или нет?» — «Не дойду; тут и конец моей душеньке, не сносить меня бурной реке! — Слушай же ты теперь, Катеринушка, жемчужина моя многоценная! помню я одну такую же ночь, только тогда не колыхалась волна, звезды сияли и месяц светил... Хочу тебя так, спроста, спросить, не забыла ли ты?» — «Помню», — я говорю... «А как не забыла ее, так и уговора не забыла, как учил один молодец одну красну девицу волюшку свою похитить назад у немилова, а?» — «Нет, и того не забыла», — говорю, а сама ни жива ни мертва. «А, не забыла! так вот теперь в лодке нам тяжело. Уж не пришло ли чье время? Скажи, родная, скажи, голубица, проворкуй нам по-голубиному свое слово ласковое...»

— Я слова моего не сказала тогда! — прошептала Катерина, бледная... Она не докончила.

— Катерина! — раздался над ними глухой, хриплый голос.

Ордынов вздрогнул. В дверях стоял Мурин. Он был едва закрыт меховым одеялом, бледен как смерть и смотрел на них почти обезумевшим взглядом. Катерина бледнела больше и больше и тоже смотрела на него неподвижно, как будто очарованная.

— Иди ко мне, Катерина! — прошептал больной едва слышным голосом и вышел из комнаты. Катерина всё еще смотрела неподвижно в воздух, всё будто бы еще старик стоял перед нею. Но вдруг кровь мгновенно опалила ее бледные щеки, и она медленно приподнялась с постели. Ордынов вспомнил первую встречу.

— Так до завтра же, слезы мои! — сказала она, как-то странно усмехаясь. — До завтра! Помни ж, на чем перестала я: «Выбирай из двух: кто люб или не люб тебе, красная девица!» Будешь помнить, подождешь одну ночку? — повторила она, положив ему свои руки на плеча и нежно смотря на него.

— Катерина, не ходи, не губи себя! Он сумасшедший! — шептал Ордынов, дрожа за нее.

— Катерина! — раздался голос за перегородкой.

— Что ж? зарежет небось? — отвечала, смеясь, Катерина. — Доброй ночи тебе, сердце мое ненаглядное, голубь горячий мой, братец родной! — говорила она, нежно прижав его голову к груди своей, тогда как слезы оросили вдруг лицо ее. — Это последние слезы. Переспи ж свое горе, любезный мой, проснешься завтра на радость. — И она страстно поцеловала его.

— Катерина! Катерина! — шептал Ордынов, упав перед ней на колени и порываясь остановить ее. — Катерина!

Она обернулась, улыбаясь кивнула ему головою и вышла из комнаты. Ордынов слышал, как она вошла к Мурину; он затаил дыхание, прислушиваясь; но ни звука не услышал он более. Старик молчал или, может быть, опять был без памяти... Он хотел было идти к ней туда, но ноги его подкашивались... Он ослабел и присел на постели...

II

Долго не мог он узнать часа, когда очнулся. Были рассвет или сумерки; в комнате всё еще было темно. Он не мог означить именно, сколько времени спал, но чувствовал, что сон его был сном болезненным. Опомнясь, он провел рукой по лицу, как будто снимая с себя сон и ночные видения. Но когда он хотел ступить на пол, то почувствовал, что как будто всё тело его было разбито и истомленные члены отказывались повиноваться. Голова его болела и кружилась, и всё тело обдавало то мелкою дрожью, то пламенем. Вместе с сознанием воротилась и память, и сердце его дрогнуло, когда в один миг пережил он воспоминанием всю прошлую ночь. Сердце его сильно билось в ответ на его раздумье, так горячи, свежи были его ощущения, что как будто не ночь, не долгие часы, а одна минута прошла по уходе Катерины. Он чувствовал, что глаза его еще не обсохли от слез, — или новые, свежие слезы брызнули как родник из горячей души его? И, чудное дело! ему даже сладостны были муки его, хотя он глухо слышал всем составом своим, что не вынесет более такого насилия. Была минута, когда он почти чувствовал смерть и готов был встретить ее как светлую гостью: так напряглись его впечатления, таким могучим порывом закипела по пробуждении вновь его страсть, таким восторгом обдало душу его, что жизнь, ускоренная напряженною деятельностью, казалось, готова была перерваться, разрушиться, истлеть в один миг и угаснуть навеки. Почти в эту ж минуту, как бы в ответ на тоску его, в ответ его задрожавшему сердцу, зазвучал знакомый, — как та внутренняя музыка, знакомая душе человека в час радости о жизни своей, в час безмятежного счастья, — густой, серебряный голос Катерины. Близко, возле, почти над изголовьем его, началась песня, сначала тихо и заунывно... Голос то возвышался, то опадал, судорожно замирая, словно тая про себя и нежно лелея свою же мятежную муку ненасытимого, сдавленного желания, безвыходно затаенного в тоскующем сердце; то снова разливался соловьиною трелью и, весь дрожа, пламенея уже несдержимою страстию, разливался в целое море восторгов, в море могучих, беспредельных, как первый миг блаженства любви, звуков. Ордынов отличал и слова: они были просты, задушевны, сложенные давно, прямым, спокойным, чистым и ясным самому себе чувством. Но он забывал их, он слышал лишь одни звуки. Сквозь простой, наивный склад песни ему сверкали другие слова, гремевшие всем стремлением, которое наполняло его же грудь, давшие отклик сокровеннейшим, ему же неведомым, изгибам страсти его, прозвучавшим ему же ясно, целым сознанием, о ней. И то слышался ему последний стон безвыходно замершего в страсти сердца, то радость воли и духа, разбившего цепи свои и устремившегося светло и свободно в неисходное море невозбранной любви; то слышалась первая клятва любовницы с благоуханным стыдом за первую краску в лице, с молениями, со слезами, с таинственным, робким шепотом; то желание вакханки, гордое и радостное силой своей, без покрова, без тайны, с сверкающим смехом обводящее кругом опьяневшие очи...

Ордынов не выдержал окончания песни и встал с постели. Песня тотчас затихла.

— Доброе утро с добрым днем прошли, мой желанный! — зазвучал голос Катерины, — добрый вечер тебе! Встань, приди к нам, пробудись на светлую радость; ждем тебя, я да хозяин, люди всё добрые, твоей воле покорные; загаси любовью ненависть, коли всё еще сердце обидой болит. Скажи слово ласковое!..

Ордынов уже вышел из комнаты на первый оклик ее, и едва понял он, что входит к хозяевам. Перед ним отворилась дверь, и ясна, как солнце, заблестела ему золотая улыбка чудной его хозяйки. В этот миг он не видал, не слыхал никого, кроме ее. Мгновенно вся жизнь, вся радость его слились в одно в его сердце — в светлый образ его Катерины.

— Две зари прошло, — сказала она, подавая ему свои руки, — как мы попрощались с тобой; вторая гаснет теперь, посмотри в окно. Словно две зари души красной девицы, — промолвила, смеясь, Катерина, — одна, что первым стыдом лицо разрумянит, как впервинки скажется в груди одинокое девичье сердце, а другая, как забудет первый стыд красная девица, горит словно полымем, давит девичью грудь и гонит в лицо румяную кровь... Ступай, ступай в наш дом, добрый молодец! Что стоишь на пороге? Честь тебе да любовь, да поклон от хозяина!

С звонким, как музыка, смехом взяла она руку Ордынова и ввела его в комнату. Робость вошла в его сердце. Всё пламя, весь пожар, пламеневший в груди его, словно истлели и угасли в один миг и на один миг; он с смущением опустил глаза и боялся смотреть на нее. Он чувствовал, что она так чудно прекрасна, что не сносить его сердцу знойного ее взгляда. Никогда еще он не видал так своей Катерины. Смех и веселье в первый раз засверкали в лице ее и иссушили грустные слезы на ее черных ресницах. Его рука дрожала в ее руке. И если б он поднял глаза, то увидел бы, что Катерина с торжествующей улыбкой приковала светлые очи к лицу его, отуманенному смущением и страстью.

— Встань же, старый! — сказала она наконец, как будто сама только опомнившись, — скажи гостю слово приветливое. Гость что брат родной! Встань же, непоклонный, спесивый старинушка, встань, поклонись, гостя за белые руки возьми, посади за стол!

Ордынов поднял глаза и как будто теперь лишь опомнился. Он теперь только подумал о Мурине. Глаза старика, словно потухавшие в предсмертной тоске, смотрели на него неподвижно; и с болью в душе вспомнил он этот взгляд, сверкнувший ему в последний раз из-под нависших черных, сжатых, как и теперь, тоскою и гневом бровей. Голова его слегка закружилась. Он огляделся кругом и теперь только сообразил всё ясно, отчетливо. Мурин всё еще лежал на постели, но он был почти одет и как будто уже вставал и выходил в это утро. Шея была обвязана, как и прежде, красным платком, на ногах были туфли. Болезнь, очевидно, прошла, только лицо всё еще было страшно бледно и желто. Катерина стояла возле постели, опершись рукою на стол, и внимательно смотрела на обоих. Но приветливая улыбка не сходила с лица ее. Казалось, всё делалось по ее мановению.

— Да! Это ты, — сказал Мурин, приподымаясь и садясь на постели. — Ты мой жилец. Виноват я перед тобою, барин, согрешил и обидел тебя незнамо-неведомо, пошалил намедни с ружьем. Кто ж те знал, что на тебя тоже находит черная немочь? А со мною случается, — прибавил он хриплым, болезненным голосом, хмуря брови свои и невольно отводя глаза от Ордынова. — Беда идет — не стучит в ворота, как вор подползет! Я и ей чуть ножа ономнясь в грудь не всадил... — примолвил он, кивнув головой на Катерину. — Болен я, припадок находит, ну, и довольно с тебя! Садись — будешь гость!

Ордынов всё еще пристально смотрел на него.

— Садись же, садись! — крикнул старик в нетерпении, — садись, коли ей это любо! Ишь вы, побратались, единоутробные! Слюбились, словно любовники!

Ордынов сел.

— Видишь, сестрица какая, — продолжал старик, засмеявшись и показав два ряда своих белых, целых до единого зубов. — Милуйтесь, родные мои! Хороша ль у тебя сестрица, барин? скажи, отвечай! На, смотри-ка, как щеки ее полымем пышат. Да оглянись же, почествуй всему свету красавицу! Покажи, что болит по ней ретивое!

Ордынов нахмурил брови и злобно посмотрел на старика. Тот вздрогнул от его взгляда. Слепое бешенство закипело в груди Ордынова. Он каким-то животным инстинктом чуял близ себя врага насмерть. Он сам не мог понять, что с ним делается, рассудок отказывался служить ему.

— Не смотри! — раздался голос сзади его. Ордынов оглянулся.

— Не смотри же, не смотри, говорю, коли бес научает, пожалей свою любу, — говорила, смеясь, Катерина и вдруг сзади закрыла рукою глаза его; потом тотчас же отняла свои руки и закрылась сама. Но краска лица как будто пробивалась сквозь ее пальцы. Она отняла руки и, вся горя как огонь, попробовала светло и нетрепетно встретить их смех и любопытные взгляды. Но оба молча глядели на нее — Ордынов с каким-то изумлением любви, как будто в первый раз такая страшная красота пронзила сердце его; старик внимательно, холодно. Ничего не выражалось на его бледном лице; только губы синели и слегка трепетали.

Катерина подошла к столу, уже не смеясь более, и стала убирать книги, бумаги, чернилицу, всё, что было на столе, и сложила всё на окно. Она дышала скоро, прерывисто и по временам жадно впивала в себя воздух, как будто ей сердце теснило. Тяжело, словно волна прибрежная, опускалась и вновь подымалась ее полная грудь. Она потупила глаза, и черные, смолистые ресницы, как острые иглы, заблистали на светлых щеках ее...

— Царь-девица! — сказал старик.

— Владычица моя! — прошептал Ордынов, дрогнув всем телом. Он опомнился, заслышав на себе взгляд старика: как молния, сверкнул этот взгляд на мгновение — жадный, злой, холодно-презрительный. Ордынов привстал было с места, но как будто невидимая сила сковала ему ноги. Он снова уселся. Порой он сжимал свою руку, как будто не доверяя действительности. Ему казалось, что кошмар его душит и что на глазах его всё еще лежит страдальческий, болезненный сон. Но чудное дело! Ему не хотелось проснуться...

Катерина сняла со стола старый ковер, потом открыла сундук, вынула из него драгоценную скатерть, всю расшитую яркими шелками и золотом, и накрыла ею на стол; потом вынула из шкафа старинный, прадедовский, весь серебряный поставец, поставила его на середину стола и отделила от него три серебряные чарки — хозяину, гостю и чару себе; потом важным, почти задумчивым взглядом посмотрела на старика и на гостя.

— Кто ж из нас кому люб иль не люб? — сказала она. — Кто не люб кому, тот мне люб и со мной будет пить свою чару. А мне всяк из вас люб, всяк родной: так пить всем на любовь и согласье!

— Пить да черную думу в вине топить! — сказал старик изменившимся голосом. — Наливай, Катерина!

— А ты велишь наливать? — спросила Катерина, смотря на Ордынова.

Ордынов молча подвинул свою чарку.

— Стой! У кого какая загадка и думушка, пусть по его же хотенью и сбудется! — сказал старик, подняв свою чару.

Все стукнули чарками и выпили.

— Давай же мы теперь выпьем с тобой, старина! — сказала Катерина, обращаясь к хозяину. — Выпьем, коли ласково твое сердце ко мне! выпьем за прожитое счастье, ударим поклон прожитым годам, сердцем за счастье да любовью поклонимся! Вели ж наливать, коли горячо твое сердце ко мне!

— Винцо твое крепко, голубица моя, а сама только губки помочишь! — сказал старик, смеясь и подставляя вновь свою чару.

— Ну, я отхлебну, а ты пей до дна!.. Что жить, старинушка, тяжелую думу за собой волочить; а только сердце ноет с думы тяжелой! Думушка с горя идет, думушка горе зовет, а при счастье живется без думушки! Пей, старина! Утопи свою думушку!

— Много ж, знать, горя у тебя накипело, коли так на него ополчаешься! Знать, разом хочешь покончить, белая голубка моя. Пью с тобой, Катя! А у тебя есть ли горе, барин, коль позволишь спросить?

— Что есть, то есть про себя, — прошептал Ордынов, не сводя глаз с Катерины.

— Слышал, старинушка? Я и сама себя долго не знала, не помнила, а пришло время, всё спознала и вспомнила; всё, что прошло, ненасытной душой опять прожила.

— Да, горько, коль на бывалом одном пробиваться начнешь, — сказал старик задумчиво. — Что прошло, как вино пропито! Что в прошлом счастье? Кафтан износил, и долой...

— Новый надо! — подхватила Катерина, засмеявшись с натуги, тогда как две крупные слезинки повисли, как алмазы, на сверкнувших ресницах. — Знать, веку минутой одной не прожить, да и девичье сердце живуче, не угоняешься в лад! Спознал, старина? Смотри, я в твоей чаре слезинку мою схоронила!

— А за много ль счастья ты свое горе купила? — сказал Ордынов, и голос его задрожал от волнения.

— Знать, у тебя, барин, своего много продажного! — отвечал старик, — что суешься непрошеный. — И он злобно и неслышно захохотал, нагло смотря на Ордынова.

— А за что продала, то и было, — отвечала Катерина как будто недовольным, обиженным голосом. — Одному кажется много, другому мало. Один всё отдать хочет, взять нечего, другой ничего не сулит, да за ним идет сердце послушное! А ты не кори человека, — примолвила она, грустно смотря на Ордынова, — один такой человек, другой не тот человек, а будто знаешь, зачем к кому душа просится! Наливай же свою чару, старик! Выпей за счастье твоей дочки любезной, рабыни твоей тихой, покорной, как впервинки была, как с тобой спозналась. Подымай свою чару!

— Ин быть так! Наливай же свою! — сказал старик, взяв вино.

— Стой, старина! подожди пить, дай прежде слово сказать!..

Катерина облокотилась руками на стол и пристально разгоревшимися, страстными очами смотрела в глаза старику. Какая-то странная решимость сияла в глазах ее. Но все движения ее были беспокойны, жесты отрывисты, неожиданны, скоры. Она была вся словно в огне, и чудно делалось это. Но как будто красота ее росла вместе с волнением, с одушевлением ее. Из полуоткрытых улыбкою губ, выказывавших два ряда белых, ровных, как жемчуг, зубов, вылетало порывистое дыхание, слегка приподымая ее ноздри. Грудь волновалась; коса, три раза обернутая на затылке, небрежно слегка упала на левое ухо и прикрыла часть горячей щеки. Легкий пот пробивался у ней на висках.

— Загадай, старина! Загадай мне, родимый мой, загадай прежде, чем ум пропьешь; вот тебе ладонь моя белая! Ведь недаром тебя у нас колдуном люди прозвали. Ты же по книгам учился и всякую черную грамоту знаешь! Погляди же, старинушка, расскажи мне всю долю мою горемычную; только, смотри, не солги! Ну, скажи, как сам знаешь, — будет ли счастье дочке твоей, иль не простишь ты ее и накличешь ей на дорогу одну злую долю-кручинушку? Скажи, тепел ли будет мой угол, где обживусь, иль, как пташка перелетная, весь век сиротинушкой буду меж добрых людей своего места искать? Скажи, кто мне недруг, кто любовь мне готовит, кто зло про меня замышляет? Скажи, в одиночку ль моему сердцу, молодому, горячему, век прожить и до века заглохнуть, иль найдет оно ровню себе да в лад с ним на радость забьется... до нового горя! Угадай уж за один раз, старинушка, в каком синем небе, за какими морями-лесами сокол мой ясный живет, где, да и зорко ль, себе соколицу высматривает, да и любовно ль он ждет, крепко ль полюбит, скоро ль разлюбит, обманет иль не обманет меня? Да уж зараз всё одно к одному, скажи мне в последний, старинушка, долго ль нам с тобой век коротать, в углу черством сидеть, черные книги читать; да когда мне тебе, старина, низко кланяться, подобру-поздорову прощаться, за хлеб-соль благодарить, что поил, кормил, сказки сказывал?.. Да, смотри же, всю правду скажи, не солги; пришло время, постой за себя!

Одушевление ее росло всё более и более до последнего слова, как вдруг ее голос пресекся от волнения, будто какой-то вихрь увлекал ее сердце. Глаза ее сверкнули, и верхняя губа слегка задрожала. Слышно было, как злая насмешка змеилась и пряталась в каждом слове ее, но как будто плач звенел в ее смехе. Она наклонилась через стол к старику и пристально, с жадным вниманием смотрела в помутившиеся глаза его. Ордынов слышал, как вдруг застучало ее сердце, когда она кончила; он вскрикнул от восторга, когда взглянул на нее, и привстал было со скамьи. Но беглый, мгновенный взгляд старика опять приковал его к месту. Какая-то странная смесь презренья, насмешки, нетерпеливого, досадного беспокойства и вместе с тем злого, лукавого любопытства светились в этом беглом, мгновенном взгляде, от которого каждый раз вздрагивал Ордынов и который каждый раз наполнял его сердце желчью, досадой и бессильною злобой.

Задумчиво и с каким-то грустным любопытством смотрел старик на свою Катерину. Сердце его было уязвлено, слова были сказаны. Но даже бровь не шевельнулась в лице его! Он только улыбнулся, когда она кончила.

— Много ж ты разом хотела узнать, птенчик мой оперившийся, пташка моя встрепенувшаяся! Наливай же мне скорее чару глубокую; выпьем сначала на размирье да на добрую волю; не то чьим-нибудь глазом черным, нечистым мое пожелание испорчу. Бес силен! далеко ль до греха!

Он поднял свою чару и выпил. Чем больше пил он вина, тем становился бледнее. Глаза его стали красны, как угли. Видно было, что лихорадочный блеск их и внезапная, мертвенная синева лица предвещали скоро новый припадок болезни. Вино ж было крепкое, так что с одной выпитой чарки всё более и более мутились глаза Ордынова. Лихорадочно воспаленная кровь его не могла долее выдержать: она заливала его сердце, мутила и путала разум. Беспокойство его росло всё сильнее и сильнее. Он налил и отхлебнул еще, сам не зная, что делает, чем помочь возраставшему волнению своему, и кровь еще быстрее полетела по его жилам. Он был как в бреду и едва мог следить, напрягая всё внимание, за тем, что происходило между странных хозяев его.

Старик звонко стукнул серебряной чаркой об стол.

— Наливай, Катерина! — вскричал он. — Наливай еще, злая дочка, наливай до упаду! Уложи старика на покой, да и полно с него! Вот так, наливай еще, наливай мне, красавица! Выпьем с тобой! Что ж ты мало пила? Али я не видал...

Катерина что-то отвечала ему, но Ордынов не расслышал, что именно: старик не дал ей кончить; он схватил ее за руку, как бы не в силах более сдержать всего, что теснилось в груди его. Лицо его было бледно; глаза то мутились, то вспыхивали ярким огнем; побелевшие губы дрожали, и неровным, смятенным голосом, в котором сверкал минутами какой-то странный восторг, он сказал ей:

— Давай ручку, красавица! давай загадаю, всю правду скажу. Я и впрямь колдун; знать, не ошиблась ты, Катерина! знать, правду сказало сердечко твое золотое, что один я ему колдун и правды не потаю от него, простого, нехитрого! Да одного не спознала ты: не мне, колдуну, тебя учить уму-разуму! Разум не воля для девицы, и слышит всю правду, да словно не знала, не ведала! У самой голова — змея хитрая, хоть и сердце слезой обливается! Сама путь найдет, меж бедой ползком проползет, сбережет волю хитрую! Где умом возьмет, а где умом не возьмет, красой затуманит, черным глазом ум опьянит, — краса силу ломит; и железное сердце, да пополам распаяется! Уж и будет ли у тебя печаль со кручинушкой? Тяжела печаль человеческая! Да на слабое сердце не бывает беды! Беда с крепким сердцем знакомится, втихомолку кровавой слезой отливается да на сладкий позор к добрым людям не просится: твое ж горе, девица, словно след на песке, дождем вымоет, солнцем высушит, буйным ветром снесет, заметет! Пусть и еще скажу, поколдую: кто полюбит тебя, тому ты в рабыни пойдешь, сама волюшку свяжешь, в заклад отдашь, да уж и назад не возьмешь; в пору вовремя разлюбить не сумеешь; положишь зерно, а губитель твой возьмет назад целым колосом! Дитя мое нежное, золотая головушка, схоронила ты в чарке моей свою слезинку-жемчужинку, да по ней не стерпела, тут же сто пролила, словцо красное потеряла да горем-головушкой своей похвалилася! Да по ней, по слезинке, небесной росинке, тебе и тужить-горевать не приходится! Отольется она тебе с лихвою, твоя слезинка жемчужная, в долгую ночь, в горемычную ночь, когда станет грызть тебя злая кручинушка, нечистая думушка, — тогда на твое сердце горячее, всё за ту же слезинку, капнет тебе чья-то иная слеза, да кровавая, да не теплая, а словно топленый свинец; до крови белу грудь разожжет, и до утра, тоскливого, хмурого, что приходит в ненастные дни, ты в постельке своей прометаешься, алу кровь точа, и не залечишь своей ранки свежей до другого утра! Налей еще, Катерина, налей, голубица моя, налей мне за мудрый совет; а дальше, знать, слов терять нечего...

Голос его ослабел и задрожал: казалось, рыдание готово было прорваться из груди его... Он налил вина и жадно выпил новую чару; потом снова стукнул чаркой об стол. Мутный взгляд его еще раз вспыхнул пламенем.

— А! живи, как живется! — вскричал он. — Что прошло, то уж с плеч долой! Наливай мне, еще наливай, всё подноси тяжелую чару, чтобы резала головушку буйную с плеч, чтоб вся душа от нее замертвела! Уложи на долгую ночь, да без утра, да чтобы память совсем отошла. Что пропито, то прожито! Знать, заглох у купца товар, залежался, даром с рук отдает! А не продал бы своей волей вольною его тот купец ниже своей цены, отлилась бы и вражья кровь, пролилась бы и кровь неповинная, да в придачу положил бы тот покупщик свою погибшую душеньку! Наливай, наливай мне еще, Катерина!..

Но рука его, державшая чару, как будто замерла и не двигалась; он дышал тяжело и трудно, голова его невольно склонилась. В последний раз он вперил тусклый взгляд на Ордынова, но и этот взгляд потух наконец, и веки его упали, словно свинцовые. Смертная бледность разлилась по лицу его... Еще несколько времени губы его шевелились и вздрагивали, как бы силясь еще что-то промолвить, — и вдруг слеза, горячая, крупная, нависла с ресниц его, порвалась и медленно покатилась по бледной щеке... Ордынов был не в силах выдержать более. Он привстал и, пошатнувшись, ступил шаг вперед, подошел к Катерине и схватил ее за руку; но она и не взглянула на него, как будто его не приметила, как будто не признала его...

Она как будто тоже теряла сознание, как будто одна мысль, одна неподвижная идея увлекла ее всю. Она припала к груди спящего старика, обвила своей белой рукой его шею и пристально, словно приковалась к нему, смотрела на него огневым, воспаленным взглядом. Она будто не слыхала, как Ордынов взял ее за руку. Наконец она повернула к нему свою голову и посмотрела на него долгим, пронзающим взглядом. Казалось, что она поняла наконец его, и тяжелая, удивленная улыбка, тягостно, как будто с болью, выдавилась на губах ее...

— Поди, поди прочь, — прошептала она, — ты пьяный и злой! Ты не гость мне!.. — Тут она снова обратилась к старику и опять приковалась к нему своими очами.

Она как будто стерегла каждое дыхание его и взглядом своим лелеяла его сон. Она как будто боялась сама дохнуть, сдерживая вскипевшее сердце. И столько исступленного любования было в сердце ее, что разом отчаяние, бешенство и неистощимая злоба захватили дух Ордынова...

— Катерина! Катерина! — звал он, сжимая, как в тисках, ее руку.

Чувство боли прошло по лицу ее; она опять подняла свою голову и посмотрела на него с такою насмешкой, так презрительно-нагло, что он едва устоял на ногах. Потом она указала ему на спящего старика и — как будто вся насмешка врага его перешла ей в глаза — терзающим, леденящим взглядом опять взглянула на Ордынова.

— Что? зарежет небось?— проговорил Ордынов, не помня себя от бешенства.

Словно демон его шепнул ему на ухо, что он ее понял... И всё сердце его засмеялось на неподвижную мысль Катерины...

— Куплю ж я тебя, красота моя, у купца твоего, коль тебе души моей надобно! Небось не зарезать ему!..

Неподвижный смех, мертвивший всё существо Ордынова, не сходил с лица Катерины. Неистощимая насмешка разорвала на части его сердце. Не помня, почти не сознавая себя, он облокотился рукою об стену и снял с гвоздя дорогой, старинный нож старика. Как будто изумление отразилось на лице Катерины; но как будто в то же время злость и презрение впервые с такой силой отразились в глазах ее. Ордынову дурно становилось, смотря на нее... Он чувствовал, что как будто кто-то вырывал, подмывал потерявшуюся руку его на безумство; он вынул нож... Катерина неподвижно, словно не дыша более, следила за ним...

Он взглянул на старика...

В эту минуту ему показалось, что один глаз старика медленно открывался и, смеясь, смотрел на него. Глаза их встретились. Несколько минут Ордынов смотрел на него неподвижно... Вдруг ему показалось, что всё лицо старика засмеялось и что дьявольский, убивающий, леденящий хохот раздался наконец по комнате. Безобразная, черная мысль, как змея, проползла в голове его. Он задрожал; нож выпал из рук его и зазвенел на полу. Катерина вскрикнула, как будто очнувшись от забытья, от кошмара, от тяжелого, неподвижного виденья... Старик, бледный, медленно поднялся с постели и злобно оттолкнул ногой нож в угол комнаты. Катерина стояла бледная, помертвелая, неподвижная; глаза ее закрывались; глухая, невыносимая боль судорожно выдавилась на лице ее; она закрылась руками и с криком, раздирающим душу, почти бездыханная, упала к ногам старика...

— Алеша! Алеша! — вырвалось из стесненной груди ее...

Старик обхватил ее могучими руками и почти сдавил на груди своей. Но когда она спрятала у сердца его свою голову, таким обнаженным, бесстыдным смехом засмеялась каждая черточка на лице старика, что ужасом обдало весь состав Ордынова. Обман, расчет, холодное, ревнивое тиранство и ужас над бедным, разорванным сердцем — вот что понял он в этом бесстыдно не таившемся более смехе...

III

Когда Ордынов, бледный, встревоженный, еще не опомнившийся от вчерашней тревоги, отворил на другой день, часов в восемь утра, дверь к Ярославу Ильичу, к которому пришел, впрочем, сам не зная зачем, то отшатнулся от изумления и как вкопанный стал на пороге, увидя в комнате Мурина. Старик был еще бледнее Ордынова и, казалось, едва стоял на ногах от болезни; впрочем, сесть не хотел, несмотря ни на какие приглашения вполне счастливого таким посещением Ярослава Ильича. Ярослав Ильич тоже вскрикнул, завидев Ордынова, но почти в ту же минуту радость его прошла, и какое-то замешательство застигло его вдруг, совершенно врасплох, на полдороге от стола к соседнему стулу. Очевидно было, что он не знал, что сказать, что сделать, и вполне сознавал всю неприличность сосать в такую хлопотливую минуту, оставив гостя в стороне, одного как он есть, свой чубучок, а между тем (так сильно было смущение его) все-таки тянул из чубучка что было силы и даже почти с некоторым вдохновением. Ордынов вошел наконец в комнату. Он бросил беглый взгляд на Мурина. Что-то похожее на вчерашнюю злую улыбку, от которой и теперь бросило в дрожь и в негодование Ордынова, проскользнуло по лицу старика. Впрочем, всё враждебное тотчас же скрылось и сгладилось, и выражение лица его приняло вид самый неприступный и замкнутый. Он отвесил пренизкий поклон жильцу своему... Вся эта сцена воскресила наконец сознание Ордынова. Он пристально посмотрел на Ярослава Ильича, желая вникнуть в положение дела. Ярослав Ильич затрепетал и замялся.

— Войдите ж, войдите, — примолвил он наконец, — войдите, драгоценнейший Василий Михайлович, осените прибытием и положите печать... на все эти обыкновенные предметы... — проговорил Ярослав Ильич, показав рукой в один угол комнаты, покраснев, как махровая роза, сбившись, запутавшись в сердцах на то, что самая благородная фраза завязла и лопнула даром, и с громом подвинул стул на самую средину комнаты.

— Я вам не мешаю, Ярослав Ильич, я хотел... на две минуты.

— Помилуйте! возможно ли вам мне помешать-с... Василий Михайлович! Но — позвольте чайку-с! Эй! служба!.. Я уверен, что и вы не откажетесь еще одну чашечку!

Мурин кивнул головою, дав знать таким образом, что совсем не откажется.

Ярослав Ильич закричал на вошедшую службу и наистрожайшим образом потребовал еще три стакана, затем сел возле Ордынова. Несколько времени он вертел свою голову, как гипсовый котенок, то вправо, то влево, от Мурина к Ордынову и от Ордынова к Мурину. Положение его было весьма неприятное. Ему, очевидно, что-то хотелось сказать, по идеям его весьма щекотливое, по крайней мере для одной стороны. Но при всех усилиях своих он решительно не мог вымолвить слова... Ордынов тоже как будто находился в недоумении. Была минута, когда оба они разом вдруг принялись говорить... Молчаливый Мурин, наблюдавший их с любопытством, медленно расправил рот и показал зубы свои все до единого...

— Я пришел объявить вам, — вдруг начал Ордынов, — что по самому неприятному случаю принужден оставить квартиру, и...

— Представьте себе, какой странный случай! — перебил вдруг Ярослав Ильич. — Я, признаюсь, был вне себя от изумления, когда этот почтенный старик объявил мне сегодня поутру ваше решение. Но...

— *Он* объявил вам? — спросил с изумлением Ордынов, смотря на Мурина.

Мурин погладил свою бороду и засмеялся в рукав.

— Да-с, — подхватил Ярослав Ильич, — впрочем, я могу еще ошибаться. Но, смело скажу, для вас — честью моею могу вам ручаться, что для вас в словах этого почтенного старика не было ни тени обидного!..

Тут Ярослав Ильич покраснел и через силу подавил свое волнение. Мурин, как будто натешась наконец вдоволь замешательством хозяина и гостя, ступил шаг вперед.

— Я вот про то, ваше благородие, — начал он, с вежливостию поклонившись Ордынову, — их благородие на ваш счет маленько утрудить посмел... Оно, того, сударь, выходит — сами знаете — я и хозяйка, то есть, рады бы душою и волею, и слова бы сказать не посмели... да житье-то мое какое, сами знаете, сами видите, сударь! А право, только что животы Господь бережет, за то и молим святую волю его; а то, сами видите, сударь, взвыть мне, что ли, приходится? — Тут Мурин опять утер рукавом свою бороду.

Ордынову почти делалось дурно.

— Да, да, я вам сам про него говорил: больной, то есть это malheur... то есть я было хотел выразиться по-французски, но, извините, я по-французски не так свободно, то есть...

— Да-с...

— Да-с, то есть...

Ордынов и Ярослав Ильич сделали друг другу по полупоклону, каждый с своего стула и несколько набок, и оба прикрыли возникшее недоумение извинительным смехом. Деловой Ярослав Ильич тотчас поправился.

— Я, впрочем, подробно расспрашивал этого честного человека, — начал он, — он мне говорил, что болезнь той женщины...

Тут щекотливый Ярослав Ильич, вероятно желая скрыть маленькое недоумение, опять возникшее на лице его, быстро, вопросительным взглядом устремился на Мурина.

— Да, хозяйки-то нашей...

Деликатный Ярослав Ильич не настаивал.

— Хозяйки, то есть бывшей хозяйки вашей, я как-то, право... ну, да! Она, видите ли, больная женщина. Он говорит, что она вам мешает... в ваших занятиях, да и он сам... вы от меня скрыли одно важное обстоятельство, Василий Михайлович!

— Какое?

— Насчет ружья-с, — промолвил почти шепотом самым снисходительным голосом Ярослав Ильич, с одной мильонной долей упрека, нежно зазвеневшего в его дружеском теноре. — Но, — прибавил он поспешно, — я всё знаю, он мне всё рассказал, и вы благородно сделали, отпустив ему его невольную вину перед вами. Клянусь, я видел слезы на глазах его!

Ярослав Ильич снова покраснел; глаза его засияли, и он с чувством повернулся на стуле.

— Я, то есть мы, сударь, ваше благородие, то есть я, примером сказать, да и хозяйка моя уж и как за вас Бога молим, — начал Мурин, обращаясь к Ордынову, покамест Ярослав Ильич подавлял обычное волнение свое, и пристально смотря на него, — да, сами знаете, сударь, она баба хворая, глупая; меня самого еле ноги носят...

— Да я готов, — сказал в нетерпенье Ордынов, — полноте, пожалуйста; я хоть сейчас!..

— Нет, то есть, сударь, многим вашей милости довольны (Мурин пренизко поклонился). Я, сударь, вам не про то; я вот хотел слово вымолвить, — ведь она, сударь, мне-то почти из родни, то есть из дальней, примером, как говорится, седьмая вода, то есть уж не побрезгайте словом нашим, сударь, люди мы темные — да сызмалетства такая! Головенка больная, задорная, в лесу росла, мужичкой росла, всё меж бурлаков да заводчиков; а тут их дом сгори; мать, сударь, *ейная* погори; отец свою душу опали — подикась, она и невесть что расскажет вам... Я только так не мешаюсь, а ее хи-хир-руг-гичкой совет на Москве смотрел... то есть, сударь, совсем повредилась, вот что! Я только у ней и остался, со мной и живет. Живем, Бога молим, на всевышнюю силу надеемся; уж я ей и не поперечу совсем...

Ордынов изменился в лице. Ярослав Ильич смотрел то на того, то на другого.

— Да я не про то, сударь... нет! — поправился Мурин, важно покачав головою. — Она, примером сказать, такой ветер, вихорь такой, голова такая любовная, буйная, всё милого дружка, — если извинительно будет сказать, — да зазнобушку в сердце ей подавай: на том и помешана. Я уж ее сказками улещаю, то есть как улещаю. А я ведь, сударь, видел, как она — уж простите, сударь, мое глупое слово, — продолжал Мурин, кланяясь и утирая рукавом бороду, — примерно, спознавалась-то с вами; вы, то есть, примером сказать, ваше сиятельство, относительно любви к ней польнуть пожелали...

Ярослав Ильич вспыхнул и с упреком взглянул на Мурина. Ордынов едва усидел на стуле.

— Нет... то есть я, сударь, не про то... я, сударь, спроста, мужик, я из вашей воли... конечно, мы люди темные, мы, сударь, ваши слуги, — примолвил он, низко кланяясь, — а уж как с женой про вашу милость Бога будем молить!.. Что нам? Были бы сыты, здоровы, роптать не *роптаем;* да мне-то, сударь, что ж делать, в петлю лезть, что ли? Сами знаете, сударь, дело житейское, нас пожалейте, а это уж что ж, сударь, будет, как еще с полюбовником!.. Грубое-то, сударь, вы слово простите... мужик, сударь, а вы, барин... вы, сударь, ваше сиятельство, человек молодой, гордый, горячий, а она, сударь, сами знаете, дитя малое, неразумное — долго ль с ней до греха! Баба она ядреная, румяная, милая, а меня, старика, всё немочь берет. Ну, что? бес уж, знать, вашу милость попутал! я уж ее сказками всё улещаю, право, улещаю. А уж как про вашу милость с женой стали бы Бога молить! То есть вот как молить! Да и что вам, ваше сиятельство, хоть она бы и милая, а всё ж мужичка она, баба немытая, поневница глупая, мне, мужику, чета! Не вам, примерно, сударь, батюшка барин, по мужичкам якшиться! А уж как с ней стали б про вашу милость Бога молить, во как молить!..

Тут Мурин поклонился низко-низко и долго не разгибал спины, беспрерывно утирая рукавом бороду. Ярослав Ильич не знал, где стоял.

— Да-с, этот добрый человек, — заметил он, весь замешавшись, — говорил мне о каких-то существовавших между вами беспорядках-с; я не осмеливаюсь верить, Василий Михайлович... Я слышал, вы всё еще больны-с, — быстро перебил он со слезящимися от волнения глазами, в неистощимом замешательстве смотря на Ордынова.

— Да-с... Сколько я должен вам? — быстро спросил Ордынов у Мурина.

— Что вы, батюшка барин? полноте! мы ведь не христопродавцы какие-нибудь. Что вы, сударь, нас обиждаете! Постыдились бы, сударь; чем мы с супружницей вас обиждали? Помилуйте-с!

— Но, однако ж, это странно, друг мой; ведь они же у вас нанимали; чувствуете ли вы, что отказом своим вы их обижаете? — вступился Ярослав Ильич, долгом почитая показать Мурину всю странность и щекотливость его поступка.

— Да помилуйте ж, батюшка! что вы, сударь, барин? помилуйте-с! уж и чем мы не угодили про вашу честь? Уж и так старались-старались, животы надорвали, помилуйте-с! Полноте, сударь; полноте, свет-барин, Христос вас помилует! Что мы, неверные, что ли, какие? Пусть бы жил, кушал бы у нас наше яство мужицкое на здоровье, пусть бы лежал, — ничего б не сказали, и... и слова не молвили б; да нечистый попутал, хворый я человек, да и хозяйка моя хворая, — что будешь делать! Услужить-то бы некому было, а рады бы, душою бы рады были. А уж как мы с хозяйкой будем про вашу милость Бога молить, то есть во как молить!

Мурин поклонился в пояс. Слеза выдавилась из восторженных глаз Ярослава Ильича. С энтузиазмом посмотрел он на Ордынова.

— Скажите, какая благородная черта-с! Какое святое гостеприимство почило-с на русском народе-с!

Ордынов дико взглянул на Ярослава Ильича. Он почти ужаснулся... и осматривал его с головы до ног.

— А и право, сударь, гостеприимство именно чтим, то есть вот как чтим, сударь! — подхватил Мурин, заслоняя всем рукавом свою бороду. — Право, вот теперь дума идет: погостили б вы у нас, сударь, ей-богу б погостили, — продолжал он, подступая к Ордынову, — да и я, сударь, ничего; денек-другой ничего, право б ничего не сказал. Да грех больно попутал, хозяйка-то ишь моя нездорова! Ах, кабы не хозяйка! Вот был бы, примерно, один я: уж и как бы я вашу милость уважил, уж и как бы ходил, то есть во как ходил! Кого ж нам, коли и не вашу милость, уважить? Уж я бы вас вылечил, право бы вылечил, я и средствие знаю... Право бы, погостили, сударь, ей-богу, вот великое слово, у нас погостили бы!..

— В самом деле, нет ли какого средства? — заметил Ярослав Ильич... да и не докончил.

Ордынов сделал напраслину, с диким изумлением оглядев незадолго до того с ног до головы Ярослава Ильича. Это был, конечно, честнейший и благороднейший человек, но он теперь понял всё, и, признаться, положение его было весьма затруднительно! Ему хотелось, что называется, лопнуть со смеха! Будь он один на один вместе с Ордыновым, — два такие друга! — конечно, Ярослав Ильич не вытерпел бы и неумеренно предался порыву веселости. Во всяком случае он сделал бы это весьма благородно, с чувством пожал бы после смеха руку Ордынова, искренно и справедливо уверил бы его, что чувствует удвоенное уважение к нему и что извиняет во всяком случае... да, наконец, и глядеть не будет на молодость. Но теперь, при известной своей деликатности, он был в самом затруднительном положении и почти не знал, куда скрыть себя...

— Средствия, то есть снадобья! — подхватил Мурин, у которого всё лицо шевельнулось от неловкого восклицания Ярослава Ильича. — Я, то есть, сударь, по глупости моей мужицкой, вот что сказал бы, — продолжал он, ступив еще шаг вперед, — книжек вы, сударь, больно зачитались; скажу, умны больно стали; оно, то есть как по-русски говорится у нас, по-мужицкому, ум за разум зашел...

— Довольно! — строго прервал Ярослав Ильич...

— Я иду, — сказал Ордынов, — благодарю вас, Ярослав Ильич; буду, буду у вас непременно, — говорил он на удвоенные вежливости Ярослава Ильича, который был не в силах долее его удерживать. — Прощайте, прощайте...

— Прощайте, ваше благородие; прощайте, сударь; не забудьте нас, навестите нас, грешных.

Ордынов не слыхал ничего более; он вышел как полоумный.

Он не мог вынести более; он был как убитый; сознание его цепенело. Он глухо чувствовал, что его душит болезнь, но холодное отчаяние воцарилось в душе его, и только слышал он, что какая-то глухая боль ломит, томит, сосет ему грудь. Ему хотелось умереть в эту минуту. Ноги его подкосились, и он присел у забора, не обращая более внимания ни на проходивших людей, ни на толпу, начинавшую сбираться возле него, ни на оклики и расспросы любопытных, его окруживших. Но вдруг из множества голосов раздался над ним голос Мурина. Ордынов поднял голову. Старик действительно стоял перед ним; бледное лицо его было важно и задумчиво. Это уж был совсем другой человек, чем тот, который так глубоко глумился над ним у Ярослава Ильича. Ордынов привстал; Мурин взял его за руку и вывел из толпы...

— Тебе еще нужно свой скарб захватить, — сказал он, искоса взглянув на Ордынова. — Не горюй, барин! — вскрикнул Мурин. — Ты молод, чего горевать!

Ордынов не отвечал.

— Обижаешься, барин? Знать, больно зло тебя взяло... да нечему; всяк свое холит, всяк свое добро бережет.

— Я не знаю вас, — сказал Ордынов, — я не хочу знать ваших тайн. Но она! она!.. — проговорил он, и слезы градом, в три ручья, потекли из глаз его. Ветер срывал их одну за другой с его щек... Ордынов утирал их рукой. Жест его, взгляд, непроизвольные движения дрожавших посинелых губ — всё предсказывало в нем помешательство.

— Я уж тебе толковал, — сказал Мурин, стиснув брови, — она полоумная! Отчего и как помешалась... зачем тебе знать? Только мне она и такая — родная! Возлюбил я ее больше жизни моей и никому не отдам. Понимаешь теперь!

Огонь на мгновение сверкнул в глазах Ордынова.

— Но зачем же я... зачем я теперь словно жизнь потерял? Зачем же болит мое сердце? Зачем я спознал Катерину?

— Зачем? — Мурин усмехнулся и задумался. — Зачем, я и сам не знаю, зачем, — вымолвил он наконец. —

Женский норов не морская пучина, распознать его распознаешь, да хитер он, стоек, живуч! На, дескать, вынь да положь! Знать, и впрямь, барин, она с вами хотела уйти от меня, — продолжал он в раздумье. — Побрезгала старым, изжила с ним всё, насколько можно изжить! Приглянулись вы, знать, ей больно сначала! Аль уж так, вы ли, другой ли... Я ведь ей не перечу ни в чем; птичья молока пожелает, и молока птичья достану; птицу такую сам сделаю, коли нет такой птицы! Тщеславна она! За волюшкой гонится, а и сама не знает, о чем сердце блажит. Ан и вышло, что лучше по-старому! Эх, барин! молод ты больно! Сердце твое еще горячо, словно у девки, что рукавом свои слезы утирает, покинутая! Спознай, барин: слабому человеку одному не сдержаться! Только дай ему всё, он сам же придет, всё назад отдаст, дай ему полцарства земного в обладание, попробуй — ты думаешь что? Он тебе тут же в башмак тотчас спрячется, так умалится. Дай ему волюшку, слабому человеку, — сам ее свяжет, назад принесет. Глупому сердцу и воля не впрок! Не прожить с таким норовом! Я тебе это всё так говорю — молоденек ты больно! Ты что мне? Ты был да пошел — ты иль другой, всё равно. Я и сначала знал, что будет одно. А перечить нельзя! слова молвить нельзя поперек, коли хошь свое счастье сберечь. Оно ведь, знашь, барин, — продолжал философствовать Мурин, — только всё так говорится: и чего не бывает? За нож возьмется в сердцах, не то безоружный, с голыми руками на тебя, как баран, полезет да зубами глотку врагу перервет. А пусть-те дадут этот нож-от в руки, да враг твой сам перед тобою широкую грудь распахнет, небось и отступишься!

Они вошли во двор. Татарин еще издали завидел Мурина, снял перед ним шапку и лукаво, пристально смотрел на Ордынова.

— Что мать? дома? — закричал ему Мурин.

— Дома.

— Скажи, чтоб ему скарб его перетащить помогли! Да и ты пошел, двигайся!

Они взошли на лестницу. Старуха, служившая у Мурина и оказавшаяся действительно матерью дворника, возилась с пожитками бывшего жильца и ворчливо вязала их в один большой узел.

— Подожди; я-те еще из твоего принесу, там осталась...

Мурин вошел к себе. Через минуту он воротился и подал Ордынову богатую подушку, всю вышитую шелками и гарусом, — ту самую, которую положила ему Катерина, когда он сделался болен.

— Это она тебе шлет, — сказал Мурин. — А теперь ступай подобру-поздорову да, смотри ж, не шатайся, — прибавил он вполголоса, отеческим тоном, — не то худо будет.

Видно было, что ему не хотелось обижать жильца. Но когда он бросил на него последний взгляд, то невольно видно было, как прилив неистощимой злобы закипел на лице его. Почти с отвращением затворил он дверь за Ордыновым.

Через два часа Ордынов переехал к немцу Шпису. Тинхен ахнула, взглянув на него. Она тотчас спросила его о здоровье и, узнав, в чем дело, немедленно расположилась лечить. Старик немец самодовольно показал жильцу своему, что он только что хотел идти к воротам и снова налепить ярлычок, затем что сегодня аккуратно в копейку вышел задаток его, высчитывая из него каждый день найма. Причем старик не преминул дальновидно похвалить немецкую аккуратность и честность. В тот же день Ордынов занемог и только через три месяца мог встать с постели.

Мало-помалу он выздоровел и стал выходить. Жизнь у немца была однообразна, покойна. Немец был без особого норова; хорошенькая Тинхен, не трогая нравственности, была всем, чем угодно, — но как будто жизнь навеки потеряла свой цвет для Ордынова! Он стал задумчив, раздражителен; впечатлительность его приняла направление болезненное, и он неприметно впадал в злую, очерствелую ипохондрию. Книги не раскрывались иногда по целым неделям. Будущее было для него заперто, деньги его выходили, и он опустил руки заранее; он даже не думал о будущем. Иногда прежняя горячка к науке, прежний жар, прежние образы, им самим созданные, ярко восставали перед ним из прошедшего, но они только давили, душили его энергию. Мысль не переходила в дело. Сознание остановилось. Казалось, все эти образы нарочно вырастали гигантами в его представлениях, чтоб смеяться над бессилием его, их же творца. Ему невольно приходило в грустную минуту сравнение самого себя с тем хвастливым учеником колдуна, который, украв слово учителя, приказал метле носить воду и захлебнулся в ней, забыв, как сказать: «Перестань». Может быть, в нем осуществилась бы целая, оригинальная, самобытная идея. Может быть, ему суждено было быть художником в науке. По крайней мере прежде он сам верил в это. Искренняя вера есть уж залог будущего. Но теперь он сам смеялся в иные минуты над своим слепым убеждением и — не подвигался вперед.

За полгода перед тем он выжил, создал и набросал на бумагу стройный эскиз создания, на котором (по молодости своей) в нетворческие минуты строил самые вещественные надежды. Сочинение относилось к истории церкви, и самые теплые, горячие убеждения легли под пером его. Теперь он перечел этот план, переделал, думал о нем, читал, рылся и наконец отверг идею свою, не построив ничего на развалинах. Но что-то похожее на мистицизм, на предопределение и таинственность начало проникать в его душу. Несчастный чувствовал страдания свои и просил исцеления у Бога. Работница немца, из русских, старуха богомольная, с наслаждением рассказывала, как молится ее смирный жилец и каким образом по целым часам лежит он, словно бездыханный, на церковном помосте...

Он никому не говорил ни слова о случившемся с ним. Но порой, особенно в сумерки, в тот час, когда гул колоколов напоминал ему то мгновение, когда впервые задрожала, заныла вся грудь его дотоле неведомым чувством, когда он стал возле нее на коленях в божием храме, забыв обо всем, и только слышал, как стучало ее робкое сердце, когда слезами восторга и радости омыл он новую, светлую надежду, мелькнувшую ему в его одинокой жизни, — тогда буря вставала из уязвленной навеки души его. Тогда содрогался его дух и мучение любви жгучим огнем снова пылало в груди его. Тогда сердце его грустно и страстно болело и, казалось, любовь его возрастала вместе с печалью. Часто по целым часам, забыв себя и всю обыденную жизнь свою, забыв всё на свете, просиживал он на одном месте, одинокий, унылый, безнадежно качал головой и, роняя безмолвные слезы, шептал про себя: «Катерина! голубица моя ненаглядная! Сестрица моя одинокая!..»

Какая-то безобразная мысль стала всё более и более мучить его. Всё сильнее и сильнее преследовала она его и с каждым днем воплощалась перед ним в вероятность, в действительность. Ему казалось, — и он наконец сам поверил во всё, — ему казалось, что невредим был рассудок Катерины, но что Мурин был по-своему прав, назвав ее слабым сердцем. Ему казалось, что какая-то тайна связывала ее с стариком, но что Катерина, не сознав преступления, как голубица чистая, перешла в его власть. Кто они? Он не знал того. Но ему беспрерывно снилась глубокая, безвыходная тирания над бедным, беззащитным созданием; и сердце смущалось и трепетало бессильным негодованием в груди его. Ему казалось, что перед испуганными очами вдруг прозревшей души коварно выставляли ее же падение, коварно мучили бедное, слабое сердце, толковали перед ней вкривь и вкось правду, с умыслом поддерживали слепоту, где было нужно, хитро льстили неопытным наклонностям порывистого, смятенного сердца ее и мало-помалу резали крылья у вольной, свободной души, не способной, наконец, ни к восстанию, ни к свободному порыву в настоящую жизнь...

Мало-помалу Ордынов одичал еще более прежнего, в чем, нужно отдать справедливость, его немцы нисколько ему не мешали. Он часто любил бродить по улицам, долго, без цели. Он выбирал преимущественно сумеречный час, а место прогулки — места глухие, отдаленные, редко посещаемые народом. В один ненастный, нездоровый, весенний вечер в одном из таких закоулков встретил он Ярослава Ильича.

Ярослав Ильич приметно похудел, приятные глаза его потускнели, и сам он как будто весь разочаровался. Он бежал впопыхах за каким-то не терпящим отлагательства делом, промок, загрязнился, и дождевая капля, каким-то почти фантастическим образом, уже целый вечер не сходила с весьма приличного, но теперь посиневшего носа его. К тому же он отрастил бакенбарды. Эти бакенбарды, да и то, что Ярослав Ильич взглянул так, как будто избегал встречи с старинным знакомым своим, почти поразило Ордынова... чудное дело! даже как-то уязвило, разобидело его сердце, не нуждавшееся доселе ни в чьем сострадании. Ему, наконец, приятнее был прежний человек, простой, добродушный, наивный — решимся сказать наконец откровенно — немножечко глупый, но без претензий разочароваться и поумнеть. А неприятно, когда *глупый* человек, которого мы прежде любили, может быть, именно за глупость его, *вдруг поумнеет,* решительно неприятно. Впрочем, недоверчивость, с которою он смотрел на Ордынова, тотчас же сгладилась. При всем разочаровании своем он вовсе не оставил своего прежнего норова, с которым человек, как известно, и в могилу идет, и с наслаждением полез так, как был, в дружескую душу Ордынова. Прежде всего он заметил, что у него много дела, потом, что они давно не видались; но вдруг разговор опять принял какое-то странное направление. Ярослав Ильич заговорил о лживости людей вообще, о непрочности благ мира сего, о суете сует, мимоходом, даже более чем с равнодушием, не преминул отозваться о Пушкине, с некоторым цинизмом о хороших знакомствах и в заключение даже намекнул на лживость и коварство тех, которые называются в свете друзьями, тогда как истинной дружбы на свете и сродясь не бывало. Одним словом, Ярослав Ильич поумнел. Ордынов не противоречил ни в чем, но несказанно, мучительно грустно стало ему: как будто он схоронил своего лучшего друга!

— Ах! представьте, — я было совсем позабыл рассказать, — молвил вдруг Ярослав Ильич, как будто припомнив что-то весьма интересное, — у нас новость! Я вам скажу по секрету. Помните дом, где вы жили?

Ордынов вздрогнул и побледнел.

— Так вообразите же, недавно открыли в этом доме целую шайку воров, то есть, сударь вы мой, ватагу, притон-с; контрабандисты, мошенники всякие, кто их знает! Иных переловили, за другими еще только гоняются; отданы строжайшие приказания. И можете себе представить: помните хозяина дома, богомольный, почтенный, благородный с виду...

— Ну!

— Судите после этого о всем человечестве! Это и был начальник всей шайки их, коновод! Не нелепо ли это-с?

Ярослав Ильич говорил с чувством и осудил за одного всё человечество, потому что Ярослав Ильич и не может иначе сделать; это в его характере.

— А те? а Мурин? — проговорил Ордынов шепотом.

— Ах, Мурин, Мурин! Нет, это почтенный старик, благородный. Но, позвольте, вы проливаете новый свет...

— А что? он тоже был в шайке?

Сердце Ордынова готово было пробить грудь от нетерпенья...

— Впрочем, как же вы говорите... — прибавил Ярослав Ильич, пристально вперив оловянные очи в Ордынова, — признак, что он соображал: — Мурин не мог быть между ними. Ровно за три недели он уехал с женой к себе, в свое место... Я от дворника узнал... этот татарчонок, помните?

СЕЛО СТЕПАНЧИКОВО И ЕГО ОБИТАТЕЛИ

Часть первая

I
Вступление

Дядя мой, полковник Егор Ильич Ростанев, выйдя в отставку, переселился в перешедшее к нему по наследству село Степанчиково и зажил в нем так, как будто всю жизнь свою был коренным, не выезжавшим из своих владений помещиком. Есть натуры решительно всем довольные и ко всему привыкающие; такова была именно натура отставного полковника. Трудно было себе представить человека смирнее и на все согласнее. Если б его вздумали попросить посерьезнее довезти кого-нибудь версты две на своих плечах, то он бы, может быть, и довез: он был так добр, что в иной раз готов был решительно все отдать по первому спросу и поделиться чуть не последней рубашкой с первым желающим. Наружности он был богатырской: высокий и стройный, с румяными щеками, с белыми, как слоновая кость, зубами, с длинным темно-русым усом, с голосом громким, звонким и с откровенным, раскатистым смехом; говорил отрывисто и скороговоркою. От роду ему было в то время лет сорок, и всю жизнь свою, чуть не с шестнадцати лет, он пробыл в гусарах. Женился в очень молодых годах, любил свою жену без памяти; но она умерла, оставив в его сердце неизгладимое, благодарное воспоминание. Наконец, получив в наследство село Степанчиково, что увеличило его состояние до шестисот душ, он оставил службу и, как уже сказано было, поселился в деревне вместе с своими детьми: восьмилетним Илюшей (рождение которого стоило жизни его матери) и старшей дочерью Сашенькой, девочкой лет пятнадцати, воспитывавшейся по смерти матери в одном пансионе, в Москве. Но вскоре дом дяди стал похож на Ноев ковчег. Вот как это случилось.

В то время, когда он получил свое наследство и вышел в отставку, овдовела его маменька, генеральша Крахоткина, вышедшая в другой раз замуж за генерала, назад лет шестнадцать, когда дядя был еще корнетом, но, впрочем, уже сам задумывал жениться. Маменька долго не благословляла его на женитьбу, проливала горькие слезы, укоряла его в эгоизме, в неблагодарности, в непочтительности; доказывала, что имения его, двухсот пятидесяти душ, и без того едва достаточно на содержание его семейства (то есть на содержание его маменьки, со всем ее штабом приживалок, мосек, шпицев, китайских кошек и проч.), и среди этих укоров, попреков и взвизгиваний вдруг, совершенно неожиданно, вышла замуж сама, прежде женитьбы сына, будучи уже сорока двух лет от роду. Впрочем, и тут она нашла предлог обвинить моего бедного дядю, уверяя, что идет замуж единственно, чтоб иметь убежище на старости лет, в чем отказывает ей непочтительный эгоист, ее сын, задумав непростительную дерзость: завестись своим домом.

Я никогда не мог узнать настоящую причину, побудившую такого, по-видимому, рассудительного человека, как покойный генерал Крахоткин, к этому браку с сорокадвухлетней вдовой. Надо полагать, что он подозревал у ней деньги. Другие думали, что ему просто нужна была нянька, так как он тогда уже предчувствовал весь этот рой болезней, который осадил его потом, на старости лет. Известно одно, что генерал глубоко не уважал жену свою во все время своего с ней сожительства и язвительно смеялся над ней при всяком удобном случае.

Это был странный человек. Полуобразованный, очень неглупый, он решительно презирал всех и каждого, не имел никаких правил, смеялся над всем и над всеми и к старости, от болезней, бывших следствием не совсем правильной и праведной жизни, сделался зол, раздражителен и безжалостен. Служил он удачно; однако принужден был по какому-то «неприятному случаю» очень неладно выйти в отставку, едва избегнув суда и лишившись своего пенсиона. Это озлобило его окончательно. Почти без всяких средств, владея сотней разоренных душ, он сложил руки и во всю остальную жизнь, целые двенадцать лет, никогда не справлялся, чем он живет, кто содержит его; а между тем требовал жизненных удобств, не ограничивал расходов, держал карету. Скоро он лишился употребления ног и последние десять лет просидел в покойных креслах, подкачиваемых, когда было нужно, двумя саженными лакеями, которые никогда ничего от него не слыхали, кроме самых разнообразных ругательств. Карету, лакеев и кресла содержал непочтительный сын, посылая матери последнее, закладывая и перезакладывая свое имение, отказывая себе в необходимейшем, войдя в долги, почти неоплатные по тогдашнему его состоянию, и все-таки название эгоиста и неблагодарного сына осталось при нем неотъемлемо. Но дядя был такого характера, что наконец и сам поверил, что он эгоист, а потому, в наказание себе и чтоб не быть эгоистом, все более и более присылал денег. Генеральша благоговела перед своим мужем. Впрочем, ей всего более нравилось то, что он генерал, а она по нем — генеральша.

В доме у ней была своя половина, где все время полусуществования своего мужа она процветала в обществе приживалок, городских вестовщиц и фиделек. В своем городке она была важным лицом. Сплетни, приглашения в крестные и посаженые матери, копеечный преферанс и всеобщее уважение за ее генеральство вполне вознаграждали ее за домашнее стеснение. К ней являлись городские сороки с отчетами; ей всегда и везде было первое место, — словом, она извлекла из своего генеральства все, что могла извлечь. Генерал во все это не вмешивался; но зато при людях он смеялся над женою бессовестно, задавал, например, себе такие вопросы: зачем он женился на «такой просвирне»? — и никто не смел ему противоречить. Мало-помалу его оставили все знакомые; а между тем общество было ему необходимо: он любил поболтать, поспорить, любил, чтоб перед ним всегда сидел слушатель. Он был вольнодумец и атеист старого покроя, а потому любил потрактовать и о высоких материях.

Но слушатели городка N* не жаловали высоких материй и становились все реже и реже. Пробовали было завести домашний вист-преферанс; но игра кончалась обыкновенно для генерала такими припадками, что генеральша и ее приживалки в ужасе ставили свечки, служили молебны, гадали на бобах и на картах, раздавали калачи в остроге и с трепетом ожидали послеобеденного часа, когда опять приходилось составлять партию для виста-преферанса и принимать за каждую ошибку крики, визги, ругательства и чуть-чуть не побои. Генерал, когда что ему не нравилось, ни перед кем не стеснялся: визжал как баба, ругался как кучер, а иногда, разорвав и разбросав по полу карты и прогнав от себя своих партнеров, даже плакал с досады и злости, и не более как из-за какого-нибудь валета, которого сбросили вместо девятки. Наконец, по слабости зрения, ему понадобился чтец. Тут-то и явился Фома Фомич Опискин.

Признаюсь, я с некоторою торжественностью возвещаю об этом новом лице. Оно, бесспорно, одно из главнейших лиц моего рассказа. Насколько оно имеет право на внимание читателя — объяснять не стану: такой вопрос приличнее и возможнее разрешить самому читателю.

Явился Фома Фомич к генералу Крахоткину как приживальщик из хлеба — ни более, ни менее. Откуда он взялся — покрыто мраком неизвестности. Я, впрочем, нарочно делал справки и кое-что узнал о прежних обстоятельствах этого достопримечательного человека. Говорили, во-первых, что он когда-то и где-то служил, где-то пострадал и уж, разумеется, «за правду». Говорили еще, что когда-то он занимался в Москве литературою. Мудреного нет; грязное же невежество Фомы Фомича, конечно, не могло служить помехою его литературной карьере. Но достоверно известно только то, что ему ничего не удалось и что наконец он принужден был поступить к генералу в качестве чтеца и мученика. Не было унижения, которого бы он не перенес из-за куска генеральского хлеба. Правда, впоследствии, по смерти генерала, когда сам Фома совершенно неожиданно сделался вдруг важным и чрезвычайным лицом, он не раз уверял нас всех, что, согласясь быть шутом, он великодушно пожертвовал собою дружбе; что генерал был его благодетель; что это был человек великий, непонятый и что одному ему, Фоме, доверял он сокровеннейшие тайны души своей; что, наконец, если он, Фома, и изображал собою, по генеральскому востребованию, различных зверей и иные живые картины, то единственно, чтоб развлечь и развеселить удрученного болезнями страдальца и друга. Но уверения и толкования Фомы Фомича в этом случае подвергаются большому сомнению; а между тем тот же Фома Фомич, еще будучи шутом, разыгрывал совершенно другую роль на дамской половине генеральского дома. Как он это устроил — трудно представить неспециалисту в подобных делах. Генеральша питала к нему какое-то мистическое уважение, — за что? — неизвестно. Мало-помалу он достиг над всей женской половиной генеральского дома удивительного влияния, отчасти похожего на влияния различных иван-яковличей и тому подобных мудрецов и прорицателей, посещаемых в сумасшедших домах иными барынями, из любительниц. Он читал вслух душеспасительные книги, толковал с красноречивыми слезами о разных христианских добродетелях; рассказывал свою жизнь и подвиги;

ходил к обедне и даже к заутрене, отчасти предсказывал будущее; особенно хорошо умел толковать сны и мастерски осуждал ближнего. Генерал догадывался о том, что происходит в задних комнатах, и еще беспощаднее тиранил своего приживальщика. Но мученичество Фомы доставляло ему еще большее уважение в глазах генеральши и всех ее домочадцев.

Наконец все переменилось. Генерал умер. Смерть его была довольно оригинальная. Бывший вольнодумец, атеист струсил до невероятности. Он плакал, каялся, подымал образа, призывал священников. Служили молебны, соборовали. Бедняк кричал, что не хочет умирать, и даже со слезами просил прощения у Фомы Фомича. Последнее обстоятельство придало Фоме Фомичу впоследствии необыкновенного форсу. Впрочем, перед самой разлукой генеральской души с генеральским телом случилось вот какое происшествие. Дочь генеральши от первого брака, тетушка моя, Прасковья Ильинична, засидевшаяся в девках и проживавшая постоянно в генеральском доме, — одна из любимейших жертв генерала и необходимая ему во все время его десятилетнего безножия для беспрерывных услуг, умевшая одна угодить ему своею простоватою и безответною кротостью, — подошла к его постели, проливая горькие слезы, и хотела было поправить подушку под головою страдальца; но страдалец успел-таки схватить ее за волосы и три раза дернуть их, чуть не пенясь от злости. Минут через десять он умер. Дали знать полковнику, хотя генеральша и объявила, что не хочет видеть его, что скорее умрет, чем пустит его к себе на глаза в такую минуту. Похороны были великолепные — разумеется, на счет непочтительного сына, которого не хотели пускать на глаза.

В разоренном селе Князёвке, принадлежащем нескольким помещикам и в котором у генерала была своя сотня душ, существует мавзолей из белого мрамора, испещренный хвалебными надписями уму, талантам, благородству души, орденам и генеральству усопшего.

Фома Фомич сильно участвовал в составлении этих надписей. Долго ломалась генеральша, отказывая в прощении непокорному сыну. Она говорила, рыдая и взвизгивая, окруженная толпой своих приживалок и мосек, что скорее будет есть сухой хлеб и, уж разумеется, «запивать его своими слезами», что скорее пойдет с палочкой выпрашивать себе подаяние под окнами, чем склонится на просьбу «непокорного» переехать к нему в Степанчиково, и что *нога* ее никогда-никогда не будет в доме его! Вообще слово *нога,* употребленное в этом смысле, произносится с необыкновенным эффектом иными барынями. Генеральша мастерски, художественно произносила его... Словом, красноречия было истрачено в невероятном количестве. Надо заметить, что во время самых этих взвизгиваний уже помаленьку укладывались для переезда в Степанчиково. Полковник заморил всех своих лошадей, делая почти каждодневно по сороку верст из Степанчикова в город, и только через две недели после похорон генерала получил позволение явиться на глаза оскорбленной родительницы. Фома Фомич был употреблен для переговоров. Во все эти две недели он укорял и стыдил непокорного «бесчеловечным» его поведением, довел его до искренних слез, почти до отчаяния. С этого-то времени и начинается все непостижимое и бесчеловечно-деспотическое влияние Фомы Фомича на моего бедного дядю. Фома догадался, какой перед ним человек, и тотчас же почувствовал, что прошла его роль шута и что на безлюдье и Фома может быть дворянином. Зато и наверстал же он свое.

— Каково же будет вам, — говорил Фома, — если собственная ваша мать, так сказать, виновница дней ваших, возьмет палочку и, опираясь на нее, дрожащими и иссохшими от голода руками начнет в самом деле испрашивать себе подаяния? Не чудовищно ли это, во-первых, при ее генеральском значении, а во-вторых, при ее добродетелях? Каково вам будет, если она вдруг придет, разумеется, ошибкой — но ведь это может случиться —

под ваши же окна и протянет руку свою, тогда как вы, родной сын ее, может быть, в эту самую минуту утопаете где-нибудь в пуховой перине и... ну, вообще в роскоши! Ужасно, ужасно! но всего ужаснее то — позвольте это вам сказать откровенно, полковник, — всего ужаснее то, что вы стоите теперь передо мною, как бесчувственный столб, разиня рот и хлопая глазами, что даже неприлично, тогда как при одном предположении подобного случая вы бы должны были вырвать с корнем волосы из головы своей и испустить ручьи... что я говорю! реки, озера, моря, океаны слез!..

Словом, Фома, от излишнего жара, зарапортовался. Но таков был всегдашний исход его красноречия. Разумеется, кончилось тем, что генеральша, вместе с своими приживалками, собачонками, с Фомой Фомичом и с девицей Перепелицыной, своей главной наперсницей, осчастливила наконец своим прибытием Степанчиково. Она говорила, что только *попробует* жить у сына, покамест только испытает его почтительность. Можно представить себе положение полковника, покамест испытывали его почтительность! Сначала, в качестве недавней вдовы, генеральша считала своею обязанностью в неделю раза два или три впадать в отчаяние при воспоминании о своем безвозвратном генерале; причем, неизвестно за что, аккуратно каждый раз доставалось полковнику. Иногда, особенно при чьих-нибудь посещениях, подозвав к себе своего внука, маленького Илюшу, и пятнадцатилетнюю Сашеньку, внучку свою, генеральша сажала их подле себя, долго-долго смотрела на них грустным, страдальческим взглядом, как на детей, погибших у *такого отца,* глубоко и тяжело вздыхала и наконец заливалась безмолвными таинственными слезами по крайней мере на целый час. Горе полковнику, если он не умел *понять* этих слез! А он, бедный, почти никогда не умел их понять и почти всегда, по наивности своей, подвертывался, как нарочно, в такие слезливые минуты и волей-неволей попадал на экзамен. Но почтительность его не уменьшалась и наконец дошла до последних пределов. Словом, оба, и генеральша и Фома Фомич, почувствовали вполне, что прошла гроза, гремевшая над ними столько лет от лица генерала Крахоткина, — прошла и никогда не воротится. Бывало, генеральша вдруг, ни с того ни с сего, покатится на диване в обморок. Подымется беготня, суетня. Полковник уничтожится и дрожит как осиновый лист.

— Жестокий сын! — кричит генеральша, очнувшись, — ты растерзал мои внутренности... mes entrailles, mes entrailles!*

— Да чем же, маменька, я растерзал ваши внутренности? — робко возражает полковник.

— Растерзал! растерзал! Он еще и оправдывается! Он грубит! Жестокий сын! умираю!..

Полковник, разумеется, уничтожен.

Но как-то так случалось, что генеральша всегда оживала. Чрез полчаса полковник толкует кому-нибудь, взяв его за пуговицу:

— Ну, да ведь она, братец, grande dame**, генеральша! добрейшая старушка; но, знаешь, привыкла ко всему эдакому утонченному... не чета мне, вахлаку! Теперь на меня сердится. Оно, конечно, я виноват. Я, братец, еще не знаю, чем я именно провинился, но уж, конечно, я виноват...

Случалось, что девица Перепелицына, перезрелое и шипящее на весь свет создание, безбровая, в накладке, с маленькими плотоядными глазками, с тоненькими, как ниточка, губами и с руками, вымытыми в огуречном рассоле, считала своею обязанностью прочесть наставление полковнику:

— Это оттого, что вы непочтительны-с. Это оттого, что вы эгоисты-с, оттого вы и оскорбляете маменьку-с; они к этому не привыкли-с. Они генеральши-с, а вы еще только полковники-с.

---

* Мои внутренности *(фр.)*.

** Светская дама *(фр.)*.

— Это, брат, девица Перепелицына, — замечает полковник своему слушателю, — превосходнейшая девица, горой стоит за маменьку! Редкая девица! Ты не думай, что она приживалка какая-нибудь; она, брат, сама подполковничья дочь. Вот оно как!

Но, разумеется, это были еще только цветки. Та же самая генеральша, которая умела выкидывать такие разнообразные фокусы, в свою очередь трепетала как мышка перед прежним своим приживальщиком. Фома Фомич заворожил ее окончательно. Она не надышала на него, слышала его ушами, смотрела его глазами. Один из моих троюродных братьев, тоже отставной гусар, человек еще молодой, но замотавшийся до невероятной степени и проживавший одно время у дяди, прямо и просто объявил мне, что, по его глубочайшему убеждению, генеральша находилась в непозволительной связи с Фомой Фомичом. Разумеется, я тогда же с негодованием отверг это предположение, как уж слишком грубое и простодушное. Нет, тут было другое, и это другое я никак не могу объяснить иначе, как предварительно объяснив читателю характер Фомы Фомича так, как я сам его понял впоследствии.

Представьте же себе человечка, самого ничтожного, самого малодушного, выкидыша из общества, никому не нужного, совершенно бесполезного, совершенно гаденького, но необъятно самолюбивого и вдобавок не одаренного решительно ничем, чем бы мог он хоть сколько-нибудь оправдать свое болезненно раздраженное самолюбие. Предупреждаю заранее: Фома Фомич есть олицетворение самолюбия самого безграничного, но вместе с тем самолюбия особенного, именно: случающегося при самом полном ничтожестве, и, как обыкновенно бывает в таком случае, самолюбия оскорбленного, подавленного тяжкими прежними неудачами, загноившегося давно-давно и с тех пор выдавливающего из себя зависть и яд при каждой встрече, при каждой чужой удаче. Нечего и говорить, что все это приправлено самою безобразною обидчивостью, самою сумасшедшею мнительностью. Может быть, спросят: откуда берется такое самолюбие? как зарождается оно, при таком полном ничтожестве, в таких жалких людях, которые, уже по социальному положению своему, обязаны знать свое место? Как отвечать на этот вопрос? Кто знает, может быть, есть и исключения, к которым и принадлежит мой герой. Он и действительно есть исключение из правила, что и объяснится впоследствии. Однако ж позвольте спросить: уверены ли вы, что те, которые уже совершенно смирились и считают себе за честь и за счастье быть вашими шутами, приживальщиками и прихлебателями, — уверены ли вы, что они уже совершенно отказались от всякого самолюбия? А зависть, а сплетни, а ябедничество, а доносы, а таинственные шипения в задних углах у вас же, где-нибудь под боком, за вашим же столом?.. Кто знает, может быть, в некоторых из этих униженных судьбою скитальцев, ваших шутов и юродивых, самолюбие не только не проходит от унижения, но даже еще более распаляется именно от этого же самого унижения, от юродства и шутовства, от прихлебательства и вечно вынуждаемой подчиненности и безличности. Кто знает, может быть, это безобразно вырастающее самолюбие есть только ложное, первоначально извращенное чувство собственного достоинства, оскорбленного в первый раз еще, может, в детстве гнетом, бедностью, грязью, оплеванного, может быть, еще в лице родителей будущего скитальца, на его же глазах? Но я сказал, что Фома Фомич есть к тому же и исключение из общего правила. Это и правда. Он был когда-то литератором и был огорчен и не признан; а литература способна загубить и не одного Фому Фомича — разумеется, непризнанная. Не знаю, но надо полагать, что Фоме Фомичу не удалось еще и прежде литературы; может быть, и на других карьерах он получал одни только щелчки вместо жалованья или что-нибудь еще того хуже. Это мне, впрочем, неизвестно; но я впоследствии справлялся и наверно знаю, что Фома действительно сотворил когда-то в Москве романчик, весьма похожий на те, которые стряпались там в тридцатых годах ежегодно десятками, вроде различных «Освобождений Москвы», «Атаманов Бурь», «Сыновей любви, или Русских в 1104-м году» и проч. и проч. романов, доставлявших в свое время приятную пищу для остроумия барона Брамбеуса. Это было, конечно, давно; но змея литературного самолюбия жалит иногда глубоко и неизлечимо, особенно людей ничтожных и глуповатых. Фома Фомич был огорчен с первого литературного шага и тогда же окончательно примкнул к той огромной фаланге огорченных, из которой выходят потом все юродивые, все скитальцы и странники. С того же времени, я думаю, и развилась в нем эта уродливая хвастливость, эта жажда похвал и отличий, поклонений и удивлений. Он и в шутах составил себе кучку благоговевших перед ним идиотов. Только чтоб где-нибудь, как-нибудь первенствовать, прорицать, поковеркаться и похвастаться — вот была главная потребность его! Его не хвалили — так он сам себя начал хвалить. Я сам слышал слова Фомы в доме дяди, в Степанчикове, когда уже он стал там полным владыкою и прорицателем. «Не жилец я между вами, — говаривал он иногда с какою-то таинственною важностью, — не жилец я здесь. Посмотрю, устрою вас всех, покажу, научу и тогда прощайте: в Москву, издавать журнал! Тридцать тысяч человек будут сбираться на мои лекции ежемесячно. Грянет наконец мое имя, и тогда — горе врагам моим!» Но гений, покамест еще собирался прославиться, требовал награды немедленной. Вообще приятно получать плату вперед, а в этом случае особенно. Я знаю, он серьезно уверил дядю, что ему, Фоме, предстоит величайший подвиг, подвиг, для которого он и на свет призван и к совершению которого понуждает его какой-то человек с крыльями, являющийся ему по ночам, или что-то вроде того. Именно: написать одно глубокомысленнейшее сочинение в душеспасительном роде, от которого произойдет всеобщее землетрясение и затрещит вся Россия. И когда уже затрещит вся Россия, то он, Фома, пренебрегая славой, пойдет в монастырь и будет молиться день и ночь в киевских пещерах о счастии отечества. Все это, разумеется, обольстило дядю.

Теперь представьте же себе, что может сделаться из Фомы, во всю жизнь угнетенного и забитого и даже, может быть, и в самом деле битого, из Фомы, втайне сластолюбивого и самолюбивого, из Фомы — огорченного литератора, из Фомы — шута из насущного хлеба, из Фомы — в душе деспота, несмотря на все предыдущее ничтожество и бессилие, из Фомы — хвастуна, а при удаче нахала, из этого Фомы, вдруг попавшего в честь и в славу, возлелеянного и захваленного благодаря идиотке покровительнице и обольщенному, на все согласному покровителю, в дом которого он попал наконец после долгих странствований? О характере дяди я, конечно, обязан объяснить подробнее: без этого непонятен и успех Фомы Фомича. Но покамест скажу, что с Фомой именно сбылась пословица: посади за стол, он и ноги на стол. Наверстал-таки он свое прошедшее! Низкая душа, выйдя из-под гнета, сама гнетет. Фому угнетали — и он тотчас же ощутил потребность сам угнетать; над ним ломались — и он сам стал над другими ломаться. Он был шутом и тотчас же ощутил потребность завести и своих шутов. Хвастался он до нелепости, ломался до невозможности, требовал птичьего молока, тиранствовал без меры, и дошло до того, что добрые люди, еще не быв свидетелями всех этих проделок, а слушая только россказни, считали все это за чудо, за наваждение, крестились и отплевывались.

Я говорил о дяде. Без объяснения этого замечательного характера (повторяю это), конечно, непонятно такое наглое воцарение Фомы Фомича в чужом доме; непонятна эта метаморфоза из шута в великого человека. Мало того, что дядя был добр до крайности — это был человек утонченной деликатности, несмотря на несколько грубую наружность, высочайшего благородства, мужества испытанного. Я смело говорю «мужества»: он не остановился бы перед обязанностью, перед долгом и в этом случае не побоялся бы никаких преград. Душою он был чист как ребенок. Это был действительно ребенок в сорок лет, экспансивный в высшей степени, всегда веселый, предполагавший всех людей ангелами, обвинявший себя в чужих недостатках и преувеличивавший добрые качества других до крайности, даже предполагавший их там, где их и быть не могло. Это был один из тех благороднейших и целомудренных сердцем людей, которые даже стыдятся предположить в другом человеке дурное, торопливо наряжают своих ближних во все добродетели, радуются чужому успеху, живут, таким образом, постоянно в идеальном мире, а при неудачах прежде всех обвиняют самих себя. Жертвовать собою интересам других — их призвание. Иной бы назвал его и малодушным, и бесхарактерным, и слабым. Конечно, он был слаб и даже уж слишком мягок характером, но не от недостатка твердости, а из боязни оскорбить, поступить жестоко, из излишнего уважения к другим и к человеку вообще. Впрочем, бесхарактерен и малодушен он был единственно, когда дело шло о его собственных выгодах, которыми он пренебрегал в высочайшей степени, за что всю жизнь подвергался насмешкам, и даже нередко от тех, для которых жертвовал этими выгодами. Впрочем, он никогда не верил, чтоб у него были враги; они, однако ж, у него бывали, но он их как-то не замечал. Шуму и крику в доме он боялся как огня и тотчас же всем уступал и всему подчинялся. Уступал он из какого-то застенчивого добродушия, из какой-то стыдливой деликатности, «чтоб уж так», говорил он скороговоркою, отдаляя от себя все посторонние упреки в потворстве и слабости — «чтобы уж так... чтоб уж все были довольны и счастливы!». Нечего и говорить, что он готов был подчиниться всякому благородному влиянию. Мало того, ловкий подлец мог совершенно им овладеть и даже сманить на дурное дело, разумеется, замаскировав это дурное дело в благородное. Дядя чрезвычайно легко вверялся другим и в этом случае был далеко не без ошибок. Когда же, после многих страданий, он решался наконец увериться, что обманувший его человек бесчестен, то прежде всех обвинял себя, а нередко и одного себя. Представьте же себе теперь вдруг воцарившуюся в его тихом доме капризную, выживавшую из ума идиотку неразлучно с другим идиотом — ее идолом, боявшуюся до сих пор только своего генерала, а теперь уже ничего не боявшуюся и ощутившую даже потребность вознаградить себя за все прошлое, — идиотку, перед которой дядя считал своею обязанностью благоговеть уже потому только, что она была мать его. Начали с того, что тотчас же доказали дяде, что он груб, нетерпелив, невежествен и, главное, эгоист в высочайшей степени. Замечательно то, что идиотка-старуха сама верила тому, что она проповедовала. Да я думаю, и Фома Фомич также, по крайней мере отчасти. Убедили дядю и в том, что Фома ниспослан ему самим Богом для спасения души его и для усмирения его необузданных страстей, что он горд, тщеславится своим богатством и способен попрекнуть Фому Фомича куском хлеба. Бедный дядя очень скоро уверовал в глубину своего падения, готов был рвать на себе волосы, просить прощения...

— Я, братец, сам виноват, — говорит он, бывало, кому-нибудь из своих собеседников, — во всем виноват! Вдвое надо быть деликатнее с человеком, которого одолжаешь... то есть... что я! какое одолжаешь!.. опять соврал! вовсе не одолжаешь; он меня, напротив, одолжает тем, что живет у меня, а не я его! Ну, а я попрекнул его куском хлеба!.. то есть я вовсе не попрекнул, но, видно, так, что-нибудь с языка сорвалось — у меня часто с языка срывается... Ну, и, наконец, человек страдал, делал подвиги; десять лет, несмотря ни на какие оскорбления, ухаживал за больным другом: все это требует награды! ну, наконец, и наука... писатель! образованнейший человек! благороднейшее лицо — словом...

Образ Фомы, образованного и несчастного, в шутах у капризного и жестокого барина, надрывал благородное сердце дяди сожалением и негодованием. Все странности Фомы, все неблагородные его выходки дядя тотчас же приписал его прежним страданиям, его унижению, его озлоблению... он тотчас же решил в нежной и благородной душе своей, что с страдальца нельзя и спрашивать как с обыкновенного человека; что не только надо прощать ему, но, сверх того, надо кротостью уврачевать его раны, восстановить его, примирить его с человечеством. Задав себе эту цель, он воспламенился до крайности и уже совсем потерял способность хоть какую-нибудь заметить, что новый друг его — сластолюбивая, капризная тварь, эгоист, лентяй, лежебок — и больше ничего. В ученость же и в гениальность Фомы он верил беззаветно. Я и забыл сказать, что перед словом «наука» или «литература» дядя благоговел самым наивным и бескорыстнейшим образом, хотя сам никогда и ничему не учился.

Это была одна из его капитальных и невиннейших странностей.

— Сочинение пишет! — говорит он, бывало, ходя на цыпочках еще за две комнаты до кабинета Фомы Фомича. — Не знаю, что именно, — прибавлял он с гордым и таинственным видом, — но уж, верно, брат, такая бурда... то есть в благородном смысле бурда. Для кого ясно, а для нас, брат, с тобой такая кувыркалегия, что... Кажется, о производительных силах каких-то пишет — сам говорил. Это, верно, что-нибудь из политики. Да, грянет и его имя! Тогда и мы с тобой через него прославимся. Он, брат, мне это сам говорил...

Мне положительно известно, что дядя, по приказанию Фомы, принужден был сбрить свои прекрасные, темно-русые бакенбарды. Тому показалось, что с бакенбардами дядя похож на француза и что поэтому в нем мало любви к отечеству. Мало-помалу Фома стал вмешиваться в управление имением и давать мудрые советы. Эти мудрые советы были ужасны. Крестьяне скоро поняли, в чем дело и кто настоящий господин, и сильно почесывали затылки. Я сам впоследствии слышал один разговор Фомы Фомича с крестьянами: этот разговор, признаюсь, я подслушал. Фома еще прежде объявил, что любит поговорить с умным русским мужичком. И вот раз он зашел на гумно; поговорив с мужичками о хозяйстве, хотя сам не умел отличить овса от пшеницы, сладко потолковав о священных обязанностях крестьянина к господину, коснувшись слегка электричества и разделения труда, в чем, разумеется, не понимал ни строчки, растолковав своим слушателям, каким образом земля ходит около солнца, и, наконец, совершенно умилившись душой от собственного красноречия, он заговорил о министрах. Я это понял. Ведь рассказывал же Пушкин про одного папеньку, который внушал своему четырехлетнему сынишке, что он, его папенька, «такой хляблий, что папеньку любит государь»... Ведь нуждался же этот папенька в четырехлетнем слушателе? Крестьяне же всегда слушали Фому Фомича с подобострастием.

— А што, батюшка, много ль ты царского-то жалованья получал? — спросил его вдруг один седенький старичок, Архип Короткий по прозвищу, из толпы других мужичков, с очевидным намерением подольститься; но Фоме Фомичу показался этот вопрос фамильярным, а он терпеть не мог фамильярности.

— А тебе какое дело, пехтерь? — отвечал он, с презрением поглядев на бедного мужичонка. — Что ты мне моську-то свою выставил: плюнуть мне, что ли, в нее?

Фома Фомич всегда разговаривал в таком тоне с «умным русским мужичком».

— Отец ты наш... — подхватил другой мужичок, — ведь мы люди темные. Может, ты майор, аль полковник, аль само ваше сиятельство, — как и величать-то тебя не ведаем.

— Пехтерь! — повторил Фома Фомич, однако ж смягчился. — Жалованье жалованью розь, посконная ты голова! Другой и в генеральском чине, да ничего не получает, — значит, не за что: пользы царю не приносит. А я вот двадцать тысяч получал, когда у министра служил, да и тех не брал, потому я из чести служил, свой был достаток. Я жалованье свое на государственное просвещение да на погорелых жителей Казани пожертвовал.

— Вишь ты! Так это ты Казань-то обстроил, батюшка? — продолжал удивленный мужик.

Мужики вообще дивились на Фому Фомича.

— Ну да, и моя там есть доля, — отвечал Фома, как бы нехотя, как будто сам на себя досадуя, что удостоил *такого* человека *таким* разговором.

С дядей разговоры были другого рода.

— Прежде кто вы были? — говорит, например, Фома, развалясь после сытного обеда в покойном кресле, причем слуга, стоя за креслом, должен был отмахивать от него свежей липовой веткой мух. — На кого похожи вы были до меня? А теперь я заронил в вас искру того небесного огня, который горит теперь в душе вашей. Заронил ли я в вас искру небесного огня или нет? Отвечайте: заронил я в вас искру иль нет?

Фома Фомич, по правде, и сам не знал, зачем сделал такой вопрос. Но молчание и смущение дяди тотчас же его раззадорили. Он, прежде терпеливый и забитый, теперь вспыхивал как порох при каждом малейшем противоречии. Молчание дяди показалось ему обидным, и он уже теперь настаивал на ответе.

— Отвечайте же: горит в вас искра или нет?

Дядя мнется, жмется и не знает, что предпринять.

— Позвольте вам заметить, что я жду, — замечает Фома обидчивым голосом.

— Mais répondez donc*, Егорушка! — подхватывает генеральша, пожимая плечами.

— Я спрашиваю: горит ли в вас эта искра иль нет? — снисходительно повторяет Фома, взяв конфетку из бон-

---

* Да отвечай же *(фр.)*.

боньерки, которая всегда ставится перед ним на столе. Это уж распоряжение генеральши.

— Ей-богу, не знаю, Фома, — отвечает наконец дядя с отчаянием во взорах, — должно быть, что-нибудь есть в этом роде... Право, ты уж лучше не спрашивай, а то я совру что-нибудь...

— Хорошо! так, по-вашему, я так ничтожен, что даже не стою ответа, — вы это хотели сказать? Ну, пусть будет так; пусть я буду ничто.

— Да нет же, Фома, Бог с тобой! Ну когда я это хотел сказать?

— Нет, вы именно это хотели сказать.

— Да клянусь же, что нет!

— Хорошо! пусть буду я лгун! пусть я, по вашему обвинению, нарочно изыскиваю предлога к ссоре; пусть ко всем оскорблениям присоединится и это — я все перенесу...

— Mais, mon fils...* — вскрикивает испуганная генеральша.

— Фома Фомич! маменька! — восклицает дядя в отчаянии, — ей-богу же, я не виноват! так разве, нечаянно, с языка сорвалось!.. Ты не смотри на меня, Фома: я ведь глуп — сам чувствую, что глуп; сам слышу в себе, что нескладно... Знаю, Фома, все знаю! ты уж и не говори! — продолжает он, махая рукой. — Сорок лет прожил и до сих пор, до самой той поры, как тебя узнал, все думал про себя, что человек... ну и все там, как следует. А ведь и не замечал до сих пор, что грешен как козел, эгоист первой руки и наделал зла такую кучу, что диво, как еще земля держит!

— Да, вы-таки эгоист! — замечает удовлетворенный Фома Фомич.

— Да уж я и сам понимаю теперь, что эгоист! Нет, шабаш! исправлюсь и буду добрее!

— Дай-то Бог! — заключает Фома Фомич, благочестиво вздыхая и подымаясь с кресла, чтоб отойти к по-

---

* Но, сын мой... *(фр.)*.

слеобеденному сну. Фома Фомич всегда почивал после обеда.

В заключение этой главы позвольте мне сказать собственно о моих личных отношениях к дяде и объяснить, каким образом я вдруг поставлен был глаз на глаз с Фомой Фомичом и нежданно-негаданно внезапно попал в круговорот самых важнейших происшествий из всех, случавшихся когда-нибудь в благословенном селе Степанчикове. Таким образом, я намерен заключить мое предисловие и прямо перейти к рассказу.

В детстве моем, когда я осиротел и остался один на свете, дядя заменил мне собою отца, воспитал меня на свой счет и, словом, сделал для меня то, что не всегда сделает и родной отец. С первого же дня, как он взял меня к себе, я привязался к нему всей душой. Мне было тогда лет десять, и помню, что мы очень скоро сошлись и совершенно поняли друг друга. Мы вместе спускали кубарь и украли чепчик у одной презлой старой барыни, приходившейся нам обоим сродни. Чепчик я немедленно привязал к хвосту бумажного змея и запустил под облака. Много лет спустя я ненадолго свиделся с дядей уже в Петербурге, где я кончал тогда курс моего учения на его счет. В этот раз я привязался к нему со всем жаром юности: что-то благородное, кроткое, правдивое, веселое и наивное до последних пределов поразило меня в его характере и влекло к нему всякого. Выйдя из университета, я жил некоторое время в Петербурге, покамест ничем не занятый и, как часто бывает с молокососами, убежденный, что в самом непродолжительном времени наделаю чрезвычайно много чего-нибудь очень замечательного и даже великого. Петербурга мне оставлять не хотелось. С дядей я переписывался довольно редко, и то только когда нуждался в деньгах, в которых он мне никогда не отказывал. Между тем я уж слышал от одного дворового человека дяди, приезжавшего по каким-то делам в Петербург, что у них, в Степанчикове, происходят удивительные вещи. Эти первые слухи меня заинтересовали и удивили. Я стал писать к дяде прилежнее. Он отвечал мне всегда как-то темно и странно и в каждом письме старался только заговаривать о науках, ожидая от меня чрезвычайно много впереди по ученой части и гордясь моими будущими успехами. Вдруг, после довольно долгого молчания, я получил от него удивительное письмо, совершенно не похожее на все его прежние письма. Оно было наполнено такими странными намеками, таким сбродом противоположностей, что я сначала почти ничего и не понял. Видно было только, что писавший был в необыкновенной тревоге. Одно в этом письме было ясно: дядя серьезно, убедительно, почти умоляя меня, предлагал мне как можно скорее жениться на прежней его воспитаннице, дочери одного беднейшего провинциального чиновника, по фамилии Ежевикина, получившей прекрасное образование в одном учебном заведении, в Москве, на счет дяди, и бывшей теперь гувернанткой детей его. Он писал, что она несчастна, что я могу составить ее счастье, что я даже сделаю великодушный поступок, обращался к благородству моего сердца и обещал дать за нею приданое. Впрочем, о приданом он говорил как-то таинственно, боязливо и заключал письмо, умоляя меня сохранить все это в величайшей тайне. Письмо это так поразило меня, что, наконец, у меня голова закружилась. Да и на какого молодого человека, который, как я, только что соскочил со сковороды, не подействовало бы такое предложение, хотя бы, например, романическою своею стороною? К тому же я слышал, что эта молоденькая гувернантка — прехорошенькая. Я, однако ж, не знал, на что решиться, хотя тотчас же написал дяде, что немедленно отправлюсь в Степанчиково. Дядя выслал мне, при том же письме, и денег на дорогу. Несмотря на то, я, в сомнениях и даже в тревоге, промедлил в Петербурге три недели. Вдруг случайно встречаю одного прежнего сослуживца дяди, который, возвращаясь с Кавказа в Петербург, заезжал по дороге в Степанчиково. Это был уже пожилой и рассудительный человек, закоренелый холостяк. С негодованием рассказал он мне про Фому Фомича и тут же сообщил мне одно обстоятельство, о котором я до сих пор еще не имел никакого понятия, именно, что Фома Фомич и генеральша задумали и положили женить дядю на одной престранной девице, перезрелой и почти совсем полоумной, с какой-то необыкновенной биографией и чуть ли не с полумиллионом приданого; что генеральша уже успела уверить эту девицу, что они между собою родня, и вследствие того переманить к себе в дом; что дядя, конечно, в отчаянии, но, кажется, кончится тем, что непременно женится на полумиллионе приданого; что, наконец, обе умные головы, генеральша и Фома Фомич, воздвигли страшное гонение на бедную, беззащитную гувернантку детей дяди, всеми силами выживают ее из дома, вероятно, боясь, чтоб полковник в нее не влюбился, а может, и оттого, что он уже и успел в нее влюбиться. Эти последние слова меня поразили. Впрочем, на все мои расспросы: уж не влюблен ли дядя в самом деле, рассказчик не мог или не хотел дать мне точного ответа, да и вообще рассказывал скупо, нехотя и заметно уклонялся от подробных объяснений. Я задумался: известие так странно противоречило с письмом дяди и с его предложением!.. Но медлить было нечего. Я решился ехать в Степанчиково, желая не только вразумить и утешить дядю, но даже спасти его по возможности, то есть выгнать Фому, расстроить ненавистную свадьбу с перезрелой девой и, наконец, — так как, по моему окончательному решению, любовь дяди была только придирчивой выдумкой Фомы Фомича, — осчастливить несчастную, но, конечно, интересную девушку предложением руки моей и проч. и проч. Мало-помалу я так вдохновил и настроил себя, что, по молодости лет и от нечего делать, перескочил из сомнений совершенно в другую крайность: я начал гореть желанием как можно скорее наделать разных чудес и подвигов. Мне казалось даже, что я сам выказываю необыкновенное великодушие, благородно жертвуя собою, чтоб осчастливить невинное и прелестное создание, — словом, я помню, что всю дорогу был очень доволен собой. Был июль; солнце светило ярко; кругом меня развертывался необъятный простор полей с дозревавшим хлебом... А я так долго сидел закупоренный в Петербурге, что, казалось мне, только теперь настоящим образом взглянул на свет Божий!

II
Господин Бахчеев

Я уже приближался к цели моего путешествия. Проезжая маленький городок Б., от которого оставалось только десять верст до Степанчикова, я принужден был остановиться у кузницы, близ самой заставы, по случаю лопнувшей шины на переднем колесе моего тарантаса. Закрепить ее кое-как, для десяти верст, можно было довольно скоро, и потому я решился, никуда не заходя, подождать у кузницы, покамест кузнецы справят дело. Выйдя из тарантаса, я увидел одного толстого господина, который, так же как и я, принужден был остановиться для починки своего экипажа. Он стоял уже целый час на нестерпимом зное, кричал, бранился и с брюзгливым нетерпением погонял мастеровых, суетившихся около его прекрасной коляски. С первого же взгляда этот сердитый барин показался мне чрезвычайной брюзгой. Он был лет сорока пяти, среднего роста, очень толст и ряб. Толстота, кадык и пухлые, отвислые его щеки свидетельствовали о блаженной помещичьей жизни. Что-то бабье было во всей его фигуре и тотчас же бросалось в глаза. Одет он был широко, удобно, опрятно, но отнюдь не по моде.

Не понимаю, почему он и на меня рассердился, тем более что видел меня первый раз в жизни и еще не сказал со мною ни слова. Я заметил это, как только вылез из тарантаса, по необыкновенно сердитым его взглядам. Мне, однако ж, очень хотелось с ним познакомиться. По болтовне его слуг я догадался, что он едет теперь из Степанчикова, от моего дяди, и потому был случай о многом порасспросить. Я было приподнял фуражку и попробовал со всевозможною приятностью заметить, как неприятны иногда бывают задержки в дороге; но толстяк окинул меня как-то нехотя недовольным и брюзгливым взглядом с головы до сапог, что-то проворчал себе под нос и тяжело поворотился ко мне всей поясницей. Эта сторона его особы, хотя и была предметом весьма любопытным для наблюдений, но уж, конечно, от нее нельзя было ожидать разговора приятного.

— Гришка! не ворчать под нос! выпорю!.. — закричал он вдруг на своего камердинера, как будто совершенно не слыхав того, что я сказал о задержках в дороге.

Этот «Гришка» был седой, старинный слуга, одетый в длиннополый сюртук и носивший пребольшие седые бакенбарды. Судя по некоторым признакам, он тоже был очень сердит и угрюмо ворчал себе под нос. Между барином и слугой немедленно произошло объяснение.

— Выпорешь! ори еще больше! — проворчал Гришка будто про себя, но так громко, что все это слышали, и с негодованием отвернулся что-то приладить в коляске.

— Что? что ты сказал? «Ори еще больше»?.. грубиянить вздумал! — закричал толстяк, весь побагровев.

— Да чего вы взъедаться в самом деле изволите? Слова сказать нельзя!

— Чего взъедаться? Слышите? На меня же ворчит, а мне и не взъедаться!

— Да за что я буду ворчать?

— За что ворчать... А то, небось, нет? Я знаю, за что ты будешь ворчать: за то, что я от обеда уехал, — вот за что.

— А мне что! По мне хошь совсем не обедайте. Я не на вас ворчу; кузнецам только слово сказал.

— Кузнецам... А на кузнецов чего ворчать?

— А не на них, так на экипаж ворчу.

— А на экипаж чего ворчать?

— А зачем изломался! Вперед не ломайся, а в целости будь.

— На экипаж... Нет, ты на меня ворчишь, а не на экипаж. Сам виноват, да он же и ругается!

— Да что вы, сударь, в самом деле, пристали? Отстаньте, пожалуйста!

— А чего ты всю дорогу сычом сидел, слова со мной не сказал, — а? Говоришь же в другие разы!

— Муха в рот лезла — оттого и молчал и сидел сычом. Что я вам сказки, что ли, буду рассказывать? Сказочницу Маланью берите с собой, коли сказки любите.

Толстяк раскрыл было рот, чтоб возразить, но, очевидно, не нашелся и замолчал. Слуга же, довольный своей диалектикой и влиянием на барина, выказанным при свидетелях, с удвоенной важностию обратился к рабочим и начал им что-то показывать.

Попытки мои познакомиться оставались тщетными, особенно при моей неловкости; но мне помогло непредвиденное обстоятельство. Одна заспанная, неумытая и непричесанная физиономия внезапно выглянула из окна закрытого каретного кузова, с незапамятных времен стоявшего без колес у кузницы и ежедневно, но тщетно ожидавшего починки. С появлением этой физиономии раздался между мастеровыми всеобщий смех. Дело в том, что человек, выглянувший из кузова, был в нем накрепко заперт и теперь не мог выйти. Проспавшись в нем хмельной, он тщетно просился теперь на свободу; наконец, стал просить кого-то сбегать за его инструментом. Все это чрезвычайно веселило присутствовавших.

Есть такие натуры, которым в особенную радость и веселье бывают довольно странные вещи. Гримасы пьяного мужика, человек, споткнувшийся и упавший на улице, перебранка двух баб и проч. и проч. на эту тему производят иногда в иных людях самый добродушный восторг, неизвестно почему. Толстяк-помещик принадлежал именно к такого рода натурам. Мало-помалу его физиономия из грозной и угрюмой стала делаться довольной и ласковой и, наконец, совсем прояснилась.

— Да это Васильев? — спросил он с участием. — Да как он туда попал?

— Васильев, сударь, Степан Алексеич, Васильев! — закричали со всех сторон.

— Загулял, сударь, — прибавил один из работников, человек пожилой, высокий и сухощавый, с педантски строгим выражением лица и с поползновением на старшинство между своими, — загулял, сударь, от хозяина третий день как ушел, да у нас и хоронится, навязался к нам! Вот стамеску просит. Ну, на что тебе теперь стамеска, пустая ты голова? Последний струмент закладывать хочет!

— Эх, Архипушка! деньги — голуби: прилетят и опять улетят! Пусти, ради небесного Создателя, — молил Васильев тонким, дребезжащим голосом, высунув из кузова голову.

— Да сиди ты, идол, благо попал! — сурово отвечал Архип. — Глаза-то еще с третьёва дня успел переменить; с улицы сегодня на заре притащили; моли Бога — спрятали, Матвею Ильичу сказали: заболел, «запасные, дескать, колотья у нас проявились».

Смех раздался вторично.

— Да стамеска-то где?

— Да у нашего Зуя! Наладил одно! пьющий человек, как есть, сударь, Степан Алексеич.

— Хе-хе-хе! Ах, мошенник! Так ты вот как в городе работаешь: инструмент закладываешь! — прохрипел толстяк, захлебываясь от смеха, совершенно довольный и пришедший вдруг в наиприятнейшее расположение духа.

— А ведь столяр такой, что и в Москве поискать! Да вот так-то он всегда себя аттестует, мерзавец, — прибавил он, совершенно неожиданно обратившись ко мне. — Выпусти его, Архип: может, ему что и нужно.

Барина послушались. Гвоздь, которым забили каретную дверцу более для того, чтобы позабавиться над Васильевым, когда тот проспится, был вынут, и Васильев показался на свет Божий испачканный, неряшливый и оборванный. Он замигал от солнца, чихнул и покачнулся; потом, сделав рукой над глазами щиток, осмотрелся кругом.

— Народу-то, народу-то! — проговорил он, качая головой, — и все, чай, тре... звые, — протянул он в каком-то грустном раздумье, как бы в упрек самому себе. — Ну, с добрым утром, братцы, с наступающим днем.

Снова всеобщий хохот.

— С наступающим днем! Да ты смотри, сколько дня-то ушло, человек несообразный!

— Ври, Емеля, — твоя неделя!

— По-нашему, хоть на час, да вскачь!

— Хе-хе-хе! Ишь краснобай! — вскричал толстяк, еще раз закачавшись от смеха и снова взглянув на меня приветливо. — И не стыдно тебе, Васильев?

— С горя, сударь, Степан Алексеич, с горя, — отвечал серьезно Васильев, махнув рукой и, очевидно, довольный, что представился случай еще раз помянуть про свое горе.

— С какого же горя, дурак?

— А с такого, что досель и не видывали: Фоме Фомичу нас записывают.

— Кого? когда? — закричал толстяк, весь встрепенувшись.

Я тоже ступил шаг вперед: дело совершенно неожиданно коснулось и до меня.

— Да всех капитоновских. Наш барин, полковник, — дай Бог ему здравия — всю нашу Капитоновку, свою вотчину, Фоме Фомичу пожертвовать хочет; целые семьдесят душ ему выделяет. «На тебе, говорит, Фома! вот теперь у тебя, примерно, нет ничего; помещик ты небольшой; всего-то у тебя два снетка по оброку в Ладожском озере ходят — только и душ ревизских тебе от покойного родителя твоего осталось. Потому родитель твой, — продолжал Васильев с каким-то злобным удовольствием, посыпая перцем свой рассказ во всем, что касалось Фомы Фомича, — потому что родитель твой был столбовой дворянин, неведомо откуда, неведомо кто; тоже, как и ты, по господам проживал, при милости на кухне пробавлялся. А вот теперь, как запишу тебе Капитоновку, будешь и ты помещик, столбовой дворянин, и людей своих собственных иметь будешь, и лежи себе на печи, на дворянской вакансии...»

Но Степан Алексеевич уж не слушал. Эффект, произведенный на него полупьяным рассказом Васильева, был необыкновенный. Толстяк был так раздражен, что даже побагровел; кадык его затрясся, маленькие глазки налились кровью. Я думал, что с ним тотчас же будет удар.

— Этого недоставало! — проговорил он задыхаясь, — ракалья, Фома, приживальщик, в помещики! Тьфу! пропадайте вы совсем! Эй вы, кончай скорее! Домой!

— Позвольте спросить вас, — сказал я, нерешительно выступая вперед, — сейчас вы изволили упомянуть о Фоме Фомиче; кажется, его фамилия, если только не ошибаюсь, Опискин. Вот видите ли, я желал бы... словом, я имею особенные причины интересоваться этим лицом и, с своей стороны, очень бы желал узнать, в какой степени можно верить словам этого доброго человека, что барин его, Егор Ильич Ростанев, хочет подарить одну из своих деревень Фоме Фомичу. Меня это чрезвычайно интересует, и я...

— А позвольте и вас спросить, — прервал толстый господин, — с какой стороны изволите интересоваться этим лицом, как вы изъясняетесь; а по-моему, так этой ракальей анафемской — вот как называть его надо, а не лицом! Какое у него лицо, у паршивика! Один только срам, а не лицо!

Я объяснил, что насчет лица я покамест нахожусь в неизвестности, но что Егор Ильич Ростанев мне приходится дядей, а сам я — Сергей Александрович такой-то.

— Это что, ученый-то человек? Батюшка мой, да там вас ждут не дождутся! — вскричал толстяк, нелицемерно обрадовавшись. — Ведь я теперь сам от них, из Степанчикова; от обеда уехал, из-за пудинга встал: с Фомой усидеть не мог! Со всеми там переругался из-за Фомки проклятого... Вот встреча! Вы, батюшка, меня извините. Я Степан Алексеич Бахчеев и вас вот эдаким от полу помню... Ну, кто бы сказал?.. А позвольте вас...

И толстяк полез лобызать меня.

После первых минут некоторого волнения я немедленно приступил к расспросам: случай был превосходный.

— Но кто ж этот Фома? — спросил я, — как это он завоевал там весь дом? Как не выгонят его со двора шелепами? Признаюсь...

— Его-то выгонят? Да вы сдурели аль нет? Да ведь Егор-то Ильич перед ним на цыпочках ходит! Да Фома велел раз быть вместо четверга середе, так они там, все до единого, четверг середой почитали. «Не хочу, чтоб был четверг, а будь середа!» Так две середы на одной неделе и было. Вы думаете, я приврал что-нибудь? Вот настолечко не приврал! Просто, батюшка, штука капитана Кука выходит!

— Я слышал это, но, признаюсь...

— Признаюсь да признаюсь! Ведь наладит же одно человек! Да чего признаваться-то? Нет, вы лучше меня расспросите. Ведь все рассказать, так вы не поверите, а спросите: из каких я лесов к вам явился? Матушка Егора-то Ильича, полковника-то, хоть и очень достойная дама и к тому же генеральша, да, по-моему, из ума совсем выжила: не надышит на Фомку треклятого. Всему она и причиной: она-то и завела его в доме. Зачитал он ее, то есть как есть бессловесная женщина сделалась, хоть и превосходительством называется — за генерала Крахоткина пятидесяти лет замуж выпрыгнула! Про сестрицу Егора Ильича, Прасковью Ильиничну, что в девках сорок лет сидит, и говорить не желаю. Ахи да охи, да клохчет как курица, надоела мне совсем — ну ее! Только разве и есть в ней, что дамский пол: так вот и уважай ее ни за что, ни про что, за то только, что она дамский пол! Тьфу! говорить неприлично: тетушкой она вам приходится. Одна только Александра Егоровна, дочка полковничья, хоть и малый ребенок — всего-то шестнадцатый год, да умней их всех, по-моему: не уважает Фоме; даже смотреть было весело. Милая барышня, больше ничего! Да и кому уважать-то? Ведь он, Фомка-то, у покойного генерала Крахоткина в шутах проживал! ведь он ему, для его генеральской потехи, различных зверей из себя представлял! И выходит, что прежде Ваня огороды копал, а нынче Ваня в воеводы попал. А теперь полковник-то, дядюшка-то, отставного шута заместо отца родного почитает, в рамку вставил его, подлеца, в ножки ему кланяется, своему-то приживальщику, — тьфу!

— Впрочем, бедность еще не порок... и... признаюсь вам... позвольте вас спросить, что он, красив, умен?

— Фома-то? писаный красавец! — отвечал Бахчеев с каким-то необыкновенным дрожанием злости в голосе. (Вопросы мои как-то раздражали его, и он уже начал и на меня смотреть подозрительно.) — Писаный красавец! Слышите, добрые люди: красавца нашел! Да он на всех зверей похож, батюшка, если уж все хотите доподлинно знать. И ведь добро бы остроумие было, хоть бы остроумием, шельмец, обладал, — ну, я бы тогда согласился, пожалуй, скрепя сердце, для остроумия-то, а то ведь и остроумия нет никакого! Просто выпить им дал чего-нибудь всем физик какой-то! Тьфу! язык устал. Только плюнуть надо да замолчать. Расстроили вы меня, батюшка, своим разговором! Эй, вы! готово иль нет?

— Воронка еще перековать надо, — промолвил мрачно Григорий.

— Воронка. Я тебе такого задам Воронка!.. Да, сударь, я вам такое могу рассказать, что вы только рот разинете да и останетесь до второго пришествия с разинутым ртом. Ведь я прежде и сам его уважал. Вы что думаете? Каюсь, открыто каюсь: был дураком! Ведь он и меня обморочил. Всезнай! всю подноготную знает, все науки произошел! Капель он мне давал: ведь я, батюшка, человек больной, сырой человек. Вы, может, не верите, а я больной. Ну, так я с его капель-то чуть вверх тормашки не полетел. Вы только молчите да слушайте; сами поедете, всем полюбуетесь. Ведь он там полковника-то до кровавых слез доведет; ведь кровавую слезу прольет от него полковник-то, да уж поздно будет. Ведь уж кругом весь околоток раззнакомился с ними из-за Фомки треклятого. Ведь всякому, кто ни приедет, оскорбления чинит. Чего уж мне: значительного чина не пощадит! Всякому наставления читает; в мораль какую-то бросило его, шельмеца. Мудрец, дескать, я, всех умнее, одного меня и слушай. Я, дескать, ученый. Да что ж, что ученый! Так из-за того, что ученый, уж так непременно и надо заесть неученого?.. И уж как начнет ученым своим языком колотить, так уж та-та-та! та-та-та! то есть такой, я вам скажу, болтливый язык, что отрезать его да выбросить на навозную кучу, так он и там будет болтать, все будет болтать, пока ворона не склюет. Зазнался, надулся как мышь на крупу! Ведь уж туда теперь лезет, куда и голова его не пролезет. Да чего! Ведь он там дворовых людей по-французски учить выдумал! Хотите, не верьте! Это, дескать, ему полезно, хаму-то, слуге-то! Тьфу! срамец треклятый — больше ничего! А на что холопу знать по-французски, спрошу я вас? Да на что и нашему-то брату знать по-французски, на что? С барышнями в мазурке лимонничать, с чужими женами апельсинничать? разврат — больше ничего! А по-моему, графин водки выпил — вот и заговорил на всех языках. Вот как я его уважаю, французский-то ваш язык! Небось, и вы по-французски: «та-та-та! тата-та! вышла кошка за кота!» — прибавил Бахчеев, смотря на меня с презрительным негодованием. — Вы, батюшка, человек ученый — а? по ученой части пошли?

— Да... я отчасти интересуюсь...

— Чай, тоже все науки произошли?

— Так-с, то есть нет... Признаюсь вам, я более интересуюсь теперь наблюдением. Я все сидел в Петербурге и теперь спешу к дядюшке...

— А кто вас тянул к дядюшке? Сидели бы там, где-нибудь у себя, коли было где сесть! Нет, батюшка, тут, я вам скажу, ученостью мало возьмете, да и никакой дядюшка вам не поможет; попадете в аркан! Да я у них похудел в одни сутки. Ну, верите ли, что я у них похудел? Нет, вы, я вижу, не верите. Что ж, пожалуй, Бог с вами, не верьте.

— Нет-с, помилуйте, я очень верю; только я все еще не понимаю, — отвечал я, теряясь все более и более.

— То-то верю, да я-то тебе не верю! Все вы прыгуны, с вашей ученой-то частью. Вам только бы на одной ножке попрыгать да себя показать! Не люблю я, батюшка, ученую часть; вот она у меня где сидит! Приходилось с вашими петербургскими сталкиваться — непотребный народ! Все фармазоны; неверие распространяют; рюмку водки выпить боится, точно она укусит его — тьфу! Рассердили вы меня, батюшка, и рассказывать тебе ничего не хочу! Ведь не подрядился же я в самом деле тебе сказки рассказывать, да и язык устал. Всех, батюшка, не переругаешь, да и грешно... А только он у дядюшки вашего лакея Видоплясова чуть не в безумие ввел, ученый-то твой! Ума решился Видоплясов-то из-за Фомы Фомича...

— Да я б его, Видоплясова, — ввязался Григорий, который до сих пор чинно и строго наблюдал разговор, — да я б его, Видоплясова, из-под розог не выпустил. Нарвись-ко он на меня, я бы дурь-то немецкую вышиб! задал бы столько, что в два-ста не складешь.

— Молчать! — крикнул барин, — держи язык за зубами; не с тобой говорят!

— Видоплясов, — сказал я, совершенно сбившись и уже не зная, что говорить, — Видоплясов... скажите, какая странная фамилия?

— А чем она странная? И вы туда же! Эх вы, ученый, ученый!

Я потерял терпение.

— Извините, — сказал я, — но за что ж вы на меня-то сердитесь? Чем же я виноват? Признаюсь вам, я вот уже полчаса вас слушаю и даже не понимаю, о чем идет дело...

— Да вы, батюшка, чего обижаетесь? — отвечал толстяк, — нечего вам обижаться! Я ведь тебе любя говорю. Вы не глядите на меня, что я такой крикса и вот сейчас на человека моего закричал. Он хоть каналья естественнейшая, Гришка-то мой, да за это-то я его и люблю, подлеца. Чувствительность сердечная погубила меня — откровенно скажу; а во всем этом Фомка один виноват! Погубит он меня, присягну, что погубит! Вот теперь два часа на солнце по его же милости жарюсь. Хотел было к протопопу зайти, покамест эти дураки с починкой копаются. Хороший человек здешний протопоп. Да уж так он расстроил меня, Фомка-то, что уж и на протопопа смотреть не хочется! Ну их всех! Здесь ведь и трактиришка порядочного нет. Все, я вам скажу, подлецы, все до единого! И ведь добро бы чин на нем был необыкновенный какой-нибудь, — продолжал Бахчеев, снова обращаясь к Фоме Фомичу, от которого он, видимо, не мог отвязаться, — ну тогда хоть по чину простительно; а то ведь и чинишка-то нет; это я доподлинно знаю, что нет. За правду, говорит, где-то там пострадал, в сорок не в нашем году, так вот и кланяйся ему за то в ножки! черт не брат! Чуть что не по нем — вскочит, завизжит: «Обижают, дескать, меня, бедность мою обижают, уважения не питают ко мне!» Без Фомы к столу не смей сесть, а сам не выходит: «Меня, дескать, обидели; я убогий странник, я и черного хлебца поем». Чуть сядут, он тут и явился; опять пошла наша скрипка пилить: «Зачем без меня сели за стол? значит, ни во что меня почитают». Словом, гуляй душа! Я, батюшка, долго молчал. Он думал, что и я перед ним собачонкой на задних лапках буду выплясывать; натка, брат, возьми закуси! Нет, брат, ты только за дугу, а я уж в телеге сижу! С Егор-то Ильичом я ведь в одном полку служил. Я-то в отставку юнкером вышел, а он в прошлом году в вотчину приехал в отставке полковником. Говорю ему: «Эй, себя сгубите, не потакайте Фоме! Прольете слезу!» Нет, говорит, превосходнейший он человек (это про Фомку-то!), он мне друг; он меня благонравию учит. Ну, думаю, против благонравия не пойдешь! Уж коли благонравию зачал учить — значит, последнее дело пришло. Что ж бы выдумали, сегодня из-за чего опять поднял историю? Завтра Ильи-пророка (господин Бахчеев перекрестился): Илюша, сынок-то дядюшкин, именинник. Я было думал и день у них провести, и пообедать там, и игрушку столичную выписал: немец на пружинах у своей невесты ручку целует, а та слезу платком вытирает — превосходная вещь! (теперь уж не подарю, морген-фри! Вон у меня в коляске лежит, и нос у немца отбит; назад везу). Егор-то Ильич и сам бы не прочь в такой день погулять и попраздновать, да Фомка претит: «Зачем, дескать, начали заниматься Илюшей? На меня, стало быть, внимания не обращают теперь!» А? каков гусь? восьмилетнему мальчику в тезоименитстве позавидовал! «Так вот нет же, говорит, и я именинник!» Да ведь будет Ильин день, а не Фомин! «Нет, говорит, я тоже в этот день именинник!» Смотрю я, терплю. Что ж бы вы думали? Ведь они теперь на цыпочках ходят да шепчутся: как быть? За именинника его в Ильин день почитать или нет, поздравлять или нет? Не поздравь — обидеться может, а поздравь — пожалуй, и в насмешку примет. Тьфу ты, пропасть! Сели мы обедать... Да ты, батюшка, слушаешь иль нет?

— Помилуйте, слушаю; с особенным даже удовольствием слушаю; потому что через вас я теперь узнал... и... признаюсь...

— То-то, с особенным удовольствием! Знаю я твое удовольствие... Да уж ты не в пику ли мне про удовольствие-то свое говоришь?

— Помилуйте, в какую же пику? напротив. Притом же вы так... оригинально выражаетесь, что я даже готов записать ваши слова.

— То есть как это, батюшка, записать? — спросил господин Бахчеев с некоторым испугом и смотря на меня подозрительно.

— Впрочем, я, может быть, и не запишу... это я так.

— Да ты, верно, как-нибудь обольстить меня хочешь?

— То есть как это обольстить? — спросил я с удивлением.

— Да так. Вот ты теперь меня обольстишь, я тебе все расскажу, как дурак, а ты возьмешь после да и опишешь меня где-нибудь в сочинении.

Я тотчас же поспешил уверить господина Бахчеева, что я не из таких, но он все еще подозрительно смотрел на меня.

— То-то, не из таких! кто тебя знает! может, и лучше еще. Вон и Фома грозился меня описать да в печать послать.

— Позвольте спросить, — прервал я, отчасти желая переменить разговор, — скажите, правда ли, что дядюшка хочет жениться?

— Так что же, что хочет? Это бы еще ничего. Женись, коли уж так тебя покачнуло; не это скверно, а другое скверно... — прибавил господин Бахчеев в задумчивости. Гм! про это, батюшка, я вам доподлинно не могу дать ответа. Много теперь туда всякого бабья напихалось, как мух у варенья; да ведь не разберешь, которая замуж хочет. А я вам, батюшка, по дружбе скажу: не люблю бабья! Только слава, что человек, а по правде, так один только срам, да и спасению души вредит. А что дядюшка ваш влюблен, как сибирский кот, так в этом я вас заверяю. Про это, батюшка, я теперь промолчу: сами увидите; а только то скверно, что дело тянет. Коли жениться, так и женись; а то Фомке боится сказать, да и старухе своей боится сказать: та тоже завизжит на все село да брыкаться начнет. За Фомку стоит: дескать, Фома Фомич огорчится, коли супруга в дом войдет, потому что ему тогда двух часов не прожить в доме-то. Супруга-то собственноручно в шею вытолкает, да еще, не будь дура, другим каким манером такого киселя задаст, что по уезду места потом не отыщет! Так вот он и куролесит теперь, вместе с маменькой и подсовывает ему таковскую... Да ты, батюшка, что ж меня перебил? Я тебе самую главную статью хотел рассказать, а ты меня перебил! Я постарше тебя; перебивать старика не годится...

Я извинился.

— Да ты не извиняйся! Я вам, батюшка, как человеку ученому, на суд представить хотел, как он сегодня разобидел меня. Ну вот рассуди, коли добрый ты человек. Сели мы обедать; так он меня, я тебе скажу, чуть не съел за обедом-то! С самого начала вижу: сидит себе, злится, так что в нем вся душа скрипит. В ложке воды утопить меня рад, ехидна! Такого самолюбия человек, что уж сам в себе поместиться не может! Вот и вздумал он ко мне придираться, благонравию тоже меня вздумал учить. Зачем, скажите ему, я такой толстый? Ну, пристал человек: зачем не тонкий, а толстый? Ну, скажите же, батюшка, что за вопрос? Ну, видно ли тут остроумие? Я с благоразумием ему отвечаю: «Это так уж Бог устроил, Фома Фомич: один толст, а другой тонок; а против Всеблагого Провидения смертному восставать невозможно». Благоразумно ведь — как вы думаете? «Нет, говорит, у тебя пятьсот душ, живешь на готовом, а пользы отечеству не приносишь; надо служить, а ты все дома сидишь да на гармонии играешь». А я и взаправду, когда взгрустнется, на гармонии люблю поиграть. Я опять с благоразумием отвечаю: «А в какую я службу пойду, Фома Фомич? В какой мундир толстоту-то мою затяну? Надену мундир, затянусь, неравно чихну — все пуговицы и отлетят, да еще, пожалуй, при высшем начальстве, да, оборони Бог, за пашквиль сочтут — что тогда?» Ну, скажите же, батюшка, ну что я тут смешного сказал? Так нет же, покатывается на мой счет, хаханьки да хихиньки такие пошли... то есть целомудрия в нем нет никакого, я вам скажу, да еще на французском диалекте поносить меня вздумал: «кошон» говорит. Ну, кошон-то и я понимаю, что значит. «Ах ты, физик проклятый, думаю; полагаешь, я тебе теплоух дался?» Терпел я, терпел, да и не утерпел, встал из-за стола да при всем честном народе и бряк ему: «Согрешил я, говорю, перед тобой, Фома Фомич, благодетель; подумал было, что ты благовоспитанный человек, а ты, брат, выходишь такая же свинья, как и мы все», — сказал да и вышел из-за стола, из-за самого пудинга: пудинг тогда обносили. «Ну вас и с пудингом-то!..»

— Извините меня, — сказал я, прослушав весь рассказ господина Бахчеева, — я, конечно, готов с вами во всем согласиться. Главное, я еще ничего положительного не знаю... Но, видите ли, на этот счет у меня явились теперь свои идеи.

— Какие же это идеи, батюшка, у тебя появились? — недоверчиво спросил господин Бахчеев.

— Видите ли, — начал я, несколько путаясь, — оно, может быть, и некстати теперь, но я, пожалуй, готов сообщить. Вот как я думаю: может быть, мы оба ошибаемся насчет Фомы Фомича; может быть, все эти странности прикрывают натуру особенную, даже даровитую — кто это знает? Может быть, это натура огорченная, разбитая страданиями, так сказать, мстящая всему человечеству. Я слышал, что он прежде был чем-то вроде шута: может быть, это его унизило, оскорбило, сразило?.. Понимаете: человек благородный... сознание... а тут роль шута!.. И вот он стал недоверчив ко всему человечеству и... и, может быть, если примирить его с человечеством... то есть с людьми, то, может быть, из него выйдет натура особенная... может быть, даже очень замечательная, и... и... и ведь есть же что-нибудь в этом человеке? Ведь есть же причина, по которой ему все поклоняются?

Словом, я сам почувствовал, что зарапортовался ужасно. По молодости еще можно было простить. Но господин Бахчеев не простил. Серьезно и строго смотрел он мне в глаза и, наконец, вдруг побагровел, как индейский петух.

— Это Фомка-то такой особенный человек? — спросил он отрывисто.

— Послушайте: я еще сам почти ничему не верю из того, что я теперь говорил. Я это так только, в виде догадки...

— А позвольте, батюшка, полюбопытствовать спросить: обучались вы философии или нет?

— То есть в каком смысле? — спросил я с недоумением.

— Нет, не в смысле; а вы мне, батюшка, прямо, безо всякого смыслу отвечайте: обучались вы философии или нет?

— Признаюсь, я намерен изучать, но...

— Ну, так и есть! — вскричал господин Бахчеев, дав полную волю своему негодованию. — Я, батюшка, еще прежде, чем вы рот растворили, догадался, что вы философии обучались! Меня не надуешь! морген-фри! За три версты чутьем услышу философа! Поцелуйтесь вы с вашим Фомой Фомичом! Особенного человека нашел! тьфу! прокисай все на свете! Я было думал, что вы тоже благонамеренный человек, а вы... Подавай! — закричал он кучеру, уж влезавшему на ко́зла исправленного экипажа. — Домой!

Насилу-то я кое-как успокоил его; кое-как наконец он смягчился; но долго еще не мог решиться переменить гнев на милость. Между тем он влез в коляску с помощью Григория и Архипа, того самого, который читал наставления Васильеву.

— Позвольте спросить вас, — сказал я, подойдя к коляске, — вы уж более не приедете к дядюшке?

— К дядюшке-то? А плюньте на того, кто вам это сказал! Вы думаете, я постоянный человек, выдержу? В том-то и горе мое, что я тряпка, а не человек! Недели не пройдет, а я опять туда поплетусь. А зачем? Вот подите: сам не знаю зачем, а поеду; опять буду с Фомой воевать. Это уж, батюшка, горе мое! За грехи мне Господь этого Фомку в наказание послал. Характер у меня бабий, постоянства нет никакого! Трус я, батюшка, первой руки...

Мы, однако ж, расстались по-дружески; он даже пригласил меня к себе обедать.

— Приезжай, батюшка, приезжай, пообедаем. У меня водочка из Киева пешком пришла, а повар в Париже бывал. Такого фенезерфу подаст, такую кулебяку мисаиловну сочинит, что только пальчики оближешь да в ножки поклонишься ему, подлецу. Образованный человек! Я вот только давно не сек его, балуется он у меня... да вот теперь благо напомнили... Приезжай! Я бы вас и сегодня с собою пригласил, да вот как-то весь упал, раскис, совсем без задних ног сделался. Ведь я человек больной, сырой человек. Вы, может быть, и не верите... Ну, прощайте, батюшка! Пора плыть и моему кораблю. Вон и ваш тарантасик готов. А Фомке скажите, чтоб и не встречался со мной; не то я такую чувствительную встречу ему сочиню, что он...

Но последних слов уж не было слышно. Коляска, принятая дружно четверкою сильных коней, исчезла в облаках пыли. Подали и мой тарантас; я сел в него, и мы тотчас же проехали городишко. «Конечно, этот господин привирает, — подумал я, — он слишком сердит и не может быть беспристрастным. Но опять-таки все, что он говорил о дяде, очень замечательно. Вот уж два голоса согласны в том, что дядя любит эту девицу... Гм! Женюсь я иль нет?» В этот раз я крепко задумался.

III
Дядя

Признаюсь, я даже немного струсил. Романические мечты мои показались мне вдруг чрезвычайно странными, даже как будто и глупыми, как только я въехал в Степанчиково. Это было часов около пяти пополудни. Дорога шла мимо барского сада. Снова, после долгих лет разлуки, я увидел этот огромный сад, в котором мелькнуло несколько счастливых дней моего детства и который много раз потом снился мне во сне, в дортуарах школ, хлопотавших о моем образовании. Я выскочил из повозки и пошел прямо через сад к барскому дому. Мне очень хотелось явиться втихомолку, разузнать, выспросить и прежде всего наговориться с дядей. Так и случилось. Пройдя аллею столетних лип, я ступил на террасу, с которой стеклянною дверью прямо входили во внутренние комнаты. Эта терраса была окружена клумбами цветов и заставлена горшками дорогих растений. Здесь я встретил одного из туземцев, старого Гаврилу, бывшего когда-то моим дядькой, а теперь почетного камердинера дядюшки. Старик был в очках и держал в руке тетрадку, которую читал с необыкновенным вниманием. Мы виделись с ним два года назад, в Петербурге, куда он приезжал вместе с дядей, а потому он тотчас же теперь узнал меня. С радостными слезами бросился он целовать мои руки, причем очки слетели с его носа на пол. Такая привязанность старика меня очень тронула. Но, взволнованный недавним разговором с господином Бахчеевым, я прежде всего обратил внимание на подозрительную тетрадку, бывшую в руках у Гаврилы.

— Что это, Гаврила, неужели и тебя начали учить по-французски? — спросил я старика.

— Учат, батюшка, на старости лет, как скворца, — печально отвечал Гаврила.

— Сам Фома учит?

— Он, батюшка. Умнеющий, должно быть, человек.

— Нечего сказать, умник! По разговорам учит?

— По китрадке, батюшка.

— Это что в руках у тебя? А! французские слова русскими буквами — ухитрился! Такому болвану, дураку набитому, в руки даетесь — не стыдно ли, Гаврила? — вскричал я, в один миг забыв все великодушные мои предположения о Фоме Фомиче, за которые мне еще так недавно досталось от господина Бахчеева.

— Где же, батюшка, — отвечал старик, — где же он дурак, коли уж господами нашими так заправляет?

— Гм! Может быть, ты и прав, Гаврила, — пробормотал я, приостановленный этим замечанием. — Веди же меня к дядюшке!

— Сокол ты мой! да я не могу на глаза показаться, не смею. Я уж и его стал бояться. Вот здесь и сижу, горе мычу, да за клумбы сигаю, когда он проходить изволит.

— Да чего же ты боишься?

— Давеча уроку не знал; Фома Фомич на коленки ставил, а я и не стал. Стар я стал, батюшка, Сергей Александрыч, чтоб надо мной такие шутки шутить! Барин осерчать изволил, зачем Фому Фомича не послушался. «Он, говорит, старый ты хрыч, о твоем же образовании заботится, произношению тебя хочет учить». Вот и хожу, твержу вокабул. Обещал Фома Фомич к вечеру опять экзаментик сделать.

Мне показалось, что тут было что-то неясное. С этим французским языком была какая-нибудь история, подумал я, которую старик не может мне объяснить.

— Один вопрос, Гаврила: каков он собой? видный, высокого роста?

— Фома-то Фомич? Нет, батюшка, плюгавенький такой человечек.

— Гм! Подожди, Гаврила; все это еще, может быть, уладится; даже непременно, обещаю тебе, уладится! Но... где же дядюшка?

— А за конюшнями мужичков принимает. С Капитоновы! старики с поклоном пришли. Прослышали, что их Фоме Фомичу записывают. Отмолиться хотят.

— Да зачем же за конюшнями?

— Опасается, батюшка...

Действительно, я нашел дядю за конюшнями.

Там, на площадке, он стоял перед группой крестьян, которые кланялись и о чем-то усердно просили. Дядя что-то с жаром им толковал. Я подошел и окликнул его. Он обернулся, и мы бросились друг другу в объятия.

Он чрезвычайно мне обрадовался; радость его доходила до восторга. Он обнимал меня, сжимал мои руки...

Точно ему возвратили его родного сына, избавленного от какой-нибудь смертельной опасности. Точно как будто я своим приездом избавил и его самого от какой-то смертельной опасности и привез с собою разрешение всех его недоразумений, счастье и радость на всю жизнь ему и всем, кого он любит. Дядя не согласился бы быть счастливым один. После первых порывов восторга он вдруг так захлопотал, что наконец совершенно сбился и спутался. Он закидывал меня расспросами, хотел немедленно вести меня к своему семейству. Мы было и пошли, но дядя воротился, пожелав представить меня сначала капитоновским мужикам. Потом, помню, он вдруг заговорил, неизвестно по какому поводу, о каком-то господине Коровкине, необыкновенном человеке, которого он встретил три дня назад где-то на большой дороге и которого ждал теперь к себе в гости с крайним нетерпением. Потом он бросил и Коровкина и заговорил о чем-то другом. Я с наслаждением смотрел на него. Отвечая на торопливые его расспросы, я сказал, что желал бы не вступать в службу, а продолжать заниматься науками. Как только дело дошло до наук, дядя вдруг насупил брови и сделал необыкновенно важное лицо. Узнав, что в последнее время я занимался минералогией, он поднял голову и с гордостью осмотрелся кругом, как будто он сам, один, без всякой посторонней помощи, открыл и написал всю минералогию. Я уже сказал, что перед словом «наука» он благоговел самым бескорыстнейшим образом, тем более бескорыстным, что сам решительно ничего не знал.

— Эх, брат, есть же на свете люди, что всю подноготную знают! — говорил он мне однажды с сверкающими от восторга глазами. — Сидишь между ними, слушаешь и ведь сам знаешь, что ничего не понимаешь, а все как-то сердцу любо. А отчего? А оттого, что тут польза, тут ум, тут всеобщее счастье! Это-то я понимаю. Вот я теперь по чугунке поеду, а Илюшка мой, может, и по воздуху полетит... Ну, да наконец, и торговля, промышленность —

эти, так сказать, струи... то есть я хочу сказать, что как ни верти, а полезно... Ведь полезно — не правда ли?

Но обратимся к нашей встрече.

— Вот подожди, друг мой, подожди, — начал он, потирая руки и скороговоркою, — увидишь человека! Человек редкий, я тебе скажу, человек ученый, человек науки; останется в столетии. А ведь хорошо словечко: «Останется в столетии»? Это мне Фома объяснил... Подожди, я тебя познакомлю.

— Это вы про Фому Фомича, дядюшка?

— Нет, нет, друг мой! Это я теперь про Коровкина. То есть и Фома тоже, и он... Но это я про Коровкина теперь говорил, — прибавил он, неизвестно отчего покраснев и как будто смешавшись, как только речь зашла про Фому.

— Какими же он науками занимается, дядюшка?

— Науками, братец, науками, вообще науками! Я вот только не могу сказать, какими именно, а только знаю, что науками. Как про железные дороги говорит! И знаешь, — прибавил дядя полушепотом, многозначительно прищуривая правый глаз, — немного, эдак, вольных идей! Я заметил, особенно когда про семейное счастье заговорил... Вот жаль, что я сам мало понял (времени не было), а то бы рассказал тебе все как по нитке. И, вдобавок, благороднейших свойств человек! Я его пригласил к себе погостить. С часу на час ожидаю.

Между тем мужики глядели на меня, раскрыв рты и выпуча глаза, как на чудо.

— Послушайте, дядюшка, — прервал я его, — я, кажется, помешал мужичкам. Они, верно, за надобностью. О чем они? Я, признаюсь, подозреваю кой-что и очень бы рад их послушать...

Дядя вдруг захлопотал и заторопился.

— Ах, да! я и забыл! да вот видишь... что с ними делать? Выдумали, — и желал бы я знать, кто первый у них это выдумал, — выдумали, что я отдаю их, всю Капитоновку, — ты помнишь Капитоновку? еще мы туда с покойной Катей все по вечерам гулять ездили, — всю Капитоновку, целых шестьдесят восемь душ, Фоме Фомичу! «Ну, не хотим идти от тебя, да и только!»

— Так это неправда, дядюшка? вы не отдаете ему Капитоновы!? — вскричал я почти в восторге.

— И не думал; в голове не было! А ты от кого слышал? Раз как-то с языка сорвалось, вот и пошло гулять мое слово. И отчего им Фома так не мил? Вот подожди, Сергей, я тебя познакомлю, — прибавил он, робко взглянув на меня, как будто уже предчувствуя и во мне врага Фоме Фомичу. — Это, брат, такой человек...

— Не хотим, опричь тебя, никого не хотим! — завопили вдруг мужики целым хором. — Вы отцы, а мы ваши дети!

— Послушайте, дядюшка, — отвечал я, — Фому Фомича я еще не видал, но... видите ли... я кое-что слышал. Признаюсь вам, что я встретил сегодня господина Бахчеева. Впрочем, у меня на этот счет покамест своя идея. Во всяком случае, дядюшка, отпустите-ка вы мужичков, а мы с вами поговорим одни, без свидетелей. Я, признаюсь, затем и приехал...

— Именно, именно, — подхватил дядя, — именно! мужичков отпустим, а потом и поговорим, знаешь, эдак, приятельски, дружески, основательно! Ну, — продолжал он скороговоркой, обращаясь к мужикам, — теперь ступайте, друзья мои. И вперед ко мне, всегда ко мне, когда нужно; так-таки прямо ко мне и иди во всякое время.

— Батюшка ты наш! Вы отцы, мы ваши дети! Не давай в обиду Фоме Фомичу! Вся бедность просит! — закричали еще раз мужики.

— Вот дураки-то! да не отдам я вас, говорят!

— А то заучит он нас совсем, батюшка! Здешних, слышь, совсем заучил.

— Так неужели он и вас по-французски учит? — вскричал я почти в испуге.

— Нет, батюшка, покамест еще миловал Бог! — отвечал один из мужиков, вероятно большой говорун, рыжий, с огромной плешью на затылке и с длинной, жиденькой клинообразной бородкой, которая так и ходила вся, когда он говорил, точно она была живая сама по себе. — Нет, сударь, покамест еще миловал Бог.

— Да чему ж он вас учит?

— А учит он, ваша милость, так, что по-нашему выходит золотой ящик купи да медный грош положи.

— То есть как это медный грош?

— Сережа! ты в заблуждении; это клевета! — вскричал дядя, покраснев и ужасно сконфузившись. — Это они, дураки, не поняли, что он им говорил! Он только так... какой тут медный грош!.. А тебе нечего про все поминать, горло драть, — продолжал дядя, с укоризною обращаясь к мужику, — тебе же, дураку, добра пожелали, а ты не понимаешь да и кричишь!

— Помилуйте, дядюшка, а французский-то язык?

— Это он для произношения, Сережа, единственно для произношения, — проговорил дядя каким-то просительным голосом. — Он это сам говорил, что для произношения... Притом же тут случилась одна особенная история — ты ее не знаешь, а потому и не можешь судить. Надо, братец, прежде вникнуть, а уж потом обвинять... Обвинять-то легко!

— Да вы-то чего! — закричал я, в запальчивости снова обращаясь к мужикам. — Вы бы ему так все прямо и высказали. Дескать, эдак нельзя, Фома Фомич, а вот оно как! Ведь есть же у вас язык?

— Где та мышь, чтоб коту звонок привесила, батюшка? «Я, говорит, тебя, мужика сиволапого, чистоте и порядку учу. Отчего у тебя рубаха нечиста?» Да в поту живет, оттого и нечистая! Не каждый день переменять. С чистоты не воскреснешь, с пугани не треснешь.

— А вот а намедни на гумно пришел, — заговорил другой мужик, с виду рослый и сухощавый, весь в заплатах, в самых худеньких лаптишках, и, по-видимому, один из тех, которые вечно чем-нибудь недовольны и всегда держат в запасе какое-нибудь ядовитое, отравленное слово. До сих пор он хоронился за спинами других мужиков, слушал в мрачном безмолвии и все время не сгонял с лица какой-то двусмысленной, горько-лукавой усмешки. — На гумно пришел: «Знаете ли вы, говорит, сколько до солнца верст?» А кто его знает? Наука эта не нашенская, а барская. «Нет, говорит, ты дурак, пехтерь, пользы своей не знаешь, а я, говорит, астролом! Я все Божии планиды узнал».

— Ну, а сказал тебе, сколько до солнца верст? — вмешался дядя, вдруг оживляясь и весело мне подмигивая, как бы говоря: «Вот посмотри-ка, что будет!»

— Да, сказал сколько-то много, — нехотя отвечал мужик, не ожидавший такого вопроса.

— Ну, а сколько сказал, сколько именно?

— Да вашей милости лучше известно, а мы люди темные.

— Да я-то, брат, знаю, а ты помнишь ли?

— Да сколько-то сот али тысяч, говорил, будет. Что-то много сказал. На трех возах не вывезешь.

— То-то, помни, братец! А ты думал, небось, с версту будет, рукой достать? Нет, брат, земля — это, видишь, как шар круглый, — понимаешь?.. — продолжал дядя, очертив руками в воздухе подобие шара.

Мужик горько улыбнулся.

— Да, как шар! Она так на воздухе и держится сама собой и кругом солнца ходит. А солнце-то на месте стоит; тебе только кажется, что оно ходит. Вот она штука какая! А открыл это все капитан Кук, мореход... А черт его знает, кто и открыл, — прибавил он полушепотом, обращаясь ко мне. — Сам-то я, брат, ничего не знаю... А ты знаешь, сколько до солнца-то?

— Знаю, дядюшка, — отвечал я, с удивлением смотря на всю эту сцену, — только вот что я думаю: конечно, необразованность есть то же неряшество; но, с другой стороны... учить крестьян астрономии...

— Именно, именно, именно неряшество! — подхватил дядя в восторге от моего выражения, которое показалось ему чрезвычайно удачным. — Благородная мысль! Именно неряшество! Я это всегда говорил... то есть я этого никогда не говорил, но я чувствовал. Слышите, — закричал он мужикам, — необразованность это то же неряшество, такая же грязь! Вот оттого вас Фома и хотел научить. Он вас добру хотел научить — это ничего. Это, брат, уж все равно, тоже служба, всякого чина стоит. Вот оно дело какое, наука-то! Ну, хорошо, хорошо, друзья мои! Ступайте с Богом, а я рад, рад... будьте покойны, я вас не оставлю.

— Защити, отец родной!

— Вели свет видеть, батюшка!

И мужики повалились в ноги.

— Ну, ну, это вздор! Богу да царю кланяйтесь, а не мне... Ну, ступайте, ведите себя хорошо, заслужите ласку... ну и там все... Знаешь, — сказал он, вдруг обращаясь ко мне, только что ушли мужики, и как-то сияя от радости, — любит мужичок доброе слово, да и подарочек не повредит. Подарю-ка я им что-нибудь, — а? как ты думаешь? Для твоего приезда... Подарить или нет?

— Да вы, дядюшка, какой-то Фрол Силин, благодетельный человек, как я погляжу.

— Ну, нельзя же, братец, нельзя: это ничего. Я им давно хотел подарить, — прибавил он, как бы извиняясь. — А что тебе смешно, что я мужиков наукам учил? Нет, брат, это я так, это я от радости, что тебя увидел, Сережа. Просто-запросто хотел, чтоб и он, мужик, узнал, сколько до солнца, да рот разинул. Весело, брат, смотреть, когда он рот разинет... как-то эдак радуешься за него. Только знаешь, друг мой, не говори там в гостиной, что я с мужиками здесь объяснялся. Я нарочно их за конюшнями принял, чтоб не видно было. Оно, брат, как-то нельзя было там: щекотливое дело; да и сами они потихоньку пришли. Я ведь это для них больше и сделал...

— Ну вот, дядюшка, я и приехал! — начал я, переменяя разговор и желая добраться поскорее до главного дела. — Признаюсь вам, письмо ваше меня так удивило, что я...

— Друг мой, ни слова об этом! — перебил дядя, как будто в испуге и даже понизив голос, — после, после это все объяснится. Я, может быть, и виноват перед тобою и даже, может быть, очень виноват, но...

— Передо мной виноваты, дядюшка?

— После, после, мой друг, после! все это объяснится. Да какой же ты стал молодец! Милый ты мой! А как же я тебя ждал! Хотел излить, так сказать... ты ученый, ты один у меня... ты и Коровкин. Надобно заметить тебе, что на тебя здесь все сердятся. Смотри же, будь осторожнее, не оплошай!

— На меня? — спросил я, в удивлении смотря на дядю, не понимая, чем я мог рассердить людей, тогда еще мне совсем незнакомых. — На меня?

— На тебя, братец. Что ж делать! Фома Фомич немножко... ну уж и маменька, вслед за ним. Вообще будь осторожен, почтителен, не противоречь, а главное, почтителен...

— Это перед Фомой-то Фомичом, дядюшка?

— Что ж делать, друг мой! ведь я его не защищаю. Действительно он, может быть, человек с недостатками, и даже теперь, в эту самую минуту... Ах, брат Сережа, как это все меня беспокоит! И как бы это все могло уладиться, как бы мы все могли быть довольны и счастливы!.. Но, впрочем, кто ж без недостатков? Ведь не золотые ж и мы?

— Помилуйте, дядюшка! рассмотрите, что он делает...

— Эх, брат! все это только дрязги и больше ничего! вот, например, я тебе расскажу: теперь он сердится на меня, и за что, как ты думаешь?.. Впрочем, может быть, я и сам виноват. Лучше я тебе потом расскажу...

— Впрочем, знаете, дядюшка, у меня на этот счет выработалась своя особая идея, — перебил я, торопясь высказать мою идею. Да мы и оба как-то торопились. — Во-первых, он был шутом: это его огорчило, сразило, оскорбило его идеал; и вот вышла натура озлобленная, болезненная, мстящая, так сказать, всему человечеству... Но если примирить его с человеком, если возвратить его самому себе...

— Именно, именно! — вскричал дядя в восторге, — именно так! Благороднейшая мысль! И даже стыдно, неблагородно было бы нам осуждать его! Именно!.. Ах, друг мой, ты меня понимаешь; ты мне отраду привез! Только бы там-то уладилось! Знаешь, я туда теперь и явиться боюсь. Вот ты приехал, и мне непременно достанется!

— Дядюшка, если так... — начал было я, смутясь от такого признания.

— Ни-ни-ни! ни за что в свете! — закричал он, схватив меня за руки. — Ты мой гость, и я так хочу!

Все это чрезвычайно меня удивляло.

— Дядюшка, скажите мне сейчас же, — начал я настойчиво, — для чего вы меня звали? чего от меня надеетесь и, главное, в чем передо мной виноваты?

— Друг мой, и не спрашивай! после, после! все это после объяснится! Я, может быть, и во многом виноват, но я хотел поступить как честный человек, и... и... и ты на ней женишься! Ты женишься, если только есть в тебе хоть капля благородства! — прибавил он, весь покраснев от какого-то внезапного чувства, восторженно и крепко сжимая мою руку. — Но довольно, ни слова больше! Все сам скоро узнаешь. От тебя же будет зависеть... Главное, чтоб ты теперь там понравился, произвел впечатление. Главное, не сконфузься.

— Но послушайте, дядюшка, кто ж у вас там? Я, признаюсь, так мало бывал в обществе, что...

— Что, немножко трусишь? — прервал дядя с улыбкою. — Э, ничего! все свои, ободрись! главное, ободрись, не бойся! Я все как-то боюсь за тебя. Кто там у нас, спрашиваешь? Да кто ж у нас... Во-первых, мамаша, — начал он торопливо. — Ты помнишь мамашу или не помнишь? Добрейшая, благороднейшая старушка; без претензий — это можно сказать; старого покроя немножко, да это и лучше. Ну, знаешь, иногда такие фантазии, скажет эдак как-то; на меня теперь сердится, да я сам виноват... знаю, что виноват! Ну, наконец, она ведь что называется grande dame, генеральша... превосходнейший человек был ее муж: во-первых, генерал, человек образованнейший, состояния не оставил, но зато весь был изранен; словом — стяжал уважение! Потом девица Перепелицына. Ну эта... не знаю... в последнее время она как-то того... характер такой... А впрочем, нельзя же всех и осуждать... Ну, да Бог с ней... Ты не думай, что она приживалка какая-нибудь. Она, брат, сама подполковничья дочь. Наперсница маменьки, друг! Потом, брат, сестрица Прасковья Ильинична. Ну, про эту нечего много говорить: простая, добрая; хлопотунья немного, но зато сердце какое! — Ты, главное, на сердце смотри — пожилая девушка, но, знаешь, этот чудак Бахчеев, кажется, куры строит, хочет присвататься. Ты, однако, молчи; чур: секрет! Ну, кто же еще из наших? про детей не говорю: сам увидишь. Илюшка завтра именинник.. Да бишь! Чуть не забыл: гостит у нас, видишь ли, уже целый месяц, Иван Иваныч Мизинчиков, тебе будет троюродный брат, кажется; да, именно троюродный! он недавно в отставку вышел из гусаров, поручиком; человек еще молодой. Благороднейшая душа! но, знаешь, так промотался, что уж я и не знаю, где он успел так промотаться. Впрочем, у него ничего почти и не было; но все-таки промотался, наделал долгов. Теперь гостит у меня. Я его до этих пор и не знал совсем, сам приехал, отрекомендовался. Милый, добрый, смирный, почтительный. Слыхал ли от него здесь кто и слово? все молчит. Фома, в насмешку, прозвал его «молчаливый незнакомец» — ничего: не сердится. Фома доволен, говорит про Ивана, что он недалек. Впрочем, Иван ему ни в чем не противоречит и во всем поддакивает. Гм! Забитый он такой. Ну, да Бог с ним! сам увидишь. Есть городские гости. Павел Семеныч Обноскин с матерью; молодой человек, но высочайшего ума человек; что-то зрелое, знаешь, незыблемое.

Я вот только не умею выразиться, и, вдобавок, превосходной нравственности; строгая мораль! Ну, и, наконец, гостит у нас, видишь ли, одна Татьяна Ивановна, пожалуй, еще будет нам дальняя родственница — ты ее не знаешь, — девица, немолодая — в этом можно признаться, но... с приятностями девица; богата, братец, так, что два Степанчикова купит; недавно получила, а до тех пор горе мыкала. Ты, брат Сережа, пожалуйста, остерегись: она такая болезненная... знаешь, что-то фантасмагорическое в характере. Ну, ты благороден, поймешь, испытала, знаешь, несчастья! Вдвое надо быть осторожнее с человеком, испытавшим несчастья! Ты, впрочем, не подумай чего-нибудь. Конечно, есть слабости: так иногда заторопится, скоро скажет, не то слово скажет, которое нужно, то есть не лжет, ты не думай... все это, брат, так сказать, от чистого, от благородного сердца выходит, то есть если даже и солжет что-нибудь, то единственно, так сказать, чрез излишнее благородство души — понимаешь?

Мне показалось, что дядя ужасно сконфузился.

— Послушайте, дядюшка, — сказал я, — я вас так люблю... простите откровенный вопрос: женитесь вы на ком-нибудь здесь или нет?

— Да ты от кого слышал? — отвечал он, покраснев, как ребенок. — Вот видишь, друг мой, я тебе все расскажу: во-первых, я не женюсь. Маменька, отчасти сестрица и, главное, Фома Фомич, которого маменька обожает, — и за дело, за дело: он много для нее сделал, — все они хотят, чтоб я женился на этой самой Татьяне Ивановне, из благоразумия, то есть для всего семейства. Конечно, мне же добра желают — я ведь это понимаю; но я ни за что не женюсь — я уж дал себе такое слово. Несмотря на то, я как-то не умел отвечать: ни да, ни нет не сказал. Это уж, брат, со мной всегда так случается. Они и подумали, что я соглашаюсь, и непременно хотят, чтоб завтра, для семейного праздника, я объяснился... и потому завтра такие хлопоты, что я даже не знаю, что предпринять! К тому же Фома Фомич, неизвестно почему, на меня рассердился; маменька тоже. Я, брат, признаюсь тебе, только ждал тебя да Коровкина... хотел излить, так сказать...

— Да чем же тут поможет Коровкин, дядюшка?

— Поможет, друг мой, поможет, — это, брат, уж такой человек; одно слово: человек науки! Я на него как на каменную гору надеюсь: побеждающий человек! Про семейное счастье как говорит! Я, признаюсь, и на тебя тоже надеялся; думал: ты их урезонишь. Сам рассуди: ну, положим, я виноват, действительно виноват — я понимаю все это; я не бесчувственный. Ну, да все же меня можно простить когда-нибудь! Тогда бы мы вот как зажили!.. Эх, брат, как выросла моя Сашурка, хоть сейчас к венцу! Илюшка мой какой стал! завтра именинник. За Сашурку-то я боюсь — вот что!..

— Дядюшка! где мой чемодан? Я переоденусь и мигом явлюсь, а там...

— В мезонине, друг мой, в мезонине. Я уж так заране велел, чтоб тебя, как приедешь, прямо вели в мезонин, чтоб никто не видал. Именно, именно переоденься! Это хорошо, прекрасно, прекрасно! А я покамест там всех понемногу приготовлю. Ну, и с Богом! Знаешь, брат, надо хитрить. Поневоле Талейраном сделаешься. Ну, да ничего! Там теперь они чай пьют. У нас рано чай пьют. Фома Фомич любит пить сейчас как проснется; оно, знаешь, и лучше... Ну, так я пойду, а ты уж поскорей за мной, не оставляй меня одного: неловко, брат, как-то мне одному-то... Да! постой! вот еще к тебе просьба: не кричи на меня там, как давеча здесь кричал, — а? разве уж потом, если захочешь что заметить, так, наедине, здесь и заметишь; а до тех пор как-нибудь скрепись, подожди! Я, видишь ли, там уж и так накутил. Они сердятся...

— Послушайте, дядюшка, из всего, что я слышал и видел, мне кажется, что вы...

— Тюфяк, что ли? да уж ты договаривай! — перебил он меня совсем неожиданно. — Что ж, брат, делать! Я уж и сам это знаю. Ну, так ты придешь? Как можно скорее приходи, пожалуйста!

Взойдя наверх, я поспешно открыл чемодан, помня приказание дяди сойти вниз как можно скорее. Одеваясь, я заметил, что еще почти ничего не узнал из того, что хотел узнать, хотя и говорил с дядей целый час. Это меня поразило. Одно только было для меня несколько ясно: дядя все еще настойчиво хотел, чтоб я женился; следовательно, все противоположные слухи, именно, что дядя влюблен в ту же особу сам, — неуместны. Помню, что я был в большой тревоге. Между прочим, мне пришло на мысль, что я приездом моим и молчанием перед дядей почти произнес обещание, дал слово, связал себя навеки. «Нетрудно, — думал я, — нетрудно сказать слово, которое свяжет потом навеки по рукам и по ногам. А я еще не видал и невесты!» И опять-таки: с чего эта вражда против меня целого семейства? Почему именно все они должны смотреть на мой приезд, как уверяет дядя, враждебно? И что за странную роль играет сам дядя здесь, в своем собственном доме? Отчего происходит его таинственность? отчего все эти испуги и муки? Признаюсь, что все это представилось мне вдруг чем-то совершенно бессмысленным; а романические и героические мечты мои совсем вылетели из головы при первом столкновении с действительностью. Теперь только, после разговора с дядей, мне вдруг представилась вся нескладность, вся эксцентричность его предложения, и я понял, что подобное предложение, и в таких обстоятельствах, способен был сделать один только дядя. Понял я также, что и сам я, прискакав сюда сломя голову, по первому его слову, в восторге от его предложения, очень походил на дурака. Я одевался поспешно, занятый тревожными моими сомнениями, так что и не заметил сначала прислуживавшего мне слугу.

— Аделаидина цвета изволите галстух надеть или этот, с мелкими клетками? — спросил вдруг слуга, обращаясь ко мне с какою-то необыкновенною, приторною учтивостью.

Я взглянул на него, и оказалось, что он тоже достоин был любопытства. Это был еще молодой человек, для лакея одетый прекрасно, не хуже иного губернского франта. Коричневый фрак, белые брюки, палевый жилет, лакированные полусапожки и розовый галстучек подобраны были, очевидно, не без цели. Все это тотчас же должно было обратить внимание на деликатный вкус молодого щеголя. Цепочка к часам была выставлена напоказ непременно с тою же целью. Лицом он был бледен и даже зеленоват; нос имел большой, с горбинкой, тонкий, необыкновенно белый, как будто фарфоровый. Улыбка на тонких губах его выражала какую-то грусть и, однако ж, деликатную грусть. Глаза, большие, выпученные и как будто стеклянные, смотрели необыкновенно тупо, и, однако ж, все-таки просвечивалась в них деликатность. Тонкие, мягкие ушки были заложены, из деликатности, ватой. Длинные, белобрысые и жидкие волосы его были завиты в кудри и напомажены. Ручки его были беленькие, чистенькие, вымытые чуть ли не в розовой воде; пальцы оканчивались щеголеватыми, длиннейшими розовыми ногтями. Все это показывало баловня, франта и белоручку. Он шепелявил и премодно не выговаривал букву *р,* подымал и опускал глаза, вздыхал и нежничал до невероятности. От него пахло духами. Роста он был небольшого, дряблый и хилый, и на ходу както особенно приседал, вероятно, находя в этом самую высшую деликатность, — словом, он весь был пропитан деликатностью, субтильностью и необыкновенным чувством собственного достоинства. Последнее обстоятельство, неизвестно почему, мне, сгоряча, не понравилось.

— Так этот галстух аделаидина цвета? — спросил я, строго посмотрев на молодого лакея.

— Аделаидина-с, — отвечал он с невозмутимою деликатностью.

— А аграфенина цвета нет?

— Нет-с. Такого и быть не может-с.

— Это почему?

— Неприличное имя Аграфена-с.

— Как неприличное? почему?

— Известно-с; Аделаида, по крайней мере, иностранное имя, облагороженное-с; а Аграфеной могут называть всякую последнюю бабу-с.

— Да ты с ума сошел или нет?

— Никак нет-с, я при своем уме-с. Все — конечно, воля ваша обзывать меня всяческими словами; но разговором моим многие генералы и даже некоторые столичные графы оставались довольны-с.

— Да тебя как зовут?

— Видоплясов.

— А! так это ты Видоплясов?

— Точно так-с.

— Ну, подожди же, брат, я и с тобой познакомлюсь.

«Однако здесь что-то похоже на бедлам», — подумал я про себя, сходя вниз.

IV
За чаем

Чайная была та самая комната, из которой был выход на террасу, где я давеча встретил Гаврилу. Таинственные предвещания дяди насчет приема, меня ожидавшего, очень меня беспокоили. Молодость иногда не в меру самолюбива, а молодое самолюбие почти всегда трусливо. Вот почему мне чрезвычайно неприятно было, когда я, только что войдя в дверь и увидя за чайным столом все общество, вдруг запнулся за ковер, пошатнулся и, спасая равновесие, неожиданно вылетел на средину комнаты. Сконфузившись так, как будто я разом погубил свою карьеру, честь и доброе имя, стоял я без движения, покраснев как рак и бессмысленно смотря на присутствовавших. Упоминаю об этом происшествии, совершенно по себе ничтожном, единственно потому, что оно имело чрезвычайное влияние на мое расположение духа почти во весь тот день, а следственно, и на отношения мои к некоторым из действующих лиц моего рассказа. Я попробовал было поклониться, не докончил, покраснел еще более, бросился к дяде и схватил его за руку.

— Здравствуйте, дядюшка, — проговорил я, задыхаясь, желая сказать что-то совсем другое, гораздо остроумнее, но, совсем неожиданно, сказав только «здравствуйте».

— Здравствуй, здравствуй, братец, — отвечал страдавший за меня дядя, — ведь мы уж здоровались. Да не конфузься, пожалуйста, — прибавил он шепотом, — это, брат, со всеми случается, да еще как! Бывало, хоть провалиться в ту ж пору!.. Ну, а теперь, маменька, позвольте вам рекомендовать: вот наш молодой человек; он немного сконфузился, но вы его верно полюбите. Племянник мой, Сергей Александрович, — добавил он, обращаясь ко всем вообще.

Но прежде чем буду продолжать рассказ, позвольте, любезный читатель, представить вам поименно все общество, в котором я вдруг очутился. Это даже необходимо для порядка рассказа.

Вся компания состояла из нескольких дам и только двух мужчин, не считая меня и дяди. Фомы Фомича, — которого я так желал видеть и который, я уже тогда же чувствовал это, был полновластным владыкою всего дома, — не было: он блистал своим отсутствием и как будто унес с собой свет из комнаты. Все были мрачны и озабочены. Этого нельзя было не заметить с первого взгляда: как ни был я сам в ту минуту смущен и расстроен, однако я видел, что дядя, например, расстроен чуть ли не так же, как я, хотя он и употреблял все усилия, чтоб скрыть свою заботу под видимою непринужденностью. Что-то тяжелым камнем лежало у него на сердце. Один из двух мужчин, бывших в комнате, был еще очень молодой человек, лет двадцати пяти, тот самый

Обноскин, о котором давеча упоминал дядя, восхваляя его ум и мораль. Этот господин мне чрезвычайно не понравился: все в нем сбивалось на какой-то шик дурного тона; костюм его, несмотря на шик, был как-то потерт и скуден; в лице его было что-то как будто тоже потертое. Белобрысые, тонкие, тараканьи усы и неудавшаяся клочковатая бороденка, очевидно, предназначены были предъявлять человека независимого и, может быть, вольнодумца. Он беспрестанно прищуривался, улыбался с какою-то выделанною язвительностью, кобенился на своем стуле и поминутно смотрел на меня в лорнет; но когда я к нему поворачивался, он медленно опускал свое стеклышко и как будто трусил. Другой господин, тоже еще человек молодой, лет двадцати восьми, был мой троюродный братец, Мизинчиков. Действительно, он был чрезвычайно молчалив. За чаем во все время он не сказал ни слова, не смеялся, когда все смеялись; но я вовсе не заметил в нем никакой «забитости», которую видел в нем дядя; напротив, взгляд его светло-карих глаз выражал решимость и какую-то определенность характера. Мизинчиков был смугл, черноволос и довольно красив; одет очень прилично — на дядин счет, как узнал я после. Из дам я заметил прежде всех девицу Перепелицыну, по ее необыкновенно злому, бескровному лицу. Она сидела возле генеральши, — о которой будет особая речь впоследствии, — но не рядом, а несколько сзади, из почтительности; поминутно нагибалась и шептала что-то на ухо своей покровительнице. Две-три пожилые приживалки, совершенно без речей, сидели рядком у окна и почтительно ожидали чаю, вытаращив глаза на матушку-генеральшу. Заинтересовала меня тоже одна толстая, совершенно расплывшаяся барыня, лет пятидесяти, одетая очень безвкусно и ярко, кажется, нарумяненная и почти без зубов, вместо которых торчали какие-то почерневшие и обломанные кусочки; это, однако ж, не мешало ей пищать, прищуриваться, модничать и чуть ли не делать глазки. Она была увешана какими-то цепочками и беспрерывно наводила на меня лорнетку, как мсье Обноскин. Это была его маменька. Смиренная Прасковья Ильинична, моя тетушка, разливала чай. Ей, видимо, хотелось обнять меня после долгой разлуки и, разумеется, тут же расплакаться, но она не смела. Все здесь, казалось, было под каким-то запретом. Возле нее сидела прехорошенькая, черноглазая пятнадцатилетняя девочка, глядевшая на меня пристально, с детским любопытством, — моя кузина Саша. Наконец, и, может быть, всех более, выдавалась на вид одна престранная дама, одетая пышно и чрезвычайно юношественно, хотя она была далеко не молодая, по крайней мере лет тридцати пяти. Лицо у ней было очень худое, бледное и высохшее, но чрезвычайно одушевленное. Яркая краска поминутно появлялась на ее бледных щеках, почти при каждом ее движении, при каждом волнении. Волновалась же она беспрерывно, вертелась на стуле и как будто не в состоянии была и минутки просидеть в покое. Она всматривалась в меня с каким-то жадным любопытством, беспрестанно наклонялась пошептать что-то на ухо Сашеньке или другой соседке и тотчас же принималась смеяться самым простодушным, самым детски-веселым смехом. Но все ее эксцентричности, к удивлению моему, как будто не обращали на себя ничьего внимания, точно наперед все в этом условились. Я догадался, что это была Татьяна Ивановна, та самая, в которой, по выражению дяди, было нечто фантасмагорическое, которую навязывали ему в невесты и за которой почти все в доме ухаживали за ее богатство. Мне, впрочем, понравились ее глаза, голубые и кроткие; и хотя около этих глаз уже виднелись морщинки, но взгляд их был так простодушен, так весел и добр, что как-то особенно приятно было встречаться с ним. Об этой Татьяне Ивановне, одной из настоящих «героинь» моего рассказа, я скажу после подробнее: биография ее примечательна. Минут пять после моего появления в чайной вбежал из сада прехорошенький мальчик, мой кузен Илюша, завтрашний именинник, у которого теперь оба кармана были набиты бабками, а в руках был кубарь. За ним вошла молодая, стройная девушка, немного бледная и как будто усталая, но очень хорошенькая. Она окинула всех пытливым, недоверчивым и даже робким взглядом, пристально посмотрела на меня и села возле Татьяны Ивановны. Помню, что у меня невольно стукнуло сердце: я догадался, что это была та самая гувернантка... Помню тоже, что дядя при ее появлении вдруг бросил на меня быстрый взгляд и весь покраснел, потом нагнулся, схватил на руки Илюшу и поднес его мне поцеловать. Заметили еще, что мадам Обноскина сперва пристально посмотрела на дядю, а потом с саркастической улыбкой навела свой лорнет на гувернантку. Дядя очень смутился и, не зная, что делать, вызвал было Сашеньку, чтоб познакомить ее со мной, но та только привстала и молча, с серьезною важностью, мне присела. Это, впрочем, мне понравилось, потому что к ней шло. В ту же минуту добрая тетушка, Прасковья Ильинична, не вытерпела, бросила разливать чай и кинулась было ко мне лобызать меня; но я еще не успел ей сказать двух слов, как тотчас же раздался визгливый голос девицы Перепелицыной, пропищавшей, что «видно, Прасковья Ильинична забыли-с маменьку-с (генеральшу), что маменька-с требовали чаю-с, а вы и не наливаете-с, а они ждут-с», и Прасковья Ильинична, оставив меня, со всех ног бросилась к своим обязанностям.

Эта генеральша, самое важное лицо во всем этом кружке и перед которой все ходили по струнке, была тощая и злая старуха, вся одетая в траур, — злая, впрочем, больше от старости и от потери последних (и прежде еще небогатых) умственных способностей; прежде же она была вздорная. Генеральство сделало ее еще глупее и надменнее. Когда она злилась, весь дом походил на ад. У ней были две манеры злиться. Первая манера была молчаливая, когда старуха по целым дням не разжимала губ своих и упорно молчала, толкая, а иногда даже кидая на пол все, что перед ней ни поставили. Другая манера была совершенно противоположная: красноречивая. Начиналось обыкновенно тем, что бабушка — она ведь была мне бабушка — погружалась в необыкновенное уныние, ждала разрушения мира и всего своего хозяйства, предчувствовала впереди нищету и всевозможное горе, вдохновлялась сама своими предчувствиями, начинала по пальцам исчислять будущие бедствия и даже приходила при этом счете в какой-то восторг, в какой-то азарт. Разумеется, открывалось, что она все давно уж заранее предвидела и только потому молчала, что принуждена силою молчать в «этом доме». «Но если б только были к ней почтительны, если б только захотели ее заранее послушаться, то» и т. д. и т. д.; все это немедленно поддакивалось стаей приживалок, девицей Перепелицыной и, наконец, торжественно скреплялось Фомой Фомичом. В ту минуту, как я представлялся ей, она ужасно гневалась, и, кажется, по первому способу, молчаливому, самому страшному. Все смотрели на нее с боязнью. Одна только Татьяна Ивановна, которой спускалось решительно все, была в превосходнейшем расположении духа. Дядя нарочно, даже с некоторым торжеством, подвел меня к бабушке; но та, сделав кислую гримасу, со злостью оттолкнула от себя свою чашку.

— Это тот вол-ти-жер? — проговорила она сквозь зубы и нараспев, обращаясь к Перепелицыной.

Этот глупый вопрос окончательно сбил меня с толку. Не понимаю, отчего она назвала меня вольтижером? Но такие вопросы ей были еще нипочем. Перепелицына нагнулась и пошептала ей что-то на ухо; но старуха злобно махнула рукой. Я стоял с разинутым ртом и вопросительно смотрел на дядю. Все переглянулись, а Обноскин даже оскалил зубы, что ужасно мне не понравилось.

— Она, брат, иногда заговаривается, — шепнул мне дядя, тоже отчасти потерявшийся, — но это ничего, она это так; это от доброго сердца. Ты, главное, на сердце смотри.

— Да, сердце! сердце! — раздался внезапно звонкий голос Татьяны Ивановны, которая все время не сводила с меня своих глаз и отчего-то не могла спокойно усидеть на месте: вероятно, слово «сердце», сказанное шепотом, долетело до ее слуха.

Но она не договорила, хотя ей, очевидно, хотелось что-то высказать. Сконфузилась ли она, или что другое, только она вдруг замолчала, покраснела ужасно, быстро нагнулась к гувернантке, пошептала ей что-то на ухо, и вдруг, закрыв рот платком и откинувшись на спинку кресла, захохотала, как будто в истерике. Я оглядывал всех с крайним недоумением; но, к удивлению моему, все были очень серьезны и смотрели так, как будто ничего не случилось особенного. Я, конечно, понял, кто была Татьяна Ивановна. Наконец мне подали чаю, и я несколько оправился. Не знаю почему, но мне вдруг показалось, что я обязан завести самый любезный разговор с дамами.

— Вы правду сказали, дядюшка, — начал я, — предостерегая меня давеча, что можно сконфузиться. Я откровенно признаюсь — к чему скрывать? — продолжал я, обращаясь с заискивающей улыбкой к мадам Обноскиной, — что до сих пор совсем почти не знал дамского общества, и теперь, когда мне случилось так неудачно войти, мне показалось, что моя поза среди комнаты была очень смешна и отзывалась несколько тюфяком, — не правда ли? Вы читали «Тюфяка?» — заключил я, теряясь все более и более, краснея за свою заискивающую откровенность и грозно смотря на мсье Обноскина, который, скаля зубы, все еще оглядывал меня с головы до ног.

— Именно, именно, именно! — вскричал вдруг дядя с чрезвычайным одушевлением, искренно обрадовавшись, что разговор кое-как завязался и я поправляюсь. — Это, брат, еще ничего, что ты вот говоришь, что можно сконфузиться. Ну, сконфузился, да и концы в воду! А я, брат, для первого моего дебюта даже соврал — веришь иль нет? Нет, ей-богу, Анфиса Петровна, это, я вам скажу, интересно прослушать. Только что поступил в юнкера, приезжаю в Москву, отправляюсь к одной важной барыне с рекомендательным письмом — то есть надменнейшая женщина была, но, в сущности, право, предобрая, что б ни говорили. Вхожу — принимают. Гостиная полна народу, преимущественно тузы. Раскланялся, сел. Со второго слова она мне: «А есть ли, батюшка, деревеньки?» То есть ни курицы не было, — что отвечать? Сконфузился в прах. Все на меня смотрят (ну, что, юнкеришка!). Ну, почему бы не сказать: нет ничего; и благородно бы вышло, потому что правду бы сказал. Не выдержал! «Есть, говорю, сто семнадцать душ». И к чему я тут эти семнадцать приплел? уж коли врать, так и врал бы круглым числом — не правда ли? Чрез минуту, по рекомендательному же моему письму, оказалось, что я гол как сокол и, вдобавок, соврал! Ну, что было делать? Удрал во все лопатки и с тех пор ни ногой. Ведь у меня тогда еще ничего не было. Это все, что теперь: триста душ от дядюшки Афанасья Матвеича да двести душ, с Капитоновкой, еще прежде, от бабушки Акулины Панфиловны, итого пятьсот с лишком. Это хорошо! Только я с тех пор закаялся врать и не вру.

— Ну, я бы на вашем месте не закаивался. Бог знает что может случиться, — заметил Обноскин, насмешливо улыбаясь.

— Ну, да, это правда, правда! Бог знает что может случиться, — простодушно поддакнул дядя.

Обноскин громко захохотал, опрокинувшись на спинку кресла; его маменька улыбнулась; как-то особенно гадко захихикала и девица Перепелицына; захохотала и Татьяна Ивановна, не зная чему, и даже забила в ладоши, словом, я видел ясно, что дядю в его же доме считали ровно ни во что. Сашенька, злобно сверкая глазками, пристально смотрела на Обноскина. Гувернантка покраснела и потупилась. Дядя удивился.

— А что? что случилось? — повторил он, с недоумением озирая всех нас.

Во все это время братец мой, Мизинчиков, сидел поодаль, молча, и даже не улыбнулся, когда все засмеялись. Он усердно пил чай, философски смотрел на всю публику и несколько раз, как будто в припадке невыносимой скуки, порывался засвистать, вероятно, по старой привычке, но вовремя останавливался. Обноскин, задиравший дядю и покушавшийся на меня, как будто не смел и взглянуть на Мизинчикова: я это заметил. Заметил я тоже, что молчаливый братец мой часто посматривал на меня, и даже с видимым любопытством, как будто желая в точности определить, что я за человек.

— Я уверена, — защебетала вдруг мадам Обноскина, — я совершенно уверена, monsieur Serge, — ведь так, кажется? — что вы, в вашем Петербурге, были не большим обожателем дам. Я знаю, там много, очень много развелось теперь молодых людей, которые совершенно чуждаются дамского общества. Но, по-моему, это все вольнодумцы. Я не иначе соглашаюсь на это смотреть, как на непростительное вольнодумство. И признаюсь вам, меня это удивляет, удивляет, молодой человек, просто удивляет!..

— Совершенно не был в обществе, — отвечал я с необыкновенным одушевлением. — Но это... я по крайней мере думаю, ничего-с... Я жил, то есть я вообще нанимал квартиру... но это ничего, уверяю вас. Я буду знаком; а до сих пор я все сидел дома...

— Занимался науками, — заметил, приосанившись, дядя.

— Ах, дядюшка, вы все с своими науками!.. Вообразите, — продолжал я с необыкновенною развязностью, любезно осклабляясь и обращаясь снова к Обноскиной, — мой дорогой дядюшка до такой степени предан наукам, что откопал где-то на большой дороге какого-то чудодейственного, практического философа, господина Коровкина; и первое слово сегодня ко мне, после стольких лет разлуки, было, что он ждет этого феноменального чудодея с каким-то судорожным, можно сказать, нетерпением... из любви к науке, разумеется...

И я захихикал, надеясь вызвать всеобщий смех в похвалу моему остроумию.

— Кто такой? про кого он? — резко проговорила генеральша, обращаясь к Перепелицыной.

— Гостей-с Егор Ильич наприглашали-с, ученых-с; по большим дорогам ездят, их собирают-с, — с наслаждением пропищала девица.

Дядя совсем растерялся.

— Ах, да! я и забыл! — вскричал он, бросив на меня взгляд, в котором выражался укор, — жду Коровкина. Человек науки, человек останется в столетии...

Он осекся и замолчал. Генеральша махнула рукой и в этот раз так удачно, что задела за чашку, которая слетела со стола и разбилась. Произошло всеобщее волнение.

— Это она всегда, как рассердится, возьмет да и бросит что-нибудь на пол, — шептал мне сконфуженный дядя. — Но это только — когда рассердится... Ты, брат, не смотри, не замечай, гляди в сторону... Зачем ты об Коровкине-то заговорил?..

Но я и без того смотрел в сторону: в эту минуту я встретил взгляд гувернантки, и мне показалось, что в этом взгляде на меня был какой-то упрек, что-то даже презрительное; румянец негодования ярко запылал на ее бледных щеках. Я понял ее взгляд и догадался, что малодушным и гадким желанием моим сделать дядю смешным, чтоб хоть немного снять смешного с себя, я не очень выиграл в расположении этой девицы. Не могу выразить, как мне стало стыдно!

— А я с вами все о Петербурге, — заливалась опять Анфиса Петровна, когда волнение, произведенное разбитой чашкой, утихло. — Я с таким, можно сказать, наслаждением вспоминаю нашу жизнь в этой очаровательной столице... Мы были очень близко знакомы тогда с одним домом — помнишь, Поль? генерал Половицын... Ах, какое очаровательное, о-ча-ро-вательное существо была генеральша! Ну, знаете, этот аристократизм, beau monde*!.. Скажите: вы, вероятно, встречались... Я, признаюсь, с нетерпением ждала вас сюда: я надеялась от вас многое, многое узнать о петербургских друзьях наших...

— Мне очень жаль, что я не могу... извините... Я уже сказал, что очень редко был в обществе и совершенно не знаю генерала Половицына; даже не слыхивал, — отвечал я с нетерпением, внезапно сменив мою любезность на чрезвычайно досадливое и раздраженное состояние духа.

— Занимался минералогией! — с гордостью подхватил неисправимый дядя. — Это, брат, что камушки там разные рассматривает, минералогия-то?

— Да, дядюшка, камни...

— Гм... Много есть наук, и все полезных! А я ведь, брат, по правде, и не знал, что такое минералогия! Слышу только, что звонят где-то на чужой колокольне. В чем другом — еще так и сяк, а в науках глуп — откровенно каюсь!

— Откровенно каетесь? — подхватил, ухмыляясь, Обноскин.

— Папочка! — вскрикнула Саша, с укоризной смотря на отца.

— Что, душка? Ах, Боже мой, я ведь все прерываю вас, Анфиса Петровна, — спохватился дядя, не поняв восклицания Сашеньки. — Извините, ради Христа!

— О, не беспокойтесь! — отвечала с кисленькою улыбочкой Анфиса Петровна. — Впрочем, я уже все сказала вашему племяннику и заключу разве тем, monsieur Serge, — так, кажется? — что вам решительно надо исправиться. Я верю, что науки, искусства... ваяние, например... ну, словом, все эти высокие идеи имеют, так сказать, свою о-ба-я-тельную сторону, но они не заменят дам!.. Женщины, женщины, молодой человек, формируют вас, и потому без них невозможно, невозможно, молодой человек, не-воз-можно!

---

* Высший свет *(фр.)*.

— Невозможно, невозможно! — раздался снова несколько крикливый голос Татьяны Ивановны. — Послушайте, — начала она, как-то детски спеша и, разумеется, вся покраснев, — послушайте, я хочу вас спросить...

— Что прикажете-с? — отвечал я, внимательно в нее вглядываясь.

— Я хотела вас спросить: надолго вы приехали или нет?

— Ей-богу, не знаю-с; как дела...

— Дела! Какие у него могут быть дела?.. О безумец!..

И Татьяна Ивановна, краснея донельзя и закрываясь веером, нагнулась к гувернантке и тотчас же начала ей что-то шептать. Потом вдруг засмеялась и захлопала в ладоши.

— Постойте! постойте! — вскричала она, отрываясь от своей конфидантки и снова торопливо обращаясь ко мне, как будто боясь, чтоб я не ушел, — послушайте, знаете ли, что я вам скажу? вы ужасно, ужасно похожи на одного молодого человека, о-ча-ро-ва-тельного молодого человека!.. Сашенька, Настенька, помните? Он ужасно похож на того безумца — помнишь, Сашенька! еще мы катались и встретили... верхом и в белом жилете... еще он навел на меня свой лорнет, бесстыдник! Помните, я еще закрылась вуалью, но не утерпела, высунулась из коляски и закричала ему: «бесстыдник!», а потом бросила на дорогу мой букет... Помнишь, Настенька?

И полупомешанная на амурах девица вся в волнении закрыла лицо руками; потом вдруг вскочила с своего места, порхнула к окну, сорвала с горшка розу, бросила ее близ меня на пол и убежала из комнаты. Только ее и видели! В этот раз произошло даже некоторое замешательство, хотя генеральша, как и в первый раз, была совершенно спокойна. Анфиса Петровна, например, была не удивлена, но как будто чем-то вдруг озабочена, и с тоскою посмотрела на своего сына; барышни покраснели, а Поль Обноскин, с какою-то непонятною тогда для меня досадою, встал со стула и подошел к окну. Дядя начал было делать мне знаки, но в эту минуту новое лицо вошло в комнату и привлекло на себя всеобщее внимание.

— А! вот и Евграф Ларионыч! легок на помине! — закричал дядя, нелицемерно обрадовавшись. — Что, брат, из города?

«Ну, чудаки! их как будто нарочно собирали сюда!» — подумал я про себя, не понимая еще хорошенько всего, что происходило перед моими глазами, не подозревая и того, что и сам я, кажется, только увеличил коллекцию этих чудаков, явясь между ними.

V
Ежевикин

В комнату вошла, или, лучше сказать, как-то протеснилась (хотя двери были очень широкие), фигурка, которая еще в дверях сгибалась, кланялась и скалила зубы, с чрезвычайным любопытством оглядывая всех присутствовавших. Это был маленький старичок, рябой, с быстрыми и вороватыми глазками, с плешью и с лысиной и с какой-то неопределенной, тонкой усмешкой на довольно толстых губах. Он был во фраке, очень изношенном и, кажется, с чужого плеча. Одна пуговица висела на ниточке; двух или трех совсем не было. Дырявые сапоги, засаленная фуражка гармонировали с его жалкой одеждой. В руках его был бумажный клетчатый платок, весь засморканный, которым он обтирал пот со лба и висков. Я заметил, что гувернантка немного покраснела и быстро взглянула на меня. Мне показалось даже, что в этом взгляде было что-то гордое и вызывающее.

— Прямо из города, благодетель! прямо оттуда, отец родной! все расскажу, только позвольте сначала честь заявить, — проговорил вошедший старичок и направился прямо к генеральше, но остановился на полдороге и снова обратился к дяде:

— Вы уж изволите знать мою главную черту, благодетель: подлец, настоящий подлец! Ведь я, как вхожу, так уж тотчас же главную особу в доме ищу, к ней первой и стопы направляю, чтоб таким образом, с первого шагу, милости и протекцию приобрести. Подлец, батюшка, подлец, благодетель! Позвольте, матушка барыня, ваше превосходительство, платьице ваше поцеловать, а то я губами-то ручку вашу, золотую, генеральскую замараю.

Генеральша подала ему руку, к удивлению моему, довольно благосклонно.

— И вам, раскрасавица наша, поклон, — продолжал он, обращаясь к девице Перепелицыной. — Что делать, сударыня-барыня: подлец! еще в тысяча восемьсот сорок первом году было решено, что подлец, когда из службы меня исключили, именно тогда, как Валентин Игнатьич Тихонцов в высокоблагородные попал; асессора дали; его в асессоры, а меня в подлецы. А уж я так откровенно создан, что во всем признаюсь. Что делать! пробовал честно жить, пробовал, теперь надо попробовать иначе. Александра Егоровна, яблочко наше наливное, — продолжал он, обходя стол и пробираясь к Сашеньке, — позвольте ваше платьице поцеловать; от вас, барышня, яблочком пахнет и всякими деликатностями. Имениннику наше почтение; лук и стрелу вам, батюшка, привез, сам целое утро делал; ребятишки мои помогали; вот ужо и будем спускать. А подрастете, в офицеры поступите, турке голову срубите. Татьяна Ивановна... ах, да их нет, благодетельницы! а то б и у них платьице поцеловал. Прасковья Ильинична, матушка наша родная, протесниться-то только к вам не могу, а то б не только ручку, даже и ножку бы вашу поцеловал — вот как-с! Анфиса Петровна, мое вам всяческое уважение свидетельствую. Еще сегодня за вас Бога молил, благодетельница, на коленках, со слезами, Бога молил и за сыночка вашего тоже, чтоб ниспослал ему всяких чинов и талантов: особенно талантов! Кстати уж и Ивану Ивановичу Мизинчикову наше всенижайшее.

Пошли вам Господь все, что сами себе желаете. Потому что и не разберешь, сударь, чего сами-то вы себе желаете: молчаливенькие такие-с... Здравствуй, Настя; вся моя мелюзга тебе кланяется; каждый день о тебе поминают. А вот теперь и хозяину большой поклон. Из города, ваше высокородие, прямехонько из города. А это, верно, племянничек ваш, что в ученом факультете воспитывался? Почтение наше всенижайшее, сударь; пожалуйте ручку.

Раздался смех. Понятно было, что старик играл роль какого-то добровольного шута. Приход его развеселил общество. Многие и не поняли его сарказмов, а он почти всех обошел. Одна гувернантка, которую он, к удивлению моему, назвал просто Настей, краснела и хмурилась. Я было отдернул руку: того только, кажется, и ждал старикашка.

— Да ведь я только пожать ее у вас просил, батюшка, если только позволите, а не поцеловать. А вы уж думали, что поцеловать? Нет, отец родной, покамест еще только пожать. Вы, благодетель, верно меня за барского шута принимаете? — проговорил он, смотря на меня с насмешкою.

— Н... нет, помилуйте, я...

— То-то, батюшка! Коли я шут, таки другой кто-нибудь тут! А вы меня уважайте: я еще не такой подлец, как выдумаете. Оно, впрочем, пожалуй, и шут. Я — раб, моя жена — рабыня, к тому же, польсти, польсти! вот оно что: все-таки что-нибудь выиграешь, хоть ребятишкам на молочишко. Сахару, сахару-то побольше во все подсыпайте, так оно и здоровее будет. Это я вам, батюшка, по секрету говорю; может, и вам понадобится. Фортуна заела, благодетель, оттого я и шут.

— Хи-хи-хи! Ах, проказник этот старичок! вечно-то он рассмешит! — пропищала Анфиса Петровна.

— Матушка моя, благодетельница, ведь дурачком-то лучше на свете проживешь! Знал бы, так с раннего молоду в дураки б записался, авось теперь был бы умный.

А то как рано захотел быть умником, так вот и вышел теперь старый дурак.

— Скажите, пожалуйста, — ввязался Обноскин (которому, верно, не понравилось замечание про *таланты),* как-то особенно независимо развалясь в кресле и рассматривая старика в свое стеклышко, как какую-нибудь козявку, — скажите, пожалуйста... все я забываю вашу фамилью... как бишь вас?..

— Ах, батюшка! да фамилья-то моя, пожалуй что и Ежевикин, да что в том толку? Вот уж девятый год без места сижу — так и живу себе, по законам природы. А детей-то, детей-то у меня, просто семейство Холмских! Точно как по пословице: у богатого — телята, а у бедного — ребята...

— Ну, да... телята... это, впрочем, в сторону. Ну, послушайте, я давно хотел вас спросить: зачем вы, когда входите, тотчас назад оглядываетесь? Это очень смешно.

— Зачем оглядываюсь? А все мне кажется, батюшка, что меня сзади кто-нибудь хочет ладошкой прихлопнуть, как муху, оттого и оглядываюсь. Мономан я стал, батюшка.

Опять засмеялись. Гувернантка привстала с места, хотела было идти и снова опустилась в кресло. В лице ее было что-то больное, страдающее, несмотря на краску, заливавшую ее щеки.

— Это, брат, знаешь кто? — шепнул мне дядя, — ведь это *ее* отец!

Я смотрел на дядю во все глаза. Фамилия Ежевикин совершенно вылетела у меня из головы. Я геройствовал, всю дорогу мечтал о своей предполагаемой суженой, строил для нее великодушные планы и совершенно позабыл ее фамилию или, лучше сказать, не обратил на это никакого внимания с самого начала.

— Как отец? — отвечал я тоже шепотом. — Да ведь, я думал, она сирота?

— Отец, братец, отец. И знаешь, пречестнейший, преблагороднейший человек, и даже не пьет, а только так из себя шута строит. Бедность, брат, страшная, восемь человек детей! Настенькиным жалованьем и живут. Из службы за язычок исключили. Каждую неделю сюда ездит. Гордый какой — ни за что не возьмет. Давал, много раз давал, — не берет! Озлобленный человек!

— Ну что, брат Евграф Ларионыч, что там, у вас, нового? — спросил дядя и крепко ударил его по плечу, заметив, что мнительный старик уже подслушивал наш разговор.

— А что нового, благодетель? Валентин Игнатьич вчера объяснение подавали-с по Тришина делу. У того в бунтах недовес муки оказался. Это, барыня, тот самый Тришин, что смотрит на вас, а сам точно самовар раздувает. Может, изволите помнить? Вот Валентин-то Игнатьич и пишет про Тришина: «Уж если, — говорит он, — часто поминаемый Тришин чести своей родной племянницы не мог уберечь, — а та с офицером прошлого года сбежала, — так где же, говорит, было ему уберечь казенные вещи?» Это он в бумаге своей так и поместил — ей-богу, не вру-с.

— Фи! Какие вы истории рассказываете! — закричала Анфиса Петровна.

— Именно, именно, именно! Зарапортовался ты, брат Евграф, — поддакнул дядя. — Эй, пропадешь за язык! Человек ты прямой, благородный, благонравный — могу заявить, да язык-то у тебя ядовитый! И удивляюсь я, как ты там с ними ужиться не можешь! Люди они, кажется, добрые, простые...

— Отец и благодетель! да простого-то человека я и боюсь! — вскричал старик с каким-то особенным одушевлением. Ответ мне понравился. Я быстро подошел к Ежевикину и крепко пожал ему руку. По правде, мне хотелось хоть чем-нибудь протестовать против всеобщего мнения, показав открыто старику мое сочувствие. А может быть, кто знает! может быть, мне хотелось поднять себя в мнении Настасьи Евграфовны. Но из движения моего ровно ничего не вышло путного.

— Позвольте спросить вас, — сказал я, по обычаю моему покраснев и заторопившись, — слыхали вы про иезуитов?

— Нет, отец родной, не слыхал; так разве что-нибудь... да где нам! А что-с?

— Так... я было, кстати, хотел рассказать... Впрочем, напомните мне при случае. А теперь, будьте уверены, что я вас понимаю и... умею ценить...

И, совершенно смешавшись, я еще раз схватил его за руку.

— Непременно, батюшка, напомню, непременно напомню! Золотыми литерами запишу. Вот, позвольте, и узелок завяжу, для памяти.

И он действительно завязал узелок, отыскав сухой кончик на своем грязном, табачном платке.

— Евграф Ларионыч, берите чаю, — сказала Прасковья Ильинична.

— Тотчас, раскрасавица барыня, тотчас, то есть принцесса, а не барыня! Это вам за чаек. Степана Алексеича Бахчеева встретил дорогой, сударыня. Такой развеселый, что на тебе! Я уж подумал, не жениться ли собираются? Польсти, польсти! — проговорил он полушепотом, пронося мимо меня чашку, подмигивая мне и прищуриваясь. — А что же благодетеля-то главного не видать, Фомы Фомича-с? разве не прибудут к чаю?

Дядя вздрогнул, как будто его ужалили, и робко взглянул на генеральшу.

— Уж я, право, не знаю, — отвечал он нерешительно, с каким-то странным смущением. — Звали его, да он... Не знаю, право, может быть, не в расположении духа. Я уже посылал Видоплясова и... разве, впрочем, мне самому сходить?

— Заходил я к ним сейчас, — таинственно проговорил Ежевикин.

— Может ли быть? — вскрикнул дядя в испуге. — Ну, что ж?

— Наперед всего заходил-с, почтение свидетельствовал. Сказали, что они в уединении чаю напьются, а потом прибавили, что они и сухой хлебной корочкой могут быть сыты, да-с.

Слова эти, казалось, поразили дядю настоящим ужасом.

— Да ты б объяснил ему, Евграф Ларионыч, ты б рассказал, — проговорил наконец дядя, смотря на старика с тоской и упреком.

— Говорил-с, говорил-с.

— Ну?

— Долго не изволили мне отвечать-с. За математической задачей какой-то сидели, определяли что-то; видно, головоломная задача была. Пифагоровы штаны при мне начертили — сам видел. Три раза повторял; уж на четвертый только подняли головку и как будто впервые меня увидали. «Не пойду, говорят, там теперь *ученый* приехал, так уж где нам быть подле такого светила». Так и изволили выразиться, что подле светила.

И старикашка искоса, с насмешкою, взглянул на меня.

— Ну, так я и ждал! — вскричал дядя, всплеснув руками, — так я и думал! Ведь это он про тебя, Сергей, говорит, что «ученый». Ну, что теперь делать?

— Признаюсь, дядюшка, — отвечал я, с достоинством пожимая плечами, — по-моему, это такой смешной отказ, что не стоит обращать и внимания, и я, право, удивляюсь вашему смущению.

— Ох, братец, не знаешь ты ничего! — вскрикнул он, энергически махнув рукой.

— Да уж теперь нечего горевать-с, — ввязалась вдруг девица Перепелицына, — коли все причины злые от вас самих спервоначалу произошли-с, Егор Ильич-с. Снявши голову, по волосам не плачут-с. Послушали бы маменьку-с, так теперь бы и не плакали-с.

— Да чем же, Анна Ниловна, я-то виноват? побойтесь Бога! — проговорил дядя умоляющим голосом, как будто напрашиваясь на объяснение.

— Я Бога боюсь, Егор Ильич; а происходит все оттого, что вы эгоисты-с и родительницу не любите-с, — с достоинством отвечала девица Перепелицына. — Отчего вам было, спервоначалу, воли их не уважить-с? Они вам мать-с. А я вам неправды не стану говорить-с. Я сама подполковничья дочь, а не какая-нибудь-с.

Мне показалось, что Перепелицына ввязалась в разговор единственно с тою целию, чтоб объявить всем нам, и особенно мне, новоприбывшему, что она сама подполковничья дочь, а не какая-нибудь-с.

— Оттого, что он оскорбляет мать свою, — грозно проговорила наконец сама генеральша.

— Маменька, помилосердуйте! Где же я вас оскорбляю?

— Оттого, что ты мрачный эгоист, Егорушка, — продолжала генеральша, все более и более одушевляясь.

— Маменька, маменька! где же я мрачный эгоист? — вскричал дядя почти в отчаянии, — пять дней, целых пять дней вы сердитесь на меня и не хотите со мной говорить! А за что? за что? Пусть же судят меня, пусть целый свет меня судит! Пусть, наконец, услышат и мое оправдание. Я долго молчал, маменька; вы не хотели слушать меня: пусть же теперь люди меня услышат. Анфиса Петровна! Павел Семеныч, благороднейший Павел Семеныч! Сергей, друг мой! ты человек посторонний, ты, так сказать, зритель, ты беспристрастно можешь судить...

— Успокойтесь, Егор Ильич, успокойтесь, — вскрикнула Анфиса Петровна, — не убивайте маменьку!

— Я не убью маменьку, Анфиса Петровна; но вот грудь моя — разите! — продолжал дядя, разгоряченный до последней степени, что бывает иногда с людьми слабохарактерными, когда их выведут из последнего терпения, хотя вся горячка их походит на огонь от зажженной соломы, — я хочу сказать, Анфиса Петровна, что я никого не оскорблю. Я и начну с того, что Фома Фомич благороднейший, честнейший человек и, вдобавок, человек высших качеств, но... но он был несправедлив ко мне в этом случае.

— Гм! — промычал Обноскин, как будто желая поддразнить еще более дядю.

— Павел Семеныч, благороднейший Павел Семеныч! неужели ж вы в самом деле думаете, что я, так сказать, бесчувственный столб? Ведь я вижу, ведь я понимаю, со слезами сердца, можно сказать, понимаю, что все эти недоразумения от излишней любви *его* ко мне происходят. Но, воля ваша, он, ей-богу, несправедлив в этом случае. Я все расскажу. Я хочу рассказать теперь эту историю, Анфиса Петровна, во всей ее ясности и подробности, чтоб видели, с чего дело вышло и справедливо ли на меня сердится маменька, что я не угодил Фоме Фомичу. Выслушай и ты меня, Сережа, — прибавил он, обращаясь ко мне, что делал и во все продолжение рассказа, как будто бы боясь других слушателей и сомневаясь в их сочувствии, — выслушай и ты меня, и реши: прав я или нет. Вот видишь, вот с чего началась вся история: неделю назад — да, именно не больше недели, — проезжает через наш город бывший начальник мой, генерал Русапетов, с супругою и свояченицею. Останавливаются на время. Я поражен. Спешу воспользоваться случаем, лечу, представляюсь и приглашаю к себе на обед. Обещал, если можно будет. То есть благороднейший человек, я тебе скажу; блестит добродетелями и, вдобавок, вельможа! Свояченицу свою облагодетельствовал; одну сироту замуж выдал за дивного молодого человека (теперь стряпчим в Малинове; еще молодой человек, но с каким-то, можно сказать, универсальным образованием!) — словом, из генералов генерал! Ну, у нас, конечно, возня, трескотня, повара, фрикасе и музыку выписываю. Я, разумеется, рад и смотрю именинником! Не понравилось Фоме Фомичу, что я рад и смотрю именинником! Сидел за столом — помню еще, подавали его любимый киселек со сливками, — молчал-молчал да как вскочит: «Обижают меня, обижают!» — «Да чем же, говорю, тебя,

Фома Фомич, обижают?» — «Вы теперь, говорит, мною пренебрегаете; вы генералами теперь занимаетесь; вам теперь генералы дороже меня!» Ну, разумеется, я теперь все это вкратце тебе передаю; так сказать, одну только сущность; но если бы ты знал, что он еще говорил... словом, потряс всю мою душу! Что ты будешь делать? Я, разумеется, падаю духом; фрапировало меня это, можно сказать; хожу как мокрый петух. Наступает торжественный день. Генерал присылает сказать, что не может: извиняется — значит, не будет. Я к Фоме: «Ну, Фома, успокойся! Не будет!» Что ж бы ты думал? Не прощает, да и только! «Обидели, говорит, меня, да и только!» Я и так и сяк. «Нет, говорит, ступайте к своим генералам; вам генералы дороже меня; вы узы дружества, говорит, разорвали». Друг ты мой! ведь я понимаю, за что он сердится. Я не столб, не баран, не тунеядец какой-нибудь! Ведь это он из излишней любви ко мне, так сказать, из ревности делает — он это сам говорит, — он ревнует меня к генералу, расположение мое боится потерять, испытывает меня, хочет узнать, чем я для него могу пожертвовать. «Нет, говорит, я сам для вас все равно, что генерал, я сам для вас ваше превосходительство! Тогда помирюсь с вами, когда вы мне свое уважение докажете». — «Чем же я тебе докажу мое уважение, Фома Фомич?» — «А называйте, говорит, меня целый день: ваше превосходительство; тогда и докажете уважение!» Упадаю с облаков! Можешь представить себе мое удивление! «Да послужит это, говорит, вам уроком, чтоб вы не восхищались вперед генералами, когда и другие люди, может, еще почище ваших всех генералов!» Ну, тут уж и я не вытерпел, каюсь! открыто каюсь! «Фома Фомич, говорю, разве это возможное дело? Ну, могу ли я решиться на это? Разве я могу, разве я вправе произвести тебя в генералы? Подумай, кто производит в генералы? Ну, как я скажу тебе: ваше превосходительство? Да ведь это, так сказать, посягновение на величие судеб! Да ведь генерал служит украшением отечеству: генерал воевал, он свою кровь на поле чести пролил! Как же я тебе-то скажу: ваше превосходительство?» Не унимается, да и только! «Что хочешь, говорю, Фома, все для тебя сделаю. Вот ты велел мне сбрить бакенбарды, потому что в них мало патриотизма, — я сбрил, поморщился, а сбрил. Мало того, сделаю все, что тебе будет угодно, только откажись от генеральского сана!» — «Нет, говорит, не помирюсь до тех пор, пока не скажут: ваше превосходительство! Это, говорит, для нравственности вашей будет полезно: это смирит ваш дух!» — говорит. И вот теперь уж неделю, целую неделю говорить не хочет со мной; на всех, кто ни приедет, сердится. Про тебя услыхал, что ученый, это я виноват; погорячился, разболтал! — так сказал, что нога его в доме не будет, если ты в дом войдешь. «Значит, говорит, уж я теперь для вас не ученый». Вот беда будет, как узнает теперь про Коровкина! Ну помилуй, ну посуди, ну чем же я тут виноват? Ну неужели ж решиться сказать ему «ваше превосходительство»? Ну можно ли жить в таком положении? Ну за что он сегодня бедняка Бахчеева из-за стола прогнал? Ну, положим, Бахчеев не сочинил астрономии; да ведь и я не сочинил астрономии, да ведь и ты не сочинил астрономии... Ну за что, за что?

— А за то, что ты завистлив, Егорушка, — промямлила опять генеральша.

— Маменька! — вскричал дядя в совершенном отчаянии, — вы сведете меня с ума!.. Вы не свои, вы чужие речи переговариваете, маменька! Я, наконец, столбом, тумбой, фонарем делаюсь, а не вашим сыном!

— Я слышал, дядюшка, — перебил я, изумленный до последней степени рассказом, — я слышал от Бахчеева — не знаю, впрочем, справедливо иль нет, — что Фома Фомич позавидовал именинам Илюши и утверждает, что и сам он завтра именинник. Признаюсь, эта характеристическая черта так меня изумила, что я...

— Рожденье, братец, рожденье, не именины, а рожденье! — скороговоркою перебил меня дядя. — Он не так только выразился, а он прав: завтра его рожденье. Правда, брат, прежде всего...

— Совсем не рожденье! — крикнула Сашенька.

— Как не рожденье? — крикнул дядя, оторопев.

— Вовсе не рожденье, папочка! Это вы просто неправду говорите, чтоб самого себя обмануть да Фоме Фомичу угодить. А рожденье его в марте было, — еще, помните, мы перед этим на богомолье в монастырь ездили, а он сидеть никому не дал покойно в карете: все кричал, что ему бок *раздавила* подушка, да щипался; тетушку со злости два раза ущипнул! А потом, когда в рожденье мы пришли поздравлять, рассердился, зачем не было камелий в нашем букете. «Я, говорит, люблю камелии, потому что у меня вкус высшего общества, а вы для меня пожалели в оранжерее нарвать». И целый день киснул да куксился, с нами говорить не хотел...

Я думаю, если б бомба упала среди комнаты, то это не так бы изумило и испугало всех, как это открытое восстание — и кого же? — девочки, которой даже и говорить не позволялось громко в бабушкином присутствии. Генеральша, немая от изумления и от бешенства, привстала, выпрямилась и смотрела на дерзкую внучку свою, не веря глазам. Дядя обмер от ужаса.

— Экую волю дают! уморить хотят бабиньку-с! — крикнула Перепелицына.

— Саша, Саша, опомнись! что с тобой, Саша? — кричал дядя, бросаясь то к той, то к другой, то к генеральше, то к Сашеньке, чтоб остановить ее.

— Не хочу молчать, папочка! — закричала Саша, вдруг вскочив со стула, топая ножками и сверкая глазенками, — не хочу молчать! Мы все долго терпели из-за Фомы Фомича, из-за скверного, из-за гадкого вашего Фомы Фомича! Потому что Фома Фомич всех нас погубит, потому что ему то и дело толкуют, что он умница, великодушный, благородный, ученый, смесь всех добродетелей, попурри какое-то, а Фома Фомич, как дурак, всему и поверил! Столько сладких блюд ему нанесли, что другому бы совестно стало, а Фома Фомич скушал все, что перед ним ни поставили, да и еще просит. Вот вы увидите, всех нас съест, а виноват всему папочка! Гадкий, гадкий Фома Фомич, прямо скажу, никого не боюсь! Он глуп, капризен, замарашка, неблагодарный, жестокосердый, тиран, сплетник, лгунишка... Ах, я бы непременно, непременно, сейчас же прогнала его со двора, а папочка его обожает, а папочка от него без ума!..

— Ах!.. — вскрикнула генеральша и покатилась в изнеможении на диван. — Голубчик мой, Агафья Тимофеевна, ангел мой! — кричала Анфиса Петровна, — возьмите мой флакон! Воды, скорее воды!

— Воды, воды! — кричал дядя, — маменька, маменька, успокойтесь! на коленях умоляю вас успокоиться!..

— На хлеб на воду вас посадить-с да из темной комнаты не выпускать-с... человекоубийцы вы эдакие! — прошипела на Сашеньку дрожавшая от злости Перепелицына.

— И сяду на хлеб на воду, ничего не боюсь! — кричала Сашенька, в свою очередь пришедшая в какое-то самозабвение. — Я папочку защищаю, потому что он сам себя защитить не умеет. Кто он такой, кто он, ваш Фома Фомич, перед папочкою? У папочки хлеб ест да папочку же и унижает, неблагодарный! Да я б его разорвала в куски, вашего Фому Фомича! На дуэль бы его вызвала да тут бы и убила из двух пистолетов...

— Саша! Саша! — кричал в отчаянии дядя. — Еще одно слово — и я погиб, безвозвратно погиб!

— Папочка! — вскричала Саша, вдруг стремительно бросаясь к отцу, заливаясь слезами и крепко обвив его своими ручками, — папочка! ну вам ли, доброму, прекрасному, веселому, умному, вам ли, вам ли так себя погубить? Вам ли подчиняться этому скверному, неблагодарному человеку, быть его игрушкой, на смех себя выставлять? Папочка, золотой мой папочка!..

Она зарыдала, закрыла лицо руками и выбежала из комнаты.

Началась страшная суматоха. Генеральша лежала в обмороке. Дядя стоял перед ней на коленях и целовал ее руки. Девица Перепелицына увивалась около них и бросала на нас злобные, но торжествующие взгляды. Анфиса Петровна смачивала виски генеральши водою и возилась с своим флаконом. Прасковья Ильинична трепетала и заливалась слезами; Ежевикин искал уголка, куда бы забиться, а гувернантка стояла бледная, совершенно потерявшись от страха. Один только Мизинчиков оставался совершенно по-прежнему. Он встал, подошел к окну и принялся пристально смотреть в него, решительно не обращая внимания на всю эту сцену.

Вдруг генеральша приподнялась с дивана, выпрямилась и обмерила меня грозным взглядом.

— Вон! — крикнула она, притопнув на меня ногою.

Я должен признаться, что этого совершенно не ожидал.

— Вон! вон из дому; вон! Зачем он приехал? чтоб и духу его не было! вон!

— Маменька! маменька, что вы! да ведь это Сережа, — бормотал дядя, дрожа всем телом от страха. — Ведь он, маменька, к нам в гости приехал.

— Какой Сережа? вздор! не хочу ничего слышать; вон! Это Коровкин. Я уверена, что это Коровкин. Меня предчувствие не обманывает. Он приехал Фому Фомича выживать; его и выписали для этого. Мое сердце предчувствует... Вон, негодяй!

— Дядюшка, если так, — сказал я, захлебываясь от благородного негодования, — если так, то я... извините меня. — И я схватился за шляпу.

— Сергей, Сергей, что ты делаешь?.. Ну, вот теперь этот... Маменька! ведь это Сережа!.. Сергей, помилуй! — кричал он, гоняясь за мной и силясь отнять у меня шляпу, — ты мой гость, ты останешься — я хочу! Ведь это она только так, — прибавил он шепотом, — ведь это она только когда рассердится... Ты только теперь, первое время, спрячься куда-нибудь... побудь где-нибудь — и ничего, все пройдет. Она тебя простит — уверяю тебя! Она добрая, а только так, заговаривается... Слышишь, она принимает тебя за Коровкина, а потом простит, уверяю тебя... Ты чего? — закричал он дрожащему от страха Гавриле, вошедшему в комнату.

Гаврила вошел не один; с ним был дворовый парень, мальчик лет шестнадцати, прехорошенький собой, взятый во двор за красоту, как узнал я после. Звали его Фалалеем. Он был одет в какой-то особенный костюм, в красной шелковой рубашке, обшитой по вороту позументом, с золотым галунным поясом, в черных плисовых шароварах и в козловых сапожках, с красными отворотами. Этот костюм был затеей самой генеральши. Мальчик прегорько рыдал, и слезы одна за другой катились из больших голубых глаз его.

— Это еще что? — вскричал дядя, — что случилось? Да говори же, разбойник!

— Фома Фомич велел быть сюда; сами вослед идут, — отвечал скорбный Гаврила, — мне на экзамент, а он...

— А он?

— Плясал-с, — отвечал Гаврила плачевным голосом.

— Плясал! — вскрикнул в ужасе дядя.

— Пля-сал! — проревел Фалалей всхлипывая.

— Комаринского?

— Ко-ма-ринского!

— А Фома Фомич застал?

— Зас-тал!

— Дорезали! — вскрикнул дядя, — пропала моя голова! — и обеими руками схватил себя за голову.

— Фома Фомич! — возвестил Видоплясов, входя в комнату.

Дверь отворилась, и Фома Фомич сам, своею собственною особою, предстал перед озадаченной публикой.

VI
Про белого быка и про комаринского мужика

Но прежде, чем я буду иметь честь лично представить читателю вошедшего Фому Фомича, я считаю совершенно необходимым сказать несколько слов о Фалалее и объяснить, что именно было ужасного в том, что он плясал комаринского, а Фома Фомич застал его в этом веселом занятии. Фалалей был дворовый мальчик, сирота с колыбели и крестник покойной жены моего дяди. Дядя его очень любил. Одного этого совершенно достаточно было, чтоб Фома Фомич, переселясь в Степанчиково и покорив себе дядю, возненавидел любимца его, Фалалея. Но мальчик как-то особенно понравился генеральше и, несмотря на гнев Фомы Фомича, остался вверху, при господах: настояла в этом сама генеральша, и Фома уступил, сохраняя в сердце своем обиду — он все считал за обиду — и отмщая за нее ни в чем не виноватому дяде при каждом удобном случае. Фалалей был удивительно хорош собой. У него было лицо девичье, лицо красавицы деревенской девушки. Генеральша холила и нежила его, дорожила им, как хорошенькой, редкой игрушкой; и еще неизвестно, кого она больше любила: свою ли маленькую, курчавенькую собачку Ами или Фалалея? Мы уже говорили о его костюме, который был ее изобретением. Барышни выдавали ему помаду, а парикмахер Кузьма обязан был завивать ему по праздникам волосы. Этот мальчик был какое-то странное создание. Нельзя было назвать его совершенным идиотом или юродивым, но он был до того наивен, до того правдив и простодушен, что иногда действительно его можно было счесть дурачком. Приснится ли ему сон, он тотчас же идет к господам рассказывать. Он вмешивается в разговор господ, не заботясь о том, что их прерывает. Он рассказывает им такие вещи, которые никак нельзя рассказывать господам. Он заливается самыми искренними слезами, когда барыня падает в обморок или когда уж слишком забранят его барина. Он сочувствует всякому несчастью. Иногда подходит к генеральше, целует ее руки и просит, чтоб она не сердилась, — и генеральша великодушно прощает ему эти смелости. Он чувствителен до крайности, добр и незлобив, как барашек, весел, как счастливый ребенок. Со стола ему подают подачку.

Он постоянно становится за стулом генеральши и ужасно любит сахар. Когда ему дадут сахарцу, он тут же сгрызает его своими крепкими, белыми, как молоко, зубами, и неописанное удовольствие сверкает в его веселых голубых глазах и на всем его хорошеньком личике.

Долго гневался Фома Фомич; но, рассудив наконец, что гневом не возьмешь, он вдруг решился быть благодетелем Фалалею. Разбранив сперва дядю за то, что ему нет дела до образования дворовых людей, он решил немедленно обучать бедного мальчика нравственности, хорошим манерам и французскому языку. «Как! — говорил он, защищая свою нелепую мысль (мысль, приходившую в голову и не одному Фоме Фомичу, чему свидетелем пишущий эти строки), — как! он всегда вверху при своей госпоже; вдруг она, забыв, что он не понимает по-французски, скажет ему, например, донне муа мон мушуар — он должен и тут найтись и тут услужить!» Но оказалось, что не только нельзя было Фалалея выучить по-французски, но что повар Андрон, его дядя, бескорыстно старавшийся научить его русской грамоте, давно уже махнул рукой и сложил азбуку на полку! Фалалей был до того туп на книжное обучение, что не понимал решительно ничего. Мало того: из этого даже вышла история. Дворовые стали дразнить Фалалея французом, а старик Гаврила, заслуженный камердинер дядюшки, открыто осмелился отрицать пользу изучения французской грамоты. Дошло до Фомы Фомича, и, разгневавшись, он, в наказание, заставил учиться по-французски самого оппонента, Гаврилу. Вот с чего и взялась вся эта история о французском языке, так рассердившая господина Бахчеева. Насчет манер было еще хуже: Фома решительно не мог образовать по-своему Фалалея, который, несмотря на запрещение, приходил по утрам рассказывать ему свои сны, что Фома Фомич, с своей стороны, находил в высшей степени неприличным и фамильярным. Но Фалалей упорно оставался Фалалеем. Разумеется, за все это прежде всех доставалось дяде.

— Знаете ли, знаете ли, что он сегодня сделал? — кричит, бывало, Фома, для большего эффекта выбрав время, когда все в сборе. — Знаете ли, полковник, до чего доходит ваше систематическое баловство? Сегодня он сожрал кусок пирога, который вы ему дали за столом, и, знаете ли, что он сказал после этого? Поди сюда, поди сюда, нелепая душа, поди сюда, идиот, румяная ты рожа!..

Фалалей подходит плача, утирая обеими руками глаза.

— Что ты сказал, когда сожрал свой пирог? повтори при всех!

Фалалей не отвечает и заливается горькими слезами.

— Так я скажу за тебя, коли так. Ты сказал, треснув себя по своему набитому и неприличному брюху: «Натрескался пирога, как Мартын мыла!» Помилуйте, полковник, разве говорят такими фразами в образованном обществе, тем более в высшем? Сказал ты это иль нет? говори!

— Ска-зал! — подтверждает Фалалей, всхлипывая.

— Ну, так скажи мне теперь: разве Мартын ест мыло? Где именно ты видел такого Мартына, который ест мыло? Говори же, дай мне понятие об этом феноменальном Мартыне!

Молчание.

— Я тебя спрашиваю, — пристает Фома, — кто именно этот Мартын? Я хочу его видеть, хочу с ним познакомиться. Ну, кто же он? Регистратор, астроном, пошехонец, поэт, каптенармус, дворовый человек — кто-нибудь должен же быть. Отвечай!

— Дво-ро-вый че-ло-век, — отвечает наконец Фалалей, продолжая плакать.

— Чей? чьих господ?

Но Фалалей не умеет сказать, чьих господ. Разумеется, кончается тем, что Фома в сердцах убегает из комнаты и кричит, что его обидели; с генеральшей начинаются припадки, а дядя клянет час своего рождения, просит у всех прощения и всю остальную часть дня ходит на цыпочках в своих собственных комнатах.

Как нарочно случилось так, что на другой же день после истории с Мартыновым мылом Фалалей, принеся утром чай Фоме Фомичу и совершенно успев забыть и Мартына и все вчерашнее горе, сообщил ему, что видел сон про белого быка. Этого еще недоставало! Фома Фомич пришел в неописанное негодование, немедленно призвал дядю и начал распекать его за неприличие сна, виденного *его* Фалалеем. В этот раз были приняты строгие меры: Фалалей был наказан, он стоял в углу на коленях. Настрого запретили ему видеть такие грубые, мужицкие сны. «Я за что сержусь, — говорил Фома, — кроме того, что он по-настоящему не должен бы сметь и подумать лезть ко мне с своими снами, тем более с белым быком; кроме этого — согласитесь сами, полковник, — что такое белый бык, как не доказательство грубости, невежества, мужичества вашего неотесанного Фалалея? Каковы мысли, таковы и сны. Разве не говорил я заранее, что из него ничего не выйдет и что не следовало оставлять его вверху, при господах? Никогда, никогда не разовьете вы эту бессмысленную, простонародную душу во что-нибудь возвышенное, поэтическое. Разве ты не можешь, — продолжал он, обращаясь к Фалалею, — разве ты не можешь видеть во сне что-нибудь изящное, нежное, облагороженное, какую-нибудь сцену из хорошего общества, например, хоть господ, играющих в карты, или дам, прогуливающихся в прекрасном саду?» Фалалей обещал непременно увидать в следующую ночь господ или дам, гуляющих в прекрасном саду.

Ложась спать, Фалалей со слезами молил об этом Бога и долго думал, как бы сделать так, чтоб не видеть проклятого белого быка. Но надежды человеческие обманчивы. Проснувшись на другое утро, он с ужасом вспомнил, что опять всю ночь ему снилось про ненавистного белого быка и не приснилось ни одной дамы, гуляющей в прекрасном саду. В этот раз последствия были особенные. Фома Фомич объявил решительно, что не верит возможности подобного случая, возможности подобного повторения сна, а что Фалалей нарочно подучен кем-нибудь из домашних, а может быть, и самим полковником, чтоб сделать в пику Фоме Фомичу. Много было крику, упреков и слез. Генеральша к вечеру захворала; весь дом повесил нос. Оставалась еще слабая надежда, что Фалалей в следующую, то есть в третью ночь непременно увидит что-нибудь из высшего общества. Каково же было всеобщее негодование, когда целую неделю сряду, каждую Божию ночь, Фалалей постоянно видел белого быка, и одного только белого быка! О высшем обществе нечего было и думать.

Но всего интереснее было то, что Фалалей никак не мог догадаться солгать: просто — сказать, что видел не белого быка, а хоть, например, карету, наполненную дамами и Фомой Фомичом; тем более что солгать, в таком крайнем случае, было даже не так и грешно. Но Фалалей был до того правдив, что решительно не умел солгать, если б даже и захотел. Об этом даже и не намекали ему. Все знали, что он изменит себе в первое же мгновение и что Фома Фомич тотчас же поймает его во лжи. Что было делать? Положение дяди становилось невыносимым: Фалалей был решительно неисправим. Бедный мальчик даже стал худеть от тоски. Ключница Маланья утверждала, что его испортили, и спрыснула его с уголька водою. В этой полезной операции участвовала и сердобольная Прасковья Ильинична. Но даже и это не помогло. Ничто не помогало!

— Да пусто б его взяло, треклятого! — рассказывал Фалалей, — каждую ночь снится! каждый раз с вечера молюсь: «Сон не снись про белого быка, сон не снись про белого быка!» А он тут как тут, проклятый, стоит передо мной, большой, с рогами, тупогубый такой, у-у-у!

Дядя был в отчаянии. Но, к счастью, Фома Фомич вдруг как будто забыл про белого быка. Конечно, никто не верил, что Фома Фомич может забыть о таком важном обстоятельстве. Все со страхом полагали, что он приберегает белого быка про запас и обнаружит его при первом удобном случае. Впоследствии оказалось, что Фоме Фомичу в это время было не до белого быка: у него случились другие дела, другие заботы; другие замыслы созревали в полезной и многодумной его голове. Вот почему он и дал спокойно вздохнуть Фалалею. Вместе с Фалалеем и все отдохнули. Парень повеселел, даже стал забывать о прошедшем; даже белый бык начал появляться реже и реже, хотя все еще напоминал иногда о своем фантастическом существовании. Словом, все бы пошло хорошо, если б не было на свете комаринского.

Надобно заметить, что Фалалей отлично плясал; это была его главная способность, даже нечто вроде призвания; он плясал с энергией, с неистощимой веселостью, но особенно любил он комаринского мужика. Не то чтоб ему уж так очень нравились легкомысленные и во всяком случае необъяснимые поступки этого ветреного мужика — нет, ему нравилось плясать комаринского единственно потому, что слушать комаринского и не плясать под эту музыку было для него решительно невозможно. Иногда, по вечерам, два-три лакея, кучера, садовник, игравший на скрипке, и даже несколько дворовых дам собирались в кружок, где-нибудь на самой задней площадке барской усадьбы, подальше от Фомы Фомича; начинались музыка, танцы и под конец торжественно вступал в свои права и комаринский. Оркестр составляли две балалайки, гитара, скрипка и бубен, с которым отлично управлялся форейтор Митюшка. Надо было посмотреть, что делалось тогда с Фалалеем: он плясал до забвенья самого себя, до истощения последних сил, поощряемый криками и смехом публики; он взвизгивал, кричал, хохотал, хлопал в ладоши; он плясал, как будто увлекаемый постороннею, непостижимою силою, с которой не мог совладать, и упрямо силился догнать все более и более учащаемый темп удалого мотива, выбивая по земле каблуками. Это были минуты истинного его наслаждения; и все бы это шло хорошо и весело, если б слух о комаринском не достиг наконец Фомы Фомича.

Фома Фомич обмер и тотчас же послал за полковником.

— Я хотел от вас только об одном узнать, полковник, — начал Фома, — совершенно ли вы поклялись погубить этого несчастного идиота или не совершенно? В первом случае я тотчас же отстраняюсь; если же не совершенно, то я...

— Да что такое? что случилось? — вскричал испуганный дядя.

— Как что случилось? Да знаете ли вы, что он пляшет комаринского?

— Ну... ну что ж?

— Как ну что ж? — взвизгнул Фома. — И говорите это вы — вы, их барин и даже, в некотором смысле, отец! Да имеете ли вы после этого здравое понятие о том, что такое комаринский? Знаете ли вы, что эта песня изображает одного отвратительного мужика, покусившегося на самый безнравственный поступок в пьяном виде? Знаете ли, на что посягнул этот развратный холоп? Он попрал самые драгоценные узы и, так сказать, притоптал их своими мужичьими сапожищами, привыкшими попирать только пол кабака! Да понимаете ли, что вы оскорбили благороднейшие чувства мои своим ответом? Понимаете ли, что вы лично оскорбили меня своим ответом? Понимаете ли вы это иль нет?

— Но, Фома... Да ведь это только песня, Фома...

— Как только песня! И вы не постыдились мне признаться, что знаете эту песню — вы, член благородного общества, отец благонравных и невинных детей и, вдобавок, полковник? Только песня! Но я уверен, что эта песня взята с истинного события! Только песня! Но какой же порядочный человек может, не сгорев от стыда, признаться, что знает эту песню, что слышал хоть когда-нибудь эту песню? какой, какой?

— Ну, да вот ты же знаешь, Фома, коли спрашиваешь, — отвечал в простоте души сконфуженный дядя.

— Как! я знаю? я... я... то есть я!.. Обидели! — вскричал вдруг Фома, срываясь со стула и захлебываясь от злости. Он никак не ожидал такого оглушительного ответа.

Не стану описывать гнев Фомы Фомича. Полковник с бесславием прогнан был с глаз блюстителя нравственности за неприличие и *ненаходчивость* своего ответа. Но с этих пор Фома Фомич дал себе клятву: поймать на месте преступления Фалалея, танцующего комаринского. По вечерам, когда все полагали, что он чем-нибудь занят, он нарочно выходил потихоньку в сад, обходил огороды и забивался в коноплю, откуда издали видна была площадка, на которой происходили танцы. Он сторожил бедного Фалалея, как охотник птичку, с наслаждением представляя себе, какой трезвон задаст он в случае успеха всему дому и в особенности полковнику. Наконец неусыпные труды его увенчались успехом: он застал комаринского! Понятно после этого, отчего дядя рвал на себе волосы, когда увидел плачущего Фалалея и услышал, что Видоплясов возвестил Фому Фомича, так неожиданно и в такую хлопотливую минуту представшего перед нами своею собственною особою.

VII
Фома Фомич

Я с напряженным любопытством рассматривал этого господина. Гаврила справедливо назвал его плюгавеньким человечком. Фома был мал ростом, белобрысый и с проседью, с горбатым носом и мелкими морщинками по всему лицу. На подбородке его была большая бородавка. Лет ему было под пятьдесят. Он вошел тихо, мерными шагами, опустив глаза вниз. Но самая нахальная самоуверенность изображалась в его лице и во всей его педантской фигурке. К удивлению моему, он явился в шлафроке, правда, иностранного покроя, но все-таки шлафроке и, вдобавок, в туфлях. Воротничок его рубашки, не подвязанный галстухом, был отложен à l'enfant*, это придавало Фоме Фомичу чрезвычайно глупый вид. Он подошел к незанятому креслу, придвинул его к столу и сел, не сказав никому ни слова. Мгновенно исчезли вся суматоха, все волнение, бывшие за минуту назад. Все притихло так, что можно было расслышать пролетевшую муху. Генеральша присмирела, как агнец. Все подобострастие этой бедной идиотки перед Фомой Фомичом выступило теперь наружу. Она не нагляделась на свое нéщечко, впилась в него глазами. Девица Перепелицына, осклабляясь, потирала свои ручки, а бедная Прасковья Ильинична заметно дрожала от страха. Дядя немедленно захлопотал.

— Чаю, чаю, сестрица! Послаще только, сестрица; Фома Фомич после сна любит чай послаще. Ведь тебе послаще, Фома?

— Не до чаю мне вашего теперь! — проговорил Фома медленно и с достоинством, с озабоченным видом махнув рукой. — Вам бы все, что послаще!

Эти слова и смешной донельзя, по своей педантской важности, вход Фомы чрезвычайно заинтересовали меня. Мне любопытно было узнать, до чего, до какого забвения приличий дойдет наконец наглость этого зазнавшегося господчика.

— Фома! — крикнул дядя, — рекомендую: племянник мой, Сергей Александрыч! сейчас приехал.

Фома Фомич обмерил его с ног до головы.

— Удивляюсь я, что вы всегда как-то систематически любите перебивать меня, полковник, — проговорил он после значительного молчания, не обратив на меня ни

* По фасону детских рубашек *(фр.)*.

малейшего внимания. — Вам о деле говорят, а вы — Бог знает о чем... *трактуете...* Видели вы Фалалея?

— Видел, Фома...

— А, видели! Ну, так я вам его опять покажу, коли видели. Можете полюбоваться на ваше произведение... в нравственном смысле. Поди сюда, идиот! Поди сюда, голландская ты рожа! Ну же, иди, иди! Не бойся!

Фалалей подошел, всхлипывая, раскрыв рот и глотая слезы. Фома Фомич смотрел на него с наслаждением.

— С намерением назвал я его голландской рожей, Павел Семеныч, — заметил он, развалясь в кресле и слегка поворотясь к сидевшему рядом Обноскину, — да и вообще, знаете, не нахожу нужным смягчать свои выражения ни в каком случае. Правда должна быть правдой. А чем ни прикрывайте грязь, она все-таки останется грязью. Что ж и трудиться, смягчать? себя и людей обманывать! Только в глупой светской башке могла зародиться потребность таких бессмысленных приличий. Скажите — беру вас судьей, — находите вы в этой роже прекрасное? Я разумею высокое, прекрасное, возвышенное, а не какую-нибудь красную харю?

Фома Фомич говорил тихо, мерно и с каким-то величавым равнодушием.

— В нем прекрасное? — отвечал Обноскин с какою-то нахальною небрежностью. — Мне кажется, это просто порядочный кусок ростбифа — и ничего больше...

— Подхожу сегодня к зеркалу и смотрюсь в него, — продолжал Фома, торжественно пропуская местоимение *я*. — Далеко не считаю себя красавцем, но поневоле пришел к заключению, что есть же что-нибудь в этом сером глазе, что отличает меня от какого-нибудь Фалалея. Это мысль, это жизнь, это ум в этом глазе! Не хвалюсь именно собой. Говорю вообще о нашем сословии. Теперь, как вы думаете: может ли быть хоть какой-нибудь клочок, хоть какой-нибудь отрывок души в этом живом бифстексе? Нет, в самом деле, заметьте, Павел Семеныч, как у этих *людей,* совершенно лишенных мысли и идеала и едящих одну говядину, как у них всегда отвратительно свеж цвет лица, грубо и глупо свеж! Угодно вам узнать степень его мышления? Эй, ты, статья! подойди же поближе, дай на себя полюбоваться! Что ты рот разинул? кита, что ли, проглотить хочешь? Ты прекрасен? Отвечай: ты прекрасен?

— Прек-ра-сен! — отвечал Фалалей с заглушенными рыданиями.

Обноскин покатился со смеху. Я чувствовал, что начинаю дрожать от злости.

— Вы слышали? — продолжал Фома, с торжеством обращаясь к Обноскину. — То ли еще услышите! Я пришел ему сделать экзамен. Есть, видите ли, Павел Семеныч, люди, которым желательно развратить и погубить этого жалкого идиота. Может быть, я строго сужу, ошибаюсь; но я говорю из любви к человечеству. Он плясал сейчас самый неприличный из танцев. Никому здесь до этого нет и дела. Но вот сами послушайте. Отвечай: что ты делал сейчас? отвечай же, отвечай немедленно — слышишь?

— Пля-сал... — проговорил Фалалей, усиливая рыдания.

— Что же ты плясал? какой танец? говори же!

— Комаринского...

— Комаринского! А кто этот комаринский? Что такое комаринский? Разве я могу понять что-нибудь из этого ответа? Ну же, дай нам понятие: кто такой твой комаринский?

— Му-жик...

— Мужик! только мужик? Удивляюсь! Значит, замечательный мужик! значит, это какой-нибудь знаменитый мужик, если о нем уже сочиняются поэмы и танцы? Ну, отвечай же!

Тянуть жилы была потребность Фомы. Он заигрывал с своей жертвой, как кошка с мышкой; но Фалалей молчит, хнычет и не понимает вопроса.

— Отвечай же! — настаивает Фома, — тебя спрашивают: какой это мужик? Говори же!.. господский ли, казенный ли, вольный, обязанный, экономический? Много есть мужиков...

— Э-ко-но-ми-ческий...

— А, экономический! Слышите, Павел Семеныч? новый исторический факт: комаринский мужик — экономический. Гм!.. Ну, что же сделал этот экономический мужик? за какие подвиги его так воспевают и... выплясывают?

Вопрос был щекотливый, а так как относился к Фалалею, то и опасный.

— Ну... вы... однако ж... — заметил было Обноскин, взглянув на свою маменьку, которая начинала как-то особенно повертываться на диване. Но что было делать? капризы Фомы Фомича считались законами.

— Помилуйте, дядюшка, если вы не уймете этого дурака, ведь он... Слышите, до чего он добирается? Фалалей что-нибудь соврет, уверяю вас... — шепнул я дяде, который потерялся и не знал, на что решиться.

— Ты бы, однако ж, Фома... — начал он, — вот я рекомендую тебе, Фома, мой племянник, молодой человек, занимался минералогией...

— Я вас прошу, полковник, не перебивайте меня с вашей минералогией, в которой вы, сколько мне известно, ничего не знаете, а может быть, и *другие* тоже. Я не ребенок. Он ответит мне, что этот мужик, вместо того чтобы трудиться для блага своего семейства, напился пьян, пропил в кабаке полушубок и пьяный побежал по улице. В этом, как известно, и состоит содержание всей этой поэмы, восхваляющей пьянство. Не беспокойтесь, он *теперь* знает, что ему отвечать. Ну, отвечай же: что сделал этот мужик? ведь я тебе подсказал, в рот положил. Я именно от самого тебя хочу слышать, что он сделал, чем прославился, чем заслужил такую бессмертную славу, что его уже воспевают трубадуры? Ну?

Несчастный Фалалей в тоске озирался кругом и в недоумении, что сказать, открывал и закрывал рот, как карась, вытащенный из воды на песок.

— Стыдно ска-зать! — промычал он наконец в совершенном отчаянии.

— А! стыдно сказать! — подхватил Фома, торжествуя. — Вот этого-то ответа я и добивался, полковник! Стыдно сказать, а не стыдно делать? Вот нравственность, которую вы посеяли, которая взошла и которую вы теперь... поливаете. Но нечего терять слова! Ступай теперь на кухню, Фалалей. Теперь я тебе ничего не скажу из уважения к публике; но сегодня же, сегодня же ты будешь жестоко и больно наказан. Если же нет, если и в этот раз меня на тебя променяют, то ты оставайся здесь и утешай своих господ комаринским, а я сегодня же выйду из этого дома! Довольно! Я сказал. Ступай!

— Ну уж вы, кажется, строго... — промямлил Обноскин.

— Именно, именно, именно! — крикнул было дядя, но оборвался и замолчал. Фома мрачно на него покосился.

— Удивляюсь я, Павел Семеныч, — продолжал он, — что ж делают после этого все эти современные литераторы, поэты, ученые, мыслители? Как не обратят они внимания на то, какие песни поет русский народ и под какие песни пляшет русский народ? Что ж делали до сих пор все эти Пушкины, Лермонтовы, Борозды? Удивляюсь! Народ пляшет комаринского, эту апофеозу пьянства, а они воспевают какие-то незабудочки! Зачем же не напишут они более благонравных песен для народного употребления и не бросят свои незабудочки? Это социальный вопрос! Пусть изобразят они мне мужика, но мужика облагороженного, так сказать, селянина, а не мужика. Пусть изобразят этого сельского мудреца в простоте своей, пожалуй, хоть даже в лаптях — я и на это согласен, — но преисполненного добродетелями, которым — я это смело говорю — может позавидовать даже какой-нибудь слишком прославленный Александр Македонский. Я знаю Русь, и Русь меня знает: потому и говорю это. Пусть изобразят этого мужика, пожалуй, обремененного семейством и сединою, в душной избе, пожалуй, еще голодного, но довольного, не ропщущего, но благословляющего свою бедность и равнодушного к золоту богача. Пусть сам богач, в умилении души, принесет ему наконец свое золото; пусть даже при этом случае произойдет соединение добродетели мужика с добродетелями его барина и, пожалуй, еще вельможи. Селянин и вельможа, столь разъединенные на ступенях общества, соединяются наконец в добродетелях — это высокая мысль! А то что мы видим? С одной стороны, незабудочки, а с другой — выскочил из кабака и бежит по улице в растерзанном виде! Ну, что ж, скажите, тут поэтического? чем любоваться? где ум? где грация? где нравственность? Недоумеваю!

— Сто рублей я тебе должен, Фома Фомич, за такие слова! — проговорил Ежевикин с восхищенным видом. — А ведь черта лысого с меня и получит, — прошептал он мне потихоньку. — Польсти, польсти!

— Ну, да... это вы хорошо изобразили, — промямлил Обноскин.

— Именно, именно, именно! — вскрикнул дядя, слушавший с глубочайшим вниманием и глядевший на меня с торжеством. — Тема-то какая завязалась! — шепнул он, потирая руки. — Многосторонний разговор, черт возьми! Фома Фомич, вот мой племянник, — прибавил он от избытка чувств. — Он тоже занимался литературой, — рекомендую.

Фома Фомич, как и прежде, не обратил ни малейшего внимания на рекомендацию дяди.

— Ради Бога, не рекомендуйте меня более! я вас серьезно прошу, — шепнул я дяде с решительным видом.

— Иван Иваныч! — начал вдруг Фома, обращаясь к Мизинчикову и пристально смотря на него, — вот мы теперь говорили: какого вы мнения?

— Я? вы меня спрашиваете? — с удивлением отозвался Мизинчиков, с таким видом, как будто его только что разбудили.

— Да, вы-с. Спрашиваю вас потому, что дорожу мнением истинно умных людей, а не каких-нибудь проблематических умников, которые умны потому только, что их *беспрестанно рекомендуют* за умников, за *ученых,* а иной раз и нарочно выписывают, чтоб показывать их в балагане или вроде того.

Камень был пущен прямо в мой огород. И, однако ж, не было сомнения, что Фома Фомич, не обращавший на меня никакого внимания, завел весь этот разговор о литературе единственно для меня, чтоб ослепить, уничтожить, раздавить с первого шага петербургского ученого, умника. Я, по крайней мере, не сомневался в этом.

— Если вы хотите знать мое мнение, то я... я с вашим мнением согласен, — отвечал Мизинчиков вяло и нехотя.

— Вы все со мной согласны! даже тошно становится, — заметил Фома. — Скажу вам откровенно, Павел Семеныч, — продолжал он после некоторого молчания, снова обращаясь к Обноскину, — если я и уважаю за что бессмертного Карамзина, то это не за историю, не за «Марфу Посадницу», не за «Старую и новую Россию», а именно за то, что он написал «Фрола Силина»: это высокий эпос! это произведение чисто народное и не умрет во веки веков! Высочайший эпос!

— Именно, именно, именно! высокая *эпоха*! Фрол Силин, благодетельный человек! Помню, читал; *еще* выкупил двух девок, а потом смотрел на небо и плакал. Возвышенная черта, — поддакнул дядя, сияя от удовольствия.

Бедный дядя! Он никак не мог удержаться, чтоб не ввязаться в *ученый* разговор. Фома злобно улыбнулся, но промолчал.

— Впрочем, и теперь пишут занимательно, — осторожно вмешалась Анфиса Петровна. — Вот, например, «Брюссельские тайны».

— Не скажу-с, — заметил Фома, как бы с сожалением. — Читал я недавно одну из поэм... Ну, что! «Незабудочки»! А если хотите, из новейших мне более всех нравится «Переписчик» — легкое перо!

— «Переписчик»! — вскрикнула Анфиса Петровна, — это тот, который пишет в журнал письма? Ах, как это восхитительно! какая игра слов.

— Именно, игра слов. Он, так сказать, играет пером. Необыкновенная легкость пера!

— Да; но он педант, — небрежно заметил Обноскин.

— Педант, педант — не спорю; но милый педант, но грациозный педант! Конечно, ни одна из идей его не выдержит основательной критики; но увлекаешься легкостью! Пустослов — согласен; но милый пустослов, но грациозный пустослов! Помните, например, он объявляет в литературной статье, что у него есть свои поместья?

— Поместья? — подхватил дядя, — это хорошо! Которой губернии?

Фома остановился, пристально посмотрел на дядю и продолжал тем же тоном:

— Ну, скажите ради здравого смысла: для чего мне, читателю, знать, что у него есть поместья? Есть — так поздравляю вас с этим! Но как мило, как это шутливо описано! Он блещет остроумием, он брызжет остроумием, он кипит! Это какой-то Нарзан остроумия! Да, вот как надо писать! Мне кажется, я бы именно так писал, если б согласился писать в журналах...

— Может, и лучше еще-с, — почтительно заметил Ежевикин.

— Даже что-то мелодическое в слоге! — поддакнул дядя.

Фома Фомич наконец не вытерпел.

— Полковник, — сказал он, — нельзя ли вас попросить — конечно, со всевозможною деликатностью — не мешать нам и позволить нам в покое докончить наш разговор. Вы не можете судить в нашем разговоре, не можете! Не расстраивайте же нашей приятной литературной беседы. Занимайтесь хозяйством, пейте чай, но...

оставьте литературу в покое. Она от этого не проиграет, уверяю вас!

Это уже превышало верх всякой дерзости! Я не знал, что подумать.

— Да ведь ты же сам, Фома, говорил, что мелодическое, — с тоскою произнес сконфуженный дядя.

— Так-с. Но я говорил с знанием дела, я говорил кстати; а вы?

— Да-с, мы-то с умом говорили-с, — подхватил Ежевикин, увиваясь около Фомы Фомича. — Ума-то у нас так немножко-с, занимать приходится, разве-разве что на два министерства хватит, а нет, так мы и с третьим управимся, — вот как у нас!

— Ну, значит, опять соврал! — заключил дядя и улыбнулся своей добродушной улыбкою.

— По крайней мере, сознаетесь, — заметил Фома.

— Ничего, ничего, Фома, я не сержусь. Я знаю, что ты, как друг, меня останавливаешь, как родной, как брат. Это я сам позволил тебе, даже просил об этом! Это дельно, дельно! Это для моей же пользы! Благодарю и воспользуюсь!

Терпение мое истощалось. Все, что я до сих пор по слухам знал о Фоме Фомиче, казалось мне несколько преувеличенным. Теперь же, когда я увидел все сам, на деле, изумлению моему не было пределов. Я не верил себе; я понять не мог такой дерзости, такого нахального самовластия, с одной стороны, и такого добровольного рабства, такого легковерного добродушия — с другой. Впрочем, даже и дядя был смущен такою дерзостью. Это было видно... Я горел желанием как-нибудь связаться с Фомой, сразиться с ним, как-нибудь нагрубить ему поазартнее, а там что бы ни было! Эта мысль одушевила меня. Я искал случая и в ожидании совершенно обломал поля моей шляпы. Но случай не представлялся: Фома решительно не хотел замечать меня.

— Правду, правду ты говоришь, Фома, — продолжал дядя, всеми силами стараясь понравиться и хоть чем-нибудь замять неприятность предыдущего разговора. — Это ты правду режешь, Фома, благодарю. Надо знать дело, а потом уж и рассуждать о нем. Каюсь! Я уже не раз бывал в таком положении. Представь себе, Сергей, я один раз даже экзаменовал... Высмеетесь! Ну вот, подите! Ей-богу, экзаменовал, да и только. Пригласили меня в одно заведение на экзамен, да и посадили вместе с экзаменаторами, так, для почету, лишнее место было. Так я, признаюсь тебе, даже струсил, страх какой-то напал: решительно ни одной науки не знаю! Что делать! Вот-вот, думаю, самого к доске потянут! Ну, а потом — ничего, обошлось; даже сам вопросы задавал, спросил: кто был Ной? Вообще превосходно отвечали; потом завтракали и за процветание пили шампанское. Отличное заведение!

Фома Фомич и Обноскин покатились со смеху.

— Да я и сам потом смеялся, — крикнул дядя, смеясь добродушнейшим образом и радуясь, что все развеселились. — Нет, Фома, уж куда ни шло! распотешу я вас всех, расскажу, как я один раз срезался... Вообрази, Сергей, стояли мы в Красногорске...

— Позвольте вас спросить, полковник: долго вы будете рассказывать вашу историю? — перебил Фома.

— Ах, Фома! да ведь это чудеснейшая история; просто лопнуть со смеху можно. Ты только послушай: это хорошо, ей-богу хорошо. Я расскажу, как я срезался.

— Я всегда с удовольствием слушаю ваши истории, когда они в этом роде, — проговорил Обноскин, зевая.

— Нечего делать, приходится слушать, — решил Фома.

— Да ведь, ей-богу же, будет хорошо, Фома. Я хочу рассказать, как я один раз срезался, Анфиса Петровна. Послушай и ты, Сергей: это поучительно даже. Стояли мы в Красногорске (начал дядя, сияя от удовольствия, скороговоркой и торопясь, с бесчисленными вводными предложениями, что было с ним всегда, когда он начинал что-нибудь рассказывать для удовольствия публики). Только что пришли, в тот же вечер отправляюсь в спектакль. Превосходнейшая актриса была Куропаткина; потом еще с штаб-ротмистром Зверковым бежала и пьесы недоиграла: так занавес и опустили... То есть бестия был этот Зверков, и попить и в картины заняться, и не то чтобы пьяница, а так, готов с товарищами разделить минуту. Но как запьет настоящим образом, так уж тут все забыл: где живет, в каком государстве, как самого зовут? — словом, решительно все; но в сущности превосходнейший малый... Ну-с, сижу я в театре. В антракте встаю и сталкиваюсь с прежним товарищем, Корноуховым... Я вам скажу, единственный малый. Лет, правда, шесть мы уж не видались. Ну, был в кампании, увешан крестами; теперь, слышал недавно, — уже действительный статский; в статскую службу перешел, до больших чинов дослужился... Ну, разумеется, обрадовались. То да се. А рядом с нами в ложе сидят три дамы; та, которая слева, рожа, каких свет не производил... После узнал: превосходнейшая женщина, мать семейства, осчастливила мужа... Ну-с, вот я, как дурак, и бряк Корноухову: «Скажи, брат, не знаешь ли, что это за чучело выехала?» — «Которая это?» — «Да эта». — «Да это моя двоюродная сестра». Тьфу, черт! Судите о моем положении! Я, чтоб поправиться: «Да нет, говорю, не эта. Эк у тебя глаза! Вот та, которая оттуда сидит: кто эта?» — «Это моя сестра». Тьфу ты пропасть! А сестра его, как нарочно, розанчик-розанчиком, премилушка; так разодета: брошки, перчаточки, браслетики, — словом сказать, сидит херувимчиком; после вышла замуж за превосходнейшего человека, Пыхтина; она с ним бежала, обвенчались без спросу; ну, а теперь все это как следует: и богато живут; отцы не нарадуются!.. Ну-с, вот. «Да нет! — кричу, а сам не знаю, куда провалиться, — не эта!» — «Вот в середине-то которая?» — «Да, в середине». — «Ну, брат, это жена моя»... Между нами: объедение, а не дамочка! то есть так бы и проглотил ее всю целиком от удовольствия... «Ну, говорю, видал ты когда-нибудь дурака? Так вот он перед тобой, и голова его тут же: руби, не жалей!» Смеется. После спектакля меня познакомил и, должно быть, рассказал, проказник. Что-то очень смеялись! И, признаюсь, никогда еще так весело не проводил время. Так вот как иногда, брат Фома, можно срезаться! Ха-ха-ха-ха!

Но напрасно смеялся бедный дядя; тщетно обводил он кругом свой веселый и добрый взгляд: мертвое молчание было ответом на его веселую историю. Фома Фомич сидел в мрачном безмолвии, а за ним и все; только Обноскин слегка улыбался, предвидя гонку, которую зададут дяде. Дядя сконфузился и покраснел. Того-то и желалось Фоме.

— Кончили ль вы? — спросил он наконец с важностью, обращаясь к сконфуженному рассказчику.

— Кончил, Фома.

— И рады?

— То есть как это рад, Фома? — с тоскою отвечал бедный дядя.

— Легче ли вам теперь? Довольны ли вы, что расстроили приятную литературную беседу друзей, прервав их и тем удовлетворив мелкое свое самолюбие?

— Да полно же, Фома! Я вас же всех хотел развеселить, а ты...

— Развеселить? — вскричал Фома, вдруг необыкновенно разгорячась, — но вы способны навести уныние, а не развеселить. Развеселить! Но знаете ли, что ваша история была почти безнравственна? Я уже не говорю: неприлична, — это само собой... Вы объявили сейчас, с редкою грубостью чувств, что смеялись над невинностью, над благородной дворянкой, оттого только, что она не имела чести вам понравиться. И нас же, нас хотели заставить смеяться, то есть поддакивать вам, поддакивать грубому и неприличному поступку, и все потому только, что вы хозяин этого дома! Воля ваша, полковник, вы можете сыскать себе прихлебателей, лизоблюдов, партнеров, можете даже их выписывать из дальних стран и тем усиливать свою свиту, в ущерб прямодушию и откровенному благородству души; но никогда Фома Опискин не будет ни льстецом, ни лизоблюдом, ни прихлебателем вашим! В чем другом, а уж в этом я вас заверяю!..

— Эх, Фома! не понял ты меня, Фома!

— Нет, полковник, я вас давно раскусил, я вас насквозь понимаю! Вас гложет самое неограниченное самолюбие; вы с претензиями на недосягаемую остроту ума и забываете, что острота тупится о претензию. Вы...

— Да полно же, Фома, ради Бога! Постыдись хоть людей!..

— Да ведь грустно же видеть все это, полковник, а видя, — невозможно молчать. Я беден, я *проживаю* у вашей родительницы. Пожалуй, еще подумают, что я льщу вам моим молчанием; а я не хочу, чтоб какой-нибудь *молокосос* мог принять меня за вашего прихлебателя! Может быть, я, входя сюда давеча, даже нарочно усилил мою правдивую откровенность, нарочно принужден был дойти даже до грубости, именно потому, что вы сами ставите меня в такое положение. Вы слишком надменны со мной, полковник. Меня могут счесть за вашего раба, за приживальщика. Ваше удовольствие унижать меня перед *незнакомыми,* тогда как я вам равен, слышите ли? равен во всех отношениях. Может быть, даже *я* вам делаю одолжение тем, что живу у вас, а не *вы* мне. Меня унижают; следственно, я сам должен себя хвалить — это естественно! Я не могу не говорить, я должен говорить, должен немедленно протестовать, и потому прямо и просто объявляю вам, что вы феноменально завистливы! Вы видите, например, что человек в простом, дружеском разговоре невольно выказал свои познания, начитанность, вкус: так вот уж вам и досадно, вам и неймется: «Дай же и я свои познания и вкус выкажу!» А какой у вас вкус, с позволения сказать? Вы в изящном смыслите столько — извините меня, полковник, — сколько смыслит, например, хоть бык в говядине! Это резко, грубо — сознаюсь, по крайней мере, прямодушно и справедливо. Этого не услышите вы от ваших льстецов, полковник.

— Эх, Фома!..

— То-то: «эх, Фома»! Видно, правда не пуховик. Ну, хорошо; мы еще потом поговорим об этом, а теперь позвольте и мне немного повеселить публику. Не все же вам одним отличаться. Павел Семенович! видели вы это чудо морское в человеческом образе? Я уж давно его наблюдаю. Вглядитесь в него: ведь он съесть меня хочет, так таки живьем, целиком!

Дело шло о Гавриле. Старый слуга стоял у дверей и действительно с прискорбием смотрел, как распекали его барина.

— Хочу и я вас потешить спектаклем, Павел Семеныч. Эй ты, ворона, пошел сюда! Да удостойте подвинуться поближе, Гаврила Игнатьич! Это, вот видите ли, Павел Семеныч, Гаврила; за грубость и в наказание изучает французский диалект. Я, как Орфей, смягчаю здешние нравы, только не песнями, а французским диалектом. — Ну, француз, мусью шематон, — терпеть не может, когда говорят ему: мусью шематон, — знаешь урок?

— Вытвердил, — отвечал, повесив голову, Гаврила.

— А парле-ву-франсе?

— Вуй, мусье, же-ле-парль-эн-пе...

Не знаю, грустная ли фигура Гаврилы при произношении французской фразы была причиною или предугадывалось всеми желание Фомы, чтоб все засмеялись, но только все так и покатились со смеху, лишь только Гаврила пошевелил языком. Даже генеральша изволила засмеяться. Анфиса Петровна, упав на спинку дивана, взвизгивала, закрываясь веером. Смешнее всего показалось то, что Гаврила, видя, во что превратился экзамен, не выдержал, плюнул и с укоризною произнес: «Вот до какого сраму дожил на старости лет!»

Фома Фомич встрепенулся.

— Что? что ты сказал? Грубиянить вздумал?

— Нет, Фома Фомич, — с достоинством отвечал Гаврила, — не грубиянство слова мои, и не след мне, холопу, перед тобой, природным господином, грубиянить. Но всяк человек образ Божий на себе носит, образ его и подобие. Мне уже шестьдесят третий год от роду. Отец мой Пугачева-изверга помнит, а деда моего вместе с барином, Матвеем Никитичем, — дай Бог им Царство Небесное — Пугач на одной осине повесил, за что родитель мой от покойного барина, Афанасья Матвеича, не в пример другим был почтен: камардином служил и дворецким свою жизнь скончал. Я же, сударь, Фома Фомич, хотя и господский холоп, а такого сраму, как теперь, отродясь над собой не видывал!

И с последним словом Гаврила развел руками и склонил голову. Дядя следил за ним с беспокойством.

— Ну, полно, полно, Гаврила! — вскричал он, — нечего распространяться; полно!

— Ничего, ничего, — проговорил Фома, слегка побледнев и улыбаясь с натуги. — Пусть поговорит; это ведь все ваши плоды...

— Все расскажу, — продолжал Гаврила с необыкновенным одушевлением, — ничего не потаю! Руки свяжут, язык не завяжут! Уж на что я, Фома Фомич, гнусный перед тобою выхожу человек, одно слово: раб, а и мне в обиду! Услугой и подобострастьем я перед тобой завсегда обязан, для того, что рабски рожден и всякую обязанность во страхе и трепете происходить должен. Книжку сочинять сядешь, я докучного обязан к тебе не допускать, для того — это настоящая должность моя выходит. Прислужить, что понадобится, — с моим полным удовольствием сделаю. А то, что на старости лет по-заморски лаять да перед людьми сраму набираться! Да я в людскую теперь не могу сойти: «француз ты, говорят, француз!» Нет, сударь, Фома Фомич, не один я, дурак, а уж и добрые люди начали говорить в один голос, что вы как есть злющий человек теперь стали, а что барин наш перед вами всё одно, что малый ребенок; что вы хоть породой и енаральский сын и сами, может, немного до енарала не дослужили, но такой злющий, как, то есть, должен быть настоящий фурий.

Гаврила кончил. Я был вне себя от восторга. Фома Фомич сидел бледный от ярости среди всеобщего замешательства и как будто не мог еще опомниться от неожиданного нападения Гаврилы; как будто он в эту минуту еще соображал: в какой степени должно ему рассердиться? Наконец воспоследовал взрыв.

— Как! он смел обругать меня, — меня! да это бунт! — завизжал Фома и вскочил со стула.

За ним вскочила генеральша и всплеснула руками. Началась суматоха. Дядя бросился выталкивать преступного Гаврилу.

— В кандалы его, в кандалы! — кричала генеральша. — Сейчас же его в город и в солдаты отдай, Егорушка! Не то не будет тебе моего благословения. Сейчас же на него колодку набей и в солдаты отдай!

— Как, — кричал Фома, — раб! халдей! хамлет! осмелился обругать меня! он, он, обтирка моего сапога! он осмелился назвать меня фурией!

Я выступил вперед с необыкновенною решимостью.

— Признаюсь, что я в этом случае совершенно согласен с мнением Гаврилы, — сказал я, смотря Фоме Фомичу прямо в глаза и дрожа от волнения.

Он был так поражен этой выходкой, что в первую минуту, кажется, не верил ушам своим.

— Это еще что? — вскрикнул он наконец, накидываясь на меня в исступлении и впиваясь в меня своими маленькими, налитыми кровью глазами. — Да ты кто такой?

— Фома Фомич... — заговорил было совершенно потерявшийся дядя, — это Сережа, мой племянник...

— Ученый! — завопил Фома, — так это он-то ученый? Либерте-эгалите-фратерните! Журналь де деба! Нет, брат, врешь! в Саксонии не была! Здесь не Петербург, не надуешь! Да плевать мне на твой де деба! У тебя де деба, а по-нашему выходит: «Нет, брат, слаба!» Ученый! Да ты сколько знаешь, я всемеро столько забыл! вот какой ты ученый!

Если б не удержали его, он, мне кажется, бросился бы на меня с кулаками.

— Да он пьян, — проговорил я, с недоумением озираясь кругом.

— Кто? Я? — прикрикнул Фома не своим голосом.

— Да, вы!

— Пьян?

— Пьян.

Этого Фома не мог вынести. Он взвизгнул, как будто его начали резать, и бросился вон из комнаты. Генеральша хотела, кажется, упасть в обморок, но рассудила лучше бежать за Фомой Фомичом. За ней побежали и все, а за всеми дядя. Когда я опомнился и огляделся, то увидел в комнате одного Ежевикина. Он улыбался и потирал себе руки.

— Про иезуитика-то давеча рассказать обещались, — проговорил он вкрадчивым голосом.

— Что? — спросил я, не понимая в чем дело.

— Про иезуитика давеча рассказать обещались... анекдотец-с...

Я выбежал на террасу, а оттуда в сад. Голова моя шла кругом...

VIII
Объяснение в любви

С четверть часа бродил я по саду, раздраженный и крайне недовольный собой, обдумывая: что мне теперь делать? Солнце садилось. Вдруг, на повороте в одну темную аллею, я встретился лицом к лицу с Настенькой. В глазах ее были слезы, в руках платок, которым она утирала их.

— Я вас искала, — сказала она.

— А я вас, — отвечал я ей. — Скажите: я в сумасшедшем доме или нет?

— Вовсе не в сумасшедшем доме, — проговорила она обидчиво, пристально взглянув на меня.

— Но если так, так что ж это делается? Ради самого Христа, подайте мне какой-нибудь совет! Куда теперь ушел дядя? Можно мне туда идти? Я очень рад, что вас встретил: может быть, вы меня в чем-нибудь и наставите.

— Нет, лучше не ходите. Я сама ушла от них.

— Да где они?

— А кто знает? Может быть, опять в огород побежали, — проговорила она раздражительно.

— В какой огород?

— Это Фома Фомич на прошлой неделе закричал, что не хочет оставаться в доме, и вдруг побежал в огород, достал в шалаше заступ и начал гряды копать. Мы все удивились: не с ума ли сошел? «Вот, говорит, чтоб не попрекнули меня потом, что я даром хлеб ел, буду землю копать и свой хлеб, что здесь ел, заработаю, а потом и уйду. Вот до чего меня довели!» А тут-то все плачут и перед ним чуть не на коленях стоят, заступ у него отнимают; а он-то копает; всю репу только перекопал. Сделали раз поблажку — вот он, может быть, и теперь повторяет. От него станется.

— И вы... и вы рассказываете это так хладнокровно! — вскричал я в сильнейшем негодовании.

Она взглянула на меня сверкавшими глазами.

— Простите мне; я уж и не знаю, что говорю! Послушайте, вам известно, зачем я сюда приехал?

— Н... нет, — отвечала она, закрасневшись, и какое-то тягостное ощущение отразилось в ее милом лице.

— Вы извините меня, — продолжал я, — я теперь расстроен, я чувствую, что не так бы следовало мне начать говорить об этом... особенно с вами... Но все равно! По моему, откровенность в таких делах лучше всего. Признаюсь... то есть я хотел сказать... вы знаете намерение дядюшки? Он приказал мне искать вашей руки...

— О, какой вздор! Не говорите этого, пожалуйста! — сказала она, поспешно перебивая меня и вся вспыхнув.

Я был озадачен.

— Как вздор? Но он ведь писал ко мне.

— Так он-таки вам писал? — спросила она с живостью. — Ах, какой! Как же он обещался, что не будет писать! Какой вздор! Господи, какой это вздор!

— Простите меня, — пробормотал я, не зная, что говорить, — может быть, я поступил неосторожно, грубо... но ведь такая минута! Сообразите: мы окружены бог знает чем...

— Ох, ради Бога, не извиняйтесь! Поверьте, что мне и без того тяжело это слушать, а между тем судите: я и сама хотела заговорить с вами, чтоб узнать что-нибудь... Ах, какая досада! так он-таки вам написал! Вот этого-то я пуще всего боялась! Боже мой, какой это человек! А вы и поверили и прискакали сюда сломя голову? Вот надо было!

Она не скрывала своей досады. Положение мое было непривлекательно.

— Признаюсь, я не ожидал, — проговорил я в самом полном смущении, — такой оборот... я, напротив, думал...

— А, так вы думали? — произнесла она с легкой иронией, слегка закусывая губу. — А знаете, вы мне покажите это письмо, которое он вам писал?

— Хорошо-с.

— Да вы не сердитесь, пожалуйста, на меня, не обижайтесь; и без того много горя! — сказала она просящим голосом, а между тем насмешливая улыбка слегка мелькнула на ее хорошеньких губках.

— Ох, пожалуйста, не принимайте меня за дурака! — вскричал я с горячностью. — Но, может быть, вы предубеждены против меня? может быть, вам кто-нибудь на меня насказал? может быть, вы потому, что я там теперь срезался? Но это ничего — уверяю вас. Я сам понимаю, каким я теперь дураком стою перед вами. Не смейтесь, пожалуйста, надо мной! Я не знаю, что говорю... А все это оттого, что мне эти проклятые двадцать два года!

— О Боже мой! Так что ж?

— Как так что ж? Да ведь кому двадцать два года, у того это и на лбу написано, как у меня, например, когда я давеча на средину комнаты выскочил или как теперь перед вами... Распроклятый возраст!

— Ох, нет, нет! — отвечала Настенька, едва удерживаясь от смеха. — Я уверена, что вы и добрый, и милый, и умный, и, право, я искренно говорю это! Но... вы только очень самолюбивы. От этого еще можно исправиться.

— Мне кажется, я самолюбив сколько нужно.

— Ну, нет. А давеча, когда вы сконфузились — и отчего ж? оттого, что споткнулись при входе!.. Какое право вы имели выставлять на смех вашего доброго, вашего великодушного дядю, который вам сделал столько добра? Зачем вы хотели свалить на него смешное, когда сами были смешны? Это было дурно, стыдно! Это не делает вам чести, и, признаюсь вам, вы были мне очень противны в ту минуту — вот вам!

— Это правда! Я был болван! Даже больше: я сделал подлость! Вы приметили ее — и я уже наказан! Браните меня, смейтесь надо мной, но послушайте: может быть, вы перемените наконец ваше мнение, — прибавил я, увлекаемый каким-то странным чувством, — вы меня еще так мало знаете, что потом, когда узнаете больше, тогда... может быть...

— Ради Бога, оставим этот разговор! — вскричала Настенька с видимым нетерпением.

— Хорошо, хорошо, оставимте! Но... где я могу вас видеть?

— Как где видеть?

— Но ведь не может же быть, чтоб мы с вами сказали последнее слово, Настасья Евграфовна! Ради Бога, назначьте мне свиданье, хоть сегодня же. Впрочем, теперь уж смеркается. Ну так, если только можно, завтра утром, пораньше; я нарочно велю себя разбудить пораньше. Знаете, там, у пруда, есть беседка. Я ведь помню; я знаю дорогу. Я ведь здесь жил маленький.

— Свидание! Но зачем это? Ведь мы и без того теперь говорим.

— Но я теперь еще ничего не знаю, Настасья Евграфовна. Я сперва все узнаю от дядюшки. Ведь должен же он наконец мне все рассказать, и тогда я, может быть, скажу вам что-нибудь очень важное...

— Нет, нет! не надо, не надо! — вскричала Настенька, — кончимте все разом теперь, так чтоб потом и помину не было. А в ту беседку и не ходите напрасно: уверяю вас, я не приду, и выкиньте, пожалуйста, из головы весь этот вздор — я серьезно прошу вас...

— Так, значит, дядя поступил со мною, как сумасшедший! — вскричал я в припадке нестерпимой досады. — Зачем же он вызывал меня после этого?.. Но слышите, что это за шум?

Мы были близко от дома. Из растворенных окон раздавались визг и какие-то необыкновенные крики.

— Боже мой! — сказала она побледнев, — опять! Я так и предчувствовала!

— Вы предчувствовали? Настасья Евграфовна, еще один вопрос. Я, конечно, не имею ни малейшего права, но решаюсь предложить вам этот последний вопрос для общего блага. Скажите — и это умрет во мне — скажите откровенно: дядя влюблен в вас или нет?

— Ах! выкиньте, пожалуйста, этот вздор из головы раз навсегда! — вскричала она, вспыхнув от гнева. — И вы тоже! Кабы был влюблен, не хотел бы выдать меня за вас, — прибавила она с горькою улыбкою. — И с чего, с чего это взяли? Неужели вы не понимаете, о чем идет дело? Слышите эти крики?

— Но... это Фома Фомич...

— Да, конечно, Фома Фомич; но теперь из-за меня идет дело, потому что они то же говорят, что и вы, ту же бессмыслицу; то же подозревают, что он влюблен в меня. А так как я бедная, ничтожная, а так как замарать меня ничего не стоит, а они хотят женить его на другой, так вот и требуют, чтоб он меня выгнал домой, к отцу, для безопасности. А ему когда скажут про это, то он тотчас же из себя выходит; даже Фому Фомича разорвать готов. Вон они теперь и кричат об этом; уж я предчувствую, что об этом.

— Так это все правда! Так, значит, он непременно женится на этой Татьяне?

— На какой Татьяне?

— Ну, да на этой дуре.

— Вовсе не дуре! Она добрая. Не имеете вы права так говорить! У нее благородное сердце, благороднее, чем у многих других. Она не виновата тем, что несчастная.

— Простите. Положим, вы в этом совершенно правы; но не ошибаетесь ли вы в главном? Как же, скажите, я заметил, что они хорошо принимают вашего отца? Ведь если б они до такой уж степени сердились на вас, как вы говорите, и вас выгоняли, так и на него бы сердились и его бы худо принимали.

— А разве вы не видите, что делает для меня мой отец! Он шутом перед ними вертится! Его принимают именно потому, что он успел подольститься к Фоме Фомичу. А так как Фома Фомич сам был шутом, так вот ему и лестно, что и у него теперь есть шуты. Как вы думаете: для кого это отец делает? Он для меня это делает, для меня одной. Ему не надо; он для себя никому не поклонится. Он, может, и очень смешон на чьи-нибудь глаза, но он благородный, благороднейший человек! Он думает, бог знает почему — и вовсе не потому, что я здесь жалованье хорошее получаю — уверяю вас; он думает, что мне лучше оставаться здесь, в этом доме. Но теперь я совсем его разуверила. Я ему написала решительно. Он и приехал, чтоб взять меня, и, если крайность до того дойдет, так хоть завтра же, потому что уж дело почти до всего дошло: они меня съесть хотят, и я знаю наверно, что они там теперь кричат обо мне. Они растерзают *его* из-за меня, они погубят *его!* А он мне все равно, что отец, — слышите, даже больше, чем мой родной отец! Я не хочу дожидаться. Я знаю больше, чем другие. Завтра же, завтра же уеду! Кто знает: может, чрез это они отложат хоть на время и свадьбу *его* с Татьяной Ивановной... Вот я вам все теперь рассказала. Расскажите же это и ему, потому что я теперь и говорить-то с ним не могу: за нами следят, и особенно эта Перепелицына. Скажите, чтоб *он* не беспокоился обо мне, что я лучше хочу есть черный хлеб и жить в избе у отца, чем быть причиною *его* здешних мучений. Я бедная и должна жить как бедная. Но, Боже мой, какой шум! какой крик! Что там еще делается? Нет, во что бы ни стало сейчас пойду туда! Я выскажу им всем все это прямо в глаза, сама, что бы ни случилось! Я должна это сделать. Прощайте!

Она убежала. Я стоял на одном месте, вполне сознавая все смешное в той роли, которую мне пришлось сейчас разыграть, и совершенно недоумевая, чем все это теперь разрешится. Мне было жаль бедную девушку, и я боялся за дядю. Вдруг подле меня очутился Гаврила. Он все еще держал свою тетрадку в руке.

— Пожалуйте к дяденьке! — проговорил он унылым голосом.

Я очнулся.

— К дяде? А где он? Что с ним теперь делается?

— В чайной. Там же, где чай изволили давеча кушать.

— Кто с ним?

— Одни. Дожидаются.

— Кого? меня?

— За Фомой Фомичом послали. Прошли наши красные деньки! — прибавил он, глубоко вздыхая.

— За Фомой Фомичом? Гм! А где другие? где барыня?

— На своей половине. Во мрак упали, а теперь лежат в бесчувствии и плачут.

Рассуждая таким образом, мы дошли до террасы. На дворе было уже почти совсем темно. Дядя действительно был один, в той же комнате, где произошло мое побоище с Фомой Фомичом, и ходил по ней большими шагами. На столах горели свечи. Увидя меня, он бросился ко мне и крепко сжал мои руки. Он был бледен и тяжело переводил дух; руки его тряслись, и нервическая дрожь пробегала, временем, по всему его телу.

IX
Ваше превосходительство

— Друг мой! все кончено, все решено! — проговорил он каким-то трагическим полушепотом.

— Дядюшка, — сказал я, — я слышал какие-то крики.

— Крики, братец, крики; всякие были крики! Маменька в обмороке, и все это теперь вверх ногами. Но я решился и настою на своем. Я теперь уж никого не боюсь, Сережа. Я хочу показать им, что и у меня есть характер, — и покажу! И вот нарочно послал за тобой, чтоб ты помог мне им показать... Сердце мое разбито, Сережа... но я должен, я обязан поступить со всею строгостью. Справедливость неумолима!

— Но что же такое случилось, дядюшка?

— Я расстаюсь с Фомой, — произнес дядя решительным голосом.

— Дядюшка! — закричал я в восторге, — ничего лучше вы не могли выдумать! И если я хоть сколько-нибудь могу способствовать вашему решению, то... располагайте мною во веки веков.

— Благодарю тебя, братец, благодарю! Но теперь уж все решено. Жду Фому; я уже послал за ним. Или он, или я! Мы должны разлучиться. Или же завтра Фома выйдет из этого дома, или, клянусь, бросаю все и поступаю опять в гусары! Примут; дадут дивизион. Прочь всю эту систему! Теперь все по-новому! На что это у тебя французская тетрадка? — с яростию закричал он, обращаясь к Гавриле. — Прочь ее! Сожги, растопчи, разорви! *Я* твой господин, и *я* приказываю тебе не учиться французскому языку. Ты не можешь, ты не смеешь меня не слушаться, потому что *я* твой господин, а не Фома Фомич!..

— Слава те Господи! — пробормотал про себя Гаврила. Дело, очевидно, шло не на шутку.

— Друг мой! — продолжал дядя с глубоким чувством, — они требуют от меня невозможного! Ты будешь судить меня; ты теперь станешь между ним и мною, как беспристрастный судья. Ты не знаешь, чего они от меня требовали, и, наконец, формально потребовали, все высказали! Но это противно человеколюбию, благородству, чести... Я все расскажу тебе, но сперва...

— Я уж всё знаю, дядюшка! — вскричал я, перебивая его, — я угадываю... Я сейчас разговаривал с Настасьей Евграфовной.

— Друг мой, теперь ни слова, ни слова об этом! — торопливо прервал он меня, как будто испугавшись. — Потом я всё сам расскажу тебе, но покамест... Что ж? — закричал он вошедшему Видоплясову, — где же Фома Фомич?

Видоплясов явился с известием, что Фома Фомич «не желают прийти и находят требование явиться до несовместности грубым-с, так что Фома Фомич очень изволили этим обидеться-с».

— Веди его! тащи его! сюда его! силою притащи его! — закричал дядя, топая ногами.

Видоплясов, никогда не видавший своего барина в таком гневе, ретировался в испуге. Я удивился.

«Надо же быть чему-нибудь слишком важному, — подумал я, — если человек с таким характером способен дойти до такого гнева и до таких решений».

Несколько минут дядя молча ходил по комнате, как будто в борьбе сам с собою.

— Ты, впрочем, не рви тетрадку, — сказал он наконец Гавриле. — Подожди и сам будь здесь: ты, может быть, еще понадобишься. Друг мой! — прибавил он, обращаясь ко мне, — я, кажется, уж слишком сейчас закричал. Всякое дело надо делать с достоинством, с мужеством, но без криков, без обид. Именно так. Знаешь что, Сережа: не лучше ли будет, если б ты ушел отсюда? Тебе всё равно. Я тебе потом всё сам расскажу — а? как ты думаешь? Сделай это для меня, пожалуйста.

— Вы боитесь, дядюшка? вы раскаиваетесь? — сказал я, пристально смотря на него.

— Нет, нет, друг мой, не раскаиваюсь! — вскричал он с удвоенным одушевлением. — Я уж теперь ничего больше не боюсь. Я принял решительные меры, самые решительные! Ты не знаешь, ты не можешь себе вообразить, чего они от меня потребовали! Неужели ж я должен был согласиться? Нет, я докажу! Я восстал и докажу! Когда-нибудь я должен же был доказать! Но знаешь, мой друг, я раскаиваюсь, что тебя позвал: Фоме, может быть, будет очень тяжело, когда и ты будешь здесь, так сказать, свидетелем его унижения. Видишь, я хочу ему отказать от дома благородным образом, без всякого унижения. Но ведь это я так только говорю, что без унижения. Дело-то оно, брат, такое, что хоть медовые речи точи, а все-таки будет обидно. Я же груб, без воспитания, пожалуй, еще такое тяпну, сдуру-то, что и сам потом не рад буду. Всё же он для меня много сделал... Уйди, мой друг... Но вот уже его ведут, ведут! Сережа, прошу тебя, выйди! Я тебе всё потом расскажу. Выйди, ради Христа!

И дядя вывел меня на террасу в то самое мгновение, когда Фома входил в комнату. Но каюсь: я не ушел; я решился остаться на террасе, где было очень темно и, следственно, меня трудно было увидеть из комнаты. Я решился подслушивать!

Не оправдываю ничем своего поступка, но смело скажу, что, выстояв эти полчаса на террасе и не потеряв терпения, я считаю, что совершил подвиг великомученичества. С моего места я не только мог хорошо слышать, но даже мог хорошо и видеть: двери были стеклянные. Теперь прошу вообразить Фому Фомича, которому *приказали* явиться, угрожая силою в случае отказа.

— Мои ли уши слышали такую угрозу, полковник? — возопил Фома, входя в комнату. — Так ли мне передано?

— Твои, твои, Фома, успокойся, — храбро отвечал дядя. — Сядь; поговорим серьезно, дружески, братски. Садись же, Фома.

Фома Фомич торжественно сел на кресло. Дядя быстрыми и неровными шагами ходил по комнате, очевидно, затрудняясь, с чего начать речь.

— Именно братски, — повторил он. — Ты поймешь меня, Фома, ты не маленький; я тоже не маленький — словом, мы оба в летах... Гм! Видишь, Фома, мы не сходимся в некоторых пунктах... да, именно в некоторых пунктах, и потому, Фома, не лучше ли, брат, расстаться? Я уверен, что ты благороден, что ты мне желаешь добра, и потому... Но что долго толковать! Фома, я твой друг во веки веков и клянусь в том всеми святыми! Вот пятнадцать тысяч рублей серебром: это все, брат, что есть за душой, последние крохи наскреб, своих обобрал. Смело бери! Я должен, я обязан тебя обеспечить! Тут все почти ломбардными и очень немного наличными. Смело бери! Ты же мне ничего не должен, потому что я никогда не буду в силах заплатить тебе за все, что ты для меня сделал. Да, да, именно, я это чувствую, хотя теперь, в главнейшем-то пункте, мы расходимся. Завтра или послезавтра... или когда тебе угодно... разъедемся. Поезжай-ка в наш городишко, Фома, всего десять верст; там есть домик за церковью, в первом переулке с зелеными ставнями, премиленький домик вдовы-попадьи; как будто для тебя его и построили. Она продаст. Я тебе куплю его сверх этих денег. Поселиська там, подле нас. Занимайся литературой, науками: приобретешь славу... Чиновники там, все до одного, благородные, радушные, бескорыстные; протопоп ученый. К нам будешь приезжать гостить по праздникам — и мы заживем, как в раю! Желаешь иль нет?

«Так вот на каких условиях изгоняли Фому! — подумал я, — дядя скрыл от меня о деньгах».

Долгое время царствовало глубокое молчание. Фома сидел в креслах, как будто ошеломленный, и неподвижно смотрел на дядю, которому, видимо, становилось неловко от этого молчания и от этого взгляда.

— Деньги! — проговорил наконец Фома каким-то выделанно-слабым голосом, — где же они, где эти деньги? Давайте их, давайте сюда скорее!

— Вот они, Фома: последние крохи, ровно пятнадцать, все, что было. Тут и кредитными и ломбардными — сам увидишь... вот!

— Гаврила! возьми себе эти деньги, — кротко проговорил Фома, — они, старик, могут тебе пригодиться. Но нет! — вскричал он вдруг, с прибавкою какого-то необыкновенного визга и вскакивая с кресла, — нет! дай мне их сперва, эти деньги, Гаврила! дай мне их! дай мне их! дай мне эти миллионы, чтоб я притоптал их моими ногами, дай, чтоб я разорвал их, оплевал их, разбросал их, осквернил их, обесчестил их!.. Мне, мне предлагают деньги! подкупают меня, чтоб я вышел из этого дома! Я ли это слышал? я ли дожил до этого последнего бесчестия? Вот, вот, они, ваши миллионы! Смотрите: вот, вот, вот и вот! Вот как поступает Фома Опискин, если вы до сих пор этого не знали, полковник!

И Фома разбросал всю пачку денег по комнате. Замечательно, что он не разорвал и не оплевал ни одного билета, как похвалялся сделать; он только немного помял их, но и то довольно осторожно. Гаврила бросился собирать деньги с полу и потом, по уходе Фомы, бережно передал своему барину.

Поступок Фомы произвел на дядю настоящий столбняк. В свою очередь он стоял теперь перед ним неподвижно, бессмысленно, с разинутым ртом. Фома между тем поместился опять в кресло и пыхтел, как будто от невыразимого волнения.

— Ты возвышенный человек, Фома! — вскричал наконец дядя, очнувшись, — ты благороднейший из людей!

— Это я знаю, — отвечал Фома слабым голосом, но с невыразимым достоинством.

— Фома, прости меня! Я подлец перед тобой, Фома!

— Да, передо мной, — поддакнул Фома.

— Фома! не твоему благородству я удивляюсь, — продолжал дядя в восторге, — но тому, как мог я быть до такой степени груб, слеп и подл, чтобы предложить тебе деньги при таких условиях? Но, Фома, ты в одном ошибся: я вовсе не подкупал тебя, не платил тебе, чтоб ты вышел из дома, а просто-запросто я хотел, чтоб и у тебя были деньги, чтоб ты не нуждался, когда от меня выйдешь. Клянусь в этом тебе! На коленях, на коленях готов просить у тебя прощения, Фома, и если хочешь, стану сейчас перед тобой на колени... если только хочешь...

— Не надо мне ваших колен, полковник!..

— Но, Боже мой! Фома, посуди: ведь я был разгорячен, фрапирован, я был вне себя... Но назови же, скажи, чем могу, чем в состоянии я загладить эту обиду? Научи, изреки...

— Ничем, ничем, полковник! И будьте уверены, что завтра же я отрясу прах с моих сапогов на пороге этого дома.

И Фома начал подыматься с кресла. Дядя, в ужасе, бросился его снова усаживать.

— Нет, Фома, ты не уйдешь, уверяю тебя! — кричал дядя. — Нечего говорить про прах и про сапоги, Фома! Ты не уйдешь, или я пойду за тобой на край света, и все буду идти за тобой до тех пор, покамест ты не простишь меня... Клянусь, Фома, я так сделаю!

— Вас простить? вы виноваты? — сказал Фома. — Но понимаете ли вы еще вину-то свою передо мною? Понимаете ли, что вы стали виноваты теперь передо мной даже тем, что давали мне здесь кусок хлеба? Понимаете ли вы, что теперь одной минутой вы отравили ядом все те прошедшие куски, которые я употребил в вашем доме? Вы попрекнули меня сейчас этими кусками, каждым глотком этого хлеба, уже съеденного мною; вы мне доказали теперь, что я жил как раб в вашем доме, как лакей, как обтирка ваших лакированных сапогов! А между тем я, в чистоте моего сердца, думал до сих пор, что обитаю в вашем доме как друг и как брат! Не сами ль, не сами ль вы змеиными речами вашими тысячу раз уверяли меня в этой дружбе, в этом братстве? Зачем же вы таинственно сплетали мне эти сети, в которые я попал, как дурак? Зачем же во мраке копали вы мне эту волчью яму, в которую теперь вы сами втолкнули меня? Зачем не поразили вы меня разом, еще прежде, одним ударом этой дубины? Зачем в самом начале не свернули вы мне головы, как какому-нибудь петуху, за то... ну, хоть, например, только за то, что он не несет яиц? Да, именно так! Я стою за это сравнение, полковник, хотя оно и взято из провинциального быта и напоминает собою тривиальный тон современной литературы; потому стою за него, что в нем видна вся бессмыслица обвинений ваших; ибо я столько же виноват перед вами, как и этот предполагаемый петух, не угодивший своему легкомысленному владельцу неснесеньем яиц! Помилуйте, полковник! разве платят другу иль брату деньгами — и за что же? главное за что же? «На, дескать, возлюбленный брат мой, я обязан тебе: ты даже спасал мне жизнь: на тебе несколько иудиных сребреников, но только убирайся от меня с глаз долой!» Как наивно! как грубо вы поступили со мною! Вы думали, что я жажду вашего золота, тогда как я питал одни райские чувства составить ваше благополучие. О, как разбили вы мое сердце! Благороднейшими чувствами моими вы играли, как какой-нибудь мальчишка в какую-нибудь свайку! Давно-давно, полковник, я уже предвидел все это, — вот почему я уже давным-давно задыхаюсь от вашего хлеба, давлюсь этим хлебом! вот почему меня давили ваши перины, давили, а не лелеяли! вот почему ваш сахар, ваши конфеты были для меня кайенским перцем, а не конфетами! Нет, полковник! живите один, благоденствуйте один и оставьте Фому идти своею скорбною дорогою, с мешком на спине. Так и будет, полковник!

— Нет, Фома, нет! так не будет, так не может быть! — простонал совершенно уничтоженный дядя.

— Да, полковник, да! именно так будет, потому что так должно быть. Завтра же ухожу от вас. Рассыпьте ваши миллионы, устелите весь путь мой, всю большую дорогу вплоть до Москвы кредитными билетами — и я гордо, презрительно пройду по вашим билетам; эта самая нога, полковник, растопчет, загрязнит, раздавит эти билеты, и Фома Опискин будет сыт одним благородством своей души! Я сказал и доказал! Прощайте, полковник. Прощайте, полковник!..

И Фома начал вновь подыматься с кресла.

— Прости, прости, Фома! забудь!.. — повторял дядя умоляющим голосом.

— «Прости»! Но к чему вам мое прощение? Ну, хорошо, положим, что я вас и прощу: я христианин; я не могу не простить; я и теперь уже почти вас простил. Но решите же сами: сообразно ли будет хоть сколько-нибудь с здравым смыслом и благородством души, если я хоть на одну минуту останусь теперь в вашем доме? Ведь вы выгоняли меня!

— Сообразно, сообразно, Фома! уверяю тебя, что сообразно!

— Сообразно? Но равны ли мы теперь между собою? Неужели вы не понимаете, что я, так сказать, раздавил вас своим благородством, а вы раздавили сами себя унизительным поступком? Вы раздавлены, а я вознесен. Где же равенство? А разве можно быть друзьями без такого равенства? Говорю это, испуская сердечный вопль, а не торжествуя, не возносясь над вами, как вы, может быть, думаете.

— Но я и сам испускаю сердечный вопль, Фома, уверяю тебя...

— И это тот самый человек, — продолжал Фома, переменяя суровый тон на блаженный, — тот самый человек, для которого я столько раз не спал по ночам! Сколько раз, бывало, в бессонные ночи мои, я вставал с постели, зажигал свечу и говорил себе: «Теперь он спит спокойно, надеясь на тебя. Не спи же ты, Фома, бодрствуй за него; авось выдумаешь еще что-нибудь для благополучия этого человека». Вот как думал Фома в свои бессонные ночи, полковник! и вот как заплатил ему этот полковник! Но довольно, довольно!..

— Но я заслужу, Фома, я заслужу опять твою дружбу — клянусь тебе!

— Заслужите? а где же гарантия? Как христианин, я прошу и даже буду любить вас; но как человек, и человек благородный, я поневоле буду вас презирать. Я должен, я обязан вас презирать; я обязан во имя нравственности, потому что — повторяю вам это — вы опозорили себя, а я сделал благороднейший из поступков. Ну, кто *из ваших* сделает подобный поступок? Кто из них откажется от такого несметного числа денег, от которых отказался, однако ж, нищий, презираемый всеми Фома, из любви к величию? Нет, полковник, чтоб сравниться со мной, вы должны совершить теперь целый ряд подвигов. А на какой подвиг способны вы, когда не можете даже сказать мне *вы,* как своему ровне, а говорите *ты,* как слуге?

— Фома, но ведь я по дружбе говорил тебе *ты!* — возопил дядя. — Я не знал, что тебе неприятно... Боже мой! но если б я только знал...

— Вы, — продолжал Фома, — вы, который не могли или, лучше сказать, не хотели исполнить самую пустейшую, самую ничтожнейшую из просьб, когда я вас просил сказать мне, как генералу, «ваше превосходительство»...

— Но, Фома, ведь это уже было, так сказать, высшее посягновение, Фома.

— Высшее посягновение! Затвердили какую-то книжную фразу, да и повторяете ее, как попугай! Но знаете ли вы, что вы осрамили, обесчестили меня отказом сказать мне «ваше превосходительство», обесчестили тем, что, не поняв причин моих, выставили меня капризным дураком, достойным желтого дома! Ну неужели я не понимаю, что я бы сам был смешон, если б захотел именоваться превосходительством, я, который презираю все эти чины и земные величия, ничтожные сами по себе, если они не освящаются добродетелью? За миллион не возьму генеральского чина без добродетели! А между тем вы считали меня за безумного! Для вашей же пользы я пожертвовал моим самолюбием и допустил, что вы, *вы* могли считать меня за безумного, вы и ваши *ученые*! Единственно для того, чтоб просветить ваш ум, развить вашу нравственность и облить вас лучами новых идей, решился я требовать от вас генеральского титула. Я именно хотел, чтоб вы не почитали впредь генералов самыми высшими светилами на всем земном шаре, хотел доказать вам, что чин — ничто без великодушия и что нечего радоваться приезду вашего генерала, когда, может быть, и возле вас стоят люди, озаренные добродетелью! Но вы так постоянно чванились передо мною своим чином полковника, что вам уже трудно было сказать мне «ваше превосходительство». Вот где причина! вот где искать ее, а не в посягновении каких-то судеб! Вся причина в том, что вы полковник, а я просто Фома...

— Нет, Фома, нет! уверяю тебя, что это не так. Ты ученый, ты не просто Фома... я почитаю...

— Почитаете! хорошо! Так скажите же мне, если почитаете, как по вашему мнению: достоин я или нет генеральского сана? Отвечайте решительно и немедленно: достоин иль нет? Я хочу посмотреть ваш ум, ваше развитие.

— За честность, за бескорыстие, за ум, за высочайшее благородство души — достоин! — с гордостью проговорил дядя.

— А если достоин, так для чего же вы не скажете мне «ваше превосходительство»?

— Фома, я, пожалуй, скажу...

— А я требую! А я теперь требую, полковник, настаиваю и требую! Я вижу, как вам тяжело это, потому-то и требую. Эта жертва с вашей стороны будет первым шагом вашего подвига, потому что — не забудьте это — вы должны сделать целый ряд подвигов, чтоб сравняться со мною; вы должны пересилить самого себя, и тогда только я уверую в вашу искренность...

— Завтра же скажу тебе, Фома, «ваше превосходительство»!

— Нет, не завтра, полковник, завтра само собой. Я требую, чтоб вы теперь, сейчас же, сказали мне «ваше превосходительство».

— Изволь, Фома, я готов... Только как же это так, сейчас, Фома?..

— Почему же не сейчас? или вам стыдно? В таком случае мне обидно, если вам стыдно.

— Ну, да пожалуй, Фома, я готов... я даже горжусь... Только как же это, Фома, ни с того ни с сего: «здравствуйте, ваше превосходительство»? Ведь это нельзя...

— Нет, не «здравствуйте, ваше превосходительство», это уже обидный тон; это похоже на шутку, на фарс. Я не позволю с собой таких шуток. Опомнитесь, немедленно опомнитесь, полковник! перемените ваш тон!

— Да ты не шутишь, Фома?

— Во-первых, я н*е ты,* Егор Ильич, а *вы* — не забудьте это; и не Фома, а Фома Фомич.

— Да ей-богу же, Фома Фомич, я рад! Я всеми силами рад... Только что ж я скажу!

— Вы затрудняетесь прибавить к слову: «ваше превосходительство» — это понятно. Давно бы вы объяснились! Это даже извинительно, особенно если человек *не сочинитель,* если выразиться поучтивее. Ну, я вам помогу, если вы не сочинитель. Говорите за мной: «ваше превосходительство!..»

— Ну, «ваше превосходительство».

— Нет, не: *«ну,* ваше превосходительство», а просто: «ваше превосходительство»! Я вам говорю, полковник, перемените ваш тон! Надеюсь также, что вы не оскорбитесь, если я предложу вам слегка поклониться и вместе с тем склонить вперед корпус. С генералом говорят, склоняя вперед корпус, выражая таким образом почтительность и готовность, так сказать, лететь по его поручениям. Я сам бывал в генеральских обществах и все это знаю... Ну-с: «ваше превосходительство».

— Ваше превосходительство...

— Как я несказанно обрадован, что имею наконец случай просить у вас извинения в том, что с первого раза не узнал души вашего превосходительства. Смею уверить, что впредь не пощажу слабых сил моих на пользу общую... Ну, довольно с вас!

Бедный дядя! Он должен был повторить всю эту галиматью, фразу за фразой, слово за словом! Я стоял и краснел, как виноватый. Злость душила меня.

— Ну, не чувствуете ли вы теперь, — проговорил истязатель, — что у вас вдруг стало легче на сердце, как будто в душу к вам слетел какой-то ангел?.. Чувствуете ли вы присутствие этого ангела? отвечайте мне!

— Да, Фома, действительно, как-то легче сделалось, — отвечал дядя.

— Как будто сердце ваше после того, как вы победили себя, так сказать, окунулось в каком-то елее?

— Да, Фома, действительно, как будто по маслу пошло.

— Как будто по маслу? Гм... Я, впрочем, не про масло вам говорил... Ну, да все равно! Вот что значит, полковник, исполненный долг! Побеждайте же себя. Вы самолюбивы, необъятно самолюбивы!

— Самолюбив, Фома, вижу, — со вздохом отвечал дядя.

— Вы эгоист и даже мрачный эгоист...

— Эгоист-то я эгоист, правда, Фома, и это вижу; с тех пор, как тебя узнал, так и это узнал.

— Я сам говорю теперь, как отец, как нежная мать — вы отбиваете всех от себя и забываете, что ласковый теленок две матки сосет.

— Правда и это, Фома!

— Вы грубы. Вы так грубо толкаетесь в человеческое сердце, так самолюбиво напрашиваетесь на внимание, что порядочный человек от вас за тридевять земель убежать готов!

Дядя еще раз глубоко вздохнул.

— Будьте же нежнее, внимательнее, любовнее к другим, забудьте себя для других, тогда вспомнят и о вас. Живи и жить давай другим — вот мое правило! Терпи, трудись, молись и надейся — вот истины, которые бы я желал внушить разом всему человечеству! Подражайте же им, и тогда я первый раскрою вам мое сердце, буду плакать на груди вашей... если понадобится... А то я, да я, да милость моя! Да ведь надоест же наконец ваша милость, с позволения сказать.

— Сладкогласный человек! — проговорил в благоговении Гаврила.

— Это правда, Фома; я всё это чувствую, — поддакнул растроганный дядя. — Но не во всем же и я виноват, Фома, так уж меня воспитали; с солдатами жил. А клянусь тебе, Фома, и я умел чувствовать. Прощался с полком, так все гусары, весь мой дивизион, просто плакали, говорили, что такого, как я, не нажить!.. Я и подумал тогда, что и я, может быть, еще не совсем человек погибший.

— Опять эгоистическая черта! опять я ловлю вас на самолюбии! Вы хвалитесь и мимоходом попрекнули меня слезами гусар. Что ж я не хвалюсь ничьими слезами? А было бы чем; а было бы, может быть, чем.

— Это так с языка сорвалось, Фома, не утерпел, вспомнил старое хорошее время.

— Хорошее время не с неба падает, а мы его делаем; оно заключается в сердце нашем, Егор Ильич. Отчего же я всегда счастлив и, несмотря на страдания, доволен, спокоен духом и никому не надоедаю, разве одним дуракам, верхоплясам, *ученым,* которых не щажу и не хочу щадить. Не люблю дураков! И что такое эти ученые? «Человек науки!» — да наука-то выходит у него надувательная штука, а не наука. Ну что *он* давеча говорил? Давайте его сюда! давайте сюда всех ученых! Все могу опровергнуть; все положения их могу опровергнуть! Я уж не говорю о благородстве души...

— Конечно, Фома, конечно. Кто ж сомневается?

— Давеча, например, я выказал ум, талант, колоссальную начитанность, знание сердца человеческого, знание современных литератур; я показал и блестящим образом развернул, как из какого-нибудь комаринского может вдруг составиться высокая тема для разговора у человека талантливого. Что ж? Оценил ли кто-нибудь из них меня по достоинству? Нет, отворотились! Я ведь уверен, что он уже говорил вам, что я ничего не знаю. А тут, может быть, сам Макиавель или какой-нибудь Меркаданте перед ними сидел, и только тем виноват, что беден и находится в неизвестности... Нет, это им не пройдет!.. Слышу еще про Коровкина. Это что за гусь?

— Это, Фома, человек умный, человек науки... Я его жду. Это, верно, уж будет хороший, Фома!

— Гм! сомневаюсь. Вероятно, какой-нибудь современный осел, навьюченный книгами. Души в них нет, полковник, сердца в них нет! А что и ученость без добродетели?

— Нет, Фома, нет! Как о семейном счастии говорил! так сердце и вникает само собою, Фома!

— Гм! Посмотрим; проэкзаменуем и Коровкина. Но довольно, — заключил Фома, подымаясь с кресла. — Я не могу еще вас совершенно простить, полковник: обида была кровавая; но я помолюсь, и, может быть, Бог ниспошлет мир оскорбленному сердцу. Мы поговорим еще завтра об этом, а теперь позвольте уж мне уйти. Я устал и ослаб...

— Ах, Фома! — захлопотал дядя, — ведь ты в самом деле устал! Знаешь что? не хочешь ли подкрепиться, закусить чего-нибудь? Я сейчас прикажу.

— Закусить! Ха-ха-ха! Закусить! — отвечал Фома с презрительным хохотом. — Сперва напоят тебя ядом, а потом спрашивают, не хочешь ли закусить? Сердечные раны хотят залечить какими-нибудь отварными грибками или мочеными яблочками! Какой вы жалкий материалист, полковник!

— Эх, Фома, я ведь, ей-богу, от чистого сердца.

— Ну, хорошо. Довольно об этом. Я ухожу, а вы немедленно идите к вашей родительнице: падите на колени, рыдайте, плачьте, но вымолите у нее прощение, — это ваш долг, ваша обязанность!

— Ах, Фома, я все время об этом только и думал; даже теперь, с тобой говоря, об этом же думал. Я готов хоть до рассвета простоять перед ней на коленях. Но подумай, Фома, чего же от меня и требуют? Ведь это несправедливо, ведь это жестоко, Фома! Будь великодушен вполне, осчастливь меня совершенно, подумай, реши — и тогда... тогда — клянусь!..

— Нет, Егор Ильич, нет, это не мое дело, — отвечал Фома. — Вы знаете, что я во все это нимало не вмешиваюсь, то есть вы, положим, и убеждены, что я всему причиною, но, уверяю вас, с самого начала этого дела я устранил себя совершенно. Тут одна только воля вашей родительницы, а она, разумеется, вам желает добра... Ступайте же, спешите, летите и поправьте обстоятельства своим послушанием. Да не зайдет солнце во гневе вашем! а я, а я буду всю ночь молиться за вас. Я давно уже не знаю, что такое сон, Егор Ильич. Прощайте! Прощаю и тебя, старик, — прибавил он, обращаясь к Гавриле. — Знаю, что ты не своим умом действовал. Прости же и ты мне, если я обидел тебя... Прощайте, прощайте, прощайте все, и благослови вас Господь!..

Фома вышел. Я тотчас же бросился в комнату.

— Ты подслушивал? — вскричал дядя.

— Да, дядюшка, я подслушивал! И вы, и вы могли сказать ему «ваше превосходительство»!..

— Что же делать, братец? Я даже горжусь. Это ничего для высокого подвига; но какой благородный, какой бескорыстный, какой великий человек! Сергей — ты ведь слышал... И как мог я тут соваться с этими деньгами, то есть просто не понимаю! Друг мой! я был увлечен; я был в ярости; я не понимал его; я его подозревал, обвинял... но нет! он не мог быть моим противником — это я теперь вижу... А помнишь, какое у него было благородное выражение в лице, когда он отказался от денег?

— Хорошо, дядюшка, гордитесь же сколько угодно, а я еду: терпения нет больше! Последний раз говорю, скажите: чего вы от меня требуете? зачем вызвали и чего ожидаете? И если все кончено и я бесполезен вам, то я еду. Я не могу выносить таких зрелищ! Сегодня же еду!

— Друг мой... — засуетился по обыкновению своему дядя, — подожди только две минуты: я, брат, иду теперь к маменьке... там надо кончить... важное, великое, громадное дело!.. А ты покамест уйди к себе. Вот Гаврила тебя и отведет в летний флигель. Знаешь летний флигель? это в самом саду. Я уж распорядился, и чемодан твой туда перенесли. А я буду там, вымолю прощение, решусь на одно дело — я теперь уж знаю, как сделать, — и тогда мигом к тебе, и тогда все, все, все до последней черты тебе расскажу, всю душу выложу пред тобою. И... и... и настанут же когда-нибудь и для нас счастливые дни! Две минуты, только две минутки, Сергей!

Он пожал мне руку и поспешно вышел. Нечего было делать, пришлось опять отправляться с Гаврилой.

X
Мизинчиков

Флигель, в который привел меня Гаврила, назывался «новым флигелем» только по старой памяти, но выстроен был уже давно, прежними помещиками. Это был хорошенький, деревянный домик, стоявший в нескольких шагах от старого дома, в самом саду. С трех сторон его обступали высокие старые липы, касавшиеся своими ветвями кровли. Все четыре комнаты этого домика были недурно меблированы и предназначались к приезду гостей. Войдя в отведенную мне комнату, в которую уже перенесли мой чемодан, я увидел на столике, перед кроватью, лист почтовой бумаги, великолепно исписанный разными шрифтами, отделанный гирляндами, парафами и росчерками. Заглавные буквы и гирлянды разрисованы были разными красками. Все вместе составляло премиленькую каллиграфскую работу. С первых слов, прочитанных мною, я понял, что это было просительное письмо, адресованное ко мне, и в котором я именовался «просвещенным благодетелем». В заглавии стояло: «Вопли Видоплясова». Сколько я ни напрягал внимания, стараясь хоть что-нибудь понять из написанного, — все труды мои остались тщетными: это был самый напыщенный вздор, писанный высоким лакейским слогом. Догадался я только, что Видоплясов находится в каком-то бедственном положении, просит моего содействия, в чем-то очень на меня надеется, «по причине моего просвещения» и, в заключение, просит похлопотать в его пользу у дядюшки и подействовать на него «моею машиною», как буквально изображено было в конце этого послания. Я еще читал его, как отворилась дверь и вошел Мизинчиков.

— Надеюсь, что вы позволите мне с вами познакомиться, — сказал он развязно, но чрезвычайно вежливо и подавая мне руку. — Давеча я не мог вам сказать двух слов, а между тем с первого взгляда почувствовал желание узнать вас короче.

Я тотчас же отвечал, что и сам рад и прочее, хотя и находился в самом отвратительном расположении духа. Мы сели.

— Что это у вас? — сказал он, взглянув на лист, который я держал еще в руке. — Уж не вопли ли Видоплясова? Так и есть! Я уверен был, что Видоплясов и вас атакует. Он и мне подавал такой же точно лист, с теми же воплями; а вас он уже давно ожидает и, вероятно, заранее приготовлялся. Вы не удивляйтесь: здесь много странного, и, право, есть над чем посмеяться.

— Только посмеяться?

— Нуда, неужели же плакать? Если хотите, я вам расскажу биографию Видоплясова, и уверен, что вы посмеетесь.

— Признаюсь, теперь мне не до Видоплясова, — отвечал я с досадою.

Мне очевидно было, что и знакомство господина Мизинчикова и любезный его разговор — все это предпринято им с какою-то целью и что господин Мизинчиков просто во мне нуждается. Давеча он сидел нахмуренный и серьезный; теперь же был веселый, улыбающийся и готовый рассказывать длинные истории. Видно было с первого взгляда, что этот человек отлично владел собой и, кажется, знал людей.

— Проклятый Фома! — сказал я, со злостью стукнув кулаком по столу. — Я уверен, что он источник всякого здешнего зла и во всем замешан! Проклятая тварь!

— Вы, кажется, уж слишком на него рассердились, — заметил Мизинчиков.

— Слишком рассердился! — вскрикнул я, мгновенно разгорячившись. — Конечно, я давеча слишком увлекся и, таким образом, дал право всякому осуждать меня. Я очень хорошо понимаю, что я выскочил и срезался на всех пунктах, и, я думаю, нечего было это мне объяснять!.. Понимаю тоже, что такие делается в порядочном обществе; но, сообразите, была ли какая возможность не увлечься? Ведь это сумасшедший дом, если хотите знать! и... и... наконец... я просто уеду отсюда — вот что!

— Вы курите? — спокойно спросил Мизинчиков.

— Да.

— Так, вероятно, позволите и мне закурить. Там не позволяют, и я почти стосковался. Я согласен, — продолжал он, закурив папироску, — что все это похоже на сумасшедший дом, но будьте уверены, что я не позволю себе осуждать вас, именно потому, что на вашем месте я, может, втрое более бы разгорячился и вышел из себя, чем вы.

— А почему же вы не вышли из себя, если действительно были тоже раздосадованы? Я, напротив, припоминаю вас очень хладнокровным, и, признаюсь, мне даже странно было, что вы не заступились за бедного дядю, который готов благодетельствовать... всем и каждому!

— Ваша правда: он многим благодетельствовал; но заступаться за него я считаю совершенно бесполезным: во-первых, это и для него бесполезно и даже унизительно как-то; а во-вторых, меня бы завтра же выгнали. А я вам откровенно скажу: мои обстоятельства такого рода, что я должен дорожить здешним гостеприимством.

— Но я нисколько не претендую на вашу откровенность насчет обстоятельств... Мне бы, впрочем, хотелось спросить, так как вы здесь уже месяц живете...

— Сделайте одолжение, спрашивайте: я к вашим услугам, — торопливо отвечал Мизинчиков, придвигая стул.

— Да вот, например, объясните: сейчас Фома Фомич отказался от пятнадцати тысяч серебром, которые уже были в его руках, — я видел это собственными глазами.

— Как это? Неужели? — вскрикнул Мизинчиков. — Расскажите, пожалуйста!

Я рассказал, умолчав о «вашем превосходительстве». Мизинчиков слушал с жадным любопытством; он даже как-то преобразился в лице, когда дошло до пятнадцати тысяч.

— Ловко! — сказал он, выслушав рассказ. — Я даже не ожидал от Фомы.

— Однако ж отказался от денег! Чем это объяснить? Неужели благородством души?

— Отказался от пятнадцати тысяч, чтоб взять потом тридцать. Впрочем, знаете что? — прибавил он, подумав, — я сомневаюсь, чтоб у Фомы был какой-нибудь расчет. Это человек непрактический; это тоже в своем роде какой-то поэт. Пятнадцать тысяч... гм! Видите ли: он и взял бы деньги, да не устоял перед соблазном погримасничать, порисоваться. Это, я вам скажу, такая кислятина, такая слезливая размазня, и все это при самом неограниченном самолюбии!

Мизинчиков даже рассердился. Видно было, что ему очень досадно, даже как будто завидно. Я с любопытством вглядывался в него.

— Гм! Надо ожидать больших перемен, — прибавил он, задумываясь. — Теперь Егор Ильич готов молиться Фоме. Чего доброго, пожалуй, и женится, из умиления души, — прибавил он сквозь зубы.

— Так вы думаете, что непременно состоится — этот гнусный, противоестественный брак с этой помешанной дурой?

Мизинчиков пытливо взглянул на меня.

— Подлецы! — вскричал я запальчиво.

— Впрочем, у них идея довольно основательная: они утверждают, что он должен же что-нибудь сделать для семейства.

— Мало он для них сделал! — вскричал я в негодовании. — И вы, и вы можете говорить, что это основательная мысль — жениться на пошлой дуре!

— Конечно, и я согласен с вами, что она дура... Гм! Это хорошо, что вы так любите дядюшку; я сам сочувствую... хотя на ее деньги можно бы славно округлить имение! Впрочем, у них и другие резоны: они боятся, чтоб Егор Ильич не женился на той гувернантке... помните, еще такая интересная девушка?

— А разве... разве это вероятно? — спросил я в волнении. — Мне кажется, это клевета. Скажите, ради Бога, меня это крайне интересует...

— О, влюблен по уши! Только, разумеется, скрывает.

— Скрывает! Выдумаете, он скрывает? Ну, а она? Она его любит?

— Очень может быть, что и она. Впрочем, ведь ей все выгоды за него выйти: она очень бедна.

— Но какие данные вы имеете для вашей догадки, что они любят друг друга?

— Да ведь этого нельзя не заметить; притом же они, кажется, имеют тайные свидания. Утверждали даже, что она с ним в непозволительной связи. Вы только, пожалуйста, не рассказывайте. Я вам говорю под секретом.

— Возможно ли этому поверить? — вскричал я, — и вы, и вы признаетесь, что этому верите?

— Разумеется, я не верю вполне, я там не был. Впрочем, очень может и быть.

— Как может быть! Вспомните благородство, честь дяди!

— Согласен; но можно и увлечься, с тем чтоб непременно потом завершить законным браком. Так часто увлекаются. Впрочем, повторяю, я нисколько не стою за совершенную достоверность этих известий, тем более что ее здесь очень уж размарали; говорили даже, что она была в связи с Видоплясовым.

— Ну, вот видите! — вскричал я, — с Видоплясовым! Ну, возможно ли это? Ну, не отвратительно ль даже слышать это? Неужели ж вы и этому верите?

— Я ведь вам говорю, что я этому не совсем верю, — спокойно отвечал Мизинчиков, — а впрочем, могло и случиться. На свете все может случиться. Я же там не был, и притом я считаю, что это не мое дело. Но так как, я вижу, вы берете во всем этом большое участие, то считаю себя обязанным прибавить, что действительно мало вероятия насчет этой связи с Видоплясовым. Это все проделки Анны Ниловны, вот этой Перепелицыной; это она распустила здесь эти слухи, из зависти, потому что сама прежде мечтала выйти замуж за Егора Ильича — ей-богу! — на том основании, что она подполковничья дочь. Теперь она разочаровалась и ужасно бесится. Впрочем, я, кажется, уж все рассказал вам об этих делах и, признаюсь, ужасно не люблю сплетен, тем более что мы только теряем драгоценное время. Я, видите ли, пришел к вам с небольшой просьбой.

— С просьбой? Помилуйте, все, чем могу быть полезен...

— Понимаю и даже надеюсь вас несколько заинтересовать, потому что, вижу, вы любите вашего дядюшку и принимаете большое участие в его судьбе насчет брака.

Но перед этой просьбой я имею к вам еще другую просьбу, предварительную.

— Какую же?

— А вот какую: может быть, вы и согласитесь исполнить мою главную просьбу, может быть, и нет, но во всяком случае прежде изложения я бы попросил вас покорнейше сделать мне величайшее одолжение дать мне честное и благородное слово дворянина и порядочного человека, что все, услышанное вами от меня, останется между нами в глубочайшей тайне и что вы ни в каком случае, ни для какого лица не измените этой тайне и не воспользуетесь для себя той идеей, которую я теперь нахожу необходимым вам сообщить. Согласны иль нет?

Предисловие было торжественное. Я дал согласие.

— Ну-с?.. — сказал я.

— Дело в сущности очень простое, — начал Мизинчиков. — Я, видите ли, хочу увезти Татьяну Ивановну и жениться на ней; словом, будет нечто похожее на Гретна-Грин — понимаете?

Я посмотрел господину Мизинчикову прямо в глаза и некоторое время не мог выговорить слова.

— Признаюсь вам, ничего не понимаю, — проговорил я наконец, — и кроме того, — продолжал я, — ожидая, что имею дело с человеком благоразумным, я, с своей стороны, никак не ожидал...

— Ожидая не ожидали, — перебил Мизинчиков, — в переводе это будет, что я и намерение мое глупы, — не правда ли?

— Вовсе нет-с... но...

— О, пожалуйста, не стесняйтесь в ваших выражениях! Не беспокойтесь; вы мне даже сделаете этим большое удовольствие, потому что эдак ближе к цели. Я, впрочем, согласен, что все это с первого взгляда может показаться даже несколько странным. Но смею уверить вас, что мое намерение не только не глупо, но даже в высшей степени благоразумно; и если вы будете так добры, выслушаете все обстоятельства...

— О, помилуйте! я с жадностью слушаю.

— Впрочем, рассказывать почти нечего. Видите ли: я теперь в долгах и без копейки. У меня есть, кроме того, сестра, девица лет девятнадцати, сирота круглая, живет в людях и без всяких, знаете, средств. В этом виноват отчасти и я. Получили мы в наследство сорок душ. Нужно же, чтоб меня именно в это время произвели в корнеты. Ну сначала, разумеется, заложил, а потом прокутил и остальным образом. Жил глупо, задавал тону, корчил Бурцова, играл, пил — словом, глупо, даже и вспоминать стыдно. Теперь я одумался и хочу совершенно изменить образ жизни. Но для этого мне совершенно необходимо иметь сто тысяч ассигнациями. А так как я не достану ничего службой, сам же по себе ни на что не способен и не имею почти никакого образования, то, разумеется, остается только два средства: или украсть, или жениться на богатой. Пришел я сюда почти без сапог, пришел, а не приехал. Сестра дала мне свои последние три целковых, когда я отправился из Москвы. Здесь я увидел эту Татьяну Ивановну, и тотчас же у меня родилась мысль. Я немедленно решился пожертвовать собой и жениться. Согласитесь, что все это не что иное, как благоразумие. К тому же я делаю это более для сестры... ну, конечно, и для себя...

— Но, позвольте, вы хотите сделать формальное предложение Татьяне Ивановне?

— Боже меня сохрани! Меня отсюда тотчас бы выгнали, да и она сама не пойдет; а если предложить ей увоз, побег, то она тотчас пойдет. В том-то и дело: только чтоб было что-нибудь романическое и эффектное. Разумеется, всё это немедленно завершится между нами законным браком. Только бы выманить-то ее отсюда!

— Да почему ж вы так уверены, что она непременно с вами убежит?

— О, не беспокойтесь! в этом я совершенно уверен. В том-то и состоит основная мысль, что Татьяна Ивановна способна завести амурное дело решительно со всяким встречным, словом, со всяким, кому только придет в голову ей отвечать. Вот почему я и взял с вас предварительно честное слово, чтоб вы тоже не воспользовались этой идеей. Вы же, конечно, поймете, что мне бы даже грешно было не воспользоваться таким случаем, особенно при моих обстоятельствах.

— Так, стало быть, она совсем сумасшедшая... ах! извините, — прибавил я, спохватившись. — Так как вы теперь имеете на нее виды, то...

— Пожалуйста, не стесняйтесь, я уже просил вас. Вы спрашиваете, совсем ли она сумасшедшая? Как вам ответить? Разумеется, не сумасшедшая, потому что еще не сидит в сумасшедшем доме; притом же в этой мании к амурным делам я, право, не вижу особенного сумасшествия. Она же, несмотря ни на что, девушка честная. Видите ли: она до прошлого года была в ужасной бедности, с самого рождения жила под гнетом у благодетельниц. Сердце у ней необыкновенно чувствительное; замуж ее никто не просил — ну, понимаете: мечты, желания, надежды, пыл сердца, который надо было всегда укрощать, вечные муки от благодетельниц — все это, разумеется, могло довести до расстройства чувствительный характер. И вдруг она получает богатство: согласитесь сами, это хоть кого перевернет. Ну, разумеется, теперь в ней ищут, за ней волочатся, и все надежды ее воскресли. Давеча она рассказала про франта в белом жилете: это факт, случившийся буквально так, как она говорила. По этому факту можете судить и об остальном. На вздохи, на записочки, на стишки вы ее тотчас приманите; а если ко всему этому намекнете на шелковую лестницу, на испанские серенады и на всякий этот вздор, то вы можете сделать с ней все, что угодно. Я уж сделал пробу и тотчас же добился тайного свидания. Впрочем, теперь я покамест приостановился до благоприятного времени. Но дня через четыре надо ее увезти, непременно. Накануне я начну подпускать лясы, вздыхать; я недурно играю на гитаре и пою. Ночью свиданье в беседке, а к рассвету коляска будет готова; я ее выманю, сядем и уедем. Вы понимаете, что тут никакого риску: она совершеннолетняя, и, кроме того, во всем ее добрая воля. А уже если она раз бежала со мной, то уж, конечно, значит, вошла со мной в обязательства... Привезу я ее в благородный, но бедный дом — здесь есть, в сорока верстах, — где до свадьбы ее будут держать в руках и никого до нее не допустят; а между тем я времени терять не буду: свадьбу уладим в три дня — это можно. Разумеется, прежде нужны деньги; но я рассчитал, нужно не более пятисот серебром на всю интермедию, и в этом я надеюсь на Егора Ильича: он даст, конечно, не зная, в чем дело. Теперь поняли?

— Понимаю, — сказал я, поняв наконец все в совершенстве. — Но, скажите, в чем же я-то вам могу быть полезен?

— Ах, в очень многом, помилуйте! Иначе я бы и не просил. Я уже сказал вам, что имею в виду одно почтенное, но бедное семейство. Вы же мне можете помочь и здесь, и там, и, наконец, как свидетель. Признаюсь, без вашей помощи я буду как без рук.

— Еще вопрос: почему вы удостоили выбрать меня для вашей доверенности, меня, которого вы еще не знаете, потому что я всего несколько часов как приехал?

— Вопрос ваш, — отвечал Мизинчиков с самою любезною улыбкою, — вопрос ваш, признаюсь откровенно, доставляет мне много удовольствия, потому что представляет мне случай высказать мое особое к вам уважение.

— О, много чести!

— Нет, видите ли, я вас давеча несколько изучал. Вы, положим, и пылки и... и... ну и молоды; но вот в чем я совершенно уверен: если уж вы дали мне слово, что никому не расскажете, то уж, наверно, его сдержите. Вы не Обноскин — это первое. Во-вторых, вы честны и не воспользуетесь моей идеей для себя, разумеется, кроме того случая, если захотите вступить со мной в дружелюбную сделку. В таком случае я, может быть, и согласен буду уступить вам мою идею, то есть Татьяну Ивановну, и готов ревностно помогать в похищении, но с условием: через месяц после свадьбы получить от вас пятьдесят тысяч ассигнациями, в чем, разумеется, вы мне заранее дали бы обеспечение в виде заемного письма, без процентов.

— Как? — вскричал я, — так вы ее уж и мне предлагаете?

— Натурально, я могу уступить, если надумаетесь, захотите. Я, конечно, теряю, но... идея принадлежит мне, а ведь за идеи берут же деньги. В-третьих, наконец, я потому вас пригласил, что не из кого и выбирать. А долго медлить, взяв в соображение здешние обстоятельства, невозможно. К тому же скоро Успенский пост, и венчать не станут. Надеюсь, вы теперь вполне меня понимаете?

— Совершенно, и еще раз обязуюсь сохранить вашу тайну в полной неприкосновенности; но товарищем вашим в этом деле я быть не могу, о чем и считаю долгом объявить вам немедленно.

— Почему ж?

— Как почему ж? — вскричал я, давая наконец волю накопившимся во мне чувствам. — Да неужели вы не понимаете, что такой поступок даже неблагороден? Положим, вы рассчитываете совершенно верно, основываясь на слабоумии и на несчастной мании этой девицы; но ведь уж это одно и должно было бы удержать вас, как благородного человека! Сами же вы говорите, что она достойна уважения, несмотря на то что смешна. И вдруг вы пользуетесь ее несчастьем, чтоб вытянуть от нее сто тысяч! Вы, конечно, не будете ее настоящим мужем, исполняющим свои обязанности: вы непременно ее покинете... Это так неблагородно, что, извините меня, я даже не понимаю, как вы решились просить меня в ваши сотрудники!

— Фу ты, Боже мой, какой романтизм! — вскричал Мизинчиков, глядя на меня с неподдельным удивлением. — Впрочем, тут даже и не романтизм, а вы просто, кажется, не понимаете, в чем дело. Вы говорите, что это неблагородно, а между тем все выгоды не на моей, а на ее стороне... Рассудите только!

— Конечно, если смотреть с вашей точки зрения, то, пожалуй, выйдет, что вы сделаете самое великодушное дело, женясь на Татьяне Ивановне, — отвечал я с саркастическою улыбкою.

— А то как же? именно так, именно самое великодушное дело! — вскричал Мизинчиков, разгорячаясь в свою очередь. — Рассудите только: во-первых, я жертвую собой и соглашаюсь быть ее мужем, — ведь это же стоит чего-нибудь? Во-вторых, несмотря на то что у ней есть верных тысяч сто серебром, несмотря на это, я беру только сто тысяч ассигнациями и уже дал себе слово не брать у ней ни копейки больше во всю мою жизнь, хотя бы и мог, — это опять чего-нибудь стоит! Наконец, вникните: ну, может ли она прожить свою жизнь спокойно? Чтоб ей спокойно прожить, нужно отобрать у ней деньги и посадить ее в сумасшедший дом, потому что каждую минуту надо ожидать, что к ней подвернется какой-нибудь бездельник, прощелыга, спекулянт, с эспаньолкой и с усиками, с гитарой и с серенадами, вроде Обноскина, который сманит ее, женится на ней, оберет ее дочиста и потом бросит где-нибудь на большой дороге. Вот здесь, например, и честнейший дом, а ведь и держат ее только потому, что спекулируют на ее денежки. От этих шансов ее нужно избавить, спасти. Ну, а понимаете, как только она выйдет за меня — все эти шансы исчезли. Уж я обязуюсь в том, что никакое несчастье до нее не коснется. Во-первых, я ее тотчас же помещаю в Москве, в одно благородное, но бедное семейство — это не то, о котором я говорил: это другое семейство; при ней будет постоянно находиться моя сестра; за ней будут смотреть в оба глаза. Денег у ней останется тысяч двести пятьдесят, а может, и триста ассигнациями: на это можно, знаете, как прожить! Все удовольствия ей будут доставлены, все развлечения, балы, маскарады, концерты. Она может даже мечтать об амурах; только, разумеется, я себя на этот счет обеспечу: мечтай сколько хочешь, а на деле ни-ни! Теперь, например, каждый может ее обидеть, а тогда никто: она жена моя, она Мизинчикова, а я свое имя на поругание не отдам-с! Это одно чего стоит? Натурально, я с нею не буду жить вместе. Она в Москве, а я где-нибудь в Петербурге. В этом я сознаюсь, потому что с вами веду дело начистоту. Но что ж до этого, что мы будем жить врозь? Сообразите, приглядитесь к ее характеру: ну способна ли она быть женой и жить вместе с мужем? Разве возможно с ней постоянство? Ведь это легкомысленнейшее создание в свете! Ей необходима беспрерывная перемена; она способна на другой же день забыть, что вчера вышла замуж и сделалась законной женой. Да я сделаю ее несчастною вконец, если буду жить вместе с ней и буду требовать от нее строгого исполнения обязанностей. Натурально, я буду к ней приезжать раз в год или чаще, и не за деньгами — уверяю вас. Я сказал, что более ста тысяч ассигнациями у ней не возьму, и не возьму! В денежном отношении я поступаю с ней в высшей степени благородным образом. Приезжая дня на два, на три, я буду доставлять даже удовольствие, а не скуку: я буду с ней хохотать, буду рассказывать ей анекдоты, повезу на бал, буду с ней амурничать, дарить сувенирчики, петь романсы, подарю собачку, расстанусь с ней романически и буду вести с ней потом любовную переписку. Да она в восторге будет от такого романического, влюбленного и веселого мужа! По-моему, это рационально: так бы и всем мужьям поступать. Мужья тогда только и драгоценны женам, когда в отсутствии, и, следуя моей системе, я займу сердце Татьяны Ивановны сладчайшим образом на всю ее жизнь. Чего ж ей больше желать? скажите! Да ведь это рай, а не жизнь!

Я слушал молча и с удивлением. Я понял, что оспаривать господина Мизинчикова невозможно. Он фанатически уверен был в правоте и даже в величии своего проекта и говорил о нем с восторгом изобретателя. Но оставалось одно щекотливейшее обстоятельство, и разъяснить его было необходимо.

— Вспомнили ли вы, — сказал я, — что она почти уже невеста дяди? Похитив ее, вы сделаете ему большую обиду; вы увезете ее почти накануне свадьбы и, сверх того, у него же возьмете взаймы для совершения этого подвига!

— А вот тут-то я вас и ловлю! — с жаром вскричал Мизинчиков. — Не беспокойтесь, я предвидел ваше возражение. Но, во-первых и главное: дядя еще предложения не делал; следственно, я могу и не знать, что ее готовят ему в невесты; притом же, прошу заметить, что я еще три недели назад замыслил это предприятие, когда еще ничего не знал о здешних намерениях; а потому я совершенно прав перед ним в моральном отношении, и даже, если строго судить, не я у него, а он у меня отбивает невесту, с которой — заметьте это — я уж имел тайное ночное свидание в беседке. Наконец, позвольте: не вы ли сами сейчас были в исступлении, что дядюшку вашего заставляют жениться на Татьяне Ивановне, а теперь вдруг заступаетесь за этот брак, говорите о какой-то фамильной обиде, о чести! Да я, напротив, делаю вашему дядюшке величайшее одолжение: спасаю его — вы должны это понять! Он с отвращением смотрит на эту женитьбу и к тому же любит другую девицу! Ну, какая ему жена Татьяна Ивановна? да и она с ним будет несчастна, потому что, как хотите, а ведь ее нужно же будет тогда ограничить, чтоб она не бросала розанами в молодых людей. А ведь когда я увезу ее ночью, так уж тут никакая генеральша, никакой Фома Фомич ничего не сделают. Возвратить такую невесту, которая бежала из-под венца, будет уж слишком зазорно. Разве это не одолжение, не благодеяние Егору Ильичу?

Признаюсь, что последнее рассуждение на меня сильно подействовало.

— А что если он завтра сделает предложение? — сказал я, — ведь уж тогда будет несколько поздно: она будет формальная невеста его.

— Натурально, поздно! Но тут-то и надо работать, чтоб этого не было. Для чего ж я и прошу вашего содействия? Одному мне трудно, а вдвоем мы уладим дело и настоим, чтоб Егор Ильич не делал предложения. Надобно помешать всеми силами, пожалуй, в крайнем случае, поколотить Фому Фомича и тем отвлечь всеобщее внимание, так что им будет не до свадьбы. Разумеется, это только в крайнем случае; я говорю для примера. В этом-то я на вас и надеюсь.

Еще один, последний вопрос: вы никому, кроме меня, не открывали вашего предприятия?

Мизинчиков почесал в затылке и скорчил самую кислую гримасу.

— Признаюсь вам, — отвечал он, — этот вопрос для меня хуже самой горькой пилюли. В том-то и штука, что я уже открыл мою мысль... словом, свалял ужаснейшего дурака! И как бы вы думали, кому? Обноскину! так что я даже сам не верю себе. Не понимаю, как и случилось! Он все здесь вертелся; я еще его хорошо не знал, и когда осенило меня вдохновение, я, разумеется, был как будто в горячке; а так как я тогда же понял, что мне нужен помощник, то и обратился к Обноскину... Непростительно, непростительно!

— Ну, что ж Обноскин?

— С восторгом согласился, а на другой же день, рано утром, исчез. Дня через три является опять, с своей маменькой. Со мной ни слова, и даже избегает, как будто боится. Я тотчас же понял, в чем штука. А маменька его такая прощелыга, просто через все медные трубы прошла. Я ее прежде знавал. Конечно, он ей все рассказал. Я молчу и жду; они шпионят, и дело находится немного в натянутом положении... Оттого-то я и тороплюсь.

— Чего ж именно вы от них опасаетесь?

— Многого, конечно, не сделают, а что напакостят — так это наверно. Потребуют денег за молчание и за помощь: я того и жду... Только я много не могу им дать, и не дам — я уж решился: больше трех тысяч ассигнациями невозможно. Рассудите сами: три тысячи сюда, пятьсот серебром свадьба, потому что дяде все сполна нужно отдать; потом старые долги; ну, сестре хоть что-нибудь, так, хоть что-нибудь. Много ль из ста-то тысяч останется? Ведь это разоренье!.. Обноскины, впрочем, уехали.

— Уехали? — спросил я с любопытством.

— Сейчас после чаю; да и черт с ними! а завтра увидите, опять явятся. Ну, так как же, согласны?

— Признаюсь, — отвечал я, съеживаясь, — не знаю, как и сказать. Дело щекотливое... Конечно, я сохраню все в тайне; я не Обноскин; но... кажется, вам на меня надеяться нечего.

— Я вижу, — сказал Мизинчиков, вставая со стула, — что вам еще не надоели Фома Фомич и бабушка и что вы, хоть и любите вашего доброго, благородного дядю, но еще недостаточно вникли, как его мучат. Вы же человек новый... Но терпение! Побудете завтра, посмотрите и к вечеру согласитесь. Ведь иначе ваш дядюшка пропал — понимаете? Его непременно заставят жениться. Не забудьте, что, может быть, завтра он сделает предложение. Поздно будет; надо бы сегодня решиться!

— Право, я желаю вам всякого успеха, но помогать... не знаю как-то...

— Знаем! Ну, подождем до завтра, — решил Мизинчиков, улыбаясь насмешливо. — La nuit porte conseil*. До свидания. Я приду к вам пораньше утром, а вы подумайте...

Он повернулся и вышел, что-то насвистывая.

Я вышел почти вслед за ним освежиться. Месяц еще не всходил; ночь была темная, воздух теплый и удушливый. Листья на деревьях не шевелились. Несмотря на страшную усталость, я хотел было походить, рассеяться, собраться с мыслями, но не прошел и де-

* Утро вечера мудреней *(фр.)*.

сяти шагов, как вдруг услышал голос дяди. Он с кем-то всходил на крыльцо флигеля и говорил с чрезвычайным одушевлением. Я тотчас же воротился и окликнул его. Дядя был с Видоплясовым.

XI
Крайнее недоумение

— Дядюшка! — сказал я, — наконец-то я вас дождался.

— Друг мой, я и сам-то рвался к тебе. Вот только кончу с Видоплясовым, и тогда наговоримся досыта. Много надо тебе рассказать.

— Как, еще с Видоплясовым! Да бросьте вы его, дядюшка.

— Еще только каких-нибудь пять или десять минут, Сергей, и я совершенно твой. Видишь: дело.

— Да он, верно, с глупостями, — проговорил я с досадою.

— Да что сказать тебе, друг мой? Ведь найдет же человек, когда лезть с своими пустяками! Точно ты, брат Григорий, не мог уж и времени другого найти для своих жалоб? Ну, что я для тебя сделаю? Пожалей хоть ты меня, братец. Ведь я, так сказать, изнурен вами, съеден живьем, целиком! Мочи моей нет с ними, Сергей!

И дядя махнул обеими руками с глубочайшей тоски.

— Да что за важное такое дело, что и оставить нельзя? А мне бы так нужно, дядюшка...

— Эх, брат, уж и так кричат, что я о нравственности моих людей не забочусь! Пожалуй, еще завтра пожалуется на меня, что я не выслушал, и тогда...

И дядя опять махнул рукой.

— Ну, так кончайте же с ним поскорее! Пожалуй, и я помогу. Взойдемте наверх. Что он такое? чего ему? — сказал я, когда мы вошли в комнаты.

— Да вот, видишь, друг мой, не нравится ему своя собственная фамилия, переменить просит. Каково тебе это покажется?

— Фамилия? Как так?.. Ну, дядюшка, прежде чем я услышу, что он сам скажет, позвольте вам сказать, что только у вас в доме могут совершаться такие чудеса, — проговорил я, расставив руки от изумления.

— Эх, брат! эдак-то и я расставить руки умею, да толку-то мало! — с досадою проговорил дядя. — Поди-ка, поговори-ка с ним сам, попробуй. Уж он два месяца пристает ко мне...

— Неосновательная фамилия-с! — отозвался Видоплясов.

— Да почему ж неосновательная? — спросил я его с удивлением.

— Так-с. Изображает собою всякую гнусность-с.

— Да почему же гнусность? Да и как ее переменить? Кто переменяет фамилии?

— Помилуйте, бывают ли у кого такие фамилии-с?

— Я согласен, что фамилия твоя отчасти странная, — продолжал я в совершенном недоумении, — но ведь что ж теперь делать? Ведь и у отца твоего была такая ж фамилия?

— Это подлинно-с, что через родителя моего я таким образом пошел навеки страдать-с, так как суждено мне моим именем многие насмешки принять и многие горести произойти-с, — отвечал Видоплясов.

— Бьюсь об заклад, дядюшка, что тут не без Фомы Фомича! — вскричал я с досадою.

— Ну, нет, братец, ну, нет; ты ошибся. Действительно, Фома ему благодетельствует. Он взял его к себе в секретари; в этом и вся его должность. Ну, разумеется, он его развил, наполнил благородством души, так что он даже, в некотором отношении, прозрел... Вот видишь, я тебе все расскажу...

— Это точно-с, — перебил Видоплясов, — что Фома Фомич мои истинные благодетели-с, и, бымши истинные мне благодетели, они меня вразумили моему ничтожеству, каков я есмь червяк на земле, так что чрез них я в первый раз свою судьбу предузнал-с.

— Вот видишь, Сережа, вот видишь, в чем все дело, — продолжал дядя, заторопившись по своему обыкновению. — Жил он сначала в Москве, с самых почти детских лет, у одного учителя чистописания в услужении. Посмотрел бы ты, как он у него научился писать: и красками, и золотом, и кругом, знаешь, купидонов наставит, — словом, артист! Илюша у него учится; полтора целковых за урок плачу. Фома сам определил полтора целковых. К окрестным помещикам в три дома ездит; тоже платят. Видишь, как одевается! К тому же пишет стихи.

— Стихи! Этого еще недоставало!

— Стихи, братец, стихи, и ты не думай, что я шучу, настоящие стихи, так сказать, версификация, и так, знаешь, складно на все предметы, тотчас же всякий предмет стихами опишет. Настоящий талант! Маменьке к именинам такую рацею соорудил, что мы только рты разинули: и из мифологии там у него, и музы летают, так что даже, знаешь, видна эта... как бишь ее? округленность форм, — словом, совершенно в рифму выходит. Фома поправлял. Ну я, конечно, ничего и даже рад, с моей стороны. Пусть себе сочиняет, только б не накуролесил чего-нибудь. Я, брат Григорий, тебе ведь, как отец, говорю. Проведал об этом Фома, просмотрел стихи, поощрил и определил к себе чтецом и переписчиком, — словом, образовал. Это он правду говорит, что облагодетельствовал. Ну, эдак, знаешь, у него и благородный романтизм в голове появился и чувство независимости, — мне все это Фома объяснял, да я уж, правда, и позабыл; только я, признаюсь, хотел и без Фомы его на волю отпустить. Стыдно, знаешь, как-то!.. Да Фома против этого; говорит, что он ему нужен, полюбил он его; да сверх того говорит: «Мне же, барину, больше чести, что у меня между собственными людьми стихотворцы; что так какие-то бароны где-то жили и что это en grand*. Ну, en grand, так en grand! Я, братец, уж стал его уважать — понимаешь?.. Только Бог

* На широкую ногу *(фр.)*.

знает, как он повел себя. Всего хуже, что он до того перед всей дворней после стихов нос задрал, что уж и говорить с ними не хочет. Ты не обижайся, Григорий, я тебе, как отец, говорю. Обещался он еще прошлой зимой жениться: есть тут одна дворовая девушка, Матрена, и премилая, знаешь, девушка, честная, работящая, веселая. Так вот нет же теперь: не хочу, да и только; отказался. Возмечтал ли он о себе, или рассудил сначала прославиться, а потом уж в другом месте искать руки...

— Более по совету Фомы Фомича-с, — заметил Видоплясов, — так как они истинные мои доброжелатели-с...

— Ну, да уж как можно без Фомы Фомича! — вскричал я невольно.

— Эх, братец, не в том дело! — поспешно прервал меня дядя, — только видишь: ему теперь и проходу нет. Та девка бойкая, задорная, всех против него подняла: дразнят, уськают, даже мальчишки дворовые его вместо шута почитают...

— Более через Матрену-с, — заметил Видоплясов, — потому что Матрена истинная дура-с и, бымши истинная дура-с, притом же невоздержная характером женщина, через нее я таким манером-с пошел жизнию моею претерпевать-с.

— Эх, брат Григорий, говорил я тебе, — продолжал дядя, с укоризною посмотрев на Видоплясова, — сложили они, видишь, Сергей, какую-то пакость в рифму на его фамилию. Он ко мне, жалуется, просит, нельзя ли как-нибудь переменить его фамилию, и что он давно уж страдал от неблагозвучия...

— Необлагороженная фамилия-с, — ввернул Видоплясов.

— Ну, да уж ты молчи, Григорий! Фома тоже одобрил... то есть не то чтоб одобрил, а видишь, какое соображение: что если, на случай, придется стихи печатать, так как Фома прожектирует, то такая фамилия, пожалуй, и повредит, — не правда ли?

— Так он стихи напечатать хочет, дядюшка?

— Печатать, братец. Это уж решено — на мой счет, и будет выставлено на заглавном листе: крепостной человек такого-то, а в предисловии Фоме от автора благодарность за образование. Посвящено Фоме. Фома сам предисловие пишет. Ну, так представь себе, если на заглавном-то листе будет написано: «Сочинения Видоплясова»...

— «Вопли Видоплясова-с», — поправил Видоплясов.

— Ну, вот видишь, еще и вопли! Ну, что за фамилия Видоплясов? Даже деликатность чувств возмущает; так и Фома говорил. А все эти критики, говорят, такие задорные, насмешники; Брамбеус, например... Им ведь все нипочем! Просмеют за одну только фамилию; так, пожалуй, отчешут бока, что только почесывайся, — не правда ли? Вот я и говорю: по мне, пожалуй, какую хочешь поставь фамилию на стихах — псевдоним, что ли, называется — уж не помню: какой-то *ним*. Да нет, говорит, прикажите по всей дворне, чтоб меня уж и здесь навеки новым именем звали, так чтоб у меня, сообразно таланту, и фамилия была облагороженная...

— Бьюсь об заклад, что вы согласились, дядюшка.

— Я, брат Сережа, чтоб уж только с ними не спорить: пускай себе! Знаешь, тогда между нами недоразумение такое было с Фомой. Вот у нас и пошло с тех пор, что неделя, то фамилия, и все такие нежные выбирает: Олеандров, Тюльпанов... Подумай, Григорий, сначала ты просил, чтоб тебя называли «Верный» — «Григорий Верный»; потом тебе же самому не понравилось, потому что какой-то балбес прибрал на это рифму «скверный». Ты жаловался; балбеса наказали. Ты две недели придумывал новую фамилию — сколько ты их перебрал, — наконец надумался, пришел просить, чтоб тебя звали «Уланов». Ну, скажи мне, братец, ну что может быть глупее Уланова? Я и на это согласился, вторичное приказание отдал о перемене твоей фамилии в Уланова. Так только, братец, — прибавил дядя, обращаясь ко мне, — чтоб уж только отвязаться. Три дня ходил ты «Уланов». Ты все стены, все подоконники в беседке перепортил, расчеркиваясь карандашом: «Уланов». Ведь ее потом перекрашивали. Ты целую десть голландской бумаги извел на подписи: «Уланов, проба пера; Уланов, проба пера». Наконец, и тут неудача: прибрали тебе рифму: «болванов». Не хочу болванова — опять перемена фамилии! Какую ты там еще прибрал, я уж и позабыл?

— Танцев-с, — отвечал Видоплясов. — Если уж мне суждено через фамилию мою плясуна собою изображать-с, так уж пусть было бы облагорожено по-иностранному: Танцев-с.

— Нуда, Танцев; согласился я, брат Сергей, и на это. Только уж тут они такую ему подыскали рифму, что и сказать нельзя! Сегодня опять приходит, опять выдумал что-то новое. Бьюсь об заклад, что у него есть наготове новая фамилия. Есть иль нет, Григорий, признавайся!

— Я действительно давно уж хотел повергнуть к вашим стопам новое имя-с, облагороженное-с.

— Какое?

— Эссбукетов.

— И не стыдно, и не стыдно тебе, Григорий? фамилия с помадной банки! А еще умный человек называешься! Думал-то, должно быть, сколько над ней! Ведь это на духах написано.

— Помилуйте, дядюшка, — сказал я полушепотом, — да ведь это просто дурак, набитый дурак!

— Что ж делать, братец? — отвечал тоже шепотом дядя, — уверяют кругом, что умен и что это все в нем благородные свойства играют...

— Да развяжитесь вы с ним, ради Бога!

— Послушай, Григорий! ведь мне, братец, некогда, помилуй! — начал дядя каким-то просительным голосом, как будто боялся даже и Видоплясова. — Ну, рассуди, ну, где мне жалобами твоими теперь заниматься! Ты говоришь, что тебя опять они чем-то обидели? Ну, хорошо: вот тебе честное слово даю, что завтра все разберу, а теперь ступай с Богом... Постой! что Фома Фомич?

— Почивать ложились-с. Сказали, что если будет кто об них спрашивать, так отвечать, что они на молитве сию ночь долго стоять намерены-с.

— Гм! Ну, ступай, братец, ступай! Видишь, Сережа, ведь он всегда при Фоме, так что даже его я боюсь. Да и дворня-то его потому и не любит, что он всё о них Фоме переносит. Вот теперь ушел, а, пожалуй, завтра и нафискалит о чем-нибудь! А уж я, братец, там всё так уладил, даже спокоен теперь... К тебе спешил. Наконец-то я опять с тобой! — проговорил он с чувством, пожимая мне руку. — А ведь я думал, брат, что ты совсем рассердился и непременно улизнешь. Стеречь тебя посылал. Ну, слава Богу, теперь! А давеча-то, Гаврила-то каково? дай Фалалей, и ты — все одно к одному! Ну, слава Богу, слава Богу! наконец-то наговорюсь с тобой досыта. Сердце открою тебе. Ты, Сережа, не уезжай: ты один у меня, ты и Коровкин...

— Но, позвольте, что ж вы там такое уладили, дядюшка, и чего мне тут ждать после того, что случилось? Признаюсь, ведь у меня просто голова трещит!

— А у меня цела, что ли? Она, брат, у меня уж полгода теперь вальсирует, голова-то моя! Но слава Богу! теперь все уладилось. Во-первых, меня простили, совершенно простили, с разными условиями, конечно; но уж я теперь почти совсем ничего не боюсь. Сашурку тоже простили. Саша-то, Саша-то, давеча-то... горячее сердечко! увлеклась немного, но золотое сердечко! Я горжусь этой девочкой, Сережа! Да будет над нею всегдашнее благословение Божие. Тебя тоже простили, и даже, знаешь как? Можешь делать все, что тебе угодно, ходить по всем комнатам и в саду, и даже при гостях, — словом, все, что угодно; но только под одним условием, что ты ничего не будешь завтра сам говорить при маменьке и при Фоме Фомиче, — это непременное условие, то есть решительно ни полслова, — я уж обещался за тебя, — а только будешь слушать, что старшие... то есть я хотел сказать, что другие будут говорить. Они сказали, что ты молод. Ты, Сергей, не обижайся; ведь ты и в самом деле еще молод... Так и Анна Ниловна говорит...

Конечно, я был очень молод и тотчас же доказал это, закипев негодованием при таких обидных условиях.

— Послушайте, дядюшка, — вскричал я, чуть не задыхаясь, — скажите мне только одно и успокойте меня: я в настоящем сумасшедшем доме или нет?

— Ну вот, братец, уж ты сейчас и в критику! Уж и не можешь никак утерпеть, — отвечал опечаленный дядя. — Вовсе не в сумасшедшем, а так только, погорячились с обеих сторон. Но ведь согласись и ты, братец, как ты-то сам вел себя? Помнишь, что ты ему отмочил, — человеку, так сказать, почтенных лет?

— Такие люди не имеют почтенных лет, дядюшка.

— Ну уж это ты, брат, перескакнул! это уж вольнодумство! Я, брат, и сам от рассудительного вольнодумства не прочь, но уж это, брат, из мерки выскочило, то есть удивил ты меня, Сергей.

— Не сердитесь, дядюшка, я виноват, но виноват перед вами. Что же касается до вашего Фомы Фомича...

— Ну, вот уж и *вашего*! Эх, брат Сергей, не суди его строго: мизантропический человек — и больше ничего, болезненный! С него нельзя строго спрашивать. Но зато какой благородный, то есть просто благороднейший из людей! Да ведь ты сам давеча был свидетелем, просто сиял. А что фокусы-то эти иногда отмачивает, так на это нечего смотреть. Ну, с кем этого не случается?

— Помилуйте, дядюшка, напротив, с кем же это случается?

— Эх, наладил одно! Добродушия в тебе мало, Сережа; простить не умеешь!..

— Ну, хорошо, дядюшка, хорошо! Оставим это. Скажите, видели вы Настасью Евграфовну?

— Эх, брат, о ней-то все дело шло. Вот что, Сережа, и, во-первых, самое важное: мы все решили его завтра непременно поздравить с днем рождения, Фому-то, потому что завтра действительно его рождение. Сашурка добрая девочка, но она ошибается; так-таки и пойдем всем кагалом, еще перед обедней, пораньше. Илюша ему стихи произнесет, так что ему как будто маслом по сердцу-то, — словом, польстит. Ах, кабы и ты его, Сережа, вместе с нами, тут же поздравил! Он, может быть, совершенно простил бы тебя. Как бы хорошо было, если б вы помирились! Забудь, брат, обиду, Сережа, ведь ты и сам его обидел... Наидостойнейший человек!

— Дядюшка! дядюшка! — вскричал я, теряя последнее терпение, — я с вами о деле хочу говорить, а вы... Да знаете ли вы, повторяю опять, знаете ли вы, что делается с Настасьей Евграфовной?

— Как же, братец, что ты! чего ты кричишь? Из-за нее-то и поднялась давеча вся эта история. Она, впрочем, и не давеча поднялась, она давно поднялась. Я тебе только не хотел говорить об этом заранее, чтоб тебя не пугать, потому что они ее просто выгнать хотели, ну и от меня требовали, чтоб я ее отослал. Можешь представить себе мое положение... Ну, да слава Богу! теперь все это уладилось. Они, видишь ли, — уж признаюсь тебе во всем, — думали, что я сам в нее влюблен и жениться хочу; словом, стремлюсь к погибели, потому что действительно это было бы стремлением к погибели: они это мне там объяснили... так вот, чтоб спасти меня, и решились было ее изгнать. Все это маменька, а пуще всех Анна Ниловна. Фома покамест молчит. Но теперь я их всех разуверил и, признаюсь тебе, уже объявил, что ты формальный жених Настеньки, что затем и приехал. Ну, это их отчасти успокоило, и теперь она остается, хоть не совсем, так, еще только для пробы, но все-таки остается. Даже и ты поднялся в общем мнении, когда я объявил, что сватаешься. По крайней мере, маменька как будто успокоилась. Анна Ниловна одна все еще ворчит! Уж и не знаю, что выдумать, чтоб ей угодить. И чего это ей хочется, право, этой Анне Ниловне?

— Дядюшка, в каком вы заблуждении, дядюшка! Да знаете ли, что Настасья Евграфовна завтра же едет отсюда, если уж теперь не уехала? Знаете ли, что отец нарочно и приехал сегодня с тем, чтоб ее увезти? что уж это совсем решено, что она сама лично объявила мне сегодня об этом и в заключение велела вам кланяться, — знаете ли вы это иль нет?

Дядя, как был, так и остался передо мной с разинутым ртом. Мне показалось, что он вздрогнул, и стон вырвался из груди его.

Не теряя ни минуты, я поспешил рассказать ему весь мой разговор с Настенькой, мое сватовство, ее решительный отказ, ее гнев на дядю за то, что он смел меня вызывать письмом; объяснил, что она надеется его спасти своим отъездом от брака с Татьяной Ивановной, — словом, не скрыл ничего; даже нарочно преувеличил все, что было неприятного в этих известиях. Я хотел поразить дядю, чтоб допытаться от него решительных мер, — и действительно поразил. Он вскрикнул и схватил себя за голову.

— Где она, не знаешь ли? где она теперь? — проговорил он наконец, побледнев от испуга. — А я-то, дурак, шел сюда совсем уж спокойный, думал, что все уж уладилось, — прибавил он в отчаянии.

— Не знаю, где теперь, только давеча, как начались эти крики, она пошла к вам: она хотела все это выразить вслух, при всех. Вероятно, ее не допустили.

— Еще бы допустили! что б она там наделала!

Ах, горячая, гордая головка! И куда она пойдет, куда? куда? А ты-то, ты-то хорош! Да почему ж она тебе отказала? Вздор! Ты должен был понравиться. Почему ж ты ей не понравился? Да отвечай же, ради Бога, чего ж ты стоишь?

— Помилосердуйте, дядюшка! да разве можно задавать такие вопросы?

— Но ведь невозможно ж и это! Ты должен, должен на ней жениться. Зачем же я тебя и тревожил из Петербурга? Ты должен составить ее счастье! Теперь ее гонят отсюда, а тогда она твоя жена, моя родная племянница, — не прогонят. А то куда она пойдет? что с ней будет? В гувернантки? Но ведь это только бессмысленный вздор, в гувернантки-то! Ведь пока место найдет, чем дома жить? У старика их девятеро на плечах; сами голодом сидят. Ведь она ни гроша не возьмет от меня, если выйдет через эти пакостные наговоры, и она, и отец. Да и каково таким образом выйти — ужас! Здесь уж будет скандал — я знаю. А жалованье ее уж давно вперед забрано на семейные нужды: ведь она их питает. Ну, положим, я рекомендую ее в гувернантки, найду такую честную и благородную фамилью... да ведь черта с два! где их возьмешь, благородных-то, настоящих-то благородных людей? Ну, положим, и есть, положим, и много даже, что Бога гневить! но, друг мой, ведь опасно: можно ли положиться на людей? К тому же бедный человек подозрителен; ему так и кажется, что его заставляют платить за хлеб и за ласку унижениями! Они оскорбят ее; она гордая, и тогда... да уж что тогда? А что если ко всему этому какой-нибудь мерзавец-обольститель подвернется?.. Она плюнет на него, — я знаю, что плюнет, — но ведь он ее все-таки оскорбит, мерзавец! все-таки на нее может пасть бесславие, тень, подозрение, и тогда... Голова трещит на плечах! Ах ты, Боже мой!

— Дядюшка! простите меня за один вопрос, — сказал я торжественно, — не сердитесь на меня, поймите, что ответ на этот вопрос может многое разрешить; я даже отчасти вправе требовать от вас ответа, дядюшка!

— Что, что такое? Какой вопрос?

— Скажите, как перед Богом, откровенно и прямо: не чувствуете ли вы, что вы сами немного влюблены в Настасью Евграфовну и желали бы на ней жениться? Подумайте: ведь из-за этого-то ее здесь и гонят.

Дядя сделал самый энергический жест самого судорожного нетерпения.

— Я? влюблен? в нее? Да они все белены объелись или сговорились против меня. Да для чего ж я тебя-то выписывал, как не для того, чтоб доказать им всем, что они белены объелись? Да для чего же я тебя-то к ней сватаю? Я? влюблен? в нее? Рехнулись они все, да и только!

— А если так, дядюшка, то позвольте уж мне все высказать. Объявляю вам торжественно, что я решительно ничего не нахожу дурного в этом предположении. Напротив, вы бы ей счастье сделали, если уж так ее любите, и — и дай Бог этого! дай вам Бог любовь и совет!

— Но, помилуй, что ты говоришь! — вскричал дядя почти с ужасом. — Удивляюсь, как ты можешь это говорить хладнокровно... и... вообще ты, брат, все куда-то торопишься, — я замечаю в тебе эту черту! Ну, не бессмысленно ли, что ты сказал? Как, скажи, я женюсь на ней, когда я смотрю на нее как на дочь, а не иначе? Да мне даже стыдно было бы на нее смотреть иначе, даже грешно! Я старик, а она — цветочек! Даже Фома это мне объяснил именно в таких выражениях. У меня отеческой любовью к ней сердце горит, а ты тут с супружеством! Она, пожалуй, из благодарности и не отказала бы, да ведь она презирать меня потом будет за то, что ее благодарностью воспользовался. Я загублю ее, привязанность ее потеряю! Да я бы душу мою ей отдал, деточка она моя! Все равно как Сашу люблю, даже больше, признаюсь тебе. Саша мне дочь по праву, по закону, а эту я любовью моею себе дочерью сделал. Я ее из бедности взял, воспитал. Ее Катя, мой ангел покойный, любила; она мне ее как дочь завещала. Я образование ей дал: и по-французски говорить, и на фортепьяно, и книги, и все... Улыбочка какая у ней! заметил ты, Сережа? как будто смеется над тобой, а меж тем вовсе не смеется, а, напротив, любит... Я вот и думал, что ты приедешь, сделаешь предложение; они и уверятся, что я не имею видов на нее, и перестанут все эти пакости распускать. Она и осталась бы тогда с нами в тишине, в покое, и как бы мы тогда были счастливы! Вы оба дети мои, почти оба сиротки, оба на моем попечении выросли... я бы вас так любил, так любил! жизнь бы вам отдал, не расстался бы с вами; всюду за вами! Ах, как бы мы могли быть счастливы! И зачем это люди все злятся, все сердятся, ненавидят друг друга? Так бы, так бы взял да и растолковал бы им все! Так бы и выложил перед ними всю сердечную правду! Ах ты, Боже мой!

— Да, дядюшка, да, это все так, а только она вот и отказала мне...

— Отказала! Гм!.. А знаешь, я как будто предчувствовал, что она откажет тебе, — сказал он в задумчивости. — Но нет! — вскрикнул он, — я не верю! это невозможно! Но ведь в таком случае все расстроится! Да ты, верно, как-нибудь неосторожно с ней начал, оскорбил еще, может быть; пожалуй, еще комплименты пустился отмачивать... Расскажи мне еще раз, как это было, Сергей!

Я повторил еще раз все в совершенной подробности. Когда дошло до того, что Настенька удалением своим надеялась спасти дядю от Татьяны Ивановны, тот горько улыбнулся.

— Спасти! — сказал он, — спасти до завтрашнего утра!

— Но вы не хотите сказать, дядюшка, что женитесь на Татьяне Ивановне? — вскричал я в испуге.

— А чем же я и купил, чтоб Настю не выгнали завтра? Завтра же делаю предложение; формально обещался.

— И вы решились, дядюшка?

— Что ж делать, братец, что ж делать! Это раздирает мне сердце, но я решился. Завтра предложение; свадьбу положили сыграть тихо, по-домашнему; оно, брат, и лучше по-домашнему-то. Ты, пожалуй, шафером. Я уж намекнул о тебе, так они до времени никак тебя не прогонят. Что ж делать, братец? Они говорят: «для детей богатство!» Конечно, для детей чего не сделаешь? Вверх ногами вертеться пойдешь, тем более что в сущности оно, пожалуй, и справедливо. Ведь должен же я хоть что-нибудь сделать для семейства. Не все же тунеядцем сидеть!

— Но, дядюшка, ведь она сумасшедшая! — вскричал я, забывшись, и сердце мое болезненно сжалось.

— Ну, уж и сумасшедшая! Вовсе не сумасшедшая, а так, испытала, знаешь, несчастия... Что ж делать, братец, и рад бы с умом... А впрочем, и с умом-то какие бывают! А какая она добрая, если б ты знал, благородная какая!

— Но, Боже мой! он уж и мирится с этой мыслью! — сказал я в отчаянии.

— А что ж и делать-то, как не так? Ведь для моего же блага стараются, да и, наконец, уже я предчувствовал, что, рано ли, поздно ли, а не отвертишься: заставят жениться. Так уж лучше теперь, чем еще ссору из-за этого затевать. Я тебе, брат Сережа, все откровенно скажу: я даже отчасти и рад. Решился, так уж решился, по крайней мере, с плеч долой, — спокойнее как-то. Я вот и шел сюда почти совсем уж спокойный. Такова уж, видно, звезда моя! А главное, в выигрыше то, что Настя при нас остается. Я ведь и согласился с этим условием. А тут *она* сама бежать хочет! Да не будет же этого! — вскрикнул дядя, топнув ногою. — Послушай, Сергей, — прибавил он с решительным видом, — подожди меня здесь, никуда не ходи; я мигом к тебе ворочусь.

— Куда вы, дядюшка?

— Может быть, я ее увижу, Сергей: всё объяснится, поверь, что все объяснится, и... и... и женишься же ты на ней — даю тебе честное слово!

Дядя быстро вышел из комнаты и поворотил в сад, а не к дому. Я следил за ним из окна.

XII
Катастрофа

Я остался один. Положение мое было нестерпимое: мне отказали, а дядя хотел женить меня чуть не насильно. Я сбивался и путался в мыслях. Мизинчиков и его предложение не выходили у меня из головы. Во что бы ни стало дядю надо было спасти! Я даже думал пойти сыскать Мизинчикова и рассказать ему все. Но куда, однако ж, пошел дядя? Он сам сказал, что идет отыскивать Настеньку, а между тем поворотил в сад. Мысль о тайных свиданиях промелькнула в моей голове, и пренеприятное чувство ущемило мое сердце. Я вспомнил слова Мизинчикова про тайную связь... Подумав с минуту, я с негодованием отбросил все мои подозрения. Дядя не мог обманывать: это очевидно. Беспокойство мое возрастало каждую минуту. Бессознательно вышел я на крыльцо и пошел в глубину сада, по той самой аллее, в которой исчез дядя. Месяц начинал всходить. Я знал этот сад вдоль и поперек и не боялся заблудиться. Дойдя до старой беседки, уединенно стоявшей на берегу одряхлевшего, покрытого тиной пруда, я вдруг остановился как вкопанный: мне послышались в беседке голоса. Не могу выразить, какое странное чувство досады овладело мною! Я был уверен, что это дядя и Настенька, и продолжал подходить, успокаивая на всякий случай свою совесть тем, что иду прежним шагом и не стараюсь подкрадываться. Вдруг раздался ясно звук поцелуя, потом звуки каких-то одушевленных слов, и тотчас же вслед за этим — пронзительный женский крик. В то же мгновение женщина в белом платье выбежала из беседки и промелькнула мимо меня, как ласточка. Мне показалось даже, что она закрывала руками лицо, чтоб не быть узнанной: вероятно, меня заметили из беседки. Но каково же было мое изумление, когда в вышедшем вслед за испуганной дамой кавалере я узнал Обноскина, — Обноскина, который, по словам Мизинчикова, давно уж уехал! С своей стороны, и Обноскин, увидав меня, чрезвычайно смутился: все нахальство его исчезло.

— Извините меня, но... я никак не ожидал с вами встретиться, — проговорил он, улыбаясь и заикаясь.

— А я с вами, — отвечал я насмешливо, — тем более что я слышал, вы уж уехали.

— Нет-с... это так... я проводил только недалеко маменьку. Но могу ли я обратиться к вам как к благороднейшему человеку в мире?

— С чем это?

— Есть случаи, — и вы сами согласитесь с этим, — когда истинно благородный человек принужден обратиться ко всему благородству чувств другого, истинно благородного человека... Надеюсь, вы понимаете меня...

— Не надейтесь: ничего решительно не понимаю.

— Вы видели даму, которая находилась вместе со мной в беседке?

— Видел, но не узнал.

— А, не узнали!.. Эту даму я назову скоро моею женою.

— Поздравляю вас. Но чем же я могу быть вам полезен?

— Только одним: сохранив глубочайшую тайну о том, что вы меня видели с этой дамой.

«Кто ж бы это? — подумал я, — уж не...»

— Право, не знаю-с, — отвечал я Обноскину. — Надеюсь, вы извините, что не могу дать вам слова...

— Нет, ради Бога, пожалуйста, — умолял Обноскин. — Поймите мое положение: это секрет. Вы тоже можете быть женихом, тогда и я, с своей стороны...

— Тс! кто-то идет!

— Где?

Действительно, шагах в тридцати от нас, чуть приметно, промелькнула тень проходившего человека.

— Это... это, верно, Фома Фомич! — прошептал Обноскин, трепеща всем телом. — Я узнаю его по походке. Боже мой! и еще шаги, с другой стороны! Слышите... Прощайте! благодарю вас и... умоляю вас...

Обноскин скрылся. Чрез минуту передо мной очутился дядя, как будто вырос из-под земли.

— Это ты? — окрикнул он меня. — Все пропало, Сережа! все пропало!

Я заметил, что он тоже дрожал всем телом.

— Что пропало, дядюшка?

— Пойдем! — сказал он, задыхаясь, и, крепко схватив меня за руку, потащил за собою. Но всю дорогу до флигеля он не сказал ни слова, не давал и мне говорить. Я ожидал чего-нибудь сверхъестественного и почти не обманулся. Когда мы вошли в комнату, с ним сделалось дурно; он был бледен, как мертвый. Я немедленно спрыснул его водою. «Вероятно, случилось что-нибудь очень ужасное, — думал я, — когда с таким человеком делается обморок».

— Дядюшка, что с вами? — спросил я его наконец.

— Все пропало, Сережа! Фома застал меня в саду вместе с Настенькой в ту самую минуту, когда я поцеловал ее!

— Поцеловали! в саду! — вскричал я, смотря в изумлении на дядю.

— В саду, братец. Бог попутал! Пошел я, чтоб непременно ее увидать. Хотел ей все высказать, урезонить ее, насчет тебя то есть. А она меня уж целый час дожидалась, там, у сломанной скамейки, за прудом... Она туда часто приходит, когда надо поговорить со мной.

— Часто, дядюшка?

— Часто, братец! Последнее время почти каждую ночь сряду сходились. Только они нас, верно, и выследили, — уж знаю, что выследили, и знаю, что тут Анна Ниловна все работала. Мы на время и прервали; дня четыре уж ничего не было; а вот сегодня опять понадобилось. Сам ты видел, какая нужда была: без этого как же бы я ей сказал? Прихожу, в надежде застать, а она уж там целый час сидит, меня дожидается: тоже надо было кое-что сообщить...

— Боже мой, какая неосторожность! ведь вы знали, что за вами следят?

— Да ведь критический случай, Сережа; многое надо было взаимно сказать. Днем-то я и смотреть на нее не смею: она в один угол, а я в другой нарочно смотрю, как будто и не замечаю, что она есть на свете. А ночью сойдемся, да и наговоримся...

— Ну, что ж, дядюшка?

— Не успел я двух слов сказать, знаешь, сердце у меня заколотилось, из глаз слезы выступили; стал я ее уговаривать, чтоб за тебя вышла; а она мне: «Верно, вы меня не любите, верно, вы ничего не видите», и вдруг как бросится мне на шею, обвила меня руками, заплакала, зарыдала! «Я, говорит, одного вас люблю и ни за кого не выйду. Я вас уж давно люблю, только и за вас не выйду, а завтра же уеду и в монастырь пойду».

— Боже мой! неужели она так и сказала? Ну, что ж дальше, дальше, дядюшка?

— Смотрю, а перед нами Фома! и откуда он взялся? Неужели за кустом сидел да этого греха выжидал?

— Подлец!

— Я обмер. Настенька бежать, а Фома Фомич молча прошел мимо нас, да пальцем мне и погрозил, — понимаешь, Сергей, какой трезвон завтра будет?

— Ну, да уж как не понять!

— Понимаешь ли ты, — вскричал он в отчаянии, вскакивая со стула, — понимаешь ли ты, что они хотят ее погубить, осрамить, обесчестить; ищут предлога, чтоб бесчестие на нее всклепать и за это выгнать ее; а вот теперь и нашелся предлог! Ведь они говорили, что она со мной гнусные связи имеет! ведь они, подлецы, говорили, что она с Видоплясовым имеет! Это все Анна Ниловна говорила. Что теперь будет? что завтра будет? Неужели расскажет Фома?

— Непременно расскажет, дядюшка.

— А если расскажет, если только расскажет... — проговорил он, закусывая губу и сжимая кулаки, — но нет, не верю! он не расскажет, он поймет... это человек высочайшего благородства! Он пощадит ее...

— Пощадит иль не пощадит, — отвечал я решительно, — но во всяком случае ваша обязанность завтра же сделать предложение Настасье Евграфовне.

Дядя смотрел на меня неподвижно.

— Понимаете ли вы, дядюшка, что обесчестите девушку, если разнесется эта история? Понимаете ли вы, что вам надо предупредить беду как можно скорее; что вам надо смело и гордо посмотреть всем в глаза, гласно сделать предложение, плюнуть на их резоны и стереть Фому в порошок, если он заикнется против нее?

— Друг мой! — вскричал дядя, — я об этом думал, идя сюда!

— И как же решили?

— Неизменно! Я уже решился, прежде чем начал тебе рассказывать!

— Браво, дядюшка!

И я бросился обнимать его.

Долго мы говорили. Я выставил перед ним все резоны, всю неумолимую необходимость жениться на Настеньке, что, впрочем, он сам понимал еще лучше меня. Но красноречие мое было возбуждено. Я радовался за дядю. Долг подстрекал его, иначе бы он никогда не поднялся. Перед долгом же, перед обязанностью он благоговел. Но, несмотря на то, я решительно не понимал, как устроится это дело. Я знал и слепо верил, что дядя ни за что не отступит от того, что раз признал своею обязанностью; но мне как-то не верилось, чтоб у него достало силы восстать против своих домашних. И потому я старался как можно более подстрекнуть и направить его и работал со всею юношескою горячностью.

— Тем более, тем более, — говорил я, — что теперь уже все решено и последние сомнения ваши исчезли! Случилось то, чего вы не ожидали, хотя в сущности все это видели и все прежде вас заметили: Настасья Евграфовна вас любит! Неужели же вы попустите, — кричал я, — чтоб эта чистая любовь обратилась для нее в стыд и позор?

— Никогда! Но, друг мой, неужели ж я буду наконец так счастлив? — вскричал дядя, бросаясь ко мне на шею. — И как это она полюбила меня, и за что? за что? Кажется, во мне нет ничего такого... Я старик перед нею: вот уж не ожидал-то! ангел мой, ангел!.. Слушай, Сережа, давеча ты спрашивал, не влюблен ли я в нее: имел ты какую-нибудь идею?

— Я видел только, дядюшка, что вы ее любите так, как больше любить нельзя: любите и между тем сами про это не знаете. Помилуйте! выписываете меня, хотите женить меня на ней, единственно для того, чтоб она вам стала племянницей и чтоб иметь ее всегда при себе...

— А ты... а ты прощаешь меня, Сергей?

— Э, дядюшка!..

И он снова обнял меня.

— Смотрите же, дядюшка, все против вас: надо восстать и пойти против всех, и не далее, как завтра.

— Да... да, завтра! — повторил он несколько задумчиво, — и, знаешь, примемся за дело с мужеством, с истинным благородством души, с силой характера... именно с силой характера!

— Не сробейте, дядюшка!

— Не сробею, Сережа! Одно: не знаю, как начать, как приступить!

— Не думайте об этом, дядюшка. Завтрашний день все решит. Успокойтесь сегодня. Чем больше думать, тем хуже. А если Фома заговорит — немедленно его выгнать из дому и стереть его в порошок.

— А нельзя ли не выгонять? Я, брат, так решил: завтра же пойду к нему рано, чем свет, все расскажу, вот как с тобой говорил: не может быть, чтоб он не понял меня; он благороден, он благороднейший из людей! Но вот что меня беспокоит: что если маменька предуведомила сегодня Татьяну Ивановну о завтрашнем предложении? Ведь это уж худо!

— Не беспокойтесь о Татьяне Ивановне, дядюшка.

И я рассказал ему сцену в беседке с Обноскиным.

Дядя был в чрезвычайном удивлении. Я ни слова не упомянул о Мизинчикове.

— Фантасмагорическое лицо! истинно фантасмагорическое лицо! — вскричал он. — Бедная! Они подъезжают к ней, хотят воспользоваться ее простотою! Неужели Обноскин? Да ведь он же уехал... Странно, ужасно странно! Я поражен, Сережа... Это завтра же надо исследовать и принять меры... Но уверен ли ты совершенно, что это была Татьяна Ивановна?

Я отвечал, что хотя и не видал в лицо, но по некоторым причинам совершенно уверен, что это Татьяна Ивановна.

— Гм! Не интрижка ли с кем-нибудь из дворовых, а тебе показалось, что Татьяна Ивановна? Не Даша ли, садовника дочь? пролазливая девочка! Замечена, потому и говорю, что замечена. Анна Ниловна выследила... Да нет же, однако! Ведь он говорил, что жениться хочет. Странно! Странно!

Наконец мы расстались. Я обнял и благословил дядю. «Завтра, завтра, — повторял он, — всё решится, прежде чем ты встанешь, решится. Пойду к Фоме и поступлю с ним по-рыцарски, открою ему все, как родному брату, все изгибы сердца, всю внутренность. Прощай, Сережа. Ложись, ты устал; а я уж, верно, во всю ночь глаз не сомкну».

Он ушел. Я тотчас же лег, усталый и измученный донельзя. День был трудный. Нервы мои были расстроены, и, прежде чем заснул, я несколько раз вздрагивал и просыпался. Но как ни странны были мои впечатления при отходе ко сну, все-таки странность их почти ничего не значила перед оригинальностью моего пробуждения на другое утро.

Часть вторая и последняя

I
Погоня

Я спал крепко, без снов. Вдруг я почувствовал, что на мои ноги налегла десятипудовая тяжесть. Я вскрикнул и проснулся. Был уже день; в окна ярко заглядывало солнце. На кровати моей, или, лучше сказать, на моих ногах, сидел господин Бахчеев.

Сомневаться было невозможно: это был он. Высвободив кое-как ноги, я приподнялся на постели и смотрел на него с тупым недоумением едва проснувшегося человека.

— Он еще и смотрит! — вскричал толстяк. — Да ты что на меня уставился? Вставай, батюшка, вставай! полчаса бужу; продирай глаза-то!

— Да что случилось? Который час?

— Час, батюшка, еще ранний, а Февронья-то наша и свету не дождалась, улепетнула. Вставай, в погоню едем!

— Какая Февронья?

— Да наша-то, блаженная-то! улепетнула! еще до свету улепетнула! Я к вам, батюшка, на минутку, только вас разбудить, да вот и возись с тобой два часа! Вставайте, батюшка, вас и дядюшка ждет. Дождались праздника! — прибавил он с каким-то злорадным раздражением в голосе.

— Да про кого и про что вы говорите? — сказал я с нетерпением, начиная, впрочем, догадываться. — Уж не Татьяна ль Ивановна?

— А как же? она и есть! Я говорил, предрекал — не хотели слушать! Вот она тебя и поздравила теперь с праздником! На амуре помешана, а амур-то у нее крепко в голове засел! Тьфу! А тот-то, тот-то каков? с бороденкой-то?

— Неужели с Мизинчиковым?

— Тьфу ты пропасть! Да ты, батюшка, протри глаза-то, отрезвись хоть маленько, хоть для великого Божьего праздника! Знать, тебя еще за ужином вчера укачало, коли теперь еще бродит! С каким Мизинчиковым? С Обноскиным, а не с Мизинчиковым. А Иван Иваныч Мизинчиков человек благонравный и теперь с нами же в погоню сбирается.

— Что вы говорите? — вскричал я, даже привскакнув на постели, — неужели с Обноскиным?

— Тьфу ты, досадный человек! — отвечал толстяк, вскакивая с места, — я к нему как к образованному человеку пришел оказию сообщить, а он еще сомневается! Ну, батюшка, если хочешь с нами, так вставай, напяливай свои штанишки, а мне нечего с тобой языком стучать: и без того золотое время с тобой потерял!

И он вышел в чрезвычайном негодовании.

Пораженный известием, я вскочил с кровати, поспешно оделся и сбежал вниз. Думая отыскать дядю в доме, где, казалось, все еще спали и ничего не знали о происшедшем, я осторожно поднялся на парадное крыльцо и в сенях встретил Настеньку. Одета она была наскоро, в каком-то утреннем пеньюаре иль шлафроке. Волосы ее были в беспорядке: видно было, что она только что вскочила с постели и как будто поджидала кого-то в сенях.

— Скажите, правда ли, что Татьяна Ивановна уехала с Обноскиным? — торопливо спросила она прерывавшимся голосом, бледная и испуганная.

— Говорят, что правда. Я ищу дядюшку; мы хотим в погоню.

— О! привезите, привезите ее скорее! Она погибнет, если вы ее не воротите.

— Но где же дядюшка?

— Верно, там, у конюшен; там коляску закладывают. Я его здесь поджидала. Послушайте, скажите ему от меня, что я непременно хочу ехать сегодня же; я совсем решилась. Отец возьмет меня; я еду сейчас, если можно будет. Все погибло теперь! все потеряно!

Говоря это, она сама глядела на меня как потерянная и вдруг залилась слезами. С ней, кажется, начиналась истерика.

— Успокойтесь! — умолял я ее, — ведь это все к лучшему — вы увидите... Что с вами, Настасья Евграфовна?

— Я... я не знаю... что со мною, — говорила она, задыхаясь и бессознательно сжимая мои руки. — Скажите ему...

В эту минуту за дверью направо раздался какой-то шум.

Она бросила мою руку и, испуганная, не договорив, убежала вверх по лестнице.

Я нашел всю компанию, то есть дядю, Бахчеева и Мизинчикова, на заднем дворе, у конюшен. В коляску Бахчеева впрягали свежих лошадей. Все было готово к отъезду: ждали только меня.

— Вот и он! — закричал дядя при моем появлении. — Слышал, брат? — прибавил он с каким-то странным выражением в лице.

Испуг, растерянность и вместе с тем как будто надежда выражались в его взглядах, голосе и движениях. Он сознавал, что в судьбе его совершился капитальный переворот.

Тотчас же посвятили меня во все подробности. Господин Бахчеев, проведя самую скверную ночь, на рассвете выехал из своего дома, чтоб поспеть к ранней обедне в монастырь, находящийся верстах в пяти от его деревни. На самом повороте с большой дороги в обитель он вдруг увидел тарантас, мчавшийся во всю прыть, а в тарантасе Татьяну Ивановну и Обноскина. Татьяна Ивановна, заплаканная и как будто испуганная, вскрикнула и протянула к господину Бахчееву руки, как бы умоляя его о защите, — так по крайней мере выходило из его рассказа. «А тот-то, подлец, с бороденкой-то, — прибавлял он, — ни жив ни мертв сидит, спрятался; да только врешь, брат, не спрячешься!» Долго не думая, Степан Алексеевич поворотил опять на дорогу и прискакал в Степанчиково, разбудил дядю, Мизинчикова, наконец, и меня. Решили тотчас же пуститься в погоню.

— Обноскин-то, Обноскин-то... — говорил дядя, пристально смотря на меня, как будто желая сказать мне вместе с тем и что-то другое, — кто бы мог ожидать!

— От этого низкого человека всегда можно было ожидать всякой пакости! — вскричал Мизинчиков с самым энергическим негодованием и тотчас же отвернулся, избегая моего взгляда.

— Что ж мы, едем иль нет? Али до ночи будем стоять да сказки рассказывать? — прервал господин Бахчеев, влезая в коляску.

— Едем, едем! — подхватил дядя.

— Всё к лучшему, дядюшка, — шепнул я ему. — Видите, как все это теперь отлично уладилось?

— Полно, брат, не греши... Ах, друг мой! они теперь просто выгонят *ее,* в наказанье, что не удалось, — понимаешь? Ужас, сколько я предчувствую!

— Да что ж, Егор Ильич, шептаться аль ехать? — вскричал в другой раз господин Бахчеев. — Аль уж отложить лошадок да закуску подать, — как вы думаете: не выпить ли водочки?

Слова эти были произнесены с таким яростным сарказмом, что не было никакой возможности не удовлетворить тотчас же господина Бахчеева. Все немедленно сели в коляску, и лошади поскакали.

Некоторое время мы все молчали. Дядя значительно посматривал на меня, но говорить со мной при всех не хотел. Он часто задумывался; потом, как будто пробуждаясь, вздрагивал и в волнении осматривался кругом. Мизинчиков был, по-видимому, спокоен, курил сигару и смотрел с достоинством несправедливо обиженного человека. Зато Бахчеев горячился за всех. Он ворчал себе под нос, глядел на всех и на все с решительным негодованием, краснел, пыхтел, беспрерывно плевал на сторону и никак не мог успокоиться.

— Уверены ли вы, Степан Алексеич, что они поехали в Мишино? — спросил вдруг дядя. — Это, брат, двадцать верст отсюда, — прибавил он, обращаясь ко мне, — маленькая деревенька, в тридцать душ; недавно приобретена от прежних владельцев одним бывшим губернским чиновником. Сутяга, каких свет не производил! Так по крайней мере о нем говорят; может быть, и ошибочно. Степан Алексеич уверяет, что Обноскин именно туда ехал и что этот чиновник теперь ему помогает.

— А то как же? — вскричал Бахчеев, встрепенувшись. — Уж я говорю, что в Мишино. Только теперь его, в Мишине-то, может, уж Митькой звали, Обноскина-то! Еще бы три часа на дворе попусту прокалякали!

— Не беспокойтесь, — заметил Мизинчиков, — застанем.

— Да, застанем! Небось он тебя дожидаться будет. Шкатулка-то в руках; был — да сплыл!

— Успокойся, Степан Алексеич, успокойся, догоним, — сказал дядя. — Они еще ничего не успели сделать, — увидишь, что так.

— Не успели сделать! — злобно переговорил господин Бахчеев. — Чего она не успеет наделать, даром что тихонькая! «Тихонькая, говорят, тихонькая!» — прибавил он тоненьким голоском, как будто кого-то передразнивая. «Испытала несчастья». Вот она нам теперь пятки и показала, несчастная-то! Вот и гоняйся за ней по большим дорогам, высуня язык ни свет ни заря! Помолиться человеку не дадут для Божьего праздника. Тьфу!

— Да ведь она, однако ж, не малолетняя, — заметил я, — под опекой не состоит. Воротить ее нельзя, если сама не захочет. Как же мы будем?

— Разумеется, — отвечал дядя, — но она захочет — уверяю тебя. Это она теперь только так... Только увидит нас, тотчас воротится, — отвечаю. Нельзя же, брат, оставить ее так, на произвол судьбы, в жертву; это, так сказать, долг...

— Под опекой не состоит! — вскрикнул Бахчеев, немедленно на меня накидываясь. — Дура она, батюшка, набитая дура, а не то, что под опекой не состоит. Я тебе о ней и говорить не хотел вчера, а намедни ошибкой зашел в ее комнату: смотрю, а она одна перед зеркалом руки в боки, экосез выплясывает! Да ведь как разодета: журнал, просто журнал! Плюнул да и отошел. Тогда же всё предузнал, как по писаному!

— К чему ж так обвинять? — заметил я с некоторою робостью. — Известно, что Татьяна Ивановна... не в полном своем здоровье... или, лучше сказать, у ней такая мания... Мне кажется, виноват один Обноскин, а не она.

— Не в полном своем здоровье! ну вот подите вы с ним! — подхватил толстяк, весь побагровев от злости. — Ведь поклялся же бесить человека! Со вчерашнего дня клятву такую дал! Дура она, отец мой, повторяю тебе, капитальная дура, а не то, что не в полном своем здоровье; сызмалетства на купидоне помешана! Вот и довел ее теперь купидон до последней точки. А про того, с бороденкой-то, и поминать нечего! Небось задувает теперь по всем по трем с денежками, динь-динь-динь, да посмеивается.

— Так неужели же вы в самом деле думаете, что он тотчас и бросит ее?

— А то как же? Небось таскать с собой станет такое сокровище? Да на что она ему? оберет ее да и посадит где-нибудь под куст, на дороге — и был таков, а она и сиди себе под кустом да нюхай цветочки!

— Ну, уж это ты увлекся, Степан, не так это будет! — вскричал дядя· — Впрочем, чего ж ты так сердишься? Дивлюсь я на тебя, Степан, тебе-то чего?

— Да ведь я человек али нет? Ведь зло берет; вчуже берет. Ведь я, может, ее же любя, говорю... Эх, прокисай все на свете! Ну зачем я приехал сюда? ну зачем я сворачивал? мне-то какое дело? мне-то какое дело?

Так сетовал господин Бахчеев; но я уже не слушал его и задумался о той, которую мы теперь догоняли, — о Татьяне Ивановне. Вот краткая ее биография, собранная мною впоследствии по самым вернейшим источникам и которая необходима для пояснения ее приключений. Бедный ребенок-сиротка, выросший в чужом, негостеприимном доме, потом бедная девушка, потом бедная дева и наконец бедная перезрелая дева, Татьяна Ивановна, во всю свою бедную жизнь испила полную до краев чашу горя, сиротства, унижений, попреков и вполне изведала всю горечь чужого хлеба. От природы характера веселого, восприимчивого в высшей степени и легкомысленного, она вначале кое-как еще переносила свою горькую участь и даже могла подчас и смеяться самым веселым, беззаботным смехом; но с годами судьба взяла наконец свое. Мало-помалу Татьяна Ивановна стала желтеть и худеть, сделалась раздражительна, болезненно-восприимчива и впала в самую неограниченную, беспредельную мечтательность, часто прерываемую истерическими слезами, судорожными рыданиями. Чем менее благ земных оставляла ей на долю действительность, тем более она обольщала и утешала себя воображением. Чем вернее, чем безвозвратнее гибли и наконец погибли совсем последние существенные надежды ее, тем упоительнее становились ее мечты, никогда не осуществимые. Богатства неслыханные, красота неувядаемая, женихи изящные, богатые, знатные, все князья и генеральские дети, сохранившие для нее свои сердца в девственной чистоте и умирающие у ног ее от беспредельной любви, и наконец *он — он,* идеал красоты, совмещающий в себе всевозможные совершенства, страстный и любящий, художник, поэт, генеральский сын — все вместе или поочередно, все это начинало ей представляться не только во сне, но даже почти и наяву. Рассудок ее уже начинал слабеть и не выдерживать приемов этого опиума таинственных, беспрерывных мечтаний... И вдруг судьба подшутила над ней окончательно. В самой последней степени унижения, среди самой грустной, подавляющей сердце действительности, в компаньонках у одной старой, беззубой и брюзгливейшей барыни в мире, виноватая во всем, упрекаемая за каждый кусок хлеба, за каждую тряпку изношенную, обиженная первым желающим, не защищенная никем, измученная горемычным житьем своим и, про себя, утопающая в неге самых безумных и распаленных фантазий, — она вдруг получила известие о смерти одного своего дальнего родственника, у которого давно уже (о чем она, по легкомыслию своему, никогда не справлялась) перемерли все его близкие родные, человека странного, жившего затворником, где-то за тридевять земель, в захолустье, одиноко, угрюмо, неслышно и занимавшегося черепословием и ростовщичеством. И вот огромное богатство вдруг, как бы чудом, упало с неба и рассыпалось золотой россыпью у ног Татьяны Ивановны: она оказалась единственной законной наследницей умершего родственника. Сто тысяч рублей серебром досталось ей разом. Эта насмешка судьбы доконала ее совершенно. Как же, в самом деле, и без того уже ослабевшему рассудку не поверить мечтам, когда они в самом деле начинали сбываться? И вот бедняжка окончательно распростилась с оставшейся у ней последней капелькой здравого смысла. Замирая от счастья, она безвозвратно унеслась в свой очаровательный мир невозможных фантазий и соблазнительных призраков. Прочь все соображения, все сомнения, все преграды действительности, все неизбежные и ясные, как дважды два, законы ее! Тридцать пять лет и мечта об ослепляющей красоте, осенний грустный холод и вся роскошь бесконечного блаженства любви, даже не споря между собою, ужились в ее существе. Мечты уже осуществились раз в жизни: отчего же и всему не сбыться? отчего же и *ему* не явиться? Татьяна Ивановна не рассуждала, а верила. Но в ожидании *его,* идеала — женихи и кавалеры разных орденов и простые кавалеры, военные и статские, армейские и кавалергарды, вельможи и просто поэты, бывшие в Париже и бывшие только в Москве, с бородками и без бородок, с эспаньолками и без эспаньолок, испанцы и неиспанцы (но преимущественно испанцы), начали представляться ей день и ночь в количестве, ужасающем и возбуждавшем в наблюдателях серьезные опасения; оставался только шаг до желтого дома. Блестящею, упоенною любовью вереницей толпились около нее все эти прекрасные призраки. Наяву, в настоящей жизни, дело шло тем же самым фантастическим порядком: на кого она ни взглянет — тот и влюбился; кто бы ни прошел мимо — тот и испанец; кто умер — непременно от любви к ней. Все это как нарочно подтверждалось в ее глазах еще и тем, что за ней в самом деле начали бегать такие, например, люди, как Обноскин, Мизинчиков и десятки других, с теми же целями. Ей вдруг стали все угождать, стали баловать ее, стали ей льстить. Бедная Татьяна Ивановна и подозревать не хотела, что все это из-за денег. Она совершенно была уверена, что по чьему-то мановению все люди вдруг исправились и стали, все до одного, веселые, милые, ласковые, добрые. *Он* не являлся еще налицо; но хотя и сомнения не было в том, что *он* явится, теперешняя жизнь и без того была так недурна, так заманчива, так полна всяких развлечений и угощений, что можно было и подождать. Татьяна Ивановна кушала конфеты, срывала цветы удовольствия, читала романы. Романы еще более распаляли ее воображение и бросались обыкновенно на второй странице. Она не выносила далее чтенья, увлекаемая в мечты самыми первыми строчками, самым ничтожным намеком на любовь, иногда просто описанием местности, комнаты, туалета. Беспрерывно привозились новые наряды, кружева, шляпки, наколки, ленты, образчики, выкройки, узоры, конфеты, цветы, собачонки. Три девушки в девичьей проводили целые дни за шитьем, а барышня с утра до ночи, и даже ночью, примеряла свои лифы, оборки и вертелась перед зеркалом. Она даже как-то помолодела и похорошела после наследства. До сих пор не знаю, каким образом она приходилась сродни покойному генералу Крахоткину. Я всегда был уверен, что это родство — выдумка генеральши, желавшей овладеть Татьяной Ивановной и во что бы ни стало женить дядю на ее деньгах. Господин Бахчеев был прав, говоря о купидоне, доведшем Татьяну Ивановну до последней точки; а мысль дяди, после известия о ее побеге с Обноскиным, бежать за ней и воротить ее, хоть насильно, была самая рациональная. Бедняжка неспособна была жить без опеки и тотчас же погибла бы, если б попалась к недобрым людям.

Был час десятый, когда мы приехали в Мишино. Это была бедная, маленькая деревенька, верстах в трех от большой дороги и стоявшая в какой-то яме. Шесть или семь крестьянских изб, закоптелых, покрившихся набок и едва прикрытых почерневшею соломою, както грустно и неприветливо смотрели на проезжего. Ни садика, ни кустика не было кругом на четверть версты. Только одна старая ракита свесилась и дремала над зеленоватой лужей, называвшейся прудом. Такое новоселье, вероятно, не могло произвесть отрадного впечатления на Татьяну Ивановну. Барская усадьба состояла из нового, длинного и узкого сруба, с шестью окнами в ряд и крытого на скорую руку соломой. Чиновник-помещик только что начинал хозяйничать. Даже двор еще не был огорожен забором, и только с одной стороны начинался новый плетень, с которого еще не успели осыпаться высохшие ореховые листья. У плетня стоял тарантас Обноскина. Мы упали на виноватых как снег на голову. Из раскрытого окна слышались крики и плач.

Встретившийся нам в сенях босоногий мальчик ударился от нас бежать сломя голову. В первой же комнате, на ситцевом, длинном «турецком» диване, без спинки, восседала заплаканная Татьяна Ивановна. Увидев нас, она взвизгнула и закрылась ручками. Возле нее стоял Обноскин, испуганный и сконфуженный до жалости. Он до того потерялся, что бросился пожимать нам руки, как будто обрадовавшись нашему приезду. Из-за притворенной в другую комнату двери выглядывало чье-то дамское платье: кто-то подслушивал и подглядывал в незаметную для нас щелочку. Хозяева не являлись: казалось, их и в доме не было; все куда-то попрятались.

— Вот она, путешественница! еще и ручками закрывается! — вскричал господин Бахчеев, вваливаясь за нами в комнату.

— Остановите ваш восторг, Степан Алексеич! Это наконец неприлично. Имеет право теперь говорить один только Егор Ильич, а мы здесь совершенно посторонние, — резко заметил Мизинчиков.

Дядя, бросив строгий взгляд на господина Бахчеева и как будто совсем не замечая Обноскина, бросившегося к нему с рукопожатиями, подошел к Татьяне Ивановне, всё еще закрывавшейся ручками, и самым мягким голосом, с самым непритворным участием сказал ей:

— Татьяна Ивановна! мы все так любим и уважаем вас, что сами приехали узнать о ваших намерениях. Угодно вам будет ехать с нами в Степанчиково? Илюша именинник. Маменька вас ждет с нетерпением, а Сашурка с Настей уж, верно, проплакали о вас целое утро...

Татьяна Ивановна робко приподняла голову, посмотрела на него сквозь пальцы и вдруг, залившись слезами, бросилась к нему на шею.

— Ах, увезите, увезите меня отсюда скорее! — говорила она рыдая, — скорее, как можно скорее!

— Расскакалась да и сбрендила! — прошипел Бахчеев, подталкивая меня рукою.

— Значит, все кончено, — сказал дядя, сухо обращаясь к Обноскину и почти не глядя на него. — Татьяна Ивановна, пожалуйте вашу руку. Едем!

За дверьми послышался шорох; дверь скрипнула и приотворилась еще более.

— Однако ж, если судить с другой точки зрения, — заметил Обноскин с беспокойством, поглядывая на приотворенную дверь, — то посудите сами, Егор Ильич... ваш поступок в моем доме... и, наконец, я вам кланяюсь, а вы даже не хотели мне и поклониться, Егор Ильич...

— Ваш поступок в *моем* доме, сударь, был скверный поступок, — отвечал дядя, строго взглянув на Обноскина, — а это и дом-то не ваш. Вы слышали: Татьяна Ивановна не хочет оставаться здесь ни минуты. Чего же вам более? Ни слова — слышите, ни слова больше, прошу вас! Я чрезвычайно желаю избежать дальнейших объяснений, да и вам это будет выгоднее.

Но тут Обноскин до того упал духом, что наговорил самой неожиданной дряни.

— Не презирайте меня, Егор Ильич, — начал он полушепотом, чуть не плача от стыда и поминутно оглядываясь на дверь, вероятно из боязни, чтоб там не услышали, — это все не я, а маменька. Я не из интереса это сделал, Егор Ильич; я только так это сделал; я, конечно, и для интереса это сделал, Егор Ильич... но я с благородной целью это сделал, Егор Ильич: я бы употребил с пользою капитал-с... я бы помогал бедным. Я хотел тоже способствовать движению современного просвещения и мечтал даже учредить стипендию в университете... Вот какой оборот я хотел дать моему богатству, Егор Ильич; а не то, чтоб что-нибудь, Егор Ильич...

Всем нам вдруг сделалось чрезвычайно совестно. Даже Мизинчиков покраснел и отвернулся, а дядя так сконфузился, что уж не знал, что и сказать.

— Ну, ну, полно, полно! — проговорил он наконец. — Успокойся, Павел Семеныч. Что ж делать! Со всяким случается... Если хочешь, приезжай, брат, обедать... а я рад, рад...

Но не так поступил господин Бахчеев.

— Стипендию учредить! — заревел он с яростью, — таковский чтоб учредил! Небось сам рад сорвать со всякого встречного... Штанишек нет, а туда же, в стипендию какую-то лезет! Ах ты лоскутник, лоскутник! Вот тебе и покорил нежное сердце! А где ж она, родительница-то? али спряталась? Не я буду, если не сидит где-нибудь там, за ширмами, али под кровать со страха залезла...

— Степан, Степан!.. — закричал дядя.

Обноскин вспыхнул и готовился было протестовать; но прежде чем он успел раскрыть рот, дверь отворилась, и сама Анфиса Петровна, раздраженная, с сверкавшими глазами, покрасневшая от злости, влетела в комнату.

— Это что? — закричала она, — что это здесь происходит? Вы, Егор Ильич, врываетесь в благородный дом с своей ватагой, пугаете дам, распоряжаетесь!.. Да на что это похоже? Я еще не выжила из ума, слава Богу, Егор Ильич! А ты, пентюх! — продолжала она вопить, набрасываясь на сына, — ты уж и нюни распустил перед ними! Твоей матери делают оскорбление в ее же доме, а ты рот разинул! Какой ты порядочный молодой человек после этого? Ты тряпка, а не молодой человек после этого!

Ни вчерашнего нежничанья, ни модничанья, ни даже лорнетки — ничего этого не было теперь у Анфисы Петровны. Это была настоящая фурия, фурия без маски.

Дядя, едва только увидел ее, поспешил схватить под руку Татьяну Ивановну и бросился было из комнаты; но Анфиса Петровна тотчас же перегородила ему дорогу.

— Вы так не выйдете, Егор Ильич! — затрещала она снова. — По какому праву вы уводите силой Татьяну Ивановну? Вам досадно, что она избежала ваших гнусных сетей, которыми вы опутали ее вместе с вашей маменькой и с дураком Фомою Фомичом! Вам хотелось бы самому жениться из гнусного интереса. Извините-с, здесь благороднее думают! Татьяна Ивановна, видя, что против нее у вас замышляют, что ее губят, сама вверилась Павлуше. Она сама просила его, так сказать, спасти ее от ваших сетей; она принуждена была бежать от вас ночью — вот как-с! вот вы до чего ее довели! Так ли, Татьяна Ивановна? А если так, то как смеете вы врываться целой шайкой в благородный дворянский дом и силою увозить благородную девицу, несмотря на ее крики и слезы? Я не позволю! не позволю! Я не сошла с ума!.. Татьяна Ивановна останется, потому что так хочет! Пойдемте, Татьяна Ивановна, нечего их слушать: это враги ваши, а не друзья! Не робейте, пойдемте! Я их тотчас же выпровожу!..

— Нет, нет! — закричала испуганная Татьяна Ивановна, — я не хочу, не хочу! Какой он муж? Я не хочу выходить замуж за вашего сына! Какой он мне муж?

— Не хотите? — взвизгнула Анфиса Петровна, задыхаясь от злости, — не хотите? Приехали, да и не хотите? В таком случае как же вы смели обманывать нас? В таком случае как же вы смели обещать ему, бежали с ним ночью, сами навязывались, ввели нас в недоумение, в расходы? Мой сын, может быть, благородную партию потерял из-за вас!.. Он, может быть, десятки тысяч приданого потерял из-за вас!.. Нет-с! Вы заплатите, вы должны теперь заплатить; мы доказательства имеем: вы ночью бежали...

Но мы не дослушали этой тирады. Все разом, сгруппировавшись около дяди, мы двинулись вперед, прямо на Анфису Петровну, и вышли на крыльцо. Тотчас же подали коляску.

— Так делают одни только бесчестные люди, одни подлецы! — кричала Анфиса Петровна с крыльца в совершенном исступлении. — Я бумагу подам! вы заплатите... вы едете в бесчестный дом, Татьяна Ивановна! вы не можете выйти замуж за Егора Ильича; он под носом у вас держит свою гувернантку на содержании!..

Дядя задрожал, побледнел, закусил губу и бросился усаживать Татьяну Ивановну. Я зашел с другой стороны коляски и ждал своей очереди садиться, как вдруг очутился подле меня Обноскин и схватил меня за руку.

— По крайней мере позвольте мне искать вашей дружбы! — сказал он, крепко сжимая мою руку и с каким-то отчаянным выражением в лице.

— Как это дружбы? — сказал я, занося ногу на подножку коляски.

— Так-с! Я еще вчера отличил в вас образованнейшего человека. Не судите меня... Меня собственно обольстила маменька, а я тут совсем в стороне. Я более имею наклонности к литературе — уверяю вас; а это всё маменька...

— Верю, верю, — сказал я, — прощайте!

Мы уселись, и лошади поскакали. Крики и проклятия Анфисы Петровны еще долго звучали нам вслед, а из всех окон дома вдруг высунулись чьи-то неизвестные лица и смотрели на нас с диким любопытством.

В коляске помещалось теперь нас пятеро; но Мизинчиков пересел на козлы, уступив свое прежнее место господину Бахчееву, которому пришлось теперь сидеть прямо против Татьяны Ивановны. Татьяна Ивановна была очень довольна, что мы ее увезли, но все еще плакала. Дядя, как мог, утешал ее. Сам же он был грустен и задумчив: видно было, что бешеные слова Анфисы Петровны о Настеньке тяжело и больно отозвались в его сердце. Впрочем, обратный путь наш кончился бы без всякой тревоги, если б только не было с нами господина Бахчеева.

Усевшись напротив Татьяны Ивановны, он стал точно сам не свой; он не мог смотреть равнодушно; ворочался на своем месте, краснел как рак и страшно вращал глазами; особенно когда дядя начинал утешать Татьяну Ивановну, толстяк решительно выходил из себя и ворчал, как бульдог, которого дразнят. Дядя с опасением на него поглядывал. Наконец Татьяна Ивановна, заметив необыкновенное состояние души своего визави, стала пристально в него всматриваться; потом посмотрела на нас, улыбнулась и вдруг, схватив свою омбрельку*, грациозно ударила ею слегка господина Бахчеева по плечу.

— Безумец! — проговорила она с самой очаровательной игривостью и тотчас же закрылась веером.

Эта выходка была каплей, переполнившей сосуд.

— Что-о-о? — заревел толстяк, — что такое, мадам? Так ты уж и до меня добираешься!

— Безумец! безумец! — повторяла Татьяна Ивановна и вдруг захохотала и захлопала в ладоши.

— Стой! — закричал Бахчеев кучеру, — стой!

Остановились. Бахчеев отворил дверцу и поспешно начал вылезать из коляски.

— Да что с тобой, Степан Алексеич? куда ты? — вскричал изумленный дядя.

— Нет уж, довольно с меня! — отвечал толстяк, дрожа от негодования, — прокисай все на свете! Устарел я, мадам, чтоб ко мне с амурами подъезжать. Я, матушка, лучше уж на большой дороге помру! Прощай, мадам, коман-ву-порте-ву!**

И он в самом деле пошел пешком. Коляска поехала за ним шагом.

— Степан Алексеевич! — кричал дядя, выходя наконец из терпения, — не дурачься, полно, садись! ведь домой пора!

— И — ну вас! — проговорил Степан Алексеевич, задыхаясь от ходьбы, потому что, по толстоте своей, совсем разучился ходить.

— Пошел во весь опор! — закричал Мизинчиков кучеру.

— Что ты, что ты, постой!.. — вскричал было дядя, но коляска уже помчалась. Мизинчиков не ошибся: немедленно получились желаемые плоды.

— Стой! стой! — раздался позади нас отчаянный вопль, — стой, разбойник! стой, душегубец ты эдакой!..

---

* Зонтик (*фр.* ombrelle).

** «Как поживаете?» (*фр.* «Comment vous portez-vous?»)

Толстяк наконец явился, усталый, полузадохшийся, с каплями пота на лбу, развязав галстух и сняв картуз. Молча и мрачно влез он в коляску, и в этот раз я уступил ему свое место; по крайней мере он не сидел напротив Татьяны Ивановны, которая в продолжение всей этой сцены покатывалась со смеху, била в ладоши и во весь остальной путь не могла смотреть равнодушно на Степана Алексеевича. Он же, с своей стороны, до самого дома не промолвил ни единого слова и упорно смотрел, как вертелось заднее колесо коляски.

Был уже полдень, когда мы воротились в Степанчиково. Я прямо пошел в свой флигель, куда тотчас же явился Гаврила с чаем. Я бросился было расспрашивать старика, но, почти вслед за ним, вошел дядя и тотчас же выслал его.

II
Новости

— Я, брат, к тебе на минутку, — начал он торопливо, — спешил сообщить... Я уже все разузнал. Никто из них сегодня даже у обедни не был, кроме Илюши, Саши да Настеньки. Маменька, говорят, была в судорогах. Оттирали; насилу оттерли. Теперь положено собираться к Фоме, и меня зовут. Не знаю только, поздравлять или нет Фому с именинами-то, — важный пункт! И, наконец, как-то они примут весь этот пассаж? Ужас, Сережа, я уж предчувствую...

— Напротив, дядюшка, — заспешил я в свою очередь, — все превосходно устраивается. Ведь уж теперь вам никак нельзя жениться на Татьяне Ивановне — это одно чего стоит! Я вам еще дорогою это хотел объяснить.

— Так, так, друг мой. Но все это не то; во всем этом, конечно, перст Божий, как ты говоришь; но я не про то... Бедная Татьяна Ивановна! какие, однако ж, с ней пассажи случаются!.. Подлец, подлец Обноскин! А впрочем, что ж я говорю «подлец»? я разве не то же бы самое сделал, женясь на ней?.. Но, впрочем, я все не про то... Слышал ты, что кричала давеча эта негодяйка, Анфиса, про Настю?

— Слышал, дядюшка. Догадались ли вы теперь, что надо спешить?

— Непременно, и во что бы ни стало! — отвечал дядя. — Торжественная минута наступила. Только мы, брат, об одном вчера с тобой не подумали, а я после всю ночь продумал: пойдет ли она-то за меня, — вот что?

— Помилосердуйте, дядюшка! Когда сама сказала, что любит...

— Друг ты мой, да ведь тут же прибавила, что «ни за что не выйду за вас».

— Эх, дядюшка! это так только говорится; к тому же и обстоятельства сегодня не те.

— Ты думаешь? Нет, брат Сергей, это дело деликатное, ужасно деликатное! Гм!.. А знаешь, хоть и тосковал я, а как-то всю ночь сердце сосало от какого-то счастия!.. Ну, прощай, лечу. Ждут; я уж и так опоздал. Только так забежал, слово с тобой перебросить. Ах, Боже мой! — вскричал он, возвращаясь, — главное-то я и забыл! Знаешь что: ведь я ему писал, Фоме-то!

— Когда?

— Ночью; а утром, чем свет, и письмо отослал с Видоплясовым. Я, братец, все изобразил, на двух листах, все рассказал, правдиво и откровенно, — словом, что я должен, то есть непременно должен, — понимаешь? — сделать предложение Настеньке. Я умолял его не разглашать о свидании в саду и обращался ко всему благородству его души, чтоб помочь мне у маменьки. Я, брат, конечно, худо написал, но я написал от всего моего сердца и, так сказать, облил моими слезами...

— И что ж? Никакого ответа?

— Покамест еще нет; только давеча, когда мы собирались в погоню, встретил его в сенях, по-ночному, в туфлях и в колпаке, — он спит в колпаке, — куда-нибудь выходил. Ни слова не сказал, даже не взглянул. Я заглянул ему в лицо, эдак снизу, — ничего!

— Дядюшка, не надейтесь на него: нагадит он вам.

— Нет, нет, братец, не говори! — вскричал дядя, махая руками, — я уверен. К тому же ведь это уж последняя надежда моя. Он поймет; он оценит. Он брюзглив, капризен — не спорю; но когда дело дойдет до высшего благородства, тут-то он и засияет, как перл... именно, как перл. Это ты все оттого, Сергей, что ты еще не видал его в самом высшем благородстве... Но, Боже мой! если он в самом деле разгласит вчерашнюю тайну, то... я уж и не знаю, что тогда будет, Сергей! Чему же останется и верить на свете? Но нет, он не может быть таким подлецом. Я подметки его не стою! Не качай головой, братец: это правда — не стою!

— Егор Ильич! маменька об вас беспокоются-с, — раздался снизу неприятный голос девицы Перепелицыной, которая, вероятно, успела подслушать в открытое окно весь наш разговор. — Вас по всему дому ищут-с и не могут найти-с.

— Боже мой, опоздал! Беда! — всполошился дядя. — Друг мой, ради Христа, одевайся и приходи туда! Я ведь за этим и забежал к тебе, чтоб вместе пойти... Бегу, бегу, Анна Ниловна, бегу!

Оставшись один, я вспомнил о моей встрече давеча с Настенькой и был рад, что не рассказал о ней дяде: я бы расстроил его еще более. Предвидел я большую грозу и не мог понять, каким образом дядя устроит свои дела и сделает предложение Настеньке. Повторяю: несмотря на всю веру в его благородство, я поневоле сомневался в успехе.

Однако ж надо было спешить. Я считал себя обязанным помогать ему и тотчас же начал одеваться; но как ни спешил, желая одеться получше, замешкался. Вошел Мизинчиков.

— Я за вами, — сказал он, — Егор Ильич вас просит немедленно.

— Идем!

Я был уже совсем готов. Мы пошли.

— Что там нового? — спросил я дорогою.

— Все у Фомы, в сборе, — отвечал Мизинчиков, — Фома не капризничает, что-то задумчив и мало говорит, сквозь зубы цедит. Даже поцеловал Илюшу, что, разумеется, привело в восторг Егора Ильича. Еще давеча через Перепелицыну объявил, чтоб не поздравляли его с именинами и что он только хотел испытать... Старуха хоть и нюхает спирт, но успокоилась, потому что Фома покоен. О нашей истории никто ни полслова, как будто ее и не было; молчат, потому что Фома молчит. Он все утро не пускал к себе никого, хотя старуха давеча без нас всеми святыми молила, чтоб он к ней пришел для совещаний, да и сама ломилась к нему в дверь; но он заперся и отвечал, что молится за род человеческий или что-то в этом роде. Он что-то затевает: по лицу видно. Но так как Егор Ильич ничего не в состоянии узнать по лицу, то и находится теперь в полном восторге от кротости Фомы Фомича: настоящий ребенок! Илюша какие-то стихи приготовил, и меня послали за вами.

— А Татьяна Ивановна?

— Что Татьяна Ивановна?

— Она там же? с ними?

— Нет; она в своей комнате, — сухо отвечал Мизинчиков. — Отдыхает и плачет. Может быть, и стыдится. У ней, кажется, теперь эта... гувернантка. Что это? гроза никак собирается. Смотрите, на небе-то!

— Кажется, гроза, — отвечал я, взглянув на черневшую на краю неба тучу.

В это время мы всходили на террасу.

— А признайтесь, каков Обноскин-то, а? — продолжал я, не могши утерпеть, чтоб не попытать на этом пункте Мизинчикова.

— Не говорите мне о нем! Не поминайте мне об этом подлеце! — вскричал он, вдруг останавливаясь, покраснев и топнув ногою. — Дурак! дурак! Погубить такое превосходное дело, такую светлую мысль! Послушайте: я, конечно, осел, что просмотрел его плутни, — я в этом торжественно сознаюсь, и, может быть, вы именно хотели этого сознания. Но клянусь вам, если б он сумел все это обделать как следует, я бы, может быть, и простил его! Дурак, дурак! И как держат, как терпят таких людей в обществе! Как не ссылают их в Сибирь, на поселение, на каторгу! Но врут! им меня не перехитрить! Теперь у меня, по крайней мере, есть опыт, и мы еще потягаемся. Я обдумываю теперь одну новую мысль... Согласитесь сами: неужели ж терять свое потому только, что какой-то посторонний дурак украл вашу мысль и не умел взяться за дело? Ведь это несправедливо! И наконец, этой Татьяне непременно надо выйти замуж — это ее назначение. И если ее до сих пор еще никто не посадил в дом сумасшедших, так это именно потому, что на ней еще можно было жениться. Я вам сообщу мою новую мысль...

— Но, вероятно, после, — прервал я его, — потому что мы вот и пришли.

— Хорошо, хорошо, после! — отвечал Мизинчиков, искривив свой рот судорожной улыбкой. — А теперь... Но куда ж вы? Говорю вам: прямо к Фоме Фомичу! Идите за мной; вы там еще не были. Увидите другую комедию... Так как уж дело пошло на комедии...

III
Илюша-именинник

Фома занимал две большие и прекрасные комнаты; они были даже и отделаны лучше, чем все другие комнаты в доме. Полный комфорт окружал великого человека. Свежие, красивые обои на стенах, шелковые пестрые занавесы у окон, ковры, трюмо, камин, мягкая, щегольская мебель — всё свидетельствовало о нежной внимательности хозяев к Фоме Фомичу. Горшки с цветами стояли на окнах и на мраморных круглых столиках перед окнами. Посреди кабинета находился большой стол, покрытый красным сукном, весь заложенный книгами и рукописями. Прекрасная бронзовая чернильница и куча перьев, которыми заведовал Видоплясов, — всё это вместе должно было свидетельствовать о тугих умственных работах Фомы Фомича. Скажу здесь кстати, что Фома, просидев здесь почти восемь лет, ровно ничего не сочинил путного. Впоследствии, когда он отошел в лучшую жизнь, мы разбирали оставшиеся после него рукописи; все они оказались необыкновенною дрянью. Нашли, например, начало исторического романа, происходившего в Новгороде, в VII столетии; потом чудовищную поэму: «Анахорет на кладбище», писанную белыми стихами; потом бессмысленное рассуждение о значении и свойстве русского мужика и о том, как надо с ним обращаться, и, наконец, повесть «Графиня Блонская», из великосветской жизни, тоже неоконченную. Больше ничего не осталось. А между тем Фома Фомич заставлял дядю тратить ежегодно большие деньги на выписку книг и журналов. Но многие из них оставались даже неразрезанными. Я же, впоследствии, не один раз заставал Фому за Поль де Коком, которого он прятал при людях куда-нибудь подальше. В задней стене кабинета находилась стеклянная дверь, которая вела во двор дома.

Нас дожидались. Фома Фомич сидел в покойном кресле, в каком-то длинном, до пят, сюртуке, но все-таки без галстуха. Был он действительно молчалив и задумчив. Когда мы вошли, он слегка поднял брови и пытливо взглянул на меня. Я поклонился; он отвечал мне легким поклоном, впрочем довольно вежливым. Бабушка, видя, что Фома Фомич обошелся со мной благосклонно, с улыбкою закивала мне головою. Бедная, и не ожидала поутру, что ее нещечко так покойно примет известие о «пассаже» с Татьяной Ивановной, и потому теперь чрезвычайно развеселилась, хотя утром с ней действительно происходили корчи и обмороки. За стулом ее, по обыкновению, стояла девица Перепелицына, сложив губы в ниточку, кисло и злобно улыбаясь и потирая свои костлявые руки одну о другую. Возле генеральши помещались две постоянно безмолвные старухи-приживалки, из благородных. Была еще какая-то забредшая утром монашенка и одна соседка-помещица, пожилая и тоже без речей, заехавшая от обедни поздравить матушку-генеральшу с праздником. Тетушка Прасковья Ильинична уничтожалась где-то в уголку, с беспокойством смотря на Фому Фомича и на маменьку. Дядя сидел в кресле, и необыкновенная радость сияла в глазах его. Перед ним стоял Илюша в праздничной красной рубашечке, с завитыми кудряшками, хорошенький, как ангельчик. Саша и Настенька тихонько от всех выучили его каким-то стихам, чтоб обрадовать отца в такой день успехами в науках. Дядя чуть не плакал от удовольствия: неожиданная кротость Фомы, веселость генеральши, именины Илюши, стихи — все это привело его в настоящий восторг, и он торжественно просил послать за мной, чтоб и я тоже поскорее разделил всеобщее счастье и прослушал стихи. Саша и Настенька, вошедшая почти вслед за нами, стояли около Илюши. Саша поминутно смеялась и в эту минуту была счастлива как дитя. Настенька, глядя на нее, тоже начала улыбаться, хоть и вошла, за минуту назад, бледная и унылая. Она одна встретила и успокоила Татьяну Ивановну, воротившуюся из путешествия, и до сих пор просидела у ней наверху. Резвый Илюша как будто тоже не мог удержаться от смеха, смотря на своих учительниц. Казалось, они все трое приготовили какую-то пресмешную шутку, которую теперь и хотели разыграть... Я и забыл про Бахчеева. Он сидел поодаль, на стуле, все еще сердитый и красный, молчал, дулся, сморкался и вообще играл довольно мрачную роль на семейном празднике. Возле него семенил Ежевикин; впрочем, он семенил и везде, целовал ручки у генеральши и у приезжей гостьи, нашептывал что-то девице Перепелицыной, ухаживал за Фомой Фомичом, — словом, поспевал везде. Он тоже с великим сочувствием ожидал Илюшиных стихов и при входе моем бросился ко мне с поклонами, в знак величайшего уважения и преданности. Вовсе не видно было, что он приехал сюда защитить дочь и взять ее совсем из Степанчикова.

— Вот и он! — радостно вскричал дядя, увидев меня. — Илюша, брат, стихи приготовил — вот неожиданность, настоящий сюрприз! Я, брат, поражен и нарочно за тобой послал и стихи остановил до прихода... Садись-ка возле! Послушаем. Фома Фомич, да ты уж признайся, братец, ведь уж, верно, ты их всех надоумил, чтоб меня, старика, обрадовать? Присягну, что так!

Если уж дядя говорил в комнате Фомы таким тоном и голосом, то, казалось бы, все обстояло благополучно. Но в том-то и беда, что дядя неспособен был ничего угадать по лицу, как выразился Мизинчиков; а взглянув на Фому, я как-то невольно согласился, что Мизинчиков прав и что надо было чего-нибудь ожидать...

— Не беспокойтесь обо мне, полковник, — отвечал Фома слабым голосом, голосом человека, прощающего врагам своим. — Сюрприз я, конечно, хвалю: это изображает чувствительность и благонравие ваших детей. Стихи тоже полезны, даже для произношения... Но я не стихами был занят это утро, Егор Ильич: я молился... вы это знаете... Впрочем, готов выслушать и стихи.

Между тем я поздравил Илюшу и поцеловал его.

— Именно, Фома, извини! Я забыл... хоть и уверен в твоей дружбе, Фома! Да поцелуй его еще раз, Сережа! Смотри, какой мальчуган! Ну, начинай, Илюшка! Про что это? Верно, какая-нибудь ода торжественная, из Ломоносова что-нибудь?

И дядя приосанился. Он едва сидел на месте от нетерпения и радости.

— Нет, папочка, не из Ломоносова, — сказала Сашенька, едва подавляя свой смех, — а так как вы были военный и воевали с неприятелями, то Илюша и выучил стихи про военное... Осаду Памбы, папочка.

— Осада Памбы? а! не помню... Что это за Памба, ты знаешь, Сережа? Верно, что-нибудь героическое.

И дядя приосанился в другой раз.

— Говори, Илюша! — скомандовала Сашенька.

Девять лет, как Педро Гумец... —

начал Илюша маленьким, ровным и ясным голосом, без запятых и без точек, как обыкновенно сказывают маленькие дети заученные стихи, —

Девять лет, как Педро Гумец
Осаждает замок Памбу,
Молоком одним питаясь,
И все войско дона Педра,
Девять тысяч кастильянцев,
Все по данному обету
Ниже хлеба не снедают,
Пьют одно лишь молоко.

— Как! что? Что это за молоко? — вскричал дядя, смотря на меня в изумлении.

— Читай дальше, Илюша, — вскричала Сашенька.

Всякий день дон Педро Гумец
О своем бессилье плачет,
Закрываясь епанчою.
Настает уж год десятый;
Злые мавры торжествуют;
А от войска дона Педра
Всего-навсего осталось
Девятнадцать человек...

— Да это галиматья! — вскричал дядя с беспокойством, — ведь это невозможное ж дело! Девятнадцать человек от всего войска осталось, когда прежде был, даже и весьма значительный, корпус! Что ж это, братец, такое?

Но тут Саша не выдержала и залилась самым откровенным и детским смехом; и хоть смешного было вовсе немного, но не было возможности, глядя на нее, тоже не засмеяться.

— Это, папочка, шуточные стихи, — вскричала она, ужасно радуясь своей детской затее, — это уж нарочно так, сам сочинитель сочинил, чтоб всем смешно было, папочка.

— А! шуточные! — вскричал дядя с просиявшим лицом, — комические то есть! То-то я смотрю... Именно, именно, шуточные! И пресмешно, чрезвычайно смешно: на молоке всю армию поморил, по обету какому-то! Очень надо было давать такие обеты! Очень остроумно — не правда ль, Фома? Это, видите, маменька, такие комические стихи, которые иногда пишут сочинители, — не правда ли, Сергей, ведь пишут? Чрезвычайно смешно! Ну, ну, Илюша, что ж дальше?

Девятнадцать человек!
Их собрал дон Педро Гумец
И сказал им: «Девятнадцать!
Разовьем свои знамена,
В трубы громкие взыграем
И, ударивши в литавры,
Прочь от Памбы мы отступим!
Хоть мы крепости не взяли,
Но поклясться можем смело
Перед совестью и честью,
Не нарушили ни разу
Нами данного обета:
Целых девять лет не ели,
Ничего не ели ровно,
Кроме только молока!

— Экой фофан! чем утешается, — прервал опять дядя, — что девять лет молоко пил!.. Да какая ж тут добродетель? Лучше бы по целому барану ел, да людей не морил! Прекрасно, превосходно! Вижу, вижу теперь: это сатира, или... как это там называется, аллегория, что ль? и, может быть, даже на какого-нибудь иностранного полководца, — прибавил дядя, обращаясь ко мне, значительно сдвинув брови и прищуриваясь, — а? как ты думаешь? Но только, разумеется, невинная, благородная сатира, никого не обижающая! Прекрасно! прекрасно! и, главное, благородно! Ну, Илюша, продолжай! Ах вы, шалуньи, шалуньи! — прибавил он, с чувством смотря на Сашу и украдкой на Настеньку, которая краснела и улыбалась.

Ободренные сей речью,
Девятнадцать кастильянцев,
Все, качаяся на седлах,
В голос слабо закричали:
«Санкто Яго Компостелло!
Честь и слава дону Педру!
Честь и слава Льву Кастильи!»
А каплан его, Диего,
Так сказал себе сквозь зубы:
«Если б я был полководцем,
Я б обет дал есть лишь мясо,
Запивая сантуринским!»

— Ну вот! Не то же ли я говорил? — вскричал дядя, чрезвычайно обрадовавшись. — Один только человек во всей армии благоразумный нашелся, да и тот какой-то каплан! Это кто ж такой, Сергей: капитан ихний, что ли?

— Монах, духовная особа, дядюшка.

— А, да, да! Каплан, капеллан? Знаю, помню! еще в романах Радклиф читал. Там ведь у них разные ордена, что ли?.. Бенедиктинцы, кажется... Есть бенедиктинцы-то?..

— Есть, дядюшка.

— Гм!.. Я так и думал. Ну, Илюша, что ж дальше? Прекрасно, превосходно!

И, услышав то, дон Педро
Произнес со громким смехом:
«Подарить ему барана;
Он изрядно подшутил!..»

— Нашел время хохотать! Вот дурак-то! Самому наконец смешно стало! Барана! Стало быть, были же бараны; чего ж он сам-то не ел? Ну, Илюша, дальше! Прекрасно, превосходно! Необыкновенно колко!

— Да уж кончено, папочка!

— А! кончено! В самом деле, чего ж больше оставалось и делать, — не правда ль, Сергей? Превосходно, Илюша! Чудо как хорошо! Поцелуй меня, голубчик! Ах ты, мой милый! Да кто именно его надоумил: ты, Саша?

— Нет, это Настенька. Намедни мы читали. Она прочла, да и говорит: «Какие смешные стихи! Вот будет Илюша именинник: заставим его выучить да рассказать. То-то смеху будет!»

— Так это Настенька? Ну, благодарю, благодарю, — пробормотал дядя, вдруг весь покраснев как ребенок. — Поцелуй меня еще раз, Илюша! Поцелуй меня и ты, шалунья, — сказал он, обнимая Сашеньку и с чувством смотря ей в глаза. — Вот подожди, Сашурка, и ты будешь именинница, — прибавил он, как будто не зная, что и сказать больше от удовольствия.

Я обратился к Настеньке и спросил ее: чьи стихи?

— Да, да! чьи стихи? — всполошился дядя· — Должно быть, умный поэт написал, — не правда ль, Фома?

— Гм!.. — промычал Фома под нос.

Во всё время чтения стихов едкая, насмешливая улыбка не покидала губ его.

— Я, право, забыла, — отвечала Настенька, робко взглядывая на Фому Фомича.

— Это господин Кузьма Прутков написал, папочка, в «Современнике» напечатано, — выскочила Сашенька.

— Кузьма Прутков! не знаю, — проговорил дядя. — Вот Пушкина так знаю!.. Впрочем, видно, что поэт с достоинствами, — не правда ль, Сергей? И, сверх того, благороднейших свойств человек — это ясно, как два пальца! Даже, может быть, из офицеров... Хвалю! А превосходный журнал «Современник»! Непременно надо подписываться, коли все такие поэты участвуют... Люблю поэтов! славные ребята! все в стихах изображают! Помнишь, Сергей, я видел у тебя, в Петербурге, одного литератора. Еще какой-то у него нос особенный... право!.. Что ты сказал, Фома?

Фома Фомич, которого разбирало все более и более, громко захихикал.

— Нет, я так... ничего-с... — проговорил он, как бы с трудом удерживаясь от смеха. — Продолжайте, Егор Ильич, продолжайте! Я после мое слово скажу... Вот и Степан Алексеич с удовольствием слушает про знакомства ваши с петербургскими литераторами...

Степан Алексеевич, все время сидевший поодаль, в задумчивости, вдруг поднял голову, покраснел и ожесточенно повернулся в кресле.

— Ты, Фома, меня не задирай, а в покое оставь! — сказал он, гневно смотря на Фому своими маленькими, налитыми кровью глазами. — Мне что твоя литература? Дай только Бог мне здоровья, — пробормотал он себе под нос, — а там хоть бы всех... и с сочинителями-то... волтерьянцы, только и есть!

— Сочинители волтерьянцы-с? — проговорил Ежевикин, немедленно очутившись подле господина Бахчеева. — Совершенную правду изволили изложить, Степан Алексеич. Так и Валентин Игнатьич отзываться намедни изволили. Меня самого волтерьянцем обозвали — ей-богу-с; а ведь я, всем известно, так еще мало написал-с... то есть крынка молока у бабы скиснет — все господин Вольтер виноват! Все у нас так-с.

— Ну, нет! — заметил дядя с важностью, — это ведь заблуждение! Во́льтер был только острый писатель; смеялся над предубеждениями; а вольтерьянцем никогда не бывал! Это все про него враги распустили. За что ж, в самом деле, всё на него, бедняка?..

Снова раздалось ядовитое хихиканье Фомы Фомича. Дядя с беспокойством посмотрел на него и приметно сконфузился.

— Нет, я, видишь, Фома, все про журналы, — проговорил он с смущением, желая как-нибудь поправиться. — Ты, брат Фома, совершенно был прав, когда, намедни, внушал, что надо подписываться. Я и сам думаю, что надо! Гм... что ж, в самом деле, просвещение распространяют! Не то, какой же будешь сын отечества, если уж на это не подписаться? не правда ль, Сергей? Гм!.. да!.. вот хоть «Современник»... Но знаешь, Сережа, самые сильные науки, по-моему, это в том толстом журнале, как бишь его? еще в желтой обертке...

— «Отечественные записки», папочка.

— Ну да, «Отечественные записки», и превосходное название, Сергей, — не правда ли? так сказать, все отечество сидит да записывает... Благороднейшая цель! преполезный журнал! и какой толстый! Поди-ка, издай такой дилижанс! А науки такие, что глаза изо лба чуть не выскочат... Намедни прихожу — лежит книга; взял, из любопытства, развернул да три страницы разом и отмахал. Просто, брат, рот разинул! И знаешь, обо всем толкование: что, например, значит метла, лопата, чумичка, ухват? По-моему, метла так метла и есть; ухват так и есть ухват! Нет, брат, подожди! Ухват-то выходит, по-ученому, не ухват, а эмблема или мифология, что ли, какая-то, уж не помню что, а только что-то такое вышло... Вот оно как! До всего дошли!

Не знаю, что именно приготовлялся сделать Фома после этой новой выходки дяди, но в эту минуту появился Гаврила и, понурив голову, стал у порога.

Фома Фомич значительно взглянул на него.

— Готово, Гаврила? — спросил он слабым, но решительным голосом.

— Готово-с, — грустно отвечал Гаврила и вздохнул.

— И узелок мой положил на телегу?

— Положил-с.

— Ну, так и я готов! — сказал Фома и медленно приподнялся с кресла. Дядя в изумлении смотрел на него. Генеральша вскочила с места и с беспокойством озиралась кругом.

— Позвольте мне теперь, полковник, — с достоинством начал Фома, — просить вас оставить на время интересную тему о литературных ухватах; вы можете продолжать ее без меня. Я же, *прощаясь с вами навеки,* хотел бы вам сказать несколько последних слов...

Испуг и изумление оковали всех слушателей.

— Фома! Фома! да что это с тобою? Куда ты сбираешься? — вскричал наконец дядя.

— Я сбираюсь покинуть ваш дом, полковник, — проговорил Фома самым спокойным голосом. — Я решился идти куда глаза глядят и потому нанял на свои деньги простую, мужичью телегу. На ней теперь лежит мой узелок; он не велик: несколько любимых книг, две перемены белья — и только! Я беден, Егор Ильич, но ни за что на свете не возьму теперь вашего золота, от которого я еще и вчера отказался!..

— Но, ради Бога, Фома? что ж это значит? — вскричал дядя, побледнев как платок.

Генеральша взвизгнула и в отчаянии смотрела на Фому Фомича, протянув к нему руки. Девица Перепелицына бросилась ее поддерживать. Приживалки окаменели на своих местах. Господин Бахчеев тяжело поднялся со стула.

— Ну, началась история! — прошептал подле меня Мизинчиков.

В эту минуту послышались отдаленные раскаты грома: начиналась гроза.

IV
Изгнание

— Вы, кажется, спрашиваете, полковник: «что это значит?» — торжественно проговорил Фома, как бы наслаждаясь всеобщим смущением. — Удивляюсь вопросу! Разъясните же мне, с своей стороны, каким образом *вы* в состоянии смотреть теперь мне прямо в глаза? разъясните мне эту последнюю психологическую задачу из человеческого бесстыдства, и тогда я уйду, по крайней мере обогащенный новым познанием об испорченности человеческого рода.

Но дядя не в состоянии был отвечать: он смотрел на Фому испуганный и уничтоженный, раскрыв рот, с выкатившимися глазами.

— Господи! какие страсти-с! — простонала девица Перепелицына.

— Понимаете ли, полковник, — продолжал Фома, — что вы должны отпустить меня теперь, просто и без расспросов? В вашем доме даже я, человек пожилой и мыслящий, начинаю уже серьезно опасаться за чистоту моей нравственности. Поверьте, что ни к чему не поведут расспросы, кроме вашего же посрамления.

— Фома! Фома!.. — вскричал дядя, и холодный пот показался на лбу его.

— И потому позвольте без объяснений сказать вам только несколько прощальных и напутственных слов, последних слов моих в вашем, Егор Ильич, доме. Дело сделано, и его не воротишь! Я надеюсь, что вы понимаете, про какое дело я говорю. Но умоляю вас на коленях: если в сердце вашем осталась хотя искра нравственности, обуздайте стремление страстей своих! И если тлетворный яд еще не охватил всего здания, то, по возможности, потушите пожар!

— Фома! уверяю тебя, что ты в заблуждении! — вскричал дядя, мало-помалу приходя в себя и с ужасом предчувствуя развязку.

— Умерьте страсти, — продолжал Фома тем же торжественным тоном, как будто и не слыхав восклицания дяди, — побеждайте себя. «Если хочешь победить весь мир — победи себя!» Вот мое всегдашнее правило. Вы помещик; вы должны бы сиять, как бриллиант, в своих поместьях, и какой же гнусный пример необузданности подаете вы здесь своим низшим! Я молился за вас целые ночи и трепетал, стараясь отыскать ваше счастье. Я не нашел его, ибо счастье заключается в добродетели...

— Но это невозможно же, Фома! — снова прервал его дядя, — ты не так понял и не то совсем говоришь...

— Итак, вспомните, что вы помещик, — продолжал Фома, опять не слыхав восклицания дяди. — Не думайте, чтоб отдых и сладострастие были предназначением помещичьего звания. Пагубная мысль! Не отдых, а забота, и забота перед Богом, царем и отечеством! Трудиться, трудиться обязан помещик, и трудиться, как последний из крестьян его!

— Что ж, я пахать за мужика, что ли, стану? — проворчал Бахчеев, — ведь и я помещик...

— К вам теперь обращаюсь, домашние, — продолжал Фома, обращаясь к Гавриле и Фалалею, появившемуся у дверей, — любите господ ваших и исполняйте волю их подобострастно и с кротостью. За это возлюбят вас и господа ваши. А вы, полковник, будьте к ним справедливы и сострадательны. Тот же человек — образ Божий, так сказать, малолетний, врученный вам, как дитя, царем и отечеством. Велик долг, но велика и заслуга ваша!

— Фома Фомич! голубчик! что ты это задумал? — в отчаянии прокричала генеральша, готовая упасть в обморок от ужаса.

— Ну, довольно, кажется? — закричал Фома, не обращая внимания даже и на генеральшу. — Теперь о подробностях; положим, они мелки, но необходимы, Егор Ильич! В Харинской пустоши у вас до сих пор сено не скошено. Не опоздайте: скосите, и скосите скорей. Таков совет мой...

— Но, Фома...

— Вы хотели, — я знаю это, рубить зыряновский участок лесу; не рубите — другой совет мой. Сохраните леса: ибо леса сохраняют влажность на поверхности земли... Жаль, что вы слишком поздно посеяли яровое; удивительно, как поздно сеяли вы яровое!..

— Но, Фома...

— Но, однако ж, довольно! Всего не передашь, да и не время! Я пришлю к вам наставление письменное, в особой тетрадке. Ну, прощайте, прощайте все. Бог с вами, и да благословит вас Господь! Благословляю и тебя, дитя мое, — продолжал он, обращаясь к Илюше, — и да сохранит тебя Бог от тлетворного яда будущих страстей твоих! Благословляю и тебя, Фалалей; забудь комаринского!.. И вас, и всех... Помните Фому... Ну, пойдем, Гаврила! Подсади меня, старичок.

И Фома направился к дверям. Генеральша взвизгнула и бросилась за ним.

— Нет, Фома! я не пущу тебя так! — вскричал дядя и, догнав его, схватил его за руку.

— Значит, вы хотите действовать насилием? — надменно спросил Фома.

— Да, Фома... и насилием! — отвечал дядя, дрожа от волнения. — Ты слишком много сказал и должен разъяснить! Ты не так прочел мое письмо, Фома!..

— Ваше письмо! — взвизгнул Фома, мгновенно воспламенясь, как будто именно ждал этой минуты для взрыва, — ваше письмо! Вот оно, ваше письмо! вот оно! Я рву это письмо, я плюю на это письмо! я топчу ногами своими ваше письмо и исполняю тем священнейший долг человечества! Вот что я делаю, если вы силой принуждаете меня к объяснениям! Видите! видите! видите!..

И клочки бумаги разлетелись по комнате.

— Повторяю, Фома, ты не понял! — кричал дядя, бледнея все более и более, — я предлагаю руку, Фома, я ищу своего счастья...

— Руку! Вы обольстили эту девицу и надуваете меня, предлагая ей руку; ибо я видел вас вчера с ней ночью в саду, под кустами!

Генеральша вскрикнула и в изнеможении упала в кресло. Поднялась ужасная суматоха. Бедная Настенька сидела бледная, точно мертвая. Испуганная Сашенька, обхватив Илюшу, дрожала как в лихорадке.

— Фома! — вскричал дядя в исступлении. — Если ты распространишь эту тайну, то ты сделаешь самый подлейший поступок в мире!

— Я распространю эту тайну, — визжал Фома, — и сделаю наиблагороднейший из поступков! Я на то послан самим Богом, чтоб изобличить весь мир в его пакостях! Я готов взобраться на мужичью соломенную крышу и кричать оттуда о вашем гнусном поступке всем окрестным помещикам и всем проезжающим!.. Да, знайте все, все, что вчера, ночью, я застал его с этой девицей, имеющей наиневиннейший вид, в саду, под кустами!..

— Ах, какой срам-с! — пропищала девица Перепелицына.

— Фома! не губи себя! — кричал дядя, сжимая кулаки и сверкая глазами.

— ...А он, — визжал Фома, — он, испугавшись, что я его увидел, осмелился завлекать меня лживым письмом, меня, честного и прямодушного, в потворство своему преступлению — да, преступлению!.. ибо из наиневиннейшей доселе девицы вы сделали...

— Еще одно оскорбительное для нее слово, и — я убью тебя, Фома, клянусь тебе в этом!..

— Я говорю это слово, ибо из наиневиннейшей доселе девицы вы успели сделать развратнейшую из девиц!

Едва только произнес Фома последнее слово, как дядя схватил его за плечи, повернул, как соломинку, и с силою бросил его на стеклянную дверь, ведшую из кабинета во двор дома. Удар был так силен, что притворенные двери растворились настежь, и Фома, слетев кубарем по семи каменным ступенькам, растянулся на дворе. Разбитые стекла с дребезгом разлетелись по ступеням крыльца.

— Гаврила, подбери его! — вскричал дядя, бледный как мертвец, — посади его на телегу, и чтоб через две минуты духу его не было в Степанчикове!

Что бы ни замышлял Фома Фомич, но уж, верно, не ожидал подобной развязки.

Не берусь описывать то, что было в первые минуты после такого пассажа. Раздирающий душу вопль генеральши, покатившейся в кресле; столбняк девицы Перепелицыной перед неожиданным поступком до сих пор всегда покорного дяди; ахи и охи приживалок; испуганная до обморока Настенька, около которой увивался отец; обезумевшая от страха Сашенька; дядя, в невыразимом волнении шагавший по комнате и дожидавшийся, когда очнется мать; наконец, громкий плач Фалалея, оплакивавшего господ своих, — всё это составляло картину неизобразимую. Прибавлю еще, что в эту минуту разразилась сильная гроза; удары грома слышались чаще и чаще, и крупный дождь застучал в окна.

— Вот-те и праздничек! — пробормотал господин Бахчеев, нагнув голову и растопырив руки.

— Дело худо! — шепнул я ему, тоже вне себя от волнения, — но, по крайней мере, прогнали Фомича и уж не воротят.

— Маменька! опомнились ли вы? легче ли вам? можете ли вы наконец меня выслушать? — спросил дядя, остановясь перед креслом старухи.

Та подняла голову, сложила руки и с умоляющим видом смотрела на сына, которого еще никогда в жизни не видала в таком гневе.

— Маменька! — продолжал он, — чаша переполнена, вы сами видели. Не так хотел я изложить это дело, но час пробил, и откладывать нечего! Вы слышали клевету, выслушайте же и оправдание. Маменька, я люблю эту благороднейшую и возвышеннейшую девицу, люблю давно и не разлюблю никогда. Она осчастливит детей моих и будет для вас самой почтительной дочерью, и потому теперь, при вас, в присутствии родных и друзей моих, я торжественно повергаю мою просьбу к стопам ее и умоляю ее сделать мне бесконечную честь, согласившись быть моею женою!

Настенька вздрогнула, потом вся вспыхнула и вскочила с кресла. Генеральша некоторое время смотрела на сына, как будто не понимая, что такое он ей говорит, и вдруг с пронзительным воплем бросилась перед ним на колени.

— Егорушка, голубчик ты мой, вороти Фому Фомича! — закричала она, — сейчас вороти! не то я к вечеру же помру без него!

Дядя остолбенел, видя старуху мать, своевольную и капризную, перед собой на коленях. Болезненное ощущение отразилось в лице его; наконец опомнившись, бросился он подымать ее и усаживать опять в кресло.

— Вороти Фому Фомича, Егорушка! — продолжала вопить старуха, — вороти его, голубчика! Жить без него не могу!

— Маменька! — горестно вскричал дядя, — или вы ничего не слышали из того, что я вам сейчас говорил? Я не могу воротить Фому — поймите это! не могу и не вправе, после его низкой и подлейшей клеветы на этого ангела чести и добродетели. Понимаете ли вы, маменька, что я обязан, что честь моя повелевает мне теперь восстановить добродетель! Вы слышали: я ищу руки этой девицы и умоляю вас, чтоб вы благословили союз наш.

Генеральша опять сорвалась с своего места и бросилась на колени перед Настенькой.

— Матушка моя! родная ты моя! — завизжала она, — не выходи за него замуж! не выходи за него, а упроси его, матушка, чтоб воротил Фому Фомича! Голубушка ты моя, Настасья Евграфовна! все тебе отдам, всем тебе пожертвую, коли за него не выйдешь. Я еще не все, старуха, прожила, у меня еще остались крохи после моего покойничка. Все твое, матушка, всем тебя одарю, да и Егорушка тебя одарит, только не клади меня живую во гроб, упроси Фому Фомича воротить!..

И долго бы еще выла и завиралась старуха, если б Перепелицына и все приживалки с визгами и стенаниями не бросились ее подымать, негодуя, что она на коленях перед нанятой гувернанткой. Настенька едва устояла на месте от испуга, а Перепелицына даже заплакала от злости.

— Смертью уморите вы маменьку-с, — кричала она дяде, — смертью уморят-с! А вам, Настасья Евграфовна, не следовало бы ссорить маменьку-с с ихним сыном-с; это и Господь Бог запрещает-с...

— Анна Ниловна, удержите язык! — вскричал дядя. — Я довольно терпел!..

— Да и я довольно от вас натерпелась-с. Что вы сиротством моим меня попрекаете-с? Долго ли обидеть сироту? Я еще не ваша раба-с! Я сама подполковничья дочь-с! Ноги моей не будет-с в вашем доме, не будет-с... сегодня же-с!.. — Но дядя не слушал: он подошел к Настеньке и с благоговением взял ее за руку.

— Настасья Евграфовна! вы слышали мое предложение? — проговорил он, смотря на нее с тоскою, почти с отчаянием.

— Нет, Егор Ильич, нет! уж оставим лучше, — отвечала Настенька, в свою очередь совершенно упав духом. — Это все пустое, — продолжала она, сжимая его руки и заливаясь слезами. — Это вы после вчерашнего так... но не может этого быть, вы сами видите. Мы ошиблись, Егор Ильич... А я о вас всегда буду помнить, как о моем благодетеле и... и вечно, вечно буду молиться за вас!..

Тут слезы прервали ее голос. Бедный дядя, очевидно, предчувствовал этот ответ; он даже и не думал возражать, настаивать... Он слушал, наклонясь к ней, все еще держа ее за руку, безмолвный и убитый. Слезы показались в глазах его.

— Я еще вчера сказала вам, — продолжала Настя, — что не могу быть вашей женою. Вы видите: меня не хотят у вас... а я все это давно, уж заранее предчувствовала; маменька ваша не даст нам благословения... *другие* тоже. Вы сами, хоть и не раскаетесь потом, потому что вы великодушнейший человек, но все-таки будете несчастны из-за меня... с вашим добрым характером...

— Именно с *добрым характером-с* именно *добренькие-с!* так, Настенька, так! — поддакнул старик отец, стоявший по другую сторону кресла, — именно, вот это-то вот словечко и надо было упомянуть-с.

— Я не хочу через себя раздор поселять в вашем доме, — продолжала Настенька. — А обо мне не беспокойтесь, Егор Ильич: меня никто не тронет, никто не обидит... я пойду к папеньке... сегодня же... Лучше уж простимся, Егор Ильич...

И бедная Настенька опять залилась слезами.

— Настасья Евграфовна! неужели это последнее ваше слово? — проговорил дядя, смотря на нее с невыразимым отчаянием. — Скажите одно только слово — и я жертвую вам всем!

— Последнее, последнее, Егор Ильич-с, — подхватил опять Ежевикин, — и она вам так хорошо это всё объяснила, что я даже, признаться, и не ожидал-с. Наидобрейший вы человек, Егор Ильич, именно наидобрейший-с, и чести нам много изволили оказать-с! много чести, много чести-с!.. А все-таки мы вам не пара, Егор Ильич. Вам нужно такую невесту, Егор Ильич-с, чтоб была и богатая, и знатная-с, и раскрасавица-с, и с голосом тоже была бы-с, и чтоб вся в брильянтах да в страусовых перьях по комнатам вашим ходила-с... Тогда и Фома Фомич, может, уступочку сделают-с... и благословят-с! А Фому-то Фомича вы воротите-с. Напрасно, напрасно изволили его так изобидеть-с! он ведь из добродетели, от излишнего жару-с так наговорил-с... Сами будете потом говорить-с, что из добродетели, — увидите-с! Наидостойнейший человек-с. А вот теперь перемокнет-с... Уж лучше бы теперь воротить-с... потому что ведь придется же воротить-с...

— Вороти! вороти его! — закричала генеральша, — он, голубчик мой, правду тебе говорит!..

— Да-с, — продолжал Ежевикин, — вот и родительница ваша убиваться изволят — понапрасну-с... Воротите-ка-с! А мы уж с Настей тем временем и в поход-с...

— Подожди, Евграф Ларионыч! — вскричал дядя, — умоляю! Еще одно слово будет, Евграф, одно только слово...

Сказав это, он отошел, сел в углу, в кресло, склонил голову и закрыл руками глаза, как будто что-то обдумывая.

В эту минуту страшный удар грома разразился чуть не над самым домом. Все здание потряслось. Генеральша закричала, Перепелицына тоже, приживалки крестились, оглупев от страха, а вместе с ними и господин Бахчеев.

— Батюшка, Илья-пророк! — прошептали пять или шесть голосов, все вместе, разом.

Вслед за громом полился такой страшный ливень, что, казалось, целое озеро опрокинулось вдруг над Степанчиковом.

— А Фома-то Фомич, что с ним теперь в поле-то будет-с? — пропищала девица Перепелицына.

— Егорушка, вороти его! — вскричала отчаянным голосом генеральша и, как безумная, бросилась к дверям. Ее удержали приживалки; они окружили ее, утешали, хныкали, визжали. Содом был ужаснейший!

— В одном сюртуке пошли-с: хоть бы шинельку-то взяли с собой-с! — продолжала Перепелицына. — Зонтика тоже не взяли-с. Убьет их теперь молоньёй-то-с!..

— Непременно убьет! — подхватил Бахчеев, — да еще и дождем потом смочит.

— Хоть бы вы-то молчали! — прошептал я ему.

— Да ведь он человек али нет? — гневно отвечал мне Бахчеев. — Ведь не собака. Небось сам-то не выйдешь на улицу. Ну-тка, поди, покупайся, для плезиру.

Предчувствуя развязку и опасаясь за нее, я подошел к дяде, который как будто оцепенел в своем кресле.

— Дядюшка, — сказал я, наклоняясь к его уху, — неужели вы согласитесь воротить Фому Фомича? Поймите, что это будет верх неприличия, по крайней мере покамест здесь Настасья Евграфовна.

— Друг мой, — отвечал дядя, подняв голову и с решительным видом смотря мне в глаза, — я судил себя в эту минуту и теперь знаю, что должен делать! Не беспокойся, обиды Насте не будет — я так устрою...

Он встал со стула и подошел к матери.

— Маменька! — сказал он, — успокойтесь: я ворочу Фому Фомича, я догоню его: он не мог еще далеко отъехать. Но клянусь, он воротится только на единственном условии: здесь, публично, в кругу всех свидетелей оскорбления, он должен будет сознаться в вине своей и торжественно просить прощения у этой благороднейшей девицы. Я достигну этого! Я его заставлю!.. Иначе он не перейдет через порог этого дома! Клянусь вам тоже, маменька, торжественно: если он согласится на это сам, добровольно, то я готов буду броситься к ногам его и отдам ему все, все, что могу отдать, не обижая детей моих! Сам же я, с сего же дня, от всего отстраняюсь. Закатилась звезда моего счастья! Я оставляю Степанчиково. Живите здесь все покойно и счастливо. Я же еду в полк — и в бурях брани, на поле битвы, проведу отчаянную судьбу мою... Довольно! еду!

В эту минуту отворилась дверь, и Гаврила, весь измокший, весь в грязи, до невозможности, предстал перед смятенною публикой.

— Что с тобой? откуда? Где Фома? — вскричал дядя, бросаясь к Гавриле.

За ним бросились все и с жадным любопытством окружили старика, с которого грязная вода буквально стекала ручьями. Визги, ахи, крики сопровождали каждое слово Гаврилы.

— У березника оставил, версты полторы отсюдова, — начал он плачевным голосом. — Лошадь молоньи испужалась и в канаву бросилась.

— Ну... — вскричал дядя.

— Телега перевалилась...

— Ну... а Фома?

— В канаву упали-с.

— Да ну же, досказывай, истязатель!

— Бок отшибли-с и заплакали-с. Я лошадь выпряг, да верхом и прибыл сюда доложить-с.

— А Фома там остался?

— Встал и пошел себе дальше с палочкой, — заключил Гаврила, потом вздохнул и понурил голову.

Слезы и рыдания дамского пола были неизобразимы.

— Полкана! — закричал дядя и бросился вон из комнаты. Полкана подали; дядя вскочил на него, неоседланного, и чрез минуту топот лошадиных копыт возвестил нам о начавшейся погоне за Фомой Фомичом. Дядя ускакал даже без фуражки.

Дамы побросались к окнам. Среди ахов и стонов слышались и советы. Толковали о немедленной теплой ванне, об растирании Фомы Фомича спиртом, о грудном чае, о том, что Фома Фомич крошечки хлебца-с «с утра в рот не брали-с и что они теперь натощак-с». Девица Перепелицына нашла забытые им очки, в футляре, и находка произвела необыкновенный эффект: генеральша бросилась на них с воплями и слезами и, не выпуская их из рук, снова припала к окну смотреть на дорогу. Ожидание дошло наконец до самой последней степени напряжения... В другом углу Сашенька утешала Настю: они обнялись и плакали. Настенька держала за руку Илюшу и поминутно целовала его, прощаясь с своим учеником. Илюша плакал навзрыд, еще сам не зная чему. Ежевикин и Мизинчиков толковали о чем-то в стороне. Мне показалось, что Бахчеев, смотря на девиц, как будто тоже приготовлялся захныкать. Я подошел к нему.

— Нет, батюшка, — сказал он мне, — Фома-то Фомич, пожалуй бы, и удалился отсюда, да время еще тому не пришло: золоторогих быков еще под экипаж ему не достали! Не беспокойтесь, батюшка, хозяев из дому выживет и сам останется!

Гроза прошла, и господин Бахчеев, видимо, изменил свои убеждения.

Вдруг раздалось: «Ведут! ведут!» — и дамы с визгом побросались к дверям. Не прошло еще десяти минут после отъезда дяди: казалось, невозможно бы так скоро привести Фому Фомича; но загадка объяснилась потом очень просто: Фома Фомич, отпустив Гаврилу, действительно «пошел себе с палочкой»; но, почувствовав себя в совершенном уединении, среди бури, грома и ливня, препостыдно струсил, поворотил в Степанчиково и побежал вслед за Гаврилой. Дядя захватил его уже на селе. Тотчас же остановили одну проезжавшую мимо телегу; сбежались мужики и посадили в нее присмиревшего Фому Фомича. Так и доставили его прямо в отверстые объятия генеральши, которая чуть не обезумела от ужаса, увидя, в каком он положении. Он был еще грязнее и мокрее Гаврилы. Суета поднялась ужаснейшая: хотели тотчас же тащить его наверх, чтоб переменить белье; кричали о бузине и о других крепительных средствах, метались во все стороны без всякого толку; говорили все зараз... Но Фома как будто не замечал никого и ничего. Его ввели под руки. Добравшись до своего кресла, он тяжело опустился в него и закрыл глаза. Кто-то закричал, что он умирает: поднялся ужаснейший вой; но более всех ревел Фалалей, стараясь пробиться сквозь толпу барынь к Фоме Фомичу, чтобы немедленно поцеловать у него ручку...

V
Фома Фомич созидает всеобщее счастье

— Куда это меня привели? — проговорил наконец Фома голосом умирающего за правду человека.

— Проклятая размазня! — прошептал подле меня Мизинчиков, — точно не видит, куда его привели. Вот ломаться-то теперь будет!

— Ты у нас, Фома, ты в кругу своих! — вскричал дядя. — Ободрись, успокойся! И, право, переменил бы ты теперь костюм, Фома, а то заболеешь... Да не хочешь ли подкрепиться — а? так, эдак... рюмочку маленькую чего-нибудь, чтоб согреться...

— Малаги бы я выпил теперь, — простонал Фома, снова закрывая глаза.

— Малаги? навряд ли у нас и есть! — сказал дядя, с беспокойством смотря на Прасковью Ильиничну.

— Как не быть! — подхватила Прасковья Ильинична, — целые четыре бутылки остались, — и тотчас же, гремя ключами, побежала за малагой, напутствуемая криками всех дам, облепивших Фому, как мухи варенье. Зато господин Бахчеев был в самой последней степени негодования.

— Малаги захотел! — проворчал он чуть не вслух. — И вина-то такого спросил, что никто не пьет! Ну, кто теперь пьет малагу, кроме такого же, как он, подлеца? Тьфу, вы, проклятые! Ну, я-то чего тут стою? чего я-то тут жду?

— Фома! — начал дядя, сбиваясь на каждом слове, — вот теперь... когда ты отдохнул и опять вместе с нами... то есть, я хотел сказать, Фома, что понимаю, как давеча, обвинив, так сказать, невиннейшее создание...

— Где, где она, моя невинность? — подхватил Фома, как будто был в жару и в бреду, — где золотые дни мои? Где ты, мое золотое детство, когда я, невинный и прекрасный, бегал по полям за весенней бабочкой? где, где это время? Воротите мне мою невинность, воротите ее!..

И Фома, растопырив руки, обращался ко всем поочередно, как будто невинность его была у кого-нибудь из нас в кармане. Бахчеев готов был лопнуть от гнева.

— Эк чего захотел! — проворчал он с яростью. — Подайте ему его невинность! Целоваться, что ли, он с ней хочет? Может, и мальчишкой-то был уже таким же разбойником, как и теперь! присягну, что был.

— Фома!.. — начал было опять дядя.

— Где, где они, те дни, когда я еще веровал в любовь и любил человека? — кричал Фома, — когда я обнимался с человеком и плакал на груди его? а теперь — где я? где я?

— Ты у нас, Фома, успокойся! — крикнул дядя, — а я вот что хотел тебе сказать, Фома...

— Хоть бы вы-то уж теперь помолчали-с, — прошипела Перепелицына, злобно сверкнув своими змеиными глазками.

— Где я? — продолжал Фома, — кто кругом меня? Это буйволы и быки, устремившие на меня рога свои. Жизнь, что же ты такое? Живи, живи, будь обесчещен, опозорен, умален, избит, и когда засыплют песком твою могилу, тогда только опомнятся люди, и бедные кости твои раздавят монументом!

— Батюшки, о монументах заговорил! — прошептал Ежевикин, сплеснув руками.

— О, не ставьте мне монумента! — кричал Фома, — не ставьте мне его! Не надо мне монументов! В сердцах своих воздвигните мне монумент, а более ничего не надо, не надо, не надо!

— Фома! — прервал дядя, — полно! успокойся! нечего говорить о монументах. Ты только выслушай... Видишь, Фома, я понимаю, что ты, может быть, так сказать, горел благородным огнем, упрекая меня давеча; но ты увлекся, Фома, за черту добродетели — уверяю тебя, ты ошибся, Фома...

— Да перестанете ли вы-с? — запищала опять Перепелицына, — убить, что ли, вы несчастного человека хотите-с, потому что они в ваших руках-с?..

Вслед за Перепелицыной встрепенулась и генеральша, а за ней и вся ее свита; все замахали на дядю руками, чтоб он остановился.

— Анна Ниловна, молчите вы сами, а я знаю, что говорю! — с твердостью отвечал дядя. — Это дело святое! дело чести и справедливости. Фома! ты рассудителен, ты должен сей же час испросить прощение у благороднейшей девицы, которую ты оскорбил.

— У какой девицы? какую девицу я оскорбил? — проговорил Фома, в недоумении обводя всех глазами, как будто совершенно забыв все происшедшее и не понимая, о чем идет дело.

— Да, Фома, и если ты теперь сам, своей волей, благородно сознаешься в вине своей, то, клянусь тебе, Фома, я паду к ногам твоим, и тогда...

— Кого же это я оскорбил? — вопил Фома, — какую девицу? Где она? где эта девица? Напомните мне хоть что-нибудь об этой девице!..

В эту минуту Настенька, смущенная и испуганная, подошла к Егору Ильичу и дернула его за рукав.

— Нет, Егор Ильич, оставьте его, не надо извинений! к чему это всё? — говорила она умоляющим голосом. — Бросьте это!..

— А! теперь я припоминаю! — вскричал Фома. — Боже! я припоминаю! О, помогите, помогите мне припоминать! — просил он, по-видимому, в ужасном волнении. — Скажите: правда ли, что меня изгнали отсюда, как шелудивейшую из собак? Правда ли, что молния поразила меня? Правда ли, что меня вышвырнули отсюда с крыльца? Правда ли, правда ли это?

Плач и вопли дамского пола были красноречивейшим ответом Фоме Фомичу.

— Так, так! — твердил он, — я припоминаю... я припоминаю теперь, что после молнии и падения моего я бежал сюда, преследуемый громом, чтоб исполнить свой долг и исчезнуть навеки! Приподымите меня! Как ни слаб я теперь, но должен исполнить свою обязанность.

Его тотчас приподняли с кресла. Фома стал в положение оратора и протянул свою руку.

— Полковник! — вскричал он, — теперь я очнулся совсем; гром еще не убил во мне умственных способностей; осталась, правда, глухота в правом ухе, происшедшая, может быть, не столько от грома, сколько от падения с крыльца... Но что до этого! И какое кому дело до правого уха Фомы!

Последним словам своим Фома придал столько печальной иронии и сопровождал их такою жалобною улыбкою, что стоны тронутых дам раздались снова. Все они с укором, а иные с яростью смотрели на дядю, уже начинавшего понемногу уничтожаться перед таким согласным выражением всеобщего мнения. Мизинчиков плюнул и отошел к окну. Бахчеев все сильнее и сильнее подталкивал меня локтем; он едва стоял на месте.

— Теперь слушайте же все мою исповедь! — возопил Фома, обводя всех гордым и решительным взглядом, — а вместе с тем и решите судьбу несчастного Опискина.

Егор Ильич! давно уже я наблюдал за вами, наблюдал с замиранием моего сердца и видел все, все, тогда как вы еще и не подозревали, что я наблюдаю за вами. Полковник! я, может быть, ошибался, но я знал ваш эгоизм, ваше неограниченное самолюбие, ваше феноменальное сластолюбие, и кто обвинит меня, что я поневоле затрепетал о чести наиневиннейшей из особ?

— Фома, Фома!.. ты, впрочем, не очень распространяйся, Фома! — вскричал дядя, с беспокойством смотря на страдальческое выражение в лице Настеньки.

— Не столько невинность и доверчивость этой особы, сколько ее неопытность смущала меня, — продолжал Фома, как будто и не слыхав предостережения дяди. — Я видел, что нежное чувство расцветает в ее сердце, как вешняя роза, и невольно припоминал Петрарку, сказавшего, что «невинность так часто бывает на волосок от погибели». Я вздыхал, стонал, и хотя за эту девицу, чистую, как жемчужина, я готов был отдать всю кровь мою на поруки, но кто мог мне поручиться за вас, Егор Ильич? Зная необузданное стремление страстей ваших, зная, что вы всем готовы пожертвовать для минутного их удовлетворения, я вдруг погрузился в бездну ужаса и опасений насчет судьбы наиблагороднейшей из девиц...

— Фома! неужели ты мог это подумать? — вскричал дядя.

— С замиранием моего сердца я следил за вами. Если хотите узнать о том, как я страдал, спросите у Шекспира: он расскажет вам в своем «Гамлете» о состоянии души моей. Я сделался мнителен и ужасен. В беспокойстве моем, в негодовании моем я видел все в черном цвете, и это был не тот «черный цвет», о котором поется в известном романсе, — будьте уверены! Оттого-то и видели вы мое тогдашнее желание удалить *ее* из этого дома: я хотел спасти ее; оттого-то и видели вы меня во все последнее время раздражительным и злобствующим на весь род человеческий. О! кто примирит меня теперь с человечеством? Чувствую, что я, может быть, был взыскателен и несправедлив к гостям вашим, к племяннику вашему, к господину Бахчееву, требуя от него астрономии; но кто обвинит меня за тогдашнее состояние души моей? Ссылаясь опять на Шекспира, скажу, что будущность представлялась мне как мрачный омут неведомой глубины, на дне которого лежал крокодил. Я чувствовал, что моя обязанность предупредить несчастие, что я поставлен, что я произведен для этого, — и что же? вы не поняли наиблагороднейших побуждений души моей и платили мне во все это время злобой, неблагодарностью, насмешками, унижениями...

— Фома! если так... конечно, я чувствую... — вскричал дядя в чрезвычайном волнении.

— Если вы действительно чувствуете, полковник, то благоволите дослушать, а не прерывать меня. Продолжаю: вся вина моя, следственно, состояла в том, что я слишком убивался о судьбе и счастье этого дитяти; ибо она еще дитя перед вами. Высочайшая любовь к человечеству сделала меня в это время каким-то бесом гнева и мнительности. Я готов был кидаться на людей и терзать их. И знаете ли, Егор Ильич, что все поступки ваши, как нарочно, поминутно подтверждали мою мнительность и удостоверяли меня во всех подозрениях моих? Знаете ли, что вчера, когда вы осыпали меня своим золотом, чтоб удалить меня от себя, я подумал: «Он удаляет от себя в лице моем свою совесть, чтоб удобнее совершить преступление...»

— Фома, Фома! неужели ты это думал вчера? — с ужасом вскричал дядя. — Господи Боже, а я-то ничего и не подозревал!

— Само небо внушило мне эти подозрения, — продолжал Фома. — И решите сами, что мог я подумать, когда слепой случай привел меня в тот же вечер к той роковой скамейке в саду? Что почувствовал я в эту минуту — о Боже! — увидев наконец собственными своими глазами, что все подозрения мои оправдались вдруг самым блистательным образом? Но мне еще оставалась одна надежда, слабая, конечно, но все же надежда — и что же? Сегодня утром вы разрушаете ее сами в прах и в обломки! Вы присылаете мне письмо ваше; вы выставляете намерение жениться; умоляете не разглашать... «Но почему же, — подумал я, — почему же он написал именно теперь, когда уже я застал его, а не прежде? Почему же прежде он не прибежал ко мне, счастливый и прекрасный — ибо любовь украшает лицо, — почему не бросился он тогда в мои объятия, не заплакал на груди моей слезами беспредельного счастья и не поведал мне всего, всего?» Или я крокодил, который бы только сожрал вас, а не дал бы вам полезного совета? Или я какой-нибудь отвратительный жук, который бы только укусил вас, а не способствовал вашему счастью? «Друг ли я его или самое гнуснейшее из насекомых?» — вот вопрос, который я задал себе нынче утром! «Для чего, наконец, — думал я, — для чего же выписывал он из столицы своего племянника и сватал его к этой девице, как не для того, чтоб обмануть и нас, и *легкомысленного* племянника, а между тем втайне продолжать преступнейшее из намерений?» Нет, полковник, если кто утвердил во мне мысль, что взаимная любовь ваша преступна, то это вы сами, и одни только вы! Мало того, вы преступник и перед этой девицей, ибо ее, чистую и благонравную, через вашу же неловкость и эгоистическую недоверчивость вы подвергли клевете и тяжким подозрениям!

Дядя молчал, склонив голову: красноречие Фомы, видимо, одержало верх над всеми его возражениями, и он уже сознавал себя полным преступником. Генеральша и ее общество молча и с благоговением слушали Фому, а Перепелицына с злобным торжеством смотрела на бедную Настеньку.

— Пораженный, раздраженный, убитый, — продолжал Фома, — я заперся сегодня на ключ и молился, да внушит мне Бог правые мысли! Наконец положил я: в последний раз и публично испытать вас. Я, может быть, слишком горячо принялся, может быть, слишком предался моему негодованию; но за благороднейшие побуждения мои вы вышвырнули меня из окошка! Падая из окошка, я думал про себя: «Вот так-то всегда на свете вознаграждается добродетель!» Тут я ударился оземь и затем едва помню, что со мною дальше случилось!

Визги и стоны прервали Фому Фомича при этом трагическом воспоминании. Генеральша бросилась было к нему с бутылкой малаги в руках, которую она только что перед этим вырвала из рук воротившейся Прасковьи Ильиничны, но Фома величественно отвел рукой и малагу, и генеральшу.

— Остановитесь! — вскричал он, — мне надо кончить. Что случилось после моего падения — не знаю. Знаю только одно, что теперь, мокрый и готовый схватить лихорадку, я стою здесь, чтоб составить ваше обоюдное счастье. Полковник! по многим признакам, которых я не хочу теперь объяснять, я уверился наконец, что любовь ваша была чиста и даже возвышенна, хотя вместе с тем и преступно недоверчива. Избитый, униженный, подозреваемый в оскорблении девицы, за честь которой я, как рыцарь средних веков, готов был пролить до капли всю кровь мою, — я решаюсь теперь показать вам, как мстит за свои обиды Фома Опискин. Протяните мне вашу руку, полковник!

— С удовольствием, Фома! — вскричал дядя, — и так как ты вполне объяснился теперь о чести благороднейшей особы, то... разумеется... вот тебе рука моя, Фома, вместе с моим раскаянием...

И дядя с жаром подал ему руку, не подозревая еще, что из этого выйдет.

— Дайте и вы мне вашу руку, — продолжал Фома, слабым голосом, раздвигая дамскую сбившуюся около него толпу и обращаясь к Настеньке.

Настенька смутилась, смешалась и робко смотрела на Фому.

— Подойдите, подойдите, милое мое дитя! Это необходимо для вашего счастья, — ласково прибавил Фома, все еще продолжая держать руку дяди в своих руках.

— Что это он затевает? — проговорил Мизинчиков.

Настя, испуганная и дрожащая, медленно подошла к Фоме и робко протянула ему свою ручку.

Фома взял эту ручку и положил ее в руку дяди.

— Соединяю и благословляю вас, — произнес он самым торжественным голосом, — и если благословение убитого горем страдальца может послужить вам в пользу, то будьте счастливы. Вот как мстит Фома Опискин! Урра!

Всеобщее изумление было беспредельно. Развязка была так неожиданна, что на всех нашел какой-то столбняк. Генеральша как была, так и осталась с разинутым ртом и с бутылкой малаги в руках. Перепелицына побледнела и затряслась от ярости. Приживалки всплеснули руками и окаменели на своих местах. Дядя задрожал и хотел что-то проговорить, но не мог. Настя побледнела, как мертвая, и робко проговорила, что «это нельзя»... — но уже было поздно. Бахчеев первый — надо отдать ему справедливость — подхватил «ура» Фомы Фомича, за ним я, за мною, во весь свой звонкий голосок, Сашенька, тут же бросившаяся обнимать отца; потом Илюша, потом Ежевикин; после всех уж Мизинчиков.

— Ура! — крикнул другой раз Фома, — урра! И на колени, дети моего сердца, на колени перед нежнейшею из матерей! Просите ее благословения, и, если надо, я сам преклоню перед нею колени, вместе с вами...

Дядя и Настя, еще не взглянув друг на друга, испуганные и, кажется, не понимавшие, что с ними делается, упали на колени перед генеральшей; все столпились около них; но старуха стояла как будто ошеломленная, совершенно не понимая, как ей поступить. Фома помог и этому обстоятельству: он сам повергся перед своей покровительницей. Это разом уничтожило все ее недоумения. Заливаясь слезами, она проговорила наконец, что согласна. Дядя вскочил и стиснул Фому в объятиях.

— Фома, Фома!.. — проговорил он, но голос его осекся, и он не мог продолжать.

— Шампанского! — заревел Степан Алексеевич. — Урра!

— Нет-с, не шампанского-с, — подхватила Перепелицына, которая уже успела опомниться и сообразить все обстоятельства, а вместе с тем и последствия, — а свечку Богу зажечь-с, образу помолиться, да образом и благословить-с, как всеми набожными людьми исполняется-с...

Тотчас же все бросились исполнять благоразумный совет; поднялась ужасная суетня. Надо было засветить свечу. Степан Алексеевич подставил стул и полез приставлять свечу к образу, но тотчас же подломил стул и тяжело соскочил на пол, удержавшись, впрочем, на ногах. Нисколько не рассердившись, он тут же с почтением уступил место Перепелицыной. Тоненькая Перепелицына мигом обделала дело: свеча зажглась. Монашенка и приживалки начали креститься и класть земные поклоны. Сняли образ Спасителя и поднесли генеральше. Дядя и Настя снова стали на колени, и церемония совершилась при набожных наставлениях Перепелицыной, поминутно приговаривавшей: «В ножки-то поклонитесь, к образу-то приложитесь, ручку-то у мамаши поцелуйте-с!» После жениха и невесты к образу почел себя обязанным приложиться и господин Бахчеев, причем тоже поцеловал у матушки-генеральши ручку. Он был в восторге неописанном.

— Урра! — закричал он снова. — Вот теперь так уж выпьем шампанского!

Впрочем, и все были в восторге. Генеральша плакала, но теперь уж слезами радости: союз, благословленный Фомою, тотчас же сделался в глазах ее и приличным и священным, — а главное, она чувствовала, что Фома Фомич отличился и что теперь уж останется с нею на веки веков. Все приживалки, по крайней мере с виду, разделяли всеобщий восторг. Дядя то становился перед матерью на колени и целовал ее руки, то бросался обнимать меня, Бахчеева, Мизинчикова и Ежевикина. Илюшу он чуть было не задушил в своих объятиях. Саша бросилась обнимать и целовать Настеньку, Прасковья Ильинична обливалась слезами. Господин Бахчеев, заметив это, подошел к ней — к ручке. Старикашка Ежевикин расчувствовался и плакал в углу, обтирая глаза своим клетчатым, вчерашним платком. В другом углу хныкал Гаврила и с благоговением смотрел на Фому Фомича, а Фалалей рыдал во весь голос, подходил ко всем и тоже целовал у всех руки. Все были подавлены чувством. Никто еще не начинал говорить, никто не объяснялся; казалось, все уже было сказано; раздавались только радостные восклицания. Никто не понимал еще, как это все вдруг так скоро и просто устроилось. Знали только одно, что все это сделал Фома Фомич и что это факт насущный и непреложный.

Но еще и пяти минут не прошло после всеобщего счастья, как вдруг между нами явилась Татьяна Ивановна. Каким образом, каким чутьем могла она так скоро, сидя у себя наверху, узнать про любовь и про свадьбу? Она впорхнула с сияющим лицом, со слезами радости на глазах, в обольстительно изящном туалете (наверху она-таки успела переодеться) и прямо, с громкими криками, бросилась обнимать Настеньку.

— Настенька, Настенька! ты любила его, а я и не знала, — вскричала она. — Боже! они любили друг друга, они страдали в тишине, втайне! их преследовали! Какой роман! Настя, голубчик мой, скажи мне всю правду: неужели ты в самом деле любишь этого безумца?

Вместо ответа Настя обняла ее и поцеловала.

— Боже, какой очаровательный роман! — и Татьяна Ивановна захлопала от восторга в ладоши. — Слушай, Настя, слушай, ангел мой: все эти мужчины, все до единого — неблагодарные, изверги и не стоят нашей любви. Но, может быть, он лучший из них. Подойди ко мне, безумец! — вскричала она, обращаясь к дяде и хватая его за руку, — неужели ты влюблен? неужели ты способен любить? Смотри на меня: я хочу посмотреть тебе в глаза; я хочу видеть, лгут ли эти глаза или нет? Нет, нет, они не лгут: в них сияет любовь. О, как я счастлива! Настенька, друг мой, послушай, ты не богата: я подарю тебе тридцать тысяч. Возьми, ради Бога! Мне не надо, не надо; мне еще много останется. Нет, нет, нет, нет! — закричала она и замахала руками, увидя, что Настя хочет отказываться. — Молчите и вы, Егор Ильич, это не ваше дело. Нет, Настя, я уж так положила — тебе подарить; я давно хотела тебе подарить и только дожидалась первой любви твоей... Я буду смотреть на ваше счастье. Ты обидишь меня, если не возьмешь; я буду плакать, Настя... Нет, нет, нет и нет!

Татьяна Ивановна была в таком восторге, что в эту минуту, по крайней мере, невозможно, даже жаль было ей возражать. На это и не решились, а отложили до другого времени. Она бросилась целовать генеральшу, Перепелицыну — всех нас. Бахчеев почтительнейшим образом протеснился к ней и попросил и у ней ручку.

— Матушка ты моя! голубушка ты моя! прости ты меня, дурака, за давешнее: не знал я твоего золотого сердечка!

— Безумец! я давно тебя знаю, — с восторженною игривостью пролепетала Татьяна Ивановна, ударила Степана Алексеевича по носу перчаткой и порхнула от него, как зефир, задев его своим пышным платьем. Толстяк почтительно посторонился.

— Достойнейшая девица! — проговорил он с умилением. — А нос-то немцу ведь подклеили! — шепнул он мне конфиденциально, радостно смотря мне в глаза.

— Какой нос? какому немцу? — спросил я в удивлении.

— А вот выписному-то, что ручку-то у своей немки целует, а та слезу платком вытирает. Евдоким у меня починил вчера еще; а давеча, как воротились с погони, я и послал верхового... Скоро привезут. Превосходная вещь!

— Фома! — вскричал дядя в исступленном восторге, — ты виновник нашего счастья! Чем могу я воздать тебе?

— Ничем, полковник, — отвечал Фома с постной миной. — *Продолжайте не обращать на меня внимания* и будьте счастливы без Фомы.

Он был, очевидно, пикирован: среди всеобщих излияний о нем как будто и забыли.

— Это все от восторга, Фома! — вскричал дядя. — Я, брат, уж и не помню, где и стою. Слушай, Фома: я обидел тебя. Всей жизни моей, всей крови моей недостанет, чтоб удовлетворить твою обиду, и потому я молчу, даже не извиняюсь. Но если когда-нибудь тебе понадобится моя голова, моя жизнь, если надо будет броситься за тебя в разверстую бездну, то повелевай и увидишь... Я больше ничего не скажу, Фома.

И дядя махнул рукой, вполне сознавая невозможность прибавить что-нибудь еще, что б сильнее могло выразить его мысль. Он только глядел на Фому благодарными, полными слез глазами.

— Вот они какие ангелы-с! — пропищала, в свою очередь, в похвалу Фоме девица Перепелицына.

— Да, да! — подхватила Сашенька, — я и не знала, что вы такой хороший человек, Фома Фомич, и была к вам непочтительна. А вы простите меня, Фома Фомич, и уж будьте уверены, что я буду вас всем сердцем любить. Если б вы знали, как я теперь вас почитаю!

— Да, Фома! — подхватил Бахчеев, — прости и ты меня, дурака! не знал я тебя, не знал! Ты, Фома Фомич, не только ученый, но и — просто герой! Весь дом мой к твоим услугам. А лучше всего приезжай-ка, брат, ко мне послезавтра, да уж и с матушкой-генеральшей, да уж и с женихом и невестой, — да чего тут! всем домом ко мне! то есть вот как пообедаем, — заранее не похвалюсь, а одно скажу: только птичьего молока для вас не достану! Великое слово даю!

Среди этих излияний подошла к Фоме Фомичу и Настенька и, без дальних слов, крепко обняла его и поцеловала.

— Фома Фомич! — сказала она, — вы наш благодетель; вы столько для нас сделали, что я и не знаю, чем вам заплатить за все это, а только знаю, что буду для вас самой нежной, самой почтительной сестрой...

Она не могла договорить: слезы заглушили слова ее. Фома поцеловал ее в голову и сам прослезился.

— Дети мои, дети моего сердца! — сказал он. — Живите, цветите и в минуты счастья вспоминайте когда-нибудь про бедного изгнанника! Про себя же скажу, что несчастье есть, может быть, мать добродетели. Это сказал, кажется, Гоголь, писатель легкомысленный, но у которого бывают иногда зернистые мысли. Изгнание есть несчастье! Скитальцем пойду я теперь по земле с моим посохом, и кто знает? может быть, через несчастья мои я стану еще добродетельнее! Эта мысль — единственное оставшееся мне утешение!

— Но... куда же ты уйдешь, Фома? — в испуге вскричал дядя.

Все вздрогнули и устремились к Фоме.

— Но разве я могу оставаться в вашем доме после давешнего вашего поступка, полковник? — спросил Фома с необыкновенным достоинством.

Но ему не дали говорить: общие крики заглушили слова его. Его усадили в кресло; его упрашивали, его оплакивали, и уж не знаю, что еще с ним делали. Конечно, и в мыслях его не было выйти из «этого дома», так же как и давеча не было, как не было и вчера, как не было и тогда, когда он копал в огороде. Он знал, что теперь его набожно остановят, уцепятся за него, особенно когда он всех осчастливил, когда все в него снова уверовали, когда все готовы были носить его на руках и почитать это за честь и за счастье. Но, вероятно, давешнее, малодушное его возвращение, когда он испугался грозы, несколько щекотало его амбицию и подстрекало его еще как-нибудь погеройствовать; а главное — предстоял такой соблазн поломаться; можно было так хорошо поговорить, расписать, размазать, расхвалить самого себя, что не было никакой возможности противиться искушению. Он и не противился; он вырывался от непускавших его; он требовал своего посоха, молил, чтоб отдали ему его свободу, чтоб отпустили его на все четыре стороны; что он в «этом доме» был обесчещен, избит; что он воротился для того, чтоб составить всеобщее счастье; что может ли он, наконец, оставаться в «доме неблагодарности и есть щи, хотя и сытные, но приправленные побоями»? Наконец он перестал вырываться. Его снова усадили в кресло; но красноречие его не прерывалось.

— Разве не обижали меня здесь? — кричал он, — разве не дразнили меня здесь языком? разве вы, вы сами, полковник, подобно невежественным детям мещан на городских улицах, не показывали мне ежечасно шиши и кукиши? Да, полковник! я стою за это сравнение, потому что если вы и не показывали мне их физически, то, все равно, это были нравственные кукиши; а нравственные кукиши, в иных случаях, даже обиднее физических. Я уже не говорю о побоях...

— Фома, Фома! — вскричал дядя, — не убивай меня этим воспоминанием! Я уж говорил тебе, что всей крови моей недостаточно, чтоб омыть эту обиду. Будь же великодушен! забудь, прости и останься созерцать наше счастье! Твои плоды, Фома!..

— ...Я хочу любить, любить человека, — кричал Фома, — а мне не дают человека, запрещают любить, отнимают у меня человека! Дайте, дайте мне человека, чтоб я мог любить его! Где этот человек? куда спрятался этот человек? Как Диоген с фонарем, ищу я его всю жизнь и не могу найти, и не могу никого любить, доколе не найду этого человека. Горе тому, кто сделал меня человеконенавистником! Я кричу: дайте мне человека, чтоб я мог любить его, а мне суют Фалалея! Фалалея ли я полюблю? Захочу ли я полюбить Фалалея? Могу ли я, наконец, любить Фалалея, если б даже хотел? Нет; почему нет? Потому что он Фалалей. Почему я не люблю человечества? Потому что все, что ни есть на свете, —

Фалалей или похоже на Фалалея! Я не хочу Фалалея, я ненавижу Фалалея, я плюю на Фалалея, я раздавлю Фалалея, и, если б надо было выбирать, то я полюблю скорее Асмодея, чем Фалалея! Поди, поди сюда, мой всегдашний истязатель, поди сюда! — закричал он, вдруг обратившись к Фалалею, самым невиннейшим образом выглядывавшему на цыпочках из-за толпы, окружавшей Фому Фомича, — поди сюда! Я докажу вам, полковник, — кричал Фома, притягивая к себе рукой Фалалея, обеспамятевшего от страха, — я докажу вам справедливость слов моих о всегдашних насмешках и кукишах! Скажи, Фалалей, и скажи правду: что видел ты во сне сегодняшнюю ночь? Вот увидите, полковник, увидите ваши плоды! Ну, Фалалей, говори!

Бедный мальчик, дрожавший от страха, обводил кругом отчаянный взгляд, ища хоть в ком-нибудь своего спасения; но все только трепетали и с ужасом ждали его ответа.

— Ну же, Фалалей, я жду!

Вместо ответа Фалалей сморщил лицо, растянул свой рот и заревел, как теленок.

— Полковник! видите ли это упорство? Неужели оно натуральное? В последний раз обращаюсь к тебе, Фалалей, скажи: какой сон ты видел сегодня?

— Про...

— Скажи, что меня видел, — подсказывал Бахчеев.

— Про ваши добродетели-с! — подсказал на другое ухо Ежевикин.

Фалалей только оглядывался.

— Про... про ваши доб... про белого бы-ка! — промычал он наконец и залился горючими слезами.

Все ахнули. Но Фома Фомич был в припадке необыкновенного великодушия.

— По крайней мере, я вижу твою искренность, Фалалей, — сказал он, — искренность, которой не замечаю в других. Бог с тобою! Если ты нарочно дразнишь меня этим сном, по навету других, то Бог воздаст и тебе и другим. Если же нет, то уважаю твою искренность, ибо даже в последнем из созданий, как ты, я привык различать образ и подобие Божие... Я прощаю тебя, Фалалей! Дети мои, обнимите меня, я остаюсь!..

«Остается!» — вскричали все с восторгом.

— Остаюсь и прощаю. Полковник, наградите Фалалея сахаром: пусть не плачет он в такой день всеобщего счастья.

Разумеется, такое великодушие нашли изумительным. *Так* заботиться, в *такую* минуту и — о ком же? о Фалалее! Дядя бросился исполнять приказание о сахаре. Тотчас же, бог знает откуда, в руках Прасковьи Ильиничны явилась серебряная сахарница. Дядя вынул было дрожавшею рукою два куска, потом три, потом уронил их, наконец видя, что ничего не в состоянии сделать от волнения:

— Э! — вскричал он, — уж для такого дня! Держи, Фалалей! — и высыпал ему за пазуху всю сахарницу. — Это тебе за искренность, — прибавил он в виде нравоучения.

— Господин Коровкин, — доложил вдруг появившийся в дверях Видоплясов.

Произошла маленькая суета. Посещение Коровкина было, очевидно, некстати. Все вопросительно посмотрели на дядю.

— Коровкин! — вскричал дядя в некотором замешательстве. — Конечно, я рад... — прибавил он, робко взглядывая на Фому, — но уж, право, не знаю, просить ли его теперь — в такую минуту. Как ты думаешь, Фома?

— Ничего, ничего! — благосклонно проговорил Фома, — пригласите и Коровкина; пусть и он участвует во всеобщем счастье.

Словом, Фома Фомич был в ангельском расположении духа.

— Почтительнейше осмелюсь доложить-с, — заметил Видоплясов, — что Коровкин изволят находиться не в своем виде-с.

— Не в своем виде? как? Что ты врешь? — вскричал дядя.

— Точно так-с: не в трезвом состоянии души-с...

Но прежде чем дядя успел раскрыть рот, покраснеть, испугаться и сконфузиться до последней степени, последовало и разрешение загадки. В дверях появился сам Коровкин, отвел рукой Видоплясова и предстал пред изумленною публикой. Это был невысокий, но плотный господин лет сорока, с темными волосами и с проседью, выстриженный под гребенку, с багровым, круглым лицом, с маленькими, налитыми кровью глазами, в высоком волосяном галстухе, застегнутом сзади пряжкой, во фраке необыкновенно истасканном, в пуху и в сене, и сильно лопнувшем под мышкой, в pantalon impossible* и при фуражке, засаленной до невероятности, которую он держал на отлете. Этот господин был совершенно пьян. Выйдя на средину комнаты, он остановился, покачиваясь и тюкая вперед носом, в пьяном раздумье; потом медленно во весь рот улыбнулся.

— Извините, господа, — проговорил он, — я... того... (тут он щелкнул по воротнику) получил!

Генеральша немедленно приняла вид оскорбленного достоинства. Фома, сидя в кресле, иронически обмеривал взглядом эксцентрического гостя. Бахчеев смотрел на него с недоумением, сквозь которое проглядывало, однако, некоторое сочувствие. Смущение же дяди было невероятное; он всею душою страдал за Коровкина.

— Коровкин! — начал было он, — послушайте!

— Атанде-с, — прервал Коровкин. — Рекомендуюсь: дитя природы... Но что я вижу? Здесь дамы... А зачем же ты не сказал мне, подлец, что у тебя здесь дамы? — прибавил он, с плутовскою улыбкою смотря на дядю, — ничего? не робей!.. представимся и прекрасному полу... Прелестные дамы! — начал он, с трудом ворочая язык и завязая на каждом слове, — вы видите несчастного,

---

* Здесь: немыслимые брюки *(фр.)*.

который... ну, да уж и так далее... Остальное не договаривается... Музыканты! польку!

— А не хотите ли заснуть? — спросил Мизинчиков, спокойно подходя к Коровкину.

— Заснуть? Да вы с оскорблением говорите?

— Нисколько. Знаете, с дороги полезно...

— Никогда! — с негодованием отвечал Коровкин. — Ты думаешь, я пьян? — нимало... А впрочем, где у вас спят?

— Пойдемте, я вас сейчас проведу.

— Куда? в сарай? Нет, брат, не надуешь! Я уж там ночевал... А впрочем, веди... С хорошим человеком отчего не пойти?.. Подушки не надо; военному человеку не надо подушки. А ты мне, брат, диванчик, диванчик сочини... Да, слушай, — прибавил он, останавливаясь, — ты, я вижу, малый теплый; сочини-ка ты мне того... понимаешь? ромео, так только, чтоб муху задавить... единственно, чтоб муху задавить, одну то есть рюмочку.

— Хорошо, хорошо! — отвечал Мизинчиков.

— Хорошо... Да ты постой, ведь надо же проститься... Adieu, mesdames и mesdemoiselles!.. Вы, так сказать, пронзили... Ну, да уж нечего! после объяснимся... а только разбудите меня, как начнется... или даже за пять минут до начала... а без меня не начинать! слышите? не начинать!..

И веселый господин скрылся за Мизинчиковым.

Все молчали. Недоумение еще продолжалось. Наконец Фома начал понемногу, молча и неслышно, хихикать; смех его разрастался все более и более в хохот. Видя это, повеселела и генеральша, хотя все еще выражение оскорбленного достоинства сохранялось в лице ее. Невольный смех начинал подыматься со всех сторон. Дядя стоял как ошеломленный, краснея до слез и некоторое время не в состоянии вымолвить слова.

— Господи Боже! — проговорил он наконец, — кто ж это знал? Но ведь... ведь это со всяким же может случиться. Фома, уверяю тебя, что это честнейший, благороднейший и даже чрезвычайно начитанный человек. Фома... вот ты увидишь!..

— Вижу-с, вижу-с, — отвечал Фома, задыхаясь от смеха, — необыкновенно начитанный, именно начитанный!

— Про железные дороги как говорит-с! — заметил вполголоса Ежевикин.

— Фома!.. — вскричал было дядя, но всеобщий хохот покрыл слова его. Фома Фомич так и заливался. Видя это, рассмеялся и дядя.

— Ну, да что тут! — сказал он с увлечением. — Ты великодушен, Фома, у тебя великое сердце: ты составил мое счастье... ты же простишь и Коровкину.

Не смеялась одна только Настенька. Полными любовью глазами смотрела она на жениха своего и как будто хотела вымолвить: «Какой ты, однако ж, прекрасный, какой добрый, какой благороднейший человек, и как я люблю тебя!»

VI
Заключение

Торжество Фомы было полное и непоколебимое. Действительно, без него ничего бы не устроилось, и совершившийся факт подавлял все сомнения и возражения. Благодарность осчастливленных была безгранична. Дядя и Настенька так и замахали на меня руками, когда я попробовал было слегка намекнуть, каким процессом получилось согласие Фомы на их свадьбу. Сашенька кричала: «Добрый, добрый Фома Фомич; я ему подушку гарусом вышью!» — и даже пристыдила меня за мое жестокосердие. Новообращенный Степан Алексеич, кажется, задушил бы меня, если б мне вздумалось сказать при нем что-нибудь непочтительное про Фому Фомича. Он теперь ходил за Фомой, как собачка, смотрел на него с благоговением и к каждому слову его прибавлял: «Благороднейший ты человек, Фома! ученый ты человек,

Фома!» Что ж касается Ежевикина, то он был в самой последней степени восторга. Старикашка давным-давно видел, что Настенька вскружила голову Егору Ильичу, и с тех пор наяву и во сне только и грезил о том, как бы выдать за него свою дочку. Он тянул дело до последней невозможности и отказался уже тогда, когда невозможно было не отказаться. Фома перестроил дело. Разумеется, старик, несмотря на свой восторг, понимал Фому Фомича насквозь; словом, было ясно, что Фома Фомич воцарился в этом доме навеки и что тиранству его теперь уже не будет конца. Известно, что самые неприятнейшие, самые капризнейшие люди хоть на время, да укрощаются, когда удовлетворят их желаниям. Фома Фомич, совершенно напротив, как-то еще больше глупел при удачах и задирал нос все выше и выше. Перед самым обедом, переменив белье и переодевшись, он уселся в кресле, позвал дядю и, в присутствии всего семейства, стал читать ему новую проповедь.

— Полковник! — начал он, — вы вступаете в законный брак. Понимаете ли вы ту обязанность...

И так далее и так далее; представьте себе десять страниц формата «Journal des Débats», самой мелкой печати, наполненных самым диким вздором, в котором не было ровно ничего об обязанностях, а были только самые бесстыдные похвалы уму, кротости, великодушию, мужеству и бескорыстию его самого, Фомы Фомича. Все были голодны; всем хотелось обедать; но, несмотря на то, никто не смел противоречить и все с благоговением дослушали всю дичь до конца; даже Бахчеев, при всем своем мучительном аппетите, просидел, не шелохнувшись, в самой полной почтительности. Удовлетворившись собственным красноречием, Фома Фомич наконец развеселился и даже довольно сильно подпил за обедом, провозглашая самые необыкновенные тосты. Он принялся острить и подшучивать, разумеется, насчет молодых. Все хохотали и аплодировали. Но некоторые из шуток были до такой степени сальны и недвусмысленны, что даже

Бахчеев сконфузился. Наконец Настенька вскочила из-за стола и убежала. Это привело Фому Фомича в неописанный восторг; но он тотчас же нашелся: в кратких, но сильных словах изобразил он достоинства Настеньки и провозгласил тост за здоровье отсутствующей. Дядя, за минуту сконфуженный и страдавший, готов был теперь обнимать Фому Фомича. Вообще жених и невеста как будто стыдились друг друга и своего счастья, — и я заметил: с самого благословения еще они не сказали меж собою ни слова, даже как будто избегали глядеть друг на друга. Когда встали из-за стола, дядя вдруг исчез неизвестно куда. Отыскивая его, я забрел на террасу. Там, сидя в кресле, за кофеем, ораторствовал Фома, сильно подкураженный. Около него были только Ежевикин, Бахчеев и Мизинчиков. Я остановился послушать.

— Почему, — кричал Фома, — почему я готов сейчас же идти на костер за мои убеждения? А почему из вас никто не в состоянии пойти на костер? Почему, почему?

— Да ведь это уж и лишнее будет, Фома Фомич, на костер-то-с! — трунил Ежевикин. — Ну, что толку? Во-первых, и больно-с, а во-вторых, сожгут — что останется?

— Что останется? Благородный пепел останется. Но где тебе понять, где тебе оценить меня! Для вас не существует великих людей, кроме каких-то там Цезарей да Александров Македонских! А что сделали твои Цезари? кого осчастливили? Что сделал твой хваленый Александр Македонский? Всю землю-то завоевал? Да ты дай мне такую же фалангу, так и я завоюю, и ты завоюешь, и он завоюет... Зато он убил добродетельного Клита, а я не убивал добродетельного Клита... Мальчишка! прохвост! розог бы дать ему, а не прославлять во всемирной истории... да уж вместе и Цезарю!

— Цезаря-то хоть пощадите, Фома Фомич!

— Не пощажу дурака! — кричал Фома.

— И не щади! — с жаром подхватил Степан Алексеевич, тоже подвыпивший, — нечего их щадить; все они прыгуны, все только бы на одной ножке повертеться!

колбасники! Вон один давеча стипендию какую-то хотел учредить. А что такое стипендия? Черт ее и знает, что она значит! Об заклад побьюсь, какая-нибудь новая пакость. А тот, другой, давеча-то в благородном обществе, вензеля пишет да рому просит! По-моему, отчего не выпить? Да ты пей, пей, да и перегородку сделай, а потом, пожалуй, и опять пей... Нечего их щадить! все мошенники! Один только ты ученый, Фома!

Бахчеев, если отдавался кому, то отдавался весь, безусловно и безо всякой критики.

Я отыскал дядю в саду, у пруда, в самом уединенном месте. Он был с Настенькой. Увидя меня, Настенька стрельнула в кусты, как будто виноватая. Дядя пошел ко мне навстречу с сиявшим лицом; в глазах его стояли слезы восторга. Он взял меня за обе руки и крепко сжал их.

— Друг мой! — сказал он, — я до сих пор как будто не верю моему счастью... Настя тоже. Мы только дивимся и прославляем Всевышнего. Сейчас она плакала. Поверишь ли, до сих пор я как-то не опомнился, как-то растерялся весь: и верю и не верю! И за что это мне? за что? что я сделал? чем я заслужил?

— Если кто заслужил, дядюшка, то это вы, — сказал я с увлечением. — Я еще не видал такого честного, такого прекрасного, такого добрейшего человека, как вы...

— Нет, Сережа, нет, это слишком, — отвечал он, как бы с сожалением. — То-то и худо, что мы добры (то есть я про себя одного говорю), когда нам хорошо; а когда худо, так и не подступайся близко! Вот мы только сейчас толковали об этом с Настей. Сколько ни сиял передо мною Фома, а, поверишь ли? я, может быть, до самого сегодня не совсем в него верил, хотя и сам уверял тебя в его совершенстве; даже вчера не уверовал, когда он отказался от такого подарка! К стыду моему говорю! Сердце трепещет после давешнего воспоминания! Но я не владел собой... Когда он сказал давеча про Настю, то меня как будто в самое сердце что-то укусило. Я не понял и поступил, как тигр...

— Что ж, дядюшка, может, это было даже естественно.

Дядя замахал руками.

— Нет, нет, брат, и не говори! А просто-запросто все это от испорченности моей природы, оттого, что я мрачный и сластолюбивый эгоист и без удержу отдаюсь страстям моим. Так и Фома говорит. (Что было отвечать на это?) Не знаешь ты, Сережа, — продолжал он с глубоким чувством, — сколько раз я бывал раздражителен, безжалостен, несправедлив, высокомерен, да и не к одному Фоме! Вот теперь это все вдруг пришло на память, и мне как-то стыдно, что я до сих пор ничего еще не сделал, чтоб быть достойным такого счастья. Настя то же сейчас говорила, хотя, право, не знаю, какие на ней-то грехи, потому что она ангел, а не человек! Она сказала мне, что мы в страшном долгу у Бога, что надо теперь стараться быть добрее, делать все добрые дела... И если б ты слышал, как она горячо, как прекрасно все это говорила! Боже мой, что за девушка!

Он остановился в волнении. Через минуту он продолжал:

— Мы положили, брат, особенно лелеять Фому, маменьку и Татьяну Ивановну. А Татьяна-то Ивановна! какое благороднейшее существо! О, как я виноват пред всеми! Я и перед тобой виноват... Но если кто осмелится теперь обидеть Татьяну Ивановну, о! тогда... Ну, да уж нечего!.. для Мизинчикова тоже надо что-нибудь сделать.

— Да, дядюшка, я теперь переменил мое мнение о Татьяне Ивановне. Ее нельзя не уважать и не сострадать ей.

— Именно, именно! — подхватил с жаром дядя, нельзя не уважать! Ведь вот, например, Коровкин, ведь ты уж, наверно, смеешься над ним, — прибавил он, с робостью заглядывая мне в лицо, — и все мы давеча смеялись над ним. А ведь это, может быть, непростительно... ведь это, может быть, превосходнейший, добрейший человек, но судьба... испытал несчастья... Ты не веришь, а это, может быть, истинно так.

— Нет, дядюшка; почему же не верить?

И я с жаром начал говорить о том, что в самом падшем создании могут еще сохраниться высочайшие человеческие чувства; что неисследима глубина души человеческой; что нельзя презирать падших, а, напротив, должно отыскивать и восстановлять; что неверна общепринятая мерка добра и нравственности и проч. и проч., — словом, я воспламенился и рассказал даже о натуральной школе; в заключение же прочел стихи:

Когда из мрака заблужденья...

Дядя пришел в необыкновенный восторг.

— Друг мой, друг мой! — сказал он, растроганный, — ты совершенно понимаешь меня и еще лучше меня рассказал все, что я сам хотел было выразить. Так, так! Господи! почему это зол человек? почему я так часто бываю зол, когда так хорошо, так прекрасно быть добрым? Вот и Настя то же самое сейчас говорила... Но посмотри, однако ж, какое здесь славное место, — прибавил он, оглядываясь вокруг себя, — какая природа! какая картина! Экое дерево! посмотри: в обхват человеческий! Какой сок, какие листья! какое солнце! как после грозы-то все вокруг повеселело, обмылось!.. Ведь подумаешь, что и деревья понимают тоже что-нибудь про себя, чувствуют и наслаждаются жизнью... Неужели ж нет — а? как ты думаешь?

— Очень может быть, дядюшка. По-своему, разумеется...

— Ну да, разумеется, по-своему... Дивный, дивный творец!.. А ведь ты должен хорошо помнить весь этот сад, Сережа: как ты тут играл и бегал, когда был маленький! Я ведь помню, когда ты был маленький, — прибавил он, смотря на меня с неизъяснимым выражением любви и счастья. — Тебе только к пруду не позволяли ходить одному. А помнишь, один раз, вечером, Катя-покойница подозвала тебя и стала тебя ласкать... Ты все бегал в саду перед этим и весь разрумянился; волоски у тебя такие светленькие, в кудряшках... Она ими играла-играла, да и сказала: «Это хорошо, что ты его, сиротку, к нам взял». Помнишь иль нет?

— Чуть-чуть, дядюшка.

— Тогда еще вечер был, и солнце на вас обоих так светило, а я сидел в углу и трубку курил да на вас смотрел... Я, Сережа, каждый месяц к ней на могилу, в город, езжу, — прибавил он пониженным голосом, в котором слышались дрожание и подавляемые слезы. — Я об этом сейчас Насте говорил: она сказала, что мы оба вместе будем к ней ездить...

Дядя замолчал, стараясь подавить свое волнение.

В эту минуту к нам подошел Видоплясов.

— Видоплясов! — вскричал дядя встрепенувшись, — ты от Фомы Фомича?

— Нет-с, я более по своей надобности-с.

— А, ну и славно! вот и узнаем про Коровкина. А я ведь еще давеча хотел спросить... Я ему, Сережа, велел там наблюдать, Коровкина-то. В чем дело, Видоплясов?

— Осмелюсь доложить, — сказал Видоплясов, — что вчера вы изволили упомянуть-с насчет моей просьбы-с и обещать мне ваше высокое заступление от ежедневных обид-с.

— Неужели ты опять про фамилию? — вскричал дядя в испуге.

— Что ж делать-с? Ежечасные обиды-с...

— Ах, Видоплясов, Видоплясов! что мне с тобой делать? — сказал с сокрушением дядя. — Ну, какие тебе могут быть обиды? Ведь ты просто с ума сойдешь, в желтом доме жизнь кончишь!

— Кажется, я умом моим-с... — начал было Видоплясов.

— Ну то-то, то-то, — перебил дядя, — я, братец, это так говорю, не в обиду тебе, а в пользу. Ну какие там у тебя обиды? Бьюсь об заклад, какая-нибудь дрянь?

— Проходу нет-с.

— От кого?

— От всех-с и преимущественно через Матрену-с. Через нее я моею жизнию страдать пошел-с. Известно-с, что все отличительные люди-с, кто сызмалетства еще меня видел, говорили, что я совсем на иностранца похож, преимущественно чертами лица-с. Что же, сударь? Из-за этого мне теперь и проходу нет-с. Как только я мимо иду-с, все мне следом кричат всякие дурные слова-с; даже ребятишки маленькие-с, которых надо прежде всего розгами высечь-с, и те кричат-с... Вот и теперь, когда я сюда шел, кричали-с... Мочи нет-с. Защитите, сударь, вашим покровом-с!

— Ах, Видоплясов!.. Ну да что ж они такое кричат? Верно, глупость какую-нибудь, на которую не надо и внимания обращать.

— Неприлично будет сказать-с.

— Да что именно?

— Омерзительно выговорить-с.

— Да уж говори!

— Гришка-голанец съел померанец-с.

— Фу, какой человек! Я думал и Бог знает что! А ты плюнь да мимо и пройди.

— Плевал-с: еще больше кричат-с.

— Да послушайте, дядюшка, — сказал я, — ведь он жалуется на то, что ему житья нет в здешнем доме. Отправьте его, хоть на время, в Москву, к тому каллиграфу. Ведь он, вы говорили, у каллиграфа какого-то жил.

— Ну, брат, тот тоже кончил трагически!

— А что?

— Они-с, — отвечал Видоплясов, — имели несчастье присвоить себе чужую собственность-с, за что, несмотря на весь их талант, были посажены в острог-с, где безвозвратно погибли-с.

— Хорошо, хорошо, Видоплясов: ты теперь успокойся, а я все это разберу и улажу, — сказал дядя, — обещаю тебе! Ну что Коровкин? спит?

— Никак нет-с, они сейчас изволили отъехать-с. Я с тем и шел доложить-с.

— Как отъехать? Что ты? Да как же ты выпустил? — вскричал дядя.

— По добродушию сердца-с: жалостно было смотреть-с. Как проснулись и вспомнили весь процесс, так тотчас же ударили себя по голове и закричали благим матом-с...

— Благим матом!..

— Почтительнее будет выразиться: многоразличные вопли испускали-с. Кричали: как они представятся теперь прекрасному полу-с? а потом прибавили: «Я недостоин рода человеческого!» — и все так жалостно говорили-с, в отборных словах-с.

— Деликатнейший человек! Я говорил тебе, Сергей... Да как же ты, Видоплясов, пустил, когда именно тебе я велел стеречь? Ах, Боже мой, Боже мой!

— Более через сердечную жалость-с. Просили не говорить-с. Их же извозчик лошадей выкормил и запрет-с. А за врученную, три дни назад, сумму-с велели почтительнейше благодарить-с и сказать, что вышлют долг с одною из первых почт-с.

— Какую это сумму, дядюшка?

— Они называли двадцать пять рублей серебром-с, — сказал Видоплясов.

— Это я, брат, ему тогда дал взаймы, на станции: у него недостало. Разумеется, он вышлет с первой же почтой... Ах, Боже мой, как мне жаль! Не послать ли в погоню, Сережа?

— Нет, дядюшка, лучше не посылайте.

— Я сам то же думаю. Видишь, Сережа, я, конечно, не философ, но я думаю, что во всяком человеке гораздо более добра, чем снаружи кажется. Так и Коровкин: он не вынес стыда... Но пойдем, однако ж, к Фоме! Мы замешкались; может оскорбиться неблагодарностью, невниманием... Идем же! Ах, Коровкин, Коровкин!

Роман кончен. Любовники соединились, и гений добра безусловно воцарился в доме, в лице Фомы Фомича. Тут можно бы сделать очень много приличных объяснений; но, в сущности, все эти объяснения теперь совершенно лишние. Таково, по крайней мере, мое мнение. Взамен всяких объяснений скажу лишь несколько слов о дальнейшей судьбе всех героев моего рассказа: без этого, как известно, не кончается ни один роман, и это даже предписано правилами.

Свадьба «осчастливленных» произошла спустя шесть недель после описанных мною происшествий. Сделали все тихо, семейно, без особенной пышности и без лишних гостей. Я был шафером Настеньки, Мизинчиков — со стороны дяди. Впрочем, были и гости. Но самым первым, самым главным человеком был, разумеется, Фома Фомич. За ним ухаживали; его носили на руках. Но как-то случилось, что его один раз обнесли шампанским. Немедленно произошла история, сопровождаемая упреками, воплями, криками. Фома убежал в свою комнату, заперся на ключ, кричал, что презирают его, что теперь уж «новые люди» вошли в семейство, и потому он ничто, не более как щепка, которую надо выбросить. Дядя был в отчаянии; Настенька плакала; с генеральшей, по обыкновению, сделались судороги... Свадебный пир походил на похороны. И ровно семь лет такого сожительства с благодетелем, Фомой Фомичом, достались в удел моему бедному дяде и бедненькой Настеньке. До самой смерти своей (Фома Фомич умер в прошлом году) он киснул, куксился, ломался, сердился, бранился, но благоговение к нему «осчастливленных» не только не уменьшалось, но даже каждодневно возрастало, пропорционально его капризам. Егор Ильич и Настенька до того были счастливы друг с другом, что даже боялись за свое счастье, считали, что это уж слишком послал им Господь; что не стоят они такой милости, и предполагали, что, может быть, впоследствии им назначено искупить свое счастье крестом и страданиями. Понятно, что Фома Фомич мог делать в этом смиренном доме все, что ему вздумается. И чего-чего он не наделал в эти семь лет! Даже нельзя себе представить, до каких необузданных фантазий доходила иногда его пресыщенная, праздная душа в изобретении самых утонченных, нравственно-лукулловских капризов. Три года спустя после дядюшкиной свадьбы скончалась бабушка. Осиротевший Фома был поражен отчаянием. Даже и теперь в доме дяди с ужасом рассказывают о тогдашнем его положении. Когда засыпали могилу, он рвался в нее и кричал, чтоб и его вместе засыпали. Целый месяц не давали ему ни ножей, ни вилок; а один раз силою, вчетвером, раскрыли ему рот и вынули оттуда булавку, которую он хотел проглотить. Кто-то из посторонних свидетелей борьбы заметил, что Фома Фомич тысячу раз мог проглотить эту булавку во время борьбы и, однако ж, не проглотил. Но эту догадку выслушали все с решительным негодованием и тут же уличили догадчика в жестокосердии и неприличии. Только одна Настенька хранила молчание и чуть-чуть улыбнулась; причем дядя взглянул на нее с некоторым беспокойством. Вообще нужно заметить, что Фома хоть и куражился, хоть и капризничал в доме дяди по-прежнему, но прежних, деспотических и наглых распеканций, какие он позволял себе с дядей, уже не было. Фома жаловался, плакал, укорял, попрекал, стыдил, но уже не бранился по-прежнему, — не было таких сцен, как «ваше превосходительство», и это, кажется, сделала Настенька. Она почти неприметно заставила Фому кой-что уступить и кой в чем покориться. Она не хотела видеть унижения мужа и настояла на своем желании. Фома ясно видел, что она его почти понимает. Я говорю *почти,* потому что Настенька тоже лелеяла Фому и даже каждый раз поддерживала мужа, когда он восторженно восхвалял своего мудреца. Она хотела заставить других уважать все в своем муже, а потому гласно оправдывала и его привязанность к Фоме Фомичу. Но я уверен, что золотое сердечко Настеньки забыло все прежние обиды: она все простила Фоме, когда он соединил ее с дядей, и, кроме того, кажется, серьезно, всем сердцем вошла в идею дяди, что со «страдальца» и прежнего шута нельзя много спрашивать, а что надо, напротив, уврачевать сердце его. Бедная Настенька сама была из *униженных,* сама страдала и помнила это. Чрез месяц Фома утих, сделался даже ласков и кроток; но зато начались другие, самые неожиданные припадки: он начал впадать в какой-то магнетический сон, устрашавший всех до последней степени. Вдруг, например, страдалец что-нибудь говорит, даже смеется, и в одно мгновение окаменеет, и окаменеет именно в том самом положении, в котором находился в последнее мгновение перед припадком; если, например, он смеялся, то так и оставался с улыбкою на устах; если же держал что-нибудь, хоть вилку, то вилка так и остается в поднятой руке, на воздухе. Потом, разумеется, рука опустится, но Фома Фомич уже ничего не чувствует и не помнит, как она опустилась. Он сидит, смотрит, даже моргает глазами, но не говорит ничего, ничего не слышит и не понимает. Так продолжалось иногда по целому часу. Разумеется, все в доме чуть не умирают от страха, сдерживают дыхание, ходят на цыпочках, плачут. Наконец Фома проснется, чувствуя страшное изнеможение, и уверяет, что ровно ничего не слыхал и не видал во все это время. Нужно же, чтоб до такой степени ломался, рисовался человек, выдерживал целые часы добровольной муки — и единственно для того, чтоб сказать потом: «Смотрите на меня, я и чувствую-то краше, чем вы!» Наконец Фома Фомич проклял дядю «за ежечасные обиды и непочтительность» и переехал жить к господину Бахчееву. Степан Алексеевич, который после дядиной свадьбы еще много раз ссорился с Фомой Фомичом, но всегда кончал тем, что сам же просил у него прощенья, в этот раз принялся за дело с необыкновенным жаром: он встретил Фому с энтузиазмом, накормил на убой и тут же положил формально рассориться с дядей и даже подать на него просьбу. У них был где-то спорный клочок земли, о котором, впрочем, никогда и не спорили, потому что дядя вполне уступал его, без всяких споров, Степану Алексеевичу. Не говоря ни слова, господин Бахчеев велел заложить коляску, поскакал в город, настрочил там просьбу и подал, прося суд присудить ему формальным образом землю, с вознаграждениями проторей и убытков, и таким образом казнить самоуправство и хищничество. Между тем Фома, на другой же день, соскучившись у господина Бахчеева, простил дядю, приехавшего с повинною, и отправился обратно в Степанчиково. Гнев господина Бахчеева, возвратившегося из города и не заставшего Фомы, был ужасен; но через три дня он явился в Степанчиково с повинною, со слезами просил прощенья у дяди и уничтожил свою просьбу. Дядя в тот же день помирил его с Фомой Фомичом, и Степан Алексеевич опять ходил за Фомой, как собачка, и по-прежнему приговаривал к каждому слову: «Умный ты человек, Фома! ученый ты человек, Фома!»

Фома Фомич лежит теперь в могиле, подле генеральши; над ним стоит драгоценный памятник из белого мрамора, весь испещренный плачевными цитатами и хвалебными надписями. Иногда Егор Ильич и Настенька благоговейно заходят, с прогулки, в церковную ограду поклониться Фоме. Они и теперь не могут говорить о нем без особого чувства; припоминают каждое его слово, что он ел, что любил. Вещи его сберегаются как драгоценность. Почувствовав себя совершенно осиротевшими, дядя и Настя еще более привязались друг к другу. Детей им Бог не дал; они очень горюют об этом, но роптать не смеют. Сашенька давно уже вышла замуж за одного прекрасного молодого человека. Илюша учится в Москве. Таким образом, дядя и Настя живут одни и не надышатся друг на друга. Забота их друг о друге дошла до какой-то болезненности. Настя беспрерывно молится. Если кто из них первый умрет, то другой, я думаю, не проживет и недели. Но дай Бог им долго жить! Принимают они всех с полным радушием и готовы разделить со всяким несчастным все, что у них имеется. Настенька любит читать жития святых и с сокрушением говорит, что обыкновенных добрых дел еще мало, а что надо бы раздать всё нищим и быть счастливыми в бедности. Если б не забота об Илюше и Сашеньке, дядя бы давно так и сделал, потому что он во всем вполне согласен с женою. С ними живет Прасковья Ильинична и угождает им во всем с наслаждением; она же ведет и хозяйство. Господин Бахчеев сделал ей предложение еще вскоре после дядюшкиной свадьбы, но она наотрез ему отказала. Заключили из этого, что она пойдет в монастырь; но и этого не случилось. В натуре Прасковьи Ильиничны есть одно замечательное свойство: совершенно уничтожаться перед теми, кого она полюбила, ежечасно исчезать перед ними, смотреть им в глаза, подчиняться всевозможным их капризам, ходить за ними и служить им. Теперь, по смерти генеральши, своей матери, она считает своею обязанностью не разлучаться с братом и угождать во всем Настеньке. Старикашка Ежевикин еще жив и в последнее время все чаще и чаще стал посещать свою дочь. Вначале он приводил дядю в отчаяние тем, что почти совершенно отстранил себя и свою мелюзгу (так называл он детей своих) от Степанчикова. Все зазывы дяди не действовали на него: он был не столько горд, сколько щекотлив и мнителен. Самолюбивая мнительность его доходила иногда до болезни. Мысль, что его, бедняка, будут принимать в богатом доме из милости, сочтут назойливым и навязчивым, убивала его; он даже отказывался иногда от Настенькиной помощи и принимал только самое необходимое. От дяди же он ничего решительно не хотел принять. Настенька чрезвычайно ошиблась, говоря мне тогда, в саду, об отце, что он представляет из себя шута *для нее*. Правда, ему ужасно хотелось тогда выдать Настеньку замуж; но корчил он из себя шута просто из внутренней потребности, чтоб дать выход накопившейся злости. Потребность насмешки и язычка была у него в крови. Он карикатурил, например, из себя самого подлого, самого низкопоклонного льстеца; но в то же время ясно выказывал, что делает это только для виду; и чем унизительнее была его лесть, тем язвительнее и откровеннее проглядывала в ней насмешка. Такая уж была его манера. Всех детей его удалось разместить в лучших учебных заведениях, в Москве и Петербурге, и то только, когда Настенька ясно доказала ему, что все это сделается на ее собственный счет, то есть в счет ее собственных тридцати тысяч, подаренных ей Татьяной Ивановной. Эти тридцать тысяч, по правде, никогда и не брали у Татьяны Ивановны; а ее, чтоб она не горевала и не обижалась, умилостивили, обещая ей при первых неожиданных семейных нуждах обратиться к ее помощи. Так и сделали: для виду были произведены у ней, в разное время, два довольно значительных займа. Но Татьяна Ивановна умерла три года назад, и Настя все-таки получила свои тридцать тысяч. Смерть бедной Татьяны Ивановны была скоропостижная. Все семейство собиралось на бал к одному из соседних помещиков, и только что успела она нарядиться в свое бальное платье, а на голову надеть очаровательный венок из белых роз, как вдруг почувствовала дурноту, села в кресло и умерла. В этом венке ее и похоронили. Настя была в отчаянии. Татьяну Ивановну лелеяли в доме и ходили за ней, как за ребенком. Она удивила всех здравомыслием своего завещания: кроме Настенькиных тридцати тысяч, все остальное, до трехсот тысяч ассигнациями, назначалось для воспитания бедных сироток-девочек и для награждения их деньгами по выходе из учебных заведений. В год ее смерти вышла замуж и девица Перепелицына, которая, по смерти генеральши, осталась у дяди в надежде подлизаться к Татьяне Ивановне. Между тем овдовел чиновник-помещик, владетель Мишина, той самой маленькой деревушки, в которой у нас происходила сцена с Обноскиным и его маменькой за Татьяну Ивановну. Чиновник этот был страшный сутяга и имел от первой жены шесть человек детей. Подозревая у Перепелицыной деньги, он начал к ней подсылать с предложениями, и та немедленно согласилась. Но Перепелицына была бедна, как курица: у ней всего-то было триста рублей серебром, да и то подаренные ей Настенькой на свадьбу. Теперь муж и жена грызутся с утра до вечера. Она теребит за волосы его детей и отсчитывает им колотушки; ему же (по крайней мере так говорят) царапает лицо и поминутно корит его подполковничьим своим происхождением. Мизинчиков тоже пристроился. Он благоразумно бросил все свои надежды на Татьяну Ивановну и начал понемногу учиться сельскому хозяйству. Дядя рекомендовал его одному богатому графу, помещику, у которого было три тысячи душ, в восьмидесяти верстах от Степанчикова, и который изредка наезжал в свои поместья. Заметив в Мизинчикове способности и взяв во внимание рекомендацию, граф предложил ему место управляющего в своих поместьях, прогнав своего прежнего управителя немца, который, несмотря на прославленную немецкую честность, обчищал своего графа как липку. Через пять лет имения узнать нельзя было: крестьяне разбогатели; завелись статьи по хозяйству, прежде невозможные; доходы чуть ли не удвоились, — словом, новый управитель отличился и прогремел на всю губернию хозяйственными своими способностями. Каково же было изумление и горе графа, когда Мизинчиков, ровно чрез пять лет, несмотря ни на какие просьбы, ни на какие надбавки, решительно отказался от службы и вышел в отставку! Граф думал, что его сманили соседи-помещики, или даже в другую губернию. И как же все удивились, когда вдруг, два месяца по выходе в отставку, у Ивана Ивановича Мизинчикова явилось превосходнейшее имение, во сто душ, ровно в сорока верстах от графского, купленное им у какого-то промотавшегося гусара, прежнего его приятеля! Эти сто душ он тотчас же заложил, и через год у него явилось еще шестьдесят душ в окрестностях. Теперь он сам помещик, и хозяйство у него бесподобное. Все дивятся: где он вдруг достал денег? Другие же только покачивают головами. Но Иван Иванович совершенно спокоен и чувствует себя вполне в своем праве. Он выписал из Москвы свою сестру, ту самую, которая дала ему свои последние три целковых на сапоги, когда он отправлялся в Степанчиково, — премилую девушку, уже не первой молодости, кроткую, любящую, образованную, но чрезвычайно запуганную. Она все время скиталась где-то в Москве, в компаньонках, у какой-то благодетельницы; теперь же благоговеет перед братом, хозяйничает в его доме, считает его волю законом, а себя вполне счастливою. Братец не балует ее и держит несколько в черном теле; но она этого не замечает. В Степанчикове ее ужасно как полюбили, и, говорят, господин Бахчеев к ней неравнодушен. Он и сделал бы предложение, да боится отказа. Впрочем, о господине Бахчееве мы надеемся поговорить в другой раз, в другом рассказе, подробнее.

Вот, кажется, и все лица... Да! забыл: Гаврила очень постарел и совершенно разучился говорить по-французски. Из Фалалея вышел очень порядочный кучер, а бедный Видоплясов давным-давно в желтом доме и, кажется, там и умер. На днях поеду в Степанчиково и непременно справлюсь о нем у дяди.

ЧУЖАЯ ЖЕНА
И МУЖ ПОД КРОВАТЬЮ

I

— Сделайте одолжение, милостивый государь, позвольте вас спросить...

Прохожий вздрогнул и несколько в испуге взглянул на господина в енотах, приступившего к нему так без обиняков, в восьмом часу вечера, среди улицы. А уж известно, что если один петербургский господин вдруг заговорит на улице о чем-нибудь с другим, совершенно незнакомым ему господином, то другой господин непременно испугается.

Итак, прохожий вздрогнул и несколько испугался.

— Извините, что я вас потревожил, — говорил господин в енотах, — но я... я, право, не знаю... вы, вероятно, извините меня; вы видите, я в некотором расстройстве духа...

Тут только заметил молодой человек в бекеше, что господин в енотах был точно в расстройстве. Его сморщенное лицо было довольно бледненько, голос его дрожал, мысли, очевидно, сбивались, слова не лезли с языка, и видно было, что ему ужасного труда стоило согласить покорнейшую просьбу, может быть, к своему низшему в отношении степени или сословия лицу, с нуждою непременно обратиться к кому-нибудь с просьбой. Да и, наконец, просьба эта во всяком случае была неприличная, несолидная, странная со стороны человека, имевшего такую солидную шубу, такой почтенный, превосходного темно-зеленого цвета фрак и такие многознаменательные украшения, упещрявшие этот фрак. Видно было, что всё это смущало самого господина в енотах, так что наконец, расстроенный духом, господин не выдержал, решился подавить свое волнение и прилично замять неприятную сцену, которую сам же вызвал.

— Извините меня, я не в себе; но вы, правда, меня не знаете... Извините, что обеспокоил вас; я раздумал.

Тут он приподнял из учтивости шляпу и побежал далее.

— Но позвольте, сделайте милость.

Маленький человек, однако, скрылся во мраке, оставив в остолбенелом состоянии господина в бекеше.

«Что за чудак!» — подумал господин в бекеше. Потом, как следует подивившись и вышед наконец из остолбенелого состояния, он вспомнил про свое и начал прохаживаться взад и вперед, пристально глядя на ворота одного бесконечноэтажного дома. Начинал падать туман, и молодой человек несколько обрадовался, ибо прогулка его при тумане была незаметнее, хотя, впрочем, только какой-нибудь безнадежно весь день простоявший извозчик мог заметить ее.

— Извините!

Прохожий опять вздрогнул: опять тот же господин в енотах стоял перед ним.

— Извините, что я опять... — заговорил он, — но вы, вы — верно, благородный человек! Не обращайте на меня внимания как на лицо, взятое в общественном смысле; я, впрочем, сбиваюсь; но вникните, по-человечески... перед вами, сударь, человек, нуждающийся в покорнейшей просьбе...

— Если могу... что вам угодно?

— Вы, может, подумали, что уж я у вас денег прошу! — сказал таинственный господин, кривя рот, истерически смеясь и бледнея.

— Помилуйте-с...

— Нет, я вижу, что я вам в тягость! Извините, я не могу переносить себя; считайте, что вы видите меня в расстроенном состоянии духа, почти в сумасшествии, и не заключите чего-нибудь...

— Но к делу, к делу! — отвечал молодой человек, ободрительно и нетерпеливо кивнув головой.

— А! Теперь вот как! Вы, такой молодой человек, мне напоминаете о деле, как будто я какой нерадивый мальчишка! Я решительно выжил из ума!.. Как я вам кажусь теперь в моем унижении, скажите откровенно?

Молодой человек сконфузился и смолчал.

— Позвольте вас спросить откровенно: не видали ль вы одной дамы? В этом вся просьба моя! — решительно проговорил наконец господин в енотовой шубе.

— Дамы?

— Да-с, одной дамы.

— Я видел... но их, признаюсь, так прошло много...

— Так точно-с, — отвечал таинственный человек с горькой улыбкой. — Я сбиваюсь, я не то хотел спросить, извините меня; я хотел сказать, не видали ль вы одной госпожи в лисьем салопе, в темном бархатном капоре с черной вуалью?

— Нет, такой не видал... нет, кажется, не заметил.

— А! в таком случае извините-с!

Молодой человек хотел что-то спросить, но господин в енотах опять исчез, опять оставив в остолбенелом состоянии своего терпеливого слушателя. «А, черт бы его взял!» — подумал молодой человек в бекеше, очевидно расстроенный.

Он с досадою закрылся бобром и опять стал прохаживаться, соблюдая предосторожности, мимо ворот бесконечноэтажного дома. Он злился.

«Что ж она не выходит? — думал он. — Скоро восемь часов!»

На башне пробило восемь часов.

— Ах! черт вас возьми, наконец!

— Извините-с!..

— Извините меня, что я вас так... Но вы так подкатились мне под ноги, что испугали совсем, — проговорил прохожий, морщась и извиняясь.

— Я опять к вам-с. Конечно, я вам должен казаться беспокойным и странным-с.

— Сделайте одолжение, без пустяков, объяснитесь скорее; я еще не знаю, в чем ваше желанье?..

— Вы торопитесь? Видите ли-с. Я вам всё расскажу откровенно, без лишних слов. Что ж делать! Обстоятельства связывают иногда людей совершенно разнородных характеров... Но, я вижу, вы нетерпеливы, молодой человек... Так вот-с... впрочем, я не знаю, как и говорить: я ищу даму-с (я уж решился всё говорить). Я именно должен знать, куда пошла эта дама? Кто она, — я думаю, вам не нужно знать ее имени, молодой человек.

— Ну-с, ну-с, дальше.

— Дальше! но ваш тон со мной! Извините, может быть, я вас оскорбил, назвав вас молодым человеком, но я не имел ничего... одним словом, если вам угодно оказать мне величайшую услугу, так вот-с, одна дама-с, то есть я хочу сказать порядочная женщина, из превосходного семейства, моих знакомых... мне поручено... я, видите ли, сам не имею семейства...

— Ну-с.

— Вникните в мое положение, молодой человек (ах, опять! извините-с; я всё называю вас молодым человеком). Каждая минута дорога... Представьте себе, эта дама... но не можете ли вы мне сказать, кто живет в этом доме?

— Да... тут много живут.

— Да, то есть вы совершенно справедливы, — отвечал господин в енотах, слегка засмеявшись для спасения приличий, — чувствую, я немного сбиваюсь... но к чему такой тон ваших слов? Вы видите, что я чистосердечно сознаюсь в том, что сбиваюсь, и если вы надменный человек, то уж вы достаточно видели мое унижение... Я говорю, одна дама, благородного поведения, то есть легкого содержания, — извините, я так сбиваюсь, точно про литературу какую говорю; вот — выдумали, что Поль де Кок легкого содержания, а вся беда от Поль де Кока-то-с... вот!..

Молодой человек с сожалением посмотрел на господина в енотах, который, казалось, окончательно сбился, замолчал, глядел на него, бессмысленно улыбаясь, и дрожащею рукою, без всякой видимой причины, хватал его за лацкан бекеши.

— Вы спрашиваете, кто здесь живет? — спросил молодой человек, несколько отступая назад.

— Да, многие живут, вы сказали.

— Здесь... я знаю, что здесь Софья Остафьевна тоже живет, — проговорил молодой человек шепотом и даже с каким-то соболезнованием.

— Ну, вот видите, видите! вы что-нибудь знаете, молодой человек?

— Уверяю вас, нет, ничего не знаю... Я судил по расстроенному вашему виду.

— Я тотчас узнал от кухарки, что она сюда ходит; но вы не на то напали, то есть не к Софье Остафьевне... она с ней незнакома...

— Нет? ну, извините-с...

— Видно, что вам это всё неинтересно, молодой человек, — проговорил странный господин с горькой иронией.

— Послушайте, — сказал молодой человек, заминаясь, — я в сущности не знаю причины вашего состояния, но вам, верно, изменили, вы скажите прямо?

Молодой человек одобрительно улыбнулся.

— Мы по крайней мере поймем друг друга, — прибавил он, и всё тело его великодушно обнаружило желание сделать легкий полупоклон.

— Вы убили меня! но — откровенно признаюсь вам — именно так... но с кем не случается!.. До глубины тронут вашим участием. Согласитесь, между молодыми людьми... Я хоть не молод, но, знаете, привычка, холостая жизнь, между холостёжью, известно...

— Ну, уж известно, известно! Но чем же я могу вам помочь?

— А вот-с; согласитесь, что посещать Софью Остафьевну... Впрочем, я еще не знаю наверно, куда пошла эта дама; я знаю только, что она в этом доме; но, видя вас прогуливающимся, — а я сам прогуливался по той стороне, — думаю... я вот, видите ли, жду эту даму... я знаю, что она тут, — мне бы хотелось встретить ее и объяснить, как неприлично и гнусно... одним словом, вы меня понимаете...

— Гм! Ну!

— Я и не для себя это делаю; вы не подумайте — это чужая жена! Муж там стоит, на Вознесенском мосту; он хочет поймать, но он не решается — он еще не верит, как и всякий муж... (тут господин в енотах хотел улыбнуться), я — друг его; согласитесь сами, я человек, пользующийся некоторым уважением, — я не могу быть тем, за кого вы меня принимаете.

— Конечно-с; ну-с, ну-с!..

— Так вот, я всё ее ловлю; мне поручено-с (несчастный муж!); но я знаю, это хитрая молодая дама (вечно Поль де Кок под подушкой); я уверен, что она прошмыгнет как-нибудь незаметно... Мне, признаюсь, кухарка сказала, что она ходит сюда; я как сумасшедший бросился, только что известие получил; я хочу поймать; я давно подозревал и потому хотел просить вас, вы здесь ходите... вы — вы — я не знаю...

— Ну, да, наконец, что ж вам угодно?

— Да-с... Не имею чести знать вас; не смею любопытствовать, кто и как... Во всяком случае, позвольте познакомиться; приятный случай!..

Дрожащий господин жарко потряс руку молодого человека.

— Это бы я должен был сделать в самом начале, — прибавил он, — но я забыл всё приличие!

Говоря, господин в енотах не мог постоять на месте, с беспокойством оглядывался по сторонам, семенил ногами и поминутно, как погибающий, хватался рукою за молодого человека.

— Видите ли-с, — продолжал он, — я хотел обратиться к вам по-дружески... извините за вольность... хотел испросить у вас, чтоб вы ходили — по той стороне и со стороны переулка, где черный выход, этак *покоем,* описывая букву *П* то есть. Я тоже, с своей стороны, буду ходить с главного подъезда, так что мы не пропустим; а я всё боялся один пропустить; я не хочу пропустить. Вы, как увидите ее, то остановите и закричите мне... Но я сумасшедший! Только теперь вижу всю глупость и неприличие моего предложения!

— Нет, что ж! помилуйте!..

— Не извиняйте меня; я в расстройстве духа, я теряюсь, как никогда не терялся! Точно меня под суд отдали! Я даже признаюсь вам — я буду благороден и откровенен с вами, молодой человек: я даже вас принимал за любовника!

— То есть, попросту, вы хотите знать, что я здесь делаю?

— Благородный человек, милостивый государь, я далек от мысли, что вы *он;* я не замараю вас этою мыслию, но... но даете ли вы мне честное слово, что вы не любовник?..

— Ну, хорошо, извольте, честное слово, что любовник, но не вашей жены; иначе бы я не был на улице, а был бы теперь вместе с нею!

— Жены? кто вам сказал жены, молодой человек? Я холостой, я, то есть, сам любовник...

— Вы говорили, есть муж... на Вознесенском мосту...

— Конечно, конечно, я заговариваюсь; но есть другие узы! И согласитесь, молодой человек, некоторая легкость характеров, то есть...

— Ну, ну! Хорошо, хорошо!..

— То есть я вовсе не муж...

— Очень верю-с. Но откровенно говорю вам, что, разуверяя вас теперь, хочу сам себя успокоить и оттого собственно с вами и откровенен; вы меня расстроили и мешаете мне. Обещаю вам, что кликну вас. Но прошу вас покорнейше дать мне место и удалиться. Я сам тоже жду.

— Извольте, извольте-с, я удаляюсь, я уважаю страстное нетерпение вашего сердца. Я понимаю это, молодой человек. О, как я вас теперь понимаю!

— Хорошо, хорошо...

— До свидания!.. Впрочем, извините, молодой человек, я опять к вам... Я не знаю, как сказать... Дайте мне еще раз честное и благородное слово, что вы не любовник!

— Ах, Господи, Бог мой!

— Еще вопрос, последний: вы знаете фамилию мужа вашей... то есть той, которая составляет ваш предмет?

— Разумеется, знаю; не ваша фамилия, и кончено дело!

— А почему ж вы знаете мою фамилию?

— Да послушайте, ступайте; вы теряете время: она уйдет тысячу раз... Ну, что же вы? Ну, ваша в лисьем салопе и в капоре, а моя в клетчатом плаще и в голубой бархатной шляпке... Ну, что ж вам еще? чего ж больше?

— В голубой бархатной шляпке! У ней есть и клетчатый плащ и голубая шляпка, — закричал неотвязчивый человек, мигом возвратившись с дороги.

— Ах, черт возьми! Ну, да ведь это может случиться... Да, впрочем, что ж я! Моя же туда не ходит!

— А где она — ваша?

— Вам это хочется знать; что ж вам?

— Признаюсь, я всё про то...

— Фу, Бог мой! Да вы без стыда без всякого! Ну, у моей здесь знакомые, в третьем этаже, на улицу. Ну, что ж вам, по именам людей называть, что ли?

— Бог мой! И у меня есть знакомые в третьем этаже, и окна на улицу. Генерал...

— Генерал?!

— Генерал. Я вам, пожалуй, скажу, какой генерал: ну, генерал Половицын.

— Вот тебе на! Нет, это не те! (Ах, черт возьми! черт возьми!)

— Не те?

— Не те.

Оба молчали и в недоумении смотрели друг на друга.

— Ну, что ж вы так смотрите на меня? — вскрикнул молодой человек, с досадою отряхая с себя столбняк и раздумье.

Господин заметался.

— Я, я, признаюсь...

— Нет, уж позвольте, позвольте, теперь будемте говорить умнее. Общее дело. Объясните мне... Кто у вас там?..

— То есть знакомые?

— Да, знакомые...

— Вот видите, видите! Я по глазам вашим вижу, что я угадал!

— Черт возьми! да нет же, нет, черт возьми! слепы вы, что ли? ведь я перед вами стою, ведь я не с ней нахожусь; ну! ну же! Да, впрочем, мне всё равно; хоть говорите, хоть нет!

Молодой человек в бешенстве повернулся два раза на каблуке и махнул рукой.

— Да я ничего, помилуйте, как благородный человек, я вам всё расскажу: сначала жена сюда ходила одна; она им родня; я и не подозревал; вчера встречаю его превосходительство: говорит, что уж три недели как переехал отсюда на другую квартиру, а же... то есть не жена, а чужая жена (на Вознесенском мосту), эта дама говорила, что еще третьего дня была у них, то есть на этой квартире... А кухарка-то мне рассказала, что квартиру его превосходительства снял молодой человек Бобыницын...

— Ах, черт возьми, черт возьми!..

— Милостивый государь, я в страхе, я в ужасе!

— Э, черт возьми! да мне-то какое дело до того, что вы в страхе и в ужасе? Ах! вон-вон мелькнуло, вон...

— Где? где? вы только крикните: Иван Андреич, а я побегу...

— Хорошо, хорошо. Ах, черт возьми, черт возьми! Иван Андреич!!

— Здесь, — закричал воротившийся Иван Андреич, совсем задыхаясь. — Ну, что? что? где?

— Нет, я только так... я хотел знать, как зовут эту даму?

— Глаф...

— Глафира?

— Нет, не совсем Глафира... извините, я вам не могу сказать ее имя. — Говоря это, почтенный человек был бледен как платок.

— Да, конечно, не Глафира, я сам знаю, что не Глафира, и та не Глафира; а впрочем, с кем же она?

— Где?

— Там! Ах, черт возьми, черт возьми! (Молодой человек не мог устоять на месте от бешенства.)

— А, видите! почему же вы знали, что ее зовут Глафирой?

— Ну, черт возьми, наконец! еще с вами возня! Да ведь вы говорите — вашу не Глафирой зовут!..

— Милостивый государь, какой тон!

— А, черт, не до тону! Что она, жена, что ли, ваша?

— Нет, то есть я не женат... Но не стал бы я сулить почтенному человеку в несчастии, — человеку — не скажу достойному всякого уважения, но по крайней мере воспитанному человеку, — черта на каждом шагу. Вы всё говорите: черт возьми! черт возьми!

— Ну да, черт возьми! вот же вам, понимаете?

— Вы ослеплены гневом, и я молчу. Боже мой, кто это?

— Где?

Раздался шум и хохот; две смазливые девушки вышли с крыльца; оба бросились к ним.

— Ах какие! что вы?

— Куда вы суетесь?

— Не те!

— Что, не на тех напали! Извозчик!

— Куда вас, мамзель?

— К Покрову; садись, Аннушка, я довезу.

— Ну, а я с той стороны; пошел! Смотри же, шибче вези...

Извозчик уехал.

— Боже мой, Боже! Но не пойти ли туда?

— Куда?

— Да к Бобыницыну.

— Нет-с, нельзя...

— Отчего?

— Я бы, конечно, пошел; но тогда она скажет другое; она... обернется: я ее знаю! Она скажет, что нарочно пришла, чтоб меня поймать с кем-нибудь, да беду на меня же и свалит!

— И знать, что, может быть, там она! Да вы — я не знаю, почему же — ну, да вы подите к генералу-то...

— Да ведь он переехал!

— Все равно, понимаете? она же ведь пошла; ну, и вы тоже — поняли? Сделайте так, что как будто не знаете, что генерал переехал, приходи́те как будто к нему за женой, ну и так далее.

— А потом?

— Ну, а потом накрывайте кого следует у Бобыницына, фу, ты, черт, какой бестолк...

— Ну, а вам-то что до того, что я накрываю? Видите, видите!..

— Что, что, батенька? что? опять за то же, что прежде? Ах, ты, Господи, Господи! Срамитесь вы, смешной человек, бестолковый вы человек!

— Ну, да зачем же вы так интересуетесь? вы хотите узнать...

— Что узнать? что? Ну, да, черт возьми, не до вас теперь! Я и один пойду; ступайте, подите прочь; стерегите, бегайте там, ну!

— Милостивый государь, вы почти забываетесь! — закричал господин в енотах в отчаянии.

— Ну, что ж? ну, что ж, что я забываюсь? — проговорил молодой человек, стиснув зубы и в бешенстве приступая к господину в енотах, — ну, что ж? перед кем забываюсь?! — загремел он, сжимая кулаки.

— Но, милостивый государь, позвольте...

— Ну, кто вы, перед кем забываюсь; как ваша фамилия?

— Я не знаю, как это, молодой человек; зачем же фамилию?.. Я не могу объявить... Я лучше с вами пойду. Пойдемте, я не отстану, я на всё готов... Но, поверьте, я заслуживаю более вежливых выражений! Не нужно нигде терять присутствия духа, и если вы чем расстроены, — я догадываюсь чем, — то по крайней мере забываться не нужно... Вы еще очень, очень молодой человек!..

— Да что мне, что вы старый? Эка невидаль! ступайте прочь; чего вы тут бегаете?..

— Почему ж я старый? какой же я старый? Конечно, по званию, но я не бегаю...

— Это и видно. Да убирайтесь же прочь...

— Нет, уж я с вами; вы мне не можете запретить; я тоже замешан; я с вами...

— Ну, так тише же, тише, молчать!..

Оба они взошли на крыльцо и поднялись на лестницу в третий этаж; было темнехонько.

— Стойте! Есть у вас спички?

— Спички? какие спички?

— Вы курите сигары?

— А, да! есть, есть; здесь они, здесь; вот, постойте... — Господин в енотах засуетился.

— Фу, какой бестолков... черт! кажется, эта дверь...

— Эта-эта-эта-эта-эта...

— Эта-эта-эта... что вы орете? тише!..

— Милостивый государь, я скрепя сердце... вы дерзкий человек, вот что!..

Вспыхнул огонь.

— Ну, так и есть, вот медная дощечка! вот Бобыницын; видите: Бобыницын?..

— Вижу, вижу!

— Ти...ше! Что, потухла?

— Потухла.

— Нужно постучаться?

— Да, нужно! — отозвался господин в енотах.

— Стучитесь!

— Нет, зачем же я? вы начните, вы постучите...

— Трус!

— Сами вы трус!

— Уб-бир-райтесь же!

— Я почти раскаиваюсь, что поверил вам тайну; вы...

— Я? Ну, что ж я?

— Вы воспользовались расстройством моим! вы видели, что я в расстроенном духе...

— А наплевать! мне смешно — вот и кончено!

— Зачем же вы здесь?

— А вы-то зачем?..

— Прекрасная нравственность! — заметил с негодованием господин в енотах...

— Ну, что вы про нравственность? вы-то чего?

— А вот и безнравственно!

— Что?!!

— Да, по-вашему, каждый обиженный муж есть колпак!

— Да вы разве муж? Ведь муж-то на Вознесенском мосту? Что ж вам-то? Чего вы пристали?

— А вот мне кажется, что вы-то и есть любовник!..

— Послушайте, если вы будете так продолжать, то я должен буду признаться, что вы-то и есть колпак! то есть знаете кто?

— То есть вы хотите сказать, что я муж! — сказал господин в енотах, как будто кипятком обваренный, отступая назад.

— Тсс! молчать! слышите...

— Это она.

— Нет!

— Фу, как темно!

Всё затихло; в квартире Бобыницына послышался шум.

— За что нам ссориться, милостивый государь? — прошептал господин в енотах.

— Да вы же, черт возьми, сами обиделись!

— Но вы меня вывели из последних границ.

— Молчите!

— Согласитесь, что вы еще очень молодой человек...

— Мо-л-чите же!

— Конечно, я согласен с вашей идеей, что муж в таком положении — колпак.

— Да замолчите ли вы? о!..

— Но к чему же такое озлобленное преследование несчастного мужа?..

— Это она!

Но шум в это время умолк.

— Она?

— Она! она! она! Да вы-то, вы-то из чего хлопочете! ведь не ваша беда!

— Милостивый государь, милостивый государь! — бормотал господин в енотах, бледнея и всхлипывая. — Я, конечно, в расстройстве... вы достаточно видели мое унижение; но теперь ночь, конечно, но завтра... впрочем, мы, верно, не встретимся завтра, хотя я и не боюсь встретиться с вами, — и это, впрочем, не я, это мой приятель, который на Вознесенском мосту; право, он! Это его жена, это чужая жена! Несчастный человек! уверяю вас. Я с ним знаком хорошо; позвольте, я вам всё расскажу. Я с ним друг, как вы можете видеть, ибо не стал бы я так теперь из-за него сокрушаться, — сами видите; я же несколько раз ему говорил: зачем ты женишься, милый друг? звание есть у тебя, достаток есть у тебя, почтенный ты человек, что ж менять это всё на прихоть кокетства! Согласитесь! Нет, женюсь, говорит: семейное счастие... Вот и семейное счастие! Сначала сам мужей обманывал, а теперь и пьет чашу... вы извините меня, но это объяснение было вынуждено необходимостию!.. Он несчастный человек и пьет чашу — вот!.. — Тут господин в енотах так всхлипнул, как будто зарыдал не на шутку.

— А черт бы взял их всех! Мало ли дураков! Да вы кто такой?

Молодой человек скрежетал зубами от бешенства.

— Ну, уж после этого, согласитесь сами... я был с вами благороден и откровенен... этакой тон!

— Нет, позвольте, вы меня извините... как ваша фамилия?

— Нет, зачем же фамилия?

— А!!

— Мне нельзя сказать фамилию...

— Шабрина знаете? — быстро сказал молодой человек.

— Шабрин!!!

— Да, Шабрин! а!!! (Тут господин в бекеше несколько поддразнил господина в енотах.) Поняли дело?

— Нет-с, какой же Шабрин! — отвечал оторопевший господин в енотах, — совсем не Шабрин; он почтенный человек! Извиняю вашу невежливость мучениями ревности.

— Мошенник он, продажная душа, взяточник, плут, казну обворовал! Его скоро под суд отдадут!

— Извините, — говорил господин в енотах, бледнея, — вы его не знаете; совершенно, как я вижу, он вам неизвестен.

— Да, в лицо-то не знаю, а из других очень близких ему источников знаю.

— Милостивый государь, из каких источников? Я в расстройстве, вы видите...

— Дурак! ревнивец! за женой не усмотрит! Вот он какой, коль приятно вам знать!

— Извините, вы в ожесточенном заблуждении, молодой человек...

— Ах!

— Ах!

В квартире Бобыницына послышался шум. Стали отворять дверь. Послышались голоса.

— Ах, это не она, не она! Я узнаю ее голос; я теперь узнал всё, это не она! — сказал господин в енотах, побледнев как платок.

— Молчать!

Молодой человек прислонился к стене.

— Милостивый государь, я бегу: это не она. Я очень рад.

— Ну, ну! ступайте, ступайте!

— А чего ж вы стоите?

— А вы-то чего?

Дверь отворилась, и господин в енотах, не выдержав, стремглав покатился с лестницы.

Мимо молодого человека прошли мужчина и женщина, сердце его замерло... Послышался знакомый женский голос, и потом сиплый мужской, но совсем незнакомый.

— Ничего, я прикажу сани подать, — говорил сиплый голос.

— Ах! ну, ну, согласна; ну, прикажите...

— Они там, сейчас.

Дама осталась одна.

— Глафира! где твои клятвы? — вскричал молодой человек в бекеше, хватая за руку даму.

— Ай, кто это? Это вы, Творогов? Боже мой! что вы делаете?

— С кем вы здесь были?

— Но это мой муж, уйдите, уйдите, он сейчас выйдет оттуда... от Половицыных; уйдите, ради Бога, уйдите.

— Половицыны три недели как переехали! Я всё знаю!

— Ай! — Дама бросилась на крыльцо. Молодой человек догнал ее.

— Кто вам сказал? — спросила дама.

— Муж ваш, сударыня, Иван Андреич; он здесь, он перед вами, сударыня...

Иван Андреич действительно стоял у крыльца.

— Ай, это вы? — закричал господин в енотовой шубе.

— А! c'est vous?* — закричала Глафира Петровна, с неподдельною радостью бросаясь к нему, — Боже! что со мной было! Я была у Половицыных; можешь себе представить... ты знаешь, что они теперь у Измайловского моста; я говорила тебе, помнишь? Я взяла сани оттудова. Лошади взбесились, понесли, разбили сани, и я упала отсюда во ста шагах; кучера взяли; я была вне себя. К счастию, monsieur** Творогов...

— Как?

M-r Творогов походил более на окаменелость, чем на m-r Творогова.

— Monsieur Творогов увидал меня здесь и взялся проводить; но теперь ты здесь, и я могу вам только изъявить мою жаркую благодарность, Иван Ильич...

Дама подала руку остолбенелому Ивану Ильичу и почти ущипнула, а не сжала ее.

— Monsieur Творогов! мой знакомый; на бале у Скорлуповых имели удовольствие видеться: я, кажется, говорила тебе? Неужели ты не помнишь, Коко?

— Ах, конечно, конечно! ах, помню! — заговорил господин в енотовой шубе, которого называли Коко. — Очень приятно, очень приятно.

И он жарко пожал руку господину Творогову.

— Это с кем? Что же это значит? Я жду... — раздался сиплый голос.

Перед группой стоял господин бесконечного роста; он вынул лорнет и внимательно посмотрел на господина в енотовой шубе.

— Ах, monsieur Бобыницын! — защебетала дама. — Откудова? вот встреча! Представьте, меня тотчас разбили

---

* это вы? *(фр.)*

** господин (*фр.*).

лошади... но вот мой муж! Jean!* Monsieur Бобыницын, на бале у Карповых...

— Ах, очень, очень, очень приятно!.. Но я сейчас возьму карету, мой друг.

— Возьми, Jean, возьми: я вся в испуге; я дрожу; со мной даже дурно... Сегодня в маскараде, — шепнула она Творогову... — Прощайте, прощайте, господин Бобыницын! мы, верно, встретимся завтра на бале у Карповых...

— Нет, извините, я завтра не буду; я уж завтра того, коль теперь не так... — Господин Бобыницын проворчал что-то еще сквозь зубы, шаркнул сапожищем, сел в свои сани и уехал.

Подъехала карета; дама села в нее. Господин в енотовой шубе остановился; казалось, он не в силах был сделать движения и бессмысленно смотрел на господина в бекеше. Господин в бекеше улыбался довольно неостроумно.

— Я не знаю...

— Извините, очень рад быть знакомым, — отвечал молодой человек, кланяясь с любопытством и немного сробев.

— Очень, очень рад...

— У вас, кажется, свалилась калоша...

— У меня? Ах да! благодарю, благодарю; хочу всё завести резинные...

— В резинных нога как будто потеет-с, — сказал молодой человек, по-видимому, с безграничным участием.

— Jean! да скоро ли ты?

— Именно потеет. Сейчас, сейчас, душенька, вот разговор интересный! Именно, как вы изволили заметить, потеет нога... Впрочем, извините, я...

— Помилуйте-с.

— Очень, очень, очень рад познакомиться...

Господин в енотах сел в карету; карета тронулась; молодой человек всё еще стоял на месте, в изумлении провожая ее глазами.

---

* Жан *(фр.)*.

II

На другой же вечер шло какое-то представление в Итальянской опере. Иван Андреевич ворвался в залу как бомба. Еще никогда не замечали в нем такого furore*, такой страсти к музыке. По крайней мере положительно знали, что Иван Андреевич чрезвычайно любил всхрапнуть часок-другой в Итальянской опере; даже отзывался несколько раз, что оно и приятно, и сладко. «Да и примадонна-то тебе, — говаривал он друзьям, — мяукает, словно беленькая кошечка, колыбельную песенку». Но он это уже давно что-то говаривал, еще в прошлый сезон; а теперь, увы! Иван Андреевич и дома не спит по ночам. Однако ж он все-таки ворвался как бомба в залу, набитую битком. Даже капельдинер взглянул на него как-то подозрительно и тут же накосился глазом на его боковой карман, в полной надежде увидеть ручку припрятанного на всякий случай кинжала. Нужно заметить, что в то время процветали две партии и каждая стояла за свою примадонну. Одни назывались ***_зисты,_ другие ***_нисты._ Обе партии до того любили музыку, что капельдинеры наконец решительно стали опасаться какого-нибудь очень решительного проявления любви ко всему прекрасному и высокому, совмещавшемуся в двух примадоннах. Вот почему, смотря на такой юношеский порыв в залу театра даже седовласого старца, хотя, впрочем, не совсем седовласого, а так, около пятидесяти лет, плешивенького, и вообще человека с виду солидного свойства, капельдинер невольно вспомнил высокие слова Гамлета, датского принца:

Когда уж старость падает так страшно,
Что ж юность?

и т. д.

---

* неистовство *(ит.)*.

и, как было сказано выше, накосился на боковой карман фрака в надежде увидеть кинжал. Но там был только один бумажник, и более ничего.

Влетев в театр, Иван Андреевич мигом облетел взглядом все ложи второго яруса, и — о ужас! сердце его замерло: она была здесь! она сидела в ложе! Тут был и генерал Половицын с супругою и свояченицею; тут был и адъютант генерала — чрезвычайно ловкий молодой человек; тут был еще один статский... Иван Андреевич напряг всё внимание, всю остроту зрения, но — о, ужас! статский человек предательски спрятался за адъютанта и остался во мраке неизвестности.

Она была здесь, а между тем сказала, что будет вовсе не здесь!

Вот эта-то двойственность, проявлявшаяся с некоторого времени на каждом шагу Глафиры Петровны, и убивала Ивана Андреевича. Вот этот-то статский юноша и поверг его наконец в совершенное отчаяние. Он опустился в кресла совсем пораженный. Отчего бы, кажется? Случай очень простой...

Нужно заметить, что кресла Ивана Андреевича приходились именно возле бенуара, и вдобавок предательская ложа второго яруса приходилась прямо над его креслами, так что он, к величайшей своей неприятности, решительно ничего не мог заметить, что делалось над его головою. Зато он злился и горячился, как самовар. Весь первый акт прошел для него незаметно, то есть он не слыхал ни одной ноты. Говорят, что музыка тем и хороша, что можно настроить музыкальные впечатления под лад всякого ощущения. Радующийся человек найдет в звуках радость, печальный — печаль; в ушах Ивана Андреевича завывала целая буря. К довершению досады, сзади, спереди, сбоку кричали такие страшные голоса, что у Ивана Андреевича разрывалось сердце. Наконец акт кончился. Но в ту минуту, как падал занавес, с нашим героем случилось такое приключение, которое никакое перо не опишет.

Случается, что иногда с верхних ярусов лож слетает афишка. Когда пьеса скучна и зрители зевают, для них это целое приключение. Особенно с участием смотрят они на полет этой чрезвычайно мягкой бумаги с самого верхнего яруса и находят приятность следить за ее путешествием зигзагами до самых кресел, где она непременно уляжется на чью-нибудь вовсе неприготовленную к этому случаю голову. Действительно, очень любопытно смотреть, как эта голова сконфузится (потому что она непременно сконфузится). Мне всегда тоже бывает страшно за дамские бинокли, которые лежат зачастую на бордюрах лож: мне всё так и кажется, что они вот тотчас слетят на чью-нибудь не приготовленную к этому случаю голову. Но я вижу, что некстати сделал такое трагическое примечание, и потому отсылаю его к фельетонам тех газет, которые предохраняют от обманов, от недобросовестности, от тараканов, если они у вас есть в доме, рекомендуя известного господина Принчипе, страшного врага и противника всех тараканов на свете, не только русских, но даже и иностранных, как-то прусаков и проч.

Но с Иваном Андреевичем случилось приключение, до сих пор еще нигде не описанное. К нему слетела на голову, — как уже сказано, довольно плешивую, — не афишка. Признаюсь, я даже совещусь сказать, что к нему слетело на голову, потому что действительно как-то совестно объявить, что на почтенную и обнаженную, то есть отчасти лишенную волос, голову ревнивого, раздраженного Ивана Андреевича слетел такой безнравственный предмет, как, например, любовная раздушенная записочка. По крайней мере бедный Иван Андреевич, совершенно не приготовленный к этому непредвиденному и безобразному случаю, вздрогнул так, как будто поймал на своей голове мышь или другого какого-нибудь дикого зверя.

Что записка была любовного содержания, в этом ошибаться было нельзя. Она была писана на раздушенной бумажке, совершенно так, как пишутся записки в романах, и сложена в предательски малую форму, так что ее можно было скрыть под дамской перчаткой. Упала же она, вероятно, по случаю, во время самой передачи: как-нибудь спрашивали, например, афишку, и уж записочка проворно была ввернута в эту афишку, уже передавалась в известные руки, но один миг, может быть, нечаянный толчок адъютанта, чрезвычайно ловко извинившегося в своей неловкости, — и записочка выскользнула из маленькой дрожавшей от смущения ручки, а статский юноша, уже протягивавший свою нетерпеливую руку, вдруг получает, вместо записки, одну афишку, с которой решительно не знает, что делать. Неприятный, странный случай! совершенная правда; но, согласитесь сами, Ивану Андреевичу было еще неприятнее.

— Prédestiné*, — прошептал он, обливаясь холодным потом и сжимая записочку в руках, — prédestiné! Пуля найдет виноватого! — промелькнуло в его голове. — Нет, не то! Чем же я виноват? А вот там есть другая пословица: на бедного Макара и так далее.

Но мало ли что начнет перезванивать в голове, оглушенной таким внезапным происшествием! Иван Андреевич сидел на стуле окостенев, как говорится, ни жив ни мертв. Он уверен был, что его приключение замечено со всех сторон, несмотря на то что во всей зале, в это самое время, началась суматоха и вызов певицы. Он сидел, так сконфузившись, так покраснев и не смея поднять глаз, как будто с ним случилась какая-нибудь неожиданная неприятность, какой-нибудь диссонанс в прекрасном многолюдном обществе. Наконец он решился поднять глаза.

— Приятно пели-с! — заметил он одному франту, сидевшему по левую его сторону.

Франт, который был в последней степени энтузиазма и хлопал руками, но преимущественно выезжал на ногах,

---

* Предопределено *(фр.)*.

бегло и рассеянно взглянул на Ивана Андреевича и тотчас же, сделав руками щиток над своим ртом, чтоб было слышнее, крикнул имя певицы. Иван Андреевич, который еще никогда не слыхал подобной глотки, был в восторге. «Ничего не заметил!» — подумал он и обратился назад. Но толстый господин, сидевший сзади его, теперь в свою очередь стал к нему задом и лорнировал ложи. «Тоже хорошо!» — подумал Иван Андреевич. Впереди, разумеется, ничего не видали. Он робко и с радостной надеждой покосился на бенуар, возле которого были его кресла, и вздрогнул от самого неприятного чувства. Там сидела прекрасная дама, которая, закрыв рот платком и упав на спинку кресел, хохотала как исступленная.

— Ох уж эти мне женщины! — прошептал Иван Андреевич и пустился по ногам зрителей к выходу.

Теперь я предлагаю решить самим читателям, я прошу их самих рассудить меня с Иваном Андреевичем. Неужели прав был он в эту минуту? Большой театр, как известно, заключает в себе четыре яруса лож и пятый ярус — галерею. Почему же непременно предположить, что записка упала именно из одной ложи, именно из этой самой, а не другой какой-нибудь, — например хоть из пятого яруса, где тоже бывают дамы? Но страсть исключительна, а ревность — самая исключительная страсть в мире.

Иван Андреевич бросился в фойе, стал у лампы, сломал печать и прочел:

«Сегодня, сейчас после спектакля, в Г—вой, на углу ***ского переулка, в доме К***, в третьем этаже, направо от лестницы. Вход с подъезда. Будь там, sans faute*, ради Бога».

Руки́ Иван Андреевич не узнал, но сомнения нет: назначалось свидание. «Поймать, изловить и пресечь зло в самом начале» — была первая идея Ивана Андреевича. Ему было пришло в голову изобличить теперь же, тут

* непременно (фр.).

же на месте; но как это сделать? Иван Андреевич взбежал даже во второй ярус, но благоразумно воротился. Решительно, он не знал: куда бежать. От нечего делать он забежал с другой стороны и посмотрел чрез открытую дверь чужой ложи на противоположную сторону. Так, так! во всех пяти ярусах по вертикальному направлению сидели молодые дамы и молодые люди. Записка могла упасть из всех пяти ярусов разом, потому что Иван Андреевич подозревал решительно все ярусы в заговоре против него. Но его ничто не исправило, никакие видимости. Весь второй акт он бегал по всем коридорам и нигде не находил спокойствия духа. Он было сунулся в кассу театра, в надежде узнать от кассира имена особ, взявших ложи во всех четырех ярусах, но касса уже была заперта. Наконец раздались неистовые восклицания и аплодисменты. Представление кончилось. Начинались вызовы, и особенно гремели с самого верха два голоса — предводители обеих партий. Но не до них было дело Ивану Андреевичу. У него уже мелькнула мысль дальнейшего его поведения. Он надел бекешь и пустился в Г—вую, чтоб там застать, накрыть, изобличить и вообще поступить немного энергичнее, чем вчерашний день. Он скоро нашел дом и уже ступил на подъезд, как вдруг, словно под руками у него, прошмыгнула фигура франта в пальто, обогнала его и пустилась по лестнице в третий этаж. Ивану Андреевичу показалось, что это тот самый франт, хотя он не мог различить и тогда лицо этого франта. Сердце в нем замерло. Франт обогнал его уже двумя лестницами. Наконец он услышал, как отворилась дверь в третьем этаже, и отворилась без звонка, как будто ждали пришедшего. Молодой человек промелькнул в квартиру. Иван Андреевич достиг третьего этажа, когда не успели еще затворить эту дверь. Он хотел было постоять перед дверью, благоразумно пообдумать свой шаг, поробеть немного и потом уже решиться на что-нибудь очень решительное; но в эту самую минуту загремела карета у подъезда, с шумом отворились двери и чьи-то тяжелые шаги начали с кряхтом и кашлем свое восшествие в верхний этаж. Иван Андреевич не устоял, отворил дверь и очутился в квартире со всею торжественностью оскорбленного мужа. Навстречу к нему бросилась горничная, вся в волнении, потом явился человек; но остановить Ивана Андреевича не было никакой возможности. Как бомба влетел он в покои и, пройдя две темные комнаты, вдруг очутился в спальне перед молодой, прекрасной дамой, которая вся трепетала от страха и смотрела на него с решительным ужасом, как будто не понимая, что вокруг нее делается. В эту минуту послышались тяжелые шаги в соседней комнате, которые прямо шли в спальню: это были те самые шаги, которые всходили на лестницу.

— Боже! это мой муж! — вскрикнула дама, всплеснув руками и побледнев белее своего пеньюара.

Иван Андреевич почувствовал, что он не туда попал, что сделал глупую, детскую выходку, что не обдумал хорошо своего шага, что не поробел достаточно на лестнице. Но делать было нечего. Уже отворилась дверь, уже тяжелый муж, если только судить по его тяжелым шагам, входил в комнату... Не знаю, за кого принял себя Иван Андреевич в эту минуту! не знаю, что ему помешало прямо стать навстречу мужа, объявить, что попался впросак, сознаться, что бессознательно поступил неприличнейшим образом, попросить извинения и скрыться, — конечно, не с большою честью, конечно, не со славою, но по крайней мере уйти благородным, откровенным образом. Но нет, Иван Андреевич опять поступил как мальчик, как будто бы считал себя Дон-Жуаном или Ловеласом! Он сначала прикрылся занавесками у кровати, а потом, когда почувствовал себя в полном упадке духа, припал на землю и бессмысленно полез под кровать. Испуг подействовал на него сильнее благоразумия, и Иван Андреевич, сам оскорбленный муж, или по крайней мере считавший себя таким, не вынес встречи с другим мужем — может быть, боясь оскорбить его своим присутствием. Так или не так, но он очутился под кроватью, решительно не понимая, как это сделалось. Но, что всего было удивительнее, дама не оказала никакой оппозиции. Она не закричала, видя, как чрезвычайно странный пожилой господин ищет убежища в ее спальне. Решительно, она была так испугана, что, по всей вероятности, у нее отнялся язык.

Муж вошел, охая и кряхтя, поздоровался с женой нараспев, самым старческим образом, и свалился на кресла так, как будто только что принес бремя дров. Раздался глухой и продолжительный кашель. Иван Андреевич, превратившийся из разъяренного тигра в ягненка, оробев и присмирев, как мышонок перед котом, едва смел дышать от испуга, хотя и мог бы знать, по собственному опыту, что не все оскорбленные мужья кусаются. Но это не пришло ему в голову или от недостатка соображения, или от другого какого-нибудь припадка. Осторожно, тихонько, ощупью начал он оправляться под кроватью, чтоб как-нибудь улечься удобнее. Каково же было его изумление, когда он ощупал рукою предмет, который, к его величайшему изумлению, пошевелился и в свою очередь схватил его за руку! Под кроватью был другой человек...

— Кто это? — шепнул Иван Андреевич.

— Ну, так я вам и сказал сейчас, кто я такой! — прошептал странный незнакомец. — Лежите и молчите, коли попались впросак!

— Однако же...

— Молчать!

И посторонний человек (потому что под кроватью довольно было и одного), посторонний человек стиснул в своем кулаке руку Ивана Андреевича так, что тот едва не вскрикнул от боли.

— Милостивый государь...

— Тсс!

— Так не жмите же меня, или я закричу.

— Ну-ка, закричите! попробуйте!

Иван Андреевич покраснел от стыда. Незнакомец был суров и сердит. Может быть, это был человек, испытавший не раз гонения судьбы и не раз находившийся в стесненном положении; но Иван Андреевич был новичок и задыхался от тесноты. Кровь била ему в голову. Однако ж нечего было делать: нужно было лежать ничком. Иван Андреевич покорился и замолчал.

— Я, душенька, был, — начал муж, — я, душенька, был у Павла Иваныча. Сели мы играть в преферанс, да так, кхи-кхи-кхи! (он закашлялся) так... кхи! так спина... кхи! ну ее!.. кхи! кхи! кхи!

И старичок погрузился в свой кашель.

— Спина... — проговорил он наконец со слезами на глазах, — спина разболелась... геморрой проклятый! Ни стать, ни сесть... ни сесть! Акхи-кхи-кхи!..

И казалось, что вновь начавшемуся кашлю суждено было прожить гораздо долее, чем старичку, обладателю этого кашля. Старичок что-то ворчал языком в промежутках, но решительно ничего нельзя было разобрать.

— Милостивый государь, ради Бога, подвиньтесь! — прошептал несчастный Иван Андреевич.

— Куда прикажете? места нет.

— Однако же, согласитесь сами, мне невозможно таким образом. Я еще в первый раз нахожусь в таком скверном положении.

— А я в таком неприятном соседстве.

— Однако же, молодой человек...

— Молчать!

— Молчать? Однако вы поступаете чрезвычайно неучтиво, молодой человек... Если не ошибаюсь, вы еще очень молодой; я постарше вас.

— Молчать!

— Милостивый государь! вы забываетесь; вы не знаете, с кем говорите!

— С господином, который лежит под кроватью...

— Но меня привлек сюда сюрприз... ошибка, а вас, если не ошибаюсь, безнравственность.

— Вот в этом-то вы и ошибаетесь.

— Милостивый государь! я постарше вас, я вам говорю...

— Милостивый государь! знайте, что мы здесь на одной доске. Прошу вас, не хватайте меня за лицо!

— Милостивый государь! я ничего не разберу. Извините меня, но нет места.

— Зачем же вы такой толстый?

— Боже! я никогда не был в таком унизительном положении!

— Да, ниже лежать нельзя.

— Милостивый государь, милостивый государь! я не знаю, кто вы такой, я не понимаю, как это случилось; но я здесь по ошибке; я не то, что вы думаете...

— Я бы ровно ничего не думал об вас, если б вы не толкались. Да молчите же!

— Милостивый государь! если вы не подвинетесь, со мной будет удар. Вы будете отвечать за смерть мою. Уверяю вас... я почтенный человек, я отец семейства. Не могу же я быть в таком положении!..

— Сами же вы сунулись в такое положение. Ну, подвигайтесь же! вот вам место; больше нельзя!

— Благородный молодой человек! милостивый государь! я вижу, что я в вас ошибался, — сказал Иван Андреевич, в восторге благодарности за уступленное место и расправляя затекшие члены, — я понимаю стесненное положение ваше, но что же делать? вижу, что вы дурно обо мне думаете. Позвольте мне поднять в вашем мнении мою репутацию, позвольте мне сказать, кто я такой, я пришел сюда против себя, уверяю вас; я не за тем, за чем вы думаете... Я в ужаснейшем страхе.

— Да замолчите ли вы? понимаете ли, что, если услышат нас, будет худо? Тсс. Он говорит. — Действительно, кашель старика, по-видимому, начинал проходить.

— Так вот, душенька, — хрипел он на самый плачевный напев, — так вот, душенька, кхи!.. кхи! ах, несчастье! Федосей-то Иванович и говорит: вы бы, говорит, тысячелиственник пить попробовали; слышишь, душенька?

— Слышу, мой друг.

— Ну, так и говорит: вы бы, говорит, попробовали тысячелиственник пить. Я и говорю: я пиявки припускал. А он мне: нет, Александр Демьянович, тысячелиственник лучше: он открывает, я вам скажу... кхи! кхи! ох, Боже мой! Как же ты думаешь, душенька? кхи-кхи! ах, Создатель мой! кхи-кхи!.. Так лучше тысячелиственник, что ли?.. кхи-кхи-кхи! ах! кхи — и т. д.

— Я думаю, что попробовать этого средства не худо, — отвечала супруга.

— Да, не худо! У вас, говорит, пожалуй, чахотка, кхи кхи! А я говорю: подагра да раздражение в желудке; кхи-кхи! А он мне: может быть, и чахотка. Как ты, кхи-кхи! как ты думаешь, душенька: чахотка?

— Ах Боже мой, что это вы говорите такое?

— Да чахотка! А ты бы, душенька, раздевалась теперь да спать ложилась, кхи! кхи! А у меня, кхи! сегодня насморк.

— Уф! — сделал Иван Андреевич, — ради Бога, подвиньтесь!

— Решительно, я вам удивляюсь, что с вами делается, ну, не можете вы спокойно лежать...

— Вы ожесточены против меня, молодой человек; хотите меня уязвить. Я это вижу. Вы, вероятно, любовник этой дамы?

— Молчать!

— Не буду молчать! не дам вам командовать! А, вы, верно, любовник? Если нас откроют, я ни в чем не виноват, я ничего не знаю.

— Если вы не замолчите, — сказал молодой человек, скрежеща зубами, — я скажу, что вы завлекли меня; я скажу, что вы мой дядя, который промотал свое состояние. Тогда по крайней мере не подумают, что я любовник этой дамы.

— Милостивый государь! вы издеваетесь надо мной. Вы истощаете терпение мое.

— Тсс! или я вас заставлю молчать! Вы несчастье мое! Ну, скажите, на что вы здесь? Без вас я бы пролежал как-нибудь до утра, а там бы и вышел.

— Но я здесь не могу же лежать до утра; я человек благоразумный; у меня, конечно, связи... Как вы думаете, неужели он будет здесь ночевать?

— Кто?

— Да этот старик...

— Разумеется, будет. Не все ж такие мужья, как вы. Ночуют и дома.

— Милостивый государь, милостивый государь! — закричал Иван Андреевич, похолодев от испуга. — Будьте уверены, что и я тоже дома, а теперь в первый раз; но, Боже мой, я вижу, что вы меня знаете. Кто вы такой, молодой человек? скажите мне тотчас же, умоляю вас, из бескорыстной дружбы, кто вы таков?

— Послушайте! я употреблю насилие...

— Но позвольте, позвольте вам рассказать, милостивый государь, позвольте вам объяснить всё это скверное! дело...

— Никаких объяснений не слушаю, ничего знать не хочу. Молчите, или...

— Но я не могу же...

Под кроватью последовала легкая борьба, и Иван Андреевич умолк.

— Душенька! что-то здесь как будто коты шепчутся?

— Какие коты? Чего вы не выдумаете?

Очевидно, что супруга не знала, о чем разговаривать с своим мужем. Она была так поражена, что еще не могла опомниться. Теперь же она вздрогнула и подняла ушки.

— Какие коты?

— Коты, душенька. Я намедни прихожу, сидит Васька у меня в кабинете, шю-шю-шю! и шепчет. Я ему: что ты, Васенька? а он опять: шю-шю-шю! И так как будто всё шепчет. Я и думаю: ах, отцы мои! уж не о смерти ли он мне нашептывает?

— Какие глупости вы говорите сегодня! Стыдитесь, пожалуйста.

— Ну, ничего; не сердись, душенька; я вижу, тебе неприятно, что я умру, не сердись; я только так говорю. А ты бы, душенька, стала раздеваться и спать легла, а я бы здесь посидел, пока ты ложиться будешь.

— Ради Бога, полноте; после...

— Ну, не сердись, не сердись! Только, право, здесь как будто мыши.

— Ну вот, то коты, то мыши! Право, я не знаю, что с вами делается.

— Ну, я ничего, я ни... кхи! я ничего, кхи-кхи-кхи-кхи! ах, Боже ты мой! кхи!

— Слышите, вы так возитесь, что и он услыхал, — прошептал молодой человек.

— Но если б вы знали, что со мной делается. У меня носом кровь идет.

— Пусть идет, молчите; подождите, когда он уйдет.

— Молодой человек, но вникните в мое положение; ведь я не знаю, с кем я лежу.

— Да легче вам от этого будет, что ли? Ведь я не интересуюсь знать вашу фамилию. Ну, как ваша фамилия?

— Нет, зачем же фамилию... Я только интересуюсь объяснить, каким бессмысленным образом...

— Тсс... он опять говорит.

— Право, душенька, шепчутся.

— Да нет же; это у тебя вата в ушах дурно лежит.

— Ах, по поводу ваты. Знаешь ли, тут, наверху... кхи-кхи! наверху, кхи-кхи-кхи! — и т. д.

— Наверху! — прошептал молодой человек. — Ах, черт! А я думал, что это последний этаж; да разве это второй?

— Молодой человек, — прошептал, встрепенувшись, Иван Андреевич, — что вы говорите? ради Бога, почему это вас интересует? И я думал, что это последний этаж. Ради Бога, разве здесь еще этаж?..

— Право, кто-то ворочается, — сказал старик, переставший наконец кашлять...

— Тсс! слышите! — прошептал молодой человек, сдавив обе руки Ивана Андреевича.

— Милостивый государь, вы держите мои руки в насилии. Пустите меня.

— Тсс...

Последовала легкая борьба, и потом опять наступило молчание.

— Так вот я и встречаю хорошенькую... — начал старик.

— Как, хорошенькую? — перебила жена.

— Да ведь вот... говорил прежде я, что встретил хорошенькую даму на лестнице, или я пропустил? У меня ведь память слаба. Это зверобой... кхи!

— Что?

— Зверобой пить надо: говорят, лучше будет... кхи-кхи-кхи! лучше будет!

— Это вы его перебили, — проговорил молодой человек, опять заскрежетав зубами.

— Ты говорил, что встретил сегодня хорошенькую какую-то? — спросила жена.

— А?

— Хорошенькую встретил?

— Кто такой?

— Да ты?

— Я-то? Когда? Да, бишь!..

— Наконец-то? экая мумия! Ну, — прошептал молодой человек, мысленно погоняя забывчивого старичка.

— Милостивый государь! я трепещу от ужаса. Боже мой! что я слышу? Это как вчера; решительно как вчера!..

— Тсс.

— Да, да, да! вспомнил: преплутовочка! Глазенки такие... в голубой шляпке...

— В голубой шляпке! Ай, ай!

— Это она! У ней есть голубая шляпка. Боже мой! — закричал Иван Андреич...

— Она? кто она? — прошептал молодой человек, стиснув руки Ивана Андреевича.

— Тсс! — сделал в свою очередь Иван Андреевич. — Он говорит.

— Ах, Боже мой! Боже мой!

— Ну, да, впрочем, у кого ж нет голубой шляпки... ну!

— И такая плутовка! — продолжал старик. — Она тут к каким-то знакомым приходит. Всё глазки делает. А к тем знакомым тоже ходят знакомые...

— Фу! как это скучно, — перебила дама, — помилуй, чем ты интересуешься?

— Ну, хорошо, ну, ну! не сердись! — возразил старичок нараспев. — Ну, я не буду говорить, коль ты не желаешь. Ты что-то не в духе сегодня...

— Да вы как же сюда попали? — заговорил молодой человек...

— А, видите, видите! вот вы теперь интересуетесь, а прежде не хотели и слушать!

— Ну, да ведь мне всё равно! не говорите, пожалуйста! Ах, черт возьми, какая история!

— Молодой человек, не сердитесь; я не знаю, что говорю; это я так; я только хотел сказать, что тут, верно, что-нибудь недаром, что вы принимаете участие... Но кто вы, молодой человек? Я вижу, вы незнакомец; но кто же вы, незнакомец? Боже, я не знаю, что говорю!

— Э! подите, пожалуйста! — прервал молодой человек, как будто что-то обдумывая.

— Но я вам всё расскажу, всё. Вы, может быть, думаете, что я не расскажу, что я зол на вас, нет! вот рука моя! Я только в упадке духа, больше ничего. Но, ради Бога, скажите мне всё сначала: как вы здесь сами? по какому случаю? Что же касается до меня, то я не сержусь, ей-богу, не сержусь, вот вам рука моя. Здесь только пыльно; я немного запачкал ее; но это ничего для высокого чувства.

— Э, подите с вашей рукой! тут поворотиться негде, а он с рукой лезет!

— Но милостивый государь! вы со мной обходитесь, как будто, с позволения сказать, со старой подошвой, — проговорил Иван Андреевич в припадке самого кроткого отчаяния голосом, в котором было слышно моленье. — Обходитесь со мной учтивее, хоть немножко учтивее, и я вам всё расскажу! Мы бы полюбили друг друга; я даже готов пригласить вас к себе на обед. А этак нам вместе лежать нельзя, откровенно скажу. Вы заблуждаетесь, молодой человек! Вы не знаете...

— Когда же это он ее встретил? — бормотал молодой человек очевидно в крайнем волнении. — Она, может быть, теперь меня ждет... Я, решительно, выйду отсюда!

— Она? кто она? Боже мой! про кого вы говорите, молодой человек? Вы думаете, что там, наверху... Боже мой! Боже мой! За что я так наказан?

Иван Андреевич попробовал повернуться на спину в знак отчаянья.

— А вам на что знать, кто она? А, черт! Была не была, я вылезаю!..

— Милостивый государь! что вы? а я-то, я-то как буду? — прошептал Иван Андреевич, в припадке отчаяния уцепившись за фалды фрака своего соседа.

— А мне-то что? Ну, и оставайтесь одни. А не хотите, так я, пожалуй, скажу, что вы мой дядя, который промотал свое состояние, чтоб не подумал старик, что я любовник жены его.

— Но, молодой человек, это невозможно; это ненатурально, коли дядя. Никто не поверит вам. Этому вот такой маленький ребенок не поверит, — шептал в отчаянии Иван Андреевич.

— Ну, так не болтайте же, а лежите себе смирно, пластом! Пожалуй, ночуйте здесь, а завтра как-нибудь вылезете; вас никто не заметит; уж коли один вылез, так, верно, не подумают, что еще остался другой. Еще бы сидела целая дюжина! Впрочем, вы и один стоите дюжины. Подвигайтесь, или я выйду!

— Вы язвите меня, молодой человек... А что если я закашляюсь? Нужно всё предвидеть!

— Тсс!..

— Что это? как будто наверху я опять слышу возню, — проговорил старичок, который тем временем, кажется, успел задремать.

— Наверху?

— Слышите, молодой человек, наверху!

— Ну, слышу!

— Боже мой! молодой человек, я выйду.

— А я так не выйду! Мне всё равно! Уж если расстроилось, так всё равно! А знаете ли, что я подозреваю? Я подозреваю, что вы-то и есть какой-нибудь обманутый муж — вот что!..

— Боже, какой цинизм!.. Неужели вы это подозреваете? Но почему же именно муж... я не женат.

— Как не женат? Дудки!

— Я, может быть, сам любовник!

— Хорош любовник!

— Милостивый государь, милостивый государь! Ну, хорошо, я всё вам расскажу. Внемлите моему отчаянью. Это не я, я не женат. Я тоже холостой, как и вы. Это друг мой, товарищ детства... а я любовник... Говорит мне: «Я несчастный человек, я, говорит, пью чашу, я подозреваю жену свою». — «Но, говорю я ему благоразумно, за что же ты ее подозреваешь?.. » Но вы не слушаете меня. Слушайте, слушайте! «Ревность смешна, говорю, ревность порок!.. » — «Нет, говорит, я несчастный человек! Я, того... чашу, то есть я подозреваю». — «Ты, говорю, мой друг, ты товарищ моего нежного детства. Мы вместе срывали цветы удовольствия, тонули на пуховиках наслаждения». Боже, я не знаю, что говорю. Вы всё смеетесь, молодой человек. Вы сделаете меня сумасшедшим.

— Да вы и теперь сумасшедший!..

— Так, так, я и предчувствовал, что вы это скажете... когда говорил про сумасшедшего. Смейтесь, смейтесь, молодой человек! Так же и я процветал в свое время, так же и я соблазнял. Ах! у меня сделается воспаление в мозгу!

— Что это, душенька, как будто у нас кто-то чихает? — пропел старичок. — Это ты, душка, чихнула?

— О, Боже мой! — проговорила супруга.

— Тсс! — раздалось под кроватью.

— Это наверху, верно, стучат, — заметила жена, испугавшись, потому что под кроватью действительно становилось шумно.

— Да, наверху! — проговорил муж. — Наверху! Говорил я тебе, что я франтика — кхи-кхи! франтика с усиками — кхи-кхи! ох, Бог мой, — спина!.. франтика сейчас встретил с усиками!

— С усиками! Боже мой, это, верно, вы, — прошептал Иван Андреевич.

— Создатель мой, какой человек! Да ведь я здесь, здесь вместе с вами лежу! Как же бы он меня встретил? Да не хватайте меня за лицо!

— Боже, со мной сейчас будет обморок.

В это время наверху действительно послышался шум.

— Что бы там было? — прошептал молодой человек.

— Милостивый государь! я в страхе, я в ужасе. Помогите мне.

— Тсс!

— Действительно, душка, шум; целый гвалт подымают. Да еще над твоей спальней. Не послать ли спросить.

— Ну, вот! чего ты не выдумаешь!

— Ну! я не буду; право, ты такая сегодня сердитая!..

— О, Боже мой! вы бы шли спать.

— Лиза! ты меня вовсе не любишь.

— Ах, люблю! Ради Бога, я так устала.

— Ну, ну! я уйду.

— Ах, нет, нет! не уходите, — закричала жена. — Или нет, идите, идите!

— Да что это ты в самом деле! То уходите, то не уходите! Кхи-кхи! А и вправду спать... кхи-кхи! У Панафидиных девочки... Кхи-кхи! девочки... кхи! куклу я у девочки видел нюренбергскую, кхи-кхи...

— Ну, вот куклы теперь!

— Кхи-кхи! хорошая кукла, кхи-кхи!

— Он прощается, — проговорил молодой человек, — он идет, и мы тотчас уходим. Слышите? радуйтесь же!

— О, дай-то Бог! дай-то Бог!

— Это вам урок...

— Молодой человек! за что же урок? Я это чувствую... Но вы еще молоды; вы не можете давать мне урока.

— А все-таки дам. Слушайте.

— Боже! я хочу чихнуть!..

— Тсс! Если вы только осмелитесь.

— Но что же мне делать? здесь так пахнет мышами; не могу же я; достаньте мне из моего кармана платок, ради Бога; я не могу шевельнуться... О, Боже, Боже! за что я так наказан?

— Вот вам платок! За что вы наказаны, я вам сейчас скажу. Вы ревнивы. Основываясь бог знает на чем, вы бегаете как угорелый, врываетесь в чужое жилище, производите беспорядки...

— Молодой человек! я не производил беспорядков.

— Молчать!

— Молодой человек, вы не можете читать мне про нравственность: я нравственнее вас.

— Молчать!

— О, Боже мой! Боже мой!

— Производите беспорядки, пугаете молодую даму, робкую женщину, которая не знает, куда деваться от страха, и, может быть, будет больна; беспокоите почтенного старца, удрученного геморроем, которому прежде всего нужен покой, — а всё отчего? оттого, что вам вообразился какой-то вздор, с которым вы бегаете по всем закоулкам! Понимаете ли, понимаете ли, в каком вы скверном теперь положении? Чувствуете ли вы это?

— Милостивый государь, хорошо! Я чувствую, но вы не имеете права...

— Молчать! Какое тут право? Понимаете ли вы, что это может кончиться трагически? Понимаете ли, что старик, который любит жену, может с ума сойти, когда увидит, как вы будете вылезать из-под кровати? Но нет, вы неспособны сделать трагедии! Когда вы вылезете, я думаю, всяк, кто посмотрит на вас, захохочет. Я бы желал вас видеть при свечках: должно быть, вы очень смешны.

— А вы-то? вы тоже смешны в таком случае! Я тоже хочу посмотреть на вас.

— Где вам!

— На вас, верно, клеймо безнравственности, молодой человек!

— А! вы про нравственность! А почем вы знаете, зачем я здесь? Я здесь ошибкой; я ошибся этажом. И черт знает, почему меня впустили! Верно, она в самом деле ждала кого-нибудь (не вас, разумеется). Я спрятался под кровать, когда услышал вашу глупую походку, когда увидел, что испугалась дама. К тому же было темно. Да и что я вам за оправдание? Вы, сударь, смешной, ревнивый старик. Ведь я отчего не выхожу? Вы, может быть, думаете, что я боюсь выйти? Нет, сударь, я бы уж давно вышел, да только из сострадания к вам здесь сижу. Ну, на кого вы без меня здесь останетесь? Ведь вы будете как пень стоять перед ними, ведь вы не найдетесь...

— Нет, отчего же: как пень? Отчего же как этот предмет? Разве вы не могли с чем другим сравнить, молодой человек? Отчего же не найдусь? Нет, я найдусь.

— О, Боже мой, как лает эта собачонка!

— Тсс! Ах, и в самом деле... Это оттого, что вы всё болтаете. Видите, вы разбудили собачонку. Теперь нам беда.

Действительно, собачка хозяйки, которая все время спала на подушке в углу, вдруг проснулась, обнюхала чужих и с лаем бросилась под кровать.

— О, Боже мой! какая глупая собачонка! — прошептал Иван Андреевич. — Она нас всех выдаст. Она всё выведет на чистую воду. Вот еще наказание!

— Ну да: вы так трусите, что это может случиться.

— Ами, Ами, сюда! — закричала хозяйка, — ici, ici*.

Но собачка не слушалась и лезла прямо на Ивана Андреевича.

— Что это, душечка, Амишка всё лает? — проговорил старичок. — Там, верно, мыши, или кот Васька сидит. То-то я слышу, что всё чихает, всё чихает... А ведь у Васьки-то сегодня насморк.

— Лежите, смирно! — прошептал молодой человек, — не ворочайтесь! Она, может быть, так и отстанет.

— Милостивый государь, милостивый государь! Пустите мои руки! Зачем вы их держите?

— Тсс! молчать!

— Но помилуйте, молодой человек: она меня за нос кусает! Вы хотите, чтоб я лишился носа.

Последовала борьба, и Иван Андреевич высвободил свои руки. Собачка заливалась от лая; вдруг она перестала лаять и завизжала.

— Ай! — закричала дама.

— Изверг! что вы делаете? — прошептал молодой человек. — Вы губите нас обоих! Зачем вы схватили ее? Боже мой, он ее душит! Не душите, пустите ее! Изверг! Но вы не знаете после этого сердца женщины! Она нас выдаст обоих, если вы задушите собачку.

Но Иван Андреевич уже ничего не слыхал. Ему удалось поймать собачку, и в припадке самохранения он сдавил ей горло. Собачонка взвизгнула и испустила дух.

— Мы пропали! — прошептал молодой человек.

— Амишка! Амишка! — закричала дама. — Боже мой, что они делают с моим Амишкой? Амишка! Амишка! ici! О изверги! варвары! Боже, мне дурно!

---

* сюда, сюда (*фр.*).

— Что такое? что такое? — закричал старичок, вскочив с кресел. — Что с тобой, душа моя? Амишка здесь! Амишка, Амишка, Амишка! — кричал старичок, щелкая пальцами, причмокивая и вызывая Амишку из-под кровати. — Амишка! ici! ici! Не может быть, чтобы Васька там съел его. Нужно высечь Ваську, мой друг; его, плута, уже целый месяц не секли. Как ты думаешь? Я посоветуюсь завтра с Прасковьей Захарьевной. Но, Боже мой, друг мой, что с тобой? Ты побледнела, ох! ох! люди! люди!

И старичок забегал по комнате.

— Злодеи! изверги! — кричала дама, покатившись на кушетку.

— Кто? кто? кто такой? — кричал старик.

— Там есть люди, чужие!., там, под кроватью! О, Боже мой! Амишка! Амишка! что они с тобой сделали?

— Ах, Боже мой, Господи! какие люди! Амишка... Нет, люди, люди, сюда! Кто там? кто там? — закричал старик, схватив свечку и нагнувшись под кровать, — кто такой? Люди, люди!..

Иван Андреевич лежал, ни жив ни мертв, подле бездыханного трупа Амишки. Но молодой человек ловил каждое движение старика. Вдруг старик зашел с другой стороны, к стене, и нагнулся. В один миг молодой человек вылез из-под кровати и пустился бежать, покамест муж искал своих гостей по ту сторону брачного ложа.

— Боже! — прошептала дама, вглядевшись в молодого человека. — Кто же вы такой? А я думала...

— Тот изверг остался, — прошептал молодой человек. — Он виновник Амишкиной смерти!

— Ай! — вскрикнула дама.

Но молодой человек уже исчез из комнаты.

— Ай! здесь кто-то есть. Здесь чей-то сапог! — закричал муж, поймав за ногу Ивана Андреевича.

— Убийца! убийца! — кричала дама. — О Ами! Ами!

— Вылезайте, вылезайте! — кричал старик, топая по ковру обеими ногами, — вылезайте; кто вы таковы? говорите, кто вы таковы. Боже! какой странный человек!

— Да это разбойники!..

— Ради Бога, ради Бога! — кричал Иван Андреевич вылезая, — ради Бога, ваше превосходительство, не зовите людей! Ваше превосходительство, не зовите людей! это совершенно лишнее. — Вы меня не можете вытолкать!.. Я не такой человек! Я сам по себе... Ваше превосходительство, это случилось по ошибке! Я вам сейчас объясню, ваше превосходительство, — продолжал Иван Андреевич, пылая и всхлипывая. — Это всё жена, то есть не моя жена, а чужая жена, — я не женат, я так... Это мой друг и товарищ детства...

— Какой товарищ детства! — кричал старик, топая ногами. — Вы вор, пришли обокрасть... а не товарищ детства...

— Нет, не вор, ваше превосходительство; я действительно товарищ детства... я только нечаянно ошибся, попал с другого подъезда.

— Да, я вижу, сударь, вижу, из какого подъезда вы вылезли.

— Ваше превосходительство! Я не такой человек. Вы ошибаетесь. Я говорю, что вы в жестоком заблуждении, ваше превосходительство. Взгляните на меня, посмотрите, вы увидите по некоторым знакам и признакам, что я не могу быть вором. Ваше превосходительство! ваше превосходительство! — кричал Иван Андреевич, складывая руки и обращаясь к молодой даме. — Вы дама, поймите меня... Это я умертвил Амишку... Но я не виноват, я, ей-богу, не виноват... Это всё жена виновата. Я несчастный человек, я пью чашу!

— Да, помилуйте, какое же мне дело, что вы выпили чашу; может быть, вы и не одну чашу выпили, — судя по вашему положению, оно и видно; но как же вы зашли сюда, милостивый государь? — кричал старик, весь дрожа от волнения, но действительно удостоверившись, по некоторым знакам и признакам, что Иван Андреевич не может быть вором. — Я вас спрашиваю: как вы зашли сюда? Вы, как разбойник...

— Не разбойник, ваше превосходительство. Я только с другого подъезда; право, не разбойник! Это всё оттого, что я ревнив. Я вам всё расскажу, ваше превосходительство, откровенно расскажу, как отцу родному, потому что вы в таких летах, что я могу принять вас за отца.

— Как в таких летах?

— Ваше превосходительство! Я, может быть, вас оскорбил? Действительно, такая молодая дама... и ваши лета... приятно видеть, ваше превосходительство, действительно, приятно видеть такое супружество... в цвете лет... Но не зовите людей... ради Бога, не зовите людей... люди только будут смеяться... я их знаю... То есть я не хочу этим сказать, что я знаком с одними лакеями, — у меня тоже есть лакеи, ваше превосходительство, и всё смеются... ослы! ваше сиятельство... Я, кажется, не ошибаюсь, я говорю с князем...

— Нет, не с князем, я, милостивый государь, сам по себе... Пожалуйста, меня не задабривайте вашим сиятельством. Как вы попали сюда, милостивый государь? как вы попали?

— Ваше сиятельство, то есть ваше превосходительство... извините, я думал, что вы ваше сиятельство. Я осмотрелся... я обдумался — это случается. Вы так похожи на князя Короткоухова, которого я имел честь видеть у моего знакомого, господина Пузырева... Видите, я тоже знаком с князьями, тоже видел князя у моего знакомого: вы не можете меня принимать за того, за кого меня принимаете. Я не вор. Ваше превосходительство, не зовите людей; ну, позовете людей, что ж из этого выйдет?

— Но как вы сюда попали? — закричала дама. — Кто вы таковы?

— Да, кто вы таковы? — подхватил муж. — А я-то, душенька, думаю, что это Васька у нас под кроватью сидит и чихает. А это он. Ах ты, потаскун, потаскун!.. Кто вы такой? Говорите же!

И старичок снова затопал по ковру ногами.

— Я не могу говорить, ваше превосходительство. Я ожидаю, покамест вы кончите... Внимаю вашим остроумным шуткам. Что же касается до меня, то это смешная история, ваше превосходительство. Я вам всё расскажу. Это может всё и без того объясниться, то есть я хочу сказать: не зовите людей, ваше превосходительство! поступите со мной благородным образом... Это ничего, что я посидел под кроватью... я не потерял этим своей важности. Это история самая комическая, ваше превосходительство! — вскричал Иван Андреевич, с умоляющим видом обращаясь к супруге. — Особенно вы, ваше превосходительство, будете смеяться! Вы видите на сцене ревнивого мужа. Вы видите, я унижаюсь, я сам добровольно унижаюсь. Конечно, я умертвил Амишку, но... Боже мой, я не знаю, что говорю!

— Но как же, как вы зашли сюда?

— Пользуясь темнотою ночи, ваше превосходительство, пользуясь этою темнотою... Виноват! простите меня, ваше превосходительство! Униженно прошу извинения! Я только оскорбленный муж, больше ничего! Не подумайте, ваше превосходительство, чтоб я был любовник: я не любовник! Ваша супруга очень добродетельна, если осмелюсь так выразиться. Она чиста и невинна!

— Что? что? что вы осмеливаетесь говорить? — закричал старик, снова затопав ногами. — С ума вы сошли, что ли? Как вы смеете говорить про жену мою?

— Этот злодей, убийца, который умертвил Амишку! — кричала супруга, заливаясь слезами. — И он еще смеет!

— Ваше превосходительство, ваше превосходительство! я только заврался, — кричал оторопевший Иван Андреевич, — я заврался, и больше ничего! Считайте, что я не в своём уме... Ради Бога, считайте, что я не в своем уме... Честью клянусь вам, что вы мне сделаете чрезвычайное одолжение. Я бы подал вам руку, но я не смею подать ее... Я был не один, я дядя... то есть я хочу сказать, что меня нельзя принять за любовника... Боже! я опять завираюсь... Не обижайтесь, ваше превосходительство, — кричал Иван Андреевич супруге. — Вы дама, вы понимаете, что такое любовь, — это тонкое чувство... Но что я? опять завираюсь! то есть я хочу сказать, что я старик, то есть пожилой человек, а не старик, — что я не могу быть вашим любовником, что любовник есть Ричардсон, то есть Ловелас... я заврался; но вы видите, ваше превосходительство, что я ученый человек и знаю литературу. Вы смеетесь, ваше превосходительство! Рад, рад, что *провокировал* смех ваш, ваше превосходительство. О, как я рад, что провокировал смех ваш!

— Боже мой! какой смешной человек! — кричала дама, надрываясь от хохота.

— Да, смешной, и какой запачканный, — заговорил старик, в радости, что засмеялась жена. — Душечка, он не может быть вором. Но как он зашел сюда?

— Действительно странно! действительно странно, ваше превосходительство, на роман похоже! Как? в глухую полночь, в столичном городе, человек под кроватью? Смешно, странно! Ринальдо Ринальдини, некоторым образом. Но это ничего, это всё ничего, ваше превосходительство. Я вам всё расскажу... А вам, ваше превосходительство, я новую болонку достану... удивительная болонка! Этакая шерсть длинная, ножки коротенькие, двух шагов пройти не умеет: побежит, запутается в собственной шерсти и упадет. Сахаром только одним кормить. Я вам принесу, ваше превосходительство, я вам непременно ее принесу.

— Ха-ха-ха-ха-ха! — Дама металась из стороны в сторону на диване от смеха. — Боже мой, со мной сделается истерика! Ох, какой смешной!

— Да, да! ха-ха-ха! кхи-кхи-кхи! смешной, запачканный такой, кхи-кхи-кхи!

— Ваше превосходительство, ваше превосходительство, я теперь совершенно счастлив! Я бы предложил вам мою руку, но я не смею, ваше превосходительство, я чувствую, что я заблуждался, но теперь открываю глаза. Я верю, моя жена чиста и невинна! Я напрасно подозревал ее.

— Жена, его жена! — кричала дама, со слезами на глазах от хохота.

— Он женат! неужели? Вот бы я никак не подумал! — подхватил старик.

— Ваше превосходительство, жена — и она всему виновата, то есть это я виноват: я подозревал ее; я знал, что здесь устроено свидание, — здесь, наверху; я перехватил записку, ошибся этажом и пролежал под кроватью...

— Хе-хе-хе-хе!

— Ха-ха-ха-ха!

— Ха-ха-ха-ха! — захохотал наконец Иван Андреевич. — О, как я счастлив! о, как умилительно видеть, что мы все так согласны и счастливы! И жена моя совершенно невинна! я в том почти уверен. Ведь непременно так, ваше превосходительство?

— Ха-ха-ха, кхи-кхи! Знаешь, душечка, это кто? — заговорил наконец старик, освобождаясь от смеха.

— Кто? Ха-ха-ха! Кто?

— Это та хорошенькая, что глазки делает, с франтиком которая. Это она! Я бьюсь об заклад, что это жена его!

— Нет, ваше превосходительство, я уверен, что это не та; я совершенно уверен.

— Но, Боже мой! Вы теряете время, — закричала дама, перестав хохотать. — Бегите, ступайте наверх. Может быть, вы их застанете...

— В самом деле, ваше превосходительство, я полечу. Но я никого не застану, ваше превосходительство; это не она, я уверен заране. Она теперь дома! А это я! Я только ревнив, и более ничего... Как вы думаете, неужели я их застану там, ваше превосходительство?

— Ха-ха-ха!

— Хи-хи-хи! Кхи-кхи!

— Ступайте ступайте! А когда пойдете назад, так придите рассказать, — кричала дама, — или нет: лучше завтра утром, да приведите и ее: я хочу познакомиться.

— Прощайте ваше превосходительство, прощайте! Непременно приведу; очень рад познакомиться. Я счастлив и рад, что всё так неожиданно кончилось и развязалось к лучшему.

— И болонку! Не забудьте же: болонку прежде всего принесите!

— Принесу, ваше превосходительство, непременно принесу, — подхватил Иван Андреевич, снова вбежав в комнату, потому что уже было раскланялся и вышел. — Непременно принесу. Такая хорошенькая! точно ее кондитер из конфетов сделал. И такая: пойдет — в собственной шерсти запутается и упадет. Такая, право! Я еще жене говорю: «Что это, душечка, она всё падает?» «Да, миленькая такая!» — говорит. Из сахару, ваше превосходительство, ей-богу, из сахару сделана! Прощайте, ваше превосходительство, очень, очень рад познакомиться, очень рад познакомиться!

Иван Андреевич откланялся и вышел.

— Эй, вы! Милостивый государь! Постойте, воротитесь опять! — закричал старичок вслед уходившему Ивану Андреевичу.

Иван Андреевич в третий раз вернулся.

— Я вот Васьки-кота всё не отыщу. Не встречались ли вы с ним, когда под кроватью сидели?

— Нет, не встречался, ваше превосходительство; впрочем, очень рад познакомиться. И почту за большую честь...

— У него теперь насморк, и всё чихает, всё чихает! Его надо высечь!

— Да, ваше превосходительство, конечно; исправительные наказания необходимы с домашними животными.

— Что?

— Я говорю, что исправительные наказания, ваше превосходительство, необходимы для водворения покорности в домашних животных.

— А!.. ну, с Богом, с Богом, я только об этом.

Вышед на улицу, Иван Андреевич стоял долгое время в таком положении, как будто ожидал, что с ним тотчас же будет удар. Он снял шляпу, отер холодный пот со лба, зажмурился, подумал о чем-то и пустился домой.

Каково же было его изумление, когда дома он узнал, что Глафира Петровна уже давно приехала из театра, уже давно как у ней разболелись зубы, как посылала за доктором, как посылала за пиявками и как она теперь лежит в постели и дожидается Ивана Андреевича.

Иван Андреевич ударил себя сначала по лбу, потом приказал подать себе умыться и почиститься и наконец решился идти в спальню жены.

— Где это вы проводите время? Посмотрите, на кого вы похожи. На вас лица нет! Где это вы пропадали? Помилуйте, сударь: жена умирает, а вас не сыщут по городу. Где вы были? Уж не опять ли меня ловили, хотели расстроить свидание, которое я не знаю кому назначила? Стыдно, сударь, какой вы муж! Скоро пальцами указывать будут!

— Душечка! — отвечал Иван Андреевич.

Но тут он почувствовал такое смущение, что принужден был полезть в карман за платком и прервать начатую речь, затем что недоставало ни слов, ни мысли, ни духа... Каково же было его изумление, страх, ужас, когда, вместе с платком, выпал из кармана покойник Амишка? Иван Андреевич и не заметил, как, в порыве отчаяния, принужденный вылезть из-под кровати, сунул Амишку, в припадке безотчетного страха, в карман, с отдаленной надеждой схоронить концы, скрыть улику своего преступления и избегнуть таким образом заслуженного наказания.

— Что это? — закричала супруга. — Мертвая собачонка! Боже! Откуда... Что это вы?.. Где вы были? Говорите сейчас, где вы были?..

— Душечка! — отвечал Иван Андреевич, помертвев более Амишки, — душечка...

Но здесь мы оставим нашего героя, — до другого раза, потому что здесь начинается совершенно особое и новое приключение. Когда-нибудь мы доскажем, господа, все эти бедствия и гонения судьбы. Но согласитесь сами, что ревность — страсть непростительная, мало того: даже — несчастие!..

Содержание

Литературно-художественное издание

Достоевский Федор Михайлович

ЧУЖАЯ ЖЕНА И МУЖ ПОД КРОВАТЬЮ

Сборник

Ответственный редактор *С. Давыдова*
Художественный редактор *Е. Фрей*
Технический редактор *Г. Этманова*
Компьютерная верстка *Л. Михеева*
Корректор *Е. Савинова*

Общероссийский классификатор продукции
ОК-034-2014 (КПЕС 2008); 58.11.1 — книги, брошюры печатные

Произведено в Российской Федерации
Изготовлено в 2024 г.
Изготовитель: ООО «Издательство АСТ»

ООО «Издательство АСТ»
129085, г. Москва, Звёздный бульвар, д. 21, строение 1, комната 705, пом. 1, эт. 7
Наш электронный адрес: **www.ast.ru**
E-mail: **ask@ast.ru**
ВКонтакте: **vk.com/ast_neoclassic**

«Баспа Аста» деген ООО
129085, Мәскеу қ., Жулдызды гүлзар, 21-үй, 1-құрылыс, 705-бөлме, I жай, 7-қабат
Біздің электрондық мекенжайымыз: **www.ast.ru**
E-mail: **ask@ast.ru**
Интернет-магазин: www.book24.ru
Интернет-дүкен: www.book24.kz

Импортер в Республику Казахстан ТОО «РДЦ-Алматы»
Қазақстан Республикасындағы импорттаушы «РДЦ-Алматы» ЖШС
Дистрибьютор и представитель по приему претензий на продукцию
в Республике Казахстан: ТОО «РДЦ-Алматы»
Қазақстан Республикасында дистрибьютор және өнім бойынша арыз-талаптарды
қабылдаушының өкілі «РДЦ-Алматы» ЖШС,
Алматы қ., Домбровский көш., 3«а», литер Б, офис 1.
Тел.: 8 (727) 251-59-89(90,91,92), факс: 8 (727) 251-58-12 вн. 107
E-mail: **RDC-Almaty@eksmo.kz**
Өнімнің жарамдылық мерзімі шектелмеген.
Өндірген мемлекет: Ресей
Сертификация қарастырылмаған

Подписано в печать 11.09.2024. Формат 76x100 1/32.
Гарнитура «Newton». Печать офсетная. Усл. печ. л. 16,89.
Доп. тираж 3000 экз. Заказ 7801

Отпечатано с готовых файлов заказчика
в АО «Первая Образцовая типография»,
филиал «УЛЬЯНОВСКИЙ ДОМ ПЕЧАТИ»
432980, Россия, г. Ульяновск, ул. Гончарова, 14

ISBN 978-5-17-115705-0

9 785171 157050 >

12+